安州年鉴

ANZHOU YEARBOOK

2016

绵阳市安州区人民政府　　主办
绵阳市安州区地方志办公室　编

方志出版社
Publishing House of Local Records

图书在版编目（CIP）数据

安州年鉴. 2016 / 绵阳市安州区地方志办公室编. --
北京 ： 方志出版社, 2016.12
ISBN 978-7-5144-2276-4

Ⅰ. ①安… Ⅱ. ①绵… Ⅲ. ①区(城市)－绵阳－
2016－年鉴 Ⅳ. ①Z527.14

中国版本图书馆CIP数据核字(2016)第299016号

安州年鉴（2016）

编　　者：绵阳市安州区地方志办公室
责任编辑：黄　彦

出 版 人：冀祥德
出 版 者：方志出版社
地　　址：北京市朝阳区潘家园东里 9 号（国家方志馆4层）
邮　　编：100021
网　　址：http://www.fzph.org
发　　行：方志出版社发行中心
电话（010）67110500
经　　销：各地新华书店
印　　刷：成都新千年印制有限公司

开　　本：889×1194　　1/16
印　　张：20
字　　数：545千字
版　　次：2016年12月第1版　　2016年12月第1次印刷
印　　数：001～600册

ISBN 978-7-5144-2276-4　　定价：198.00元

中国国家地质公园
NATIONAL GEOPARK OF CHINA
四川安县生物礁
国家地质公园

“中国春社·雎水踩桥”盛况

县城美丽夜景

2015年1月29日，省公安厅副厅长袁刚（中）一行到安县“中国春社·睢水踩桥”现场检查安保工作

2015年3月11日，省委、省政府经济工作督查组到安县调研

2015年10月20日，国家统计局四川调查总队住户调查处处长明国光（右三）到安县调研新农村建设和农民增收工作

2015年11月11日，省人社厅党组成员、省社保局局长董宏杰（右四）一行到安县督查基层平台建设等工作

2015年9月14日，市委书记彭宇行（前排中）调研安县科技型中小企业发展情况

2015年4月14日，市委副书记、代市长刘超（右二）调研安县经济社会发展情况

2015年6月25日，县委书记廖雪梅（右二）调研卫生工作

2015年11月25日，县委副书记、县长李昊天（前排右二）在县投控公司调研

2015年5月15日，县人大主任梁建（左四）到桑枣镇立志村开展“走基层村村行”活动

2015年7月28日，县政协主席张忠贵（左二）在沸水镇调研重点项目推进情况

2015年1月8日，安县扩权强镇改革试点工作推进会暨行政许可法培训会召开

2015年4月15日，安县第十七届人民代表大会第四次会议胜利开幕

2015年4月7日，安县银政企对接会召开

2015年7月31日，安县领导干部读书班暨县委中心组第七次学习（扩大）会召开

2015年3月20日，安县·深圳蓝波绿建集团股份有限公司签约仪式举行

2015年9月1日，安县·中国网库集团合作座谈会召开

2015年5月22日，安县创建四川省文明城市志愿服务活动举行启动仪式

2015年8月18日，安县电子商务协会成立大会在好农国际展示厅隆重举行

2015年3月4日，安县在秀水镇举行“春风送岗位—四项承诺”系列招聘求职洽谈会

2015年8月25日，安县“金秋助学”活动助学金发放仪式在文化广场隆重举行

2015年9月6日，“碧荷园杯”安县乡村旅游摄影大赛启动仪式在雎水镇白河村碧荷园举行

2015年11月6日，安县举办首届厨艺大赛

2015年2月8日，四川省第十七届文化列车·同心艺术团送文化下乡活动在安县举行

2015年8月8日，“安县全民健身日”启动仪式上的太极表演

2015年10月22日，安县大学生陈飞宇勇夺“中国创翼”青年创新创业大赛全国总冠军

2015年10月27日，“中国流动科技馆”走进安县

编辑说明

一、《安州年鉴》是由安州区人民政府主办，安州区地方志办公室编纂的资料性文献，每年出版一卷，国内公开出版发行。《安州年鉴（2016）》上下限时间为2015年1月1日至12月31日。

二、本年鉴以马克思列宁主义、毛泽东思想、邓小平理论、“三个代表”重要思想、科学发展观为指导，认真贯彻落实党的十八大和十八届五中全会精神，全面记述中共绵阳市安州区委、绵阳市安州区人民政府带领全区人民开拓创新，务实发展，加快建设幸福美丽安州，充分展现2015年全区经济社会各项事业发展取得的新成绩、新经验，为实现全区科学发展提供决策依据和借鉴，为广大读者了解和研究安州区提供资料和信息。

三、本年鉴采用分类进行编辑，由类目、分目、次分目、条目四级组成。全书共分为21个类目：1.特载；2.大事记；3.自然•生态；4.政治；5.法治•武装；6.农业；7.工业；8.交通•邮政；9.贸易；10.金融•保险；11.财政•税收；12.综合监管；13.城建•环保；14.信息化建设；15.教育•体育；16.文化•科技•旅游；17.社会生活；18.园区工作；19.乡镇简况；20.领导名录和先进；21.附录。

四、本年鉴所用统计资料由安州区统计局提供，部分数据由全区各部门提供。因统计口径等原因，凡有关部门所用个别数据与“统计资料”中的数据不尽一致时，以《安县国民经济与社会发展统计公报》为准。

五、2016年5月20日，安县撤县设区，成立安州区。因本书记载2015年的内容，所以正文里全部使用“安县”；而本书是2016年出版，因此书名使用“安州”。

六、本年鉴编纂出版工作得到全区各部门、乡镇的大力支持，广大编辑人员付出了艰辛劳动，借此表示衷心感谢。由于成书仓促，水平有限，多有疏漏或不足之处，敬请广大读者批评指正。

《安州年鉴》编辑部

2016年10月

《安州年鉴》编纂委员会

《安州年鉴》编辑部

目 录

特　载

白水湖舟钓

中共安县委员会工作报告

——在县委十一届十次全会第一次全体会议上

中共安县县委书记　廖雪梅

（2016年1月15日）

同志们：

这次县委全会，是在我县进入“十三五”发展开局之年和全面建成小康社会决胜阶段召开的一次重要会议。会议的主要任务是，学习贯彻党的十八届五中全会、省委十届七次全会和市委六届十次全会精神，总结报告县委常委会一年来的工作，审议通过《中共安县县委关于制定安县国民经济和社会发展第十三个五年规划的建议》和《中共安县县委2016年工作要点》，安排部署明年工作，动员全县广大干部群众进一步振奋精神、团结拼搏，抢抓机遇、乘势突破，为加快建设幸福美丽安县而努力奋斗。

下面，根据县委常委会研究的情况，我主要讲四方面意见：

一、关于县委常委会2015年的工作

一年来，县委常委会全面贯彻落实中央、省委、市委决策部署，团结带领全县干部群众，主动适应经济发展新常态，牢牢把握科技城集中发展区建设和撤县设区两大机遇，扎实抓好深化改革、依法治县、从严治党三大重点工作，加快推进新型工业化、新型城镇化、农业现代化、旅游品牌化四化同步发展，全县呈现出经济健康发展、民生不断改善、社会和谐稳定、干群奋发有为的良好局面。

一是保持专注发展定力，绵安同城化顺利推进。主动融入科技城集中发展区建设，积极对接市上规划完成城市总规修编，并通过省政府批准，科技城大道一期工程顺利竣工。加快推动撤县设区，申报材料已由国务院批转民政部。围绕打造四川省“第二大汽车产业基地”目标，积极推进四川绵阳汽车产业园规划建设，全县汽车整车及零部件企业达23户。配合做好绵阳综合保税区申建工作，完成规划选址、情况梳理等前期工作。

二是统筹推进四化同步，经济发展稳中有进。坚持一手抓盘活存量、一手抓做强增量，预计实现GDP111亿元，同比增长9%。大力推进新型工业化，安排3200万元专项资金支持工业发展，重点发展汽车整车及零部件、精细化工、医药食品3大主导产业，全县规模工业企业达90户，亿元以上企业达35户；全年实现规模以上工业总产值194.85亿元，工业增加值增速达13%，位列全市第2；着力引进培育“两新”产业，现有高新技术企业8户，产值占工业总产值比重达44%，战略性新兴产业企业9户，产值占工业总产值比重达21.5%；全面推进“向存量资产资源要效益行动”，利用闲置资产引进项目43个、新增投资15.78亿元，其中工业项目34个、新增投资13.97亿元。大力推进新型城镇化，加快推进县城危旧房棚户区改造、西科大城市学院、三条市政道路等重点项目建设，完成基础设施建设投资1.25亿元；全域创建四川省文明城市，塔水、秀水、桑枣3个乡镇扩权强镇试点工作顺利推进，各乡镇分类建设工业镇、商贸镇、特色旅游镇和农业基地镇；全县城镇化率达44.67%，预计实现城镇居民人均可支配收入

25478元，同比增长8.5%。大力推进农业现代化，全县专合组织达438家、市级以上农业龙头企业达37家，建成幸福美丽新村53个；成功吸引355名农民工回乡创办企业347家；预计农业总产值达43.9亿元，同比增长3.7%；农民人均可支配收入达12980元，同比增长10%；安县顺利通过国家农产品质量安全县验收。大力推进旅游品牌化，着力做强温泉旅游和乡村旅游两大品牌，罗浮山积极争创国家级旅游度假区，千佛山景区震后重建规划全面启动，5大乡村旅游示范片初具规模，预计实现旅游总收入38.23亿元，同比增长23.08%。积极发展电商产业，建成电商产业园7万平方米、农村淘宝县级服务中心1个、村级电商服务站73家；预计实现社消零58亿元，同比增长12%，其中电商交易额10.23亿元、零售额3.62亿元。

三是深化改革扩大开放，内生动力不断释放。围绕重点领域和关键环节确定77项改革任务，每项任务落实一名县级领导牵头带领一套班子强力推进，制定出台专项改革方案43个；农业农村、国资国企等重点改革落地见效，农村产权流转交易服务中心顺利建成并开始试运行，农村土地确权登记颁证试点的“三阶段九步骤”工作法被农业部誉为“安县模式”并在全国推广。实施更加积极主动的对外开放战略，累计拜访企业及机构813家，参加西博会、科博会等大型推介活动65场次，全体县级领导累计带队外出开展投资促进活动91次，全年共签约项目35个，协议引资62.79亿元。扎实推进重点项目建设，全体县级领导共计联系207个重点企业和项目，全年共完成全社会固定资产投资101.03亿元，同比增长8.5%。

四是坚持保障和改善民生，社会事业不断进步。统筹资金项目实施十项民生工程，新增城镇就业4556人，免费午餐计划惠及农村学生20646名，新农合参合率连续六年实现100%。突出精准滴灌、靶向施策，统筹实施“5+10”组合拳，整体推进2个乡镇6个村连片扶贫开发，全年减贫5071人。深入实施文化惠民工程，《昨夜一场雪》获全国美术创作优秀作品奖，话剧小品《石榴树下》获四川省第十五届戏剧小品比赛“优秀剧目”奖。

大力实施生态文明建设，安县通过国家农村生活垃圾治理检查验收，花荄镇、晓坝镇被评为省级生态乡镇。加快建设法治安县，法律顾问制度全面推行，安县“六五”普法工作通过省市检查验收。切实改进社会治理，“大调解”体系调解成功率达93.9%，息诉息访率达85%以上，“情指一体”综合调度中心顺利运行，全县未发生较大及以上安全事故。

五是坚持从严治党治吏，凝聚起改革发展的强大合力。扎实开展“三严三实”专题教育，全县30名县级党员领导干部作专题党课报告36堂次，开展先进典型学习756场次，组织4期200余名干部赴井冈山接受红色教育。鲜明“五好干部”标准和“三重”用人导向，完善“一核心四结合”科级领导班子和领导干部综合分析研判体系，实施优秀年轻干部人才递进培养计划，“选育管用”体系更加完善。全面推行“三级双向联述联评联考”机制，加快建设服务型基层党组织，清泉镇作为先进典型在全市产业园区和农村基层党建工作会上作交流发言。推行“1+3”软弱涣散基层党组织帮扶机制，24个后进党组织按要求转化升级。严格落实党风廉政建设“两个责任”，深化正风肃纪，行政审批事项按时办结率达100%。保持反腐高压态势，立案查处85件，挽回经济损失160余万元。全县上下始终保持干事创业、风清气正的良好政治生态。

回顾一年来的工作，面对经济下行压力持续加大、多重困难叠加、多重风险交织的复杂严峻形势，能够取得这样的成绩，是非常不容易的。这是在市委、市政府的坚强领导下，县委、县政府一届接着一届干、一棒接着一棒跑的结果，也是全县干部群众团结拼搏、真抓实干的结果，更离不开社会各界的支持帮助和积极参与。在此，我代表县委，向在座各位并通过你们，向全县广大干部群众，向所有关心支持安县发展的同志们、朋友们，表示衷心的感谢并致以崇高的敬意！

二、县委常委会关于“十三五”发展的总体思考

“十三五”时期是安县决胜全面小康、加快转型发展的关键时期。制定好“十三五”规划、谋划好“十三五”工作，事关全局、影响深远。前段时间，中央、省委、市委先后召开全会，审议通过了《关于制定国民经济和社会发展第十三个五年规划的建议》，为我们科学谋划“十三五”指明了方向、提供了遵循。

县委高度重视“十三五”规划起草工作，通过政府采购确定北京长城企业战略研究所编制我县总体规划，落实16个责任部门针对各领域发展制定专项规划，并多次对规划编制工作提出明确要求：一要把中央、省委、市委重大决策部署落实到安县发展实践中。规划既要充分体现中央“五大发展理念”战略思维、省委“决胜全面小康、建设经济强省”战略部署和市委“决胜全面小康、实现加快发展”的决策部署，更要紧密结合安县产业资源优势、改革发展实际和地域空间特征，确保在发展目标、工作重点、重大举措上保持连续性、突出针对性。二要将总体规划与专项规划有机结合。编制“十三五”规划务必要下好“统筹衔接”这盘棋。总体规划要注重“五位一体”建设和党的建设协调推进，确保既抓住“牛鼻子”，又指导并体现专项规划，完整呈现幸福美丽安县未来形象；专项规划要突出重点领域和薄弱环节攻坚，确保既承接总体规划，又指导方面工作，找准安县定位、彰显安县特色。三要坚持规划项目协调推进。在规划编制的始终，要坚持目标导向、问题导向，既从全面建成小康社会的目标出发，又从安县当前迫切需要解决的问题着力，将各方面重大建设项目都纳入规划，力争更多项目进入国家、省、市的“大盘子”，为安县未来发展夯实基础。

我县的“十三五”规划编制工作启动以来，编制组及相关单位认真学习贯彻中央、省委、市委部署和县委要求，深入开展调查研究，并通过规划纲要基本思路汇报会、重点部门对接座谈会及规划研讨会等会议集体研究，以及发送征求意见稿等方式广泛征求各方意见，先后数易其稿。目前，《安县国民经济和社会发展第十三个五年规划纲要（讨论稿）》已由县政府常务会讨论通过，将尽快提交县政府全体会议审查，最后提交县第十七届人民代表大会第五次会议审议通过后颁布实施。与此同时，县委也启动了《关于制定安县国民经济和社会发展第十三个五年规划的建议》的起草工作。在前期广泛征求各方意见并经县委常委会研究通过的基础上，规划《建议》今天正式提交县委全委会审议。希望在稍后分组讨论中，同志们进一步各抒己见、献计献策。这里先重点介绍县委常委会对于谋划“十三五”发展的三点思考意见：

第一，客观总结“十二五”发展取得的成就，科学研判“十三五”发展面临的形势。过去五年是我县发展历程中极不平凡的五年。在市委的坚强领导下，县委团结带领全县广大干部群众，开拓创新、真抓实干，圆满完成“5.12”特大地震灾后重建，顺利完成“十二五”规划确定的主要目标任务。全县经济总量突破百亿元大关，地区生产总值从2010年的55.89亿元增长到2015年的111亿元。绵安同城化发展实现突破，撤县设区工作进展顺利，四川绵阳汽车产业园启动建设。县城建成区面积拓展到10.1平方公里，人口达8.5万人。工业园区形成汽车及零部件、精细化工、医药食品3大主导产业，规上工业企业总产值年均复合增长率达21%。建成绵安、辽安两线5个新农村示范片，农业总产值实现震后“七连增”。形成温泉旅游和乡村旅游两大品牌，电子商务、健康养老、现代物流等服务业加速发展。扎实开展党的群众路线教育实践活动和“三严三实”专题教育，良好政治生态不断巩固。安县被评为中国宜居宜业典范县、全国科技进步先进县、全国基层中医药工作先进县、全国农产品质量安全县和全国粮食生产先进单位。五年发展的巨大成就，标志着“十二五”规划可以胜利收官，更为“十三五”发展奠定了坚实基础、积累了宝贵经验。

进入“十三五”时期，安县既面临重大机遇，也面临一系列挑战。从发展机遇看，主要是中央大力实施“一带一路”发展战略，把绵阳纳入国家系统推进全面创新改革先行先试地区；省上积极打造成德绵协同创新共同体，对科技城建设的支持力度空前加大；市上加快建设国家科技城和幸福美丽绵阳，把安县作为科技城集中发展区的重要拓展区域，加快推进撤县设区，并将四川绵阳汽车产业园和绵阳综合保税区布局安县。这一系列重大机遇，都有利于安县突破瓶颈，培育新动能，在融入全国、全省、全市大局中加快突破发展。从困难和挑战看，主要是经济下行压力持续加大，经济总量偏小、质量不高、结构不优、发展不平衡仍是安县最大的县情。尤其是工业转型升级压力巨大、农业比重高、服务业支撑作用小，支撑长远发展的动力不足；撤县设区带来体制机制变革，融入国家科技城发展标准高、压力大；城乡统筹发展任重道远，农村基础设施和公共服务水平亟须进一步提升，等等。综上所述，未来五年，安县发展机遇与挑战并存、机遇明显大于挑战。只要我们更加积极地抢抓各种机遇，更加有效地应对风险挑战，更加注重改革创新、优化结构、增强动力、补齐短板，就一定能推动安县发展再上新台阶。

第二，坚持用“五大发展理念”统领安县“十三五”发展。党的十八届五中全会提出，“坚持创新发展、协调发展、绿色发展、开放发展、共享发展”，这既是关系我国发展全局的一场深刻变革，更是安县未来发展的“航标”。我们要牢固树立“五大发展理念”，将之作为全县工作的根本遵循和行动指南。要把创新作为引领发展的第一动力，坚决把发展基点放在创新上，抢抓全面创新改革机遇，深入实施创新驱动发展战略，走出一条质量更高、效益更好、结构更优、更可持续的发展新路。要把协调作为持续健康发展的内在要求，坚持“四个全面”战略布局，统筹推进“五位一体”建设，推动城乡区域、经济社会、物质文明和精神文明协调发展，不断增强全域发展的整体性、系统性和协调性。要把绿色作为永续发展的重要基础，把生态文明建设摆在突出重要位置，大力发展绿色低碳循环经济，推动形成绿色发展方式和生活方式，真正让美丽抬头可见、让幸福触手可及。要把开放作为繁荣发展的必由之路，坚持“对内靠改革、对外靠开放”，探索实施区域互利合作新机制，尽快形成开放型经济新体系，努力构建全方位、多层次、宽领域的开放合作新格局。要把共享作为发展的根本目的，坚持人人参与、人人尽力、人人享有，既通过加快发展满足多数人的民生需求，又通过精准扶贫解决少数人的脱贫问题，让全体人民共建共享改革发展成果。

第三，科学确立“十三五”时期安县发展的总体思路和奋斗目标。按照中央、省委和市委对“十三五”发展的战略部署，基于安县在全市的发展定位和发展实际，综合考虑，“十三五”时期安县发展的总体思路是：全面贯彻党的十八大和十八届三中、四中、五中全会精神，坚持以马克思列宁主义、毛泽东思想、邓小平理论、“三个代表”重要思想、科学发展观为指导，深入学习贯彻习近平总书记系列重要讲话精神，全面落实“四个全面”战略布局，牢固树立“五大发展理念”，始终坚持发展第一要务，紧紧围绕建设“幸福美丽新区”总目标，牢牢把握“科技城集中发展区建设和撤县设区”两大机遇，实施更加积极主动的“全域统筹、改革创新、开放合作、产业倍增”四大战略，大力推进“新型工业化、新型城镇化、农业现代化和旅游品牌化”四化融合互动发展，切实加强党的建设，力争在全市“两个率先”中走在前列，加快建成全省经济生态强县。

根据这一总体思路，在安县“十三五”发展目标上，我们应当着眼于在国家科技城建设中肩负的使命来确立。即全面加快科技城集中发展区建设，重点建好四川绵阳汽车产业园和绵阳综合保税区，加快实现从近郊县向主城区转变。力争通过五年努力，安县作为全市新兴主城区的战略地位凸显，四川绵阳汽车产业园打造成四川省“第二大汽车产业基地”。我们应当着眼于在全市“率先全面建成小康社会”

的任务来确立。即紧紧围绕全面建成小康社会目标，更加重视保障和改善民生，大力发展社会事业和公共服务，全力打赢脱贫攻坚战，加快建设“幸福美丽新区”。力争通过五年努力，成功创建全国文明城市，城镇化率达52%以上，建成幸福美丽新村198个，农村贫困人口全部脱贫、贫困村全部摘帽。我们应当着眼于在全市“率先实现次级突破”的目标来确立。即坚定不移推动汽车及零部件、新型化工和医药食品产业集聚集群发展，全力以赴打造国家全域旅游示范区、省级电子商务创新改革试验区。力争通过五年努力，提前实现地区生产总值和城乡居民人均收入比2010年翻一番，经济综合实力进入全省前50位。

三、扎实做好全年工作，为“十三五”发展开好局起好步

2016年，是全面实施“十三五”规划的开局之年，也是推动安县加快转型发展的重要战略机遇期。全县工作的指导思想是：深入贯彻党的十八大和十八届三中、四中、五中全会精神以及习近平总书记系列重要讲话精神，全面落实省委、市委重要决策部署，按照“四个全面”战略布局，牢固树立“五大发展理念”，保持专注发展定力，坚持稳中求进的总基调，以改革创新为动力，以项目建设为抓手，按照“坚定一个发展目标、把握两个重大机遇、突出三项重点工作、推进四化融合互动、狠抓七项要务”的工作思路，加快建设幸福美丽安县，努力实现“十三五”时期经济社会发展良好开局。力争实现地区生产总值增长8.5%以上；规模以上工业增加值增速12%以上；一般公共财政预算收入增长8%以上；全社会固定资产投资完成110亿元以上；社会消费品零售总额增长12%以上；旅游总收入增长20%以上；城镇居民人均可支配收入增长8.5%以上；农村居民人均可支配收入增长10%以上。

确定以上指导思想和预期目标，既深入贯彻中央大政方针和省市决策部署，统筹考虑衔接全面建成小康社会各项目标，又紧密结合安县发展现状、阶段性工作任务和干群期盼。围绕实现这些目标任务，我们要全力以赴抓好以下七个方面重点工作。

（一）**全面推进国家科技城建设各项工作。**我县作为科技城的重要拓展区域，一定要自觉立足绵阳主城区定位，积极发挥主观能动性，集中力量推动各项重点工作取得新突破。在科技城集中发展区建设方面，2016年是科技城集中发展区全面启动并加快建设的重要一年，我们要抓紧修编涉及区域调整及土地利用规划，确保在空间拓展、产业布局等各方面都紧密衔接。要加快推进5条道路、两条综合管廊等基础设施建设，稳妥推进征地拆迁安置，力争塔九路年内完工。要重点抓好产业发展，加快推进华祥机械、九州通医药等项目建设，力争引进2—3个投资10亿元以上的重大项目。在撤县设区方面，要积极加强对上沟通汇报和衔接，力争尽快启动行政区划调整工作，进一步营造群策群力、凝心聚力的社会氛围。在绵阳综合保税区建设方面，要按照申建要求配合做好各项工作，促成规划调整方案尽快评审通过。

（二）**坚定不移推动新型工业化。**针对我县经济总量偏小、结构不优的基本现实，新型工业化始终是做大总量、做强增量的第一推动力。我们必须始终坚持“举全县之力加快工业发展”导向不动摇，更加注重“量质齐升”，全力推动工业园区、新兴产业、传统产业提质增效。要加快建好四川绵阳汽车产业园。将汽车产业园建设作为推动工业转型升级的最大机遇和挑战，加快编制产业发展及空间布局两个规划，明确产业园发展的任务书、路线图和时间表。加强精准招商，重点对接国内知名整车及零部件企业，加快启动华晨集团年产25万辆整车、新华股份年产30万台汽车发动机关键零部件等项目建设。探索推进市场化手段办园区，持续提升产业园承载能力，力争今年实现主营业务收入50亿元以上。要积极推动“两新”产业上规模。重点做大汽车产业、做精新型化工、做优医药食品，力争高新技术产业产值占工业比重达45%以上、战略性新兴产业产值占工业比重达23%以上。加强创新体系建设，支持银河化学公司、好医生药业等企业建立产学研合作联盟，支持九信科技、麦思威尔等企业军民融合发展。积极推动大众创业、万众创新，力争新增科技型中小企业90家以上、科技型“四上”企业5家以上。加快建设创业服务中心、中小企业创业园，推行“孵化+创投”综合孵化模式。要切实加快传统优势产业改造提升。加快推进凯江工业集中发展区转型升级、提质增效。重点支持化工企业延伸产业链条，发展高端精细化工；支持材料企业提升资源综合利用率，优化产品结构；鼓励食品企业提高生产线自动化程度，发展精深加工，创新商业模式，提高产业附加值和核心竞争力。

（三）多措并举发展现代服务业。大力发展现代服务业，实现更高层次的一、二、三产业融合互动发展，是加快转型升级、推动结构调整的重要抓手。我们要坚持以旅游产业和电子商务为引擎，努力推进全县服务业特色化、规模化、品牌化发展，不断增强服务业对经济增长的拉动力和贡献率。要加快发展全域旅游。以建设国家全域旅游示范区为目标，坚持规划引领，分阶段、按步骤、有系统构建全域旅游格局。重点打造温泉旅游、乡村旅游、健康养老三大品牌，推动罗浮山创建国家级旅游度假区、千佛山打造国家4A级景区、“花城果乡”“幸福七里”打造国家A级景区。不断丰富旅游宣传营销，办好精品赛事和四季特色旅游活动，加快建设景城一体、产业互动、文旅共融的旅游综合体。要大力发展电子商务。去年我县的电商发展开了一个好头，打响了第一炮。今年要继续以电商产业园为基础，加快建设电商集聚区，力争引进孵化电商企业50家、小微创业团队40个，争创省级电子商务创新改革试验区。着力发展农村电商，以淘宝县级服务中心为依托，建好“特色中国·安县馆”，打造安县电商产品质量信誉品牌。加快推进“全企入网”，力争培育发展骨干电商企业3家以上。要积极发展商贸服务业。要立足绵阳城市后花园定位，积极推动生产性服务业向专业化和高端化转变、生活性服务业向精细化和品质化提升。重点要加快引入1—2家大型商业综合体项目，努力集聚人气、带旺商气。积极发展养老服务业，力争新增社会养老机构3家以上。加快发展现代物流业，建好宝林物流产业园、好农国际物流中心。

（四）转变方式推进农业现代化。“三农”向好，才能全局主动。我县虽然是农业大县，但当前阶段，农业还是四化融合的短腿，农村还是全面建成小康社会的短板。我们要坚持以促农增收为核心，积极推动农业发展方式转变和农业结构优化，着力构建“接二连三”“产加销”的一体化农业发展格局。要加快转变农业发展方式。进一步完善农业基础设施，深入推进省级现代农业、小农水重点县建设，提高农业综合生产能力。充分利用特色产业基地和特色新村建设，因地制宜发展休闲农业、生态农业、观光农业等新型业态，促进农民多元增收。培育壮大新型农业经营主体，力争新增市级农业龙头企业3家、市级以上农民专业合作社示范社2家、家庭农场50家。加强农业标准化和信息化建设，建立健全农产品质量安全全过程监管体系和现代农业科技创新推广体系。要加快发展特色优势农业。大力实施粮食生产提升工程，确保建成粮油高产创建和粮经复合型基地18个。引导发展适度规模经营，支持中药材、魔芋等特色产业做大做强，鼓励生猪、蛋肉鸡等养殖基地提档升级。推动农业产业化经营，着力发展农产品精深加工和农村电商，加快构建集生产、加工、营销、物流于一体的全产业链。加强农产品品牌打造，力争新认证“三品一标”农产品3个以上。要切实提升新农村建设水平。按照“业兴、家富、人和、村美”要求，着力实施扶贫解困、旧村改造、产业提升等七大行动，力争新增幸福美丽新村34个。整体推进绵安、辽安两个新农村示范片加快发展，新建一批以观光休闲、规模种养为亮点的产业新村。继续支持农民工等人员返乡创业就业，带动农户参与、促进农民增收。进一步完善“1+6”村级公共服务体系，加大对留守儿童、空巢老人等群体的关爱力度，确保“新村建设不落下一户一人”。

（五）以人为本构建现代城镇体系。新型城镇化是四化融合互动的空间依托。我们要抓住绵阳建设国家新型城镇化综合试点契机，坚持以县城为核心、特色乡镇为支撑、文明城市创建为提升，积极探索形态适宜、产城融合、集约高效、协调发展的新型城镇化道路。要不断提升县城建设水平。立足科技城未来城市拓展和业态分布的核心区域定位，坚持“五个统筹”发展理念，加快建设和谐宜居、富有活力、特色鲜明的现代化城市。加快推进危旧房棚户区改造、西科大城市学院及三条市政道路建设，启动建设滨河路体育公园、西山公园等重点项目，加快建成一批绿化样板路和城市景观带，不断优化市民生活配套及居住环境。加快完善城市治理体系，加强精细化管理，推行数字化城管，让生活更方便、更舒心。要大力推动乡镇联动发展。以激发镇域发展活力为重点，支持各乡镇错位发展、配套发展和协调发展，鼓励建设一批工业强镇、商贸重镇、文化古镇和旅游名镇。全域推进扩权强镇简政放权，鼓励各乡镇统筹资金项目、引入民间资本，加强城镇基础设施和配套设施建设，提升管理服务能力。重点抓好塔水、秀水、桑枣3个国家、省试点示范镇建设，推进晓坝、沸水、雎水等7个沿山乡镇整体连片发展。要大力推动生态文明建设。紧紧围绕创建省级生态县目标，加强生态环境保护，重点保护好千佛山、罗浮山、海绵生物礁国家地质公园等生态区和安昌河、白水湖等水资源。严格执行新《环境保护法》，实行最严格的生态红线保护制度，开展党政主要负责人离任生态环境审计评估工作。大力发展低碳循环经济，支持企业加强资源循环再利用。加强企业污染和农村面源污染防治，引导群众绿色饮食、绿色居住、绿色出行。要全力创建四川省文明城市。今年之内，我县必须通过四川省文明城市检查验收。围绕这个硬任务，创建指挥部要进一步落实责任、细化举措，统筹抓好工作的部署、推进和督促，确保创建真落实、见成效。各级各部门都要将创建活动与本地本部门工作统筹实施，健全长效机制，共同推动城乡环境明显改善、群众文明素质显著提升。

（六）改革创新构建开放型经济体系。加快构建互利共赢的开放型经济体系，是适应经济发展新常态的现实需求。我们要以全面深化改革创新为引领，加快实现投资促进项目推进新突破，大力培育区域竞争新动能、新优势。要积极深化重点领域和关键环节改革。当前阶段，深化改革是加快发展的最大动力所在。我们要进一步深化行政体制、农村体制、国资国企、投融资等10个方面重点改革任务，力争以重点领域的改革创新不断增强工作的针对性有效性。各牵头部门一定要扭住关键、精准发力，抓紧抓实改革方案制定、督查、落实等各个环节，做到全程跟进、全程负责、一抓到底。对已出台的改革方案要排队督查和评估，确保工作真正落地落实。要总结发现1—2项安县特色的改革经验，力争在全市、全省乃至全国推广。要着力提升招商引资的质量和实效。坚持把招商引资作为“一把手工程”，主动承接经济发达地区的产业转移，力争全年签约项目30个以上。要进一步整合优化招商引资队伍，探索招商新模式，投促局要充分发挥牵头抓总和组织推动作用，制定重点产业领域招商项目目录，实行精准招大引强。各级各部门都要主动挖掘招商线索，共享招商信息。要坚持引资、引技、引智并举，加快引入一批高层次人才、高技能人才、产业领军人才和创新创业团队。要千方百计抓好项目推进。坚持以“项目年”为抓手组织推动经济工作，确保有效投资稳定增长。把对上争取工作纳入年度目标考核，力争更多项目纳入国家、省、市“盘子”。加快建设产业、民生、基础设施等各领域项目，全力抓好15个省、市重点项目建设，确保圆满完成投资任务。全面推行县级领导、县级部门联系服务重点企业和在建项目制度，切实做到“三个量化”“三个倒排”，加强土地、资金、水电油气运等要素保障，促进签约项目尽快开工、开工项目尽快竣工、竣工项目尽快达产。

（七）统筹协调发展民生和社会事业。为人民谋福祉是我们一切工作的出发点和落脚点。要始终守住底线、突出重点、完善制度、引导预期，不断增强人民群众的获得感和幸福感。要全力打好脱贫攻坚战。坚持分类实施精准施策，将“六个精准”“五个一批”要求落实到村到户到人头，确保今年贫困人口脱贫3600人以上、贫困村摘帽7个。集中精力打好“5+10”组合拳，连片推进9个沿山和山区乡镇扶贫开发，同步解决“插花”贫困问题。加大专项扶贫力度，推行低保线与脱贫线“两线合一”。建立返贫人口跟踪掌控和脱贫人口有序退出机制。要继续实施好各项民生工程。不断夯实基础设施保障，大力实施全县交通建设攻坚大会战，启动成绵复线宝林出入口至成兰铁路绵阳西站、花荄至睢水、睢水至拱星改建等道路建设，加快推进白河供水工程、罗浮山南环线等重点项目建设，做好草溪河水库建设前期工作，推进“三网融合”和资源共享。落实更加积极的就业政策，争创全国农民工返乡创业示范县。启动教育提质惠民计划和全民体育健身工程，力争西科大城市学院和沙汀实验小学9月正式招生。完善三级医疗卫生服务网络，支持县中医院争创国家三级乙等中医院。实施全民参保计划，完善社会救助体系，发展慈善事业。要大力推进文化繁荣发展。紧紧围绕争创全国文化先进县目标，深入实施文化惠民工程，做好“三馆一站”免费开放，丰富群众性文化活动。加强文化人才队伍建设，狠抓文艺创作，推出更多精品力作，建好“安昌河工作室”。加强历史文物古迹保护性开发，保护和传承非物质文化遗产。加快文化产业发展，做大做强骨干文化企业。要加快建设法治安县。坚持并扩大会前学法覆盖面，不断提升运用法治思维和法治方式引领经济社会发展的能力。坚持民主集中制和“一核心三党组”制度，支持人大依法行使职权、政府依法行政、政协依法履行职能、司法机关公正司法。巩固“六五”普法和“市级法治示范县”成果，谋划“七五”普法，创建一批省市级法治示范单位。要切实改进社会治理。推动社会治理精细化，推行社会稳定风险评估、领导干部下访接访、网络理政和网络舆情处置等工作机制。深化平安安县建设，推进立体化社会治安防控体系建设，努力提升人民群众安全感和满意度。落实安全生产责任和管理制度，坚决防止较大及以上安全事故。

四、从严从实加强党的建设，为加快建设幸福美丽安县提供坚强保障

建设幸福美丽安县，全面建成小康社会，关键在党，关键在人。各级党员领导干部要把抓好党建作为最大政绩，一心一意谋发展，聚精会神抓党建，着力提高领导水平和执政能力，带动全县干部群众勇于担当、奋发有为、干事创业。

一要更加注重思想政治建设。思想政治建设是我们党的最大特色和根本优势。要通过多种载体和方式，深入学习中国特色社会主义理论体系和习近平总书记系列重要讲话精神，巩固党的群众路线教育实践活动和“三严三实”专题教育成果。要严肃党内政治生活，严格落实“三会一课”“双重”组织生活及定期约谈等制度，开好民主生活会，促使领导干部防微杜渐、自警自省。要紧紧抓住“领导干部”这个关键少数，建立健全思想道德教育长效机制，引领全县干部职工培养高尚道德情操和健康生活情趣，始终营造担当实干、风清气正的良好政治生态。

二要更加重视选好用好干部。党员队伍建设是我们党的基础工程，关乎各项事业的兴衰成败。要进一步鲜明“五好干部”标准和“三重”用人导向，注重在基层一线发现、培养、选拔和使用干部。要完善干部监督考评办法，继续推行“一核心四结合”综合分析研判体系，强化任期经济责任审计和对“一把手”及重点岗位干部的监督管理，培养造就一支“四铁”干部队伍。要把从严要求与关心关爱干部结合起来，继续实施优秀年轻干部人才递进培养计划，及时解决干部合理诉求及突出困难问题。

三要更加狠抓基层党组织建设。抓基层强基础历来都是我们党历经磨难而不衰、千锤百炼更坚强的重要法宝。要认真落实基层党建工作责任制，加快建设服务型基层党组织。要积极探索工业园区“一化五联”及农村基层党组织建设新模式，提升党的工作覆盖面。要选优配强基层党组织带头人，派好用好管好贫困村“第一书记”，有效推进软弱涣散基层党支部转化升级。要推广“双培双评双控”发展体系和“全程结构制量化”积分制管理模式，加强党员培养教育和管理监督。

*四要更加强化正风肃纪。*真正把纪律和规矩挺在前面，构建“不敢腐、不能腐、不想腐”的有效机制，是党的事业成功的可靠保证。要严格落实党风廉政建设“两个责任”，进一步厘清责任清单，实施个性考廉，强化问责追究，确保责任到岗到人。要全面学习贯彻《中国共产党廉洁自律准则》和《中国共产党纪律处分条例》，引导党员干部对标“高线”、严守“底线”。要进一步开展中央八项规定精神执行情况常态督促和重点领域系统治理，着力解决群众身边的不正之风和腐败问题。要正确运用“四种形态”，深化“四早机制”“村级事务点题专述”等工作，突出抓早抓小、治病救人。要加大纪律审查和执纪问责力度，紧盯腐败易发多发领域，坚持有案必查、有腐必惩。

今年也是换届之年，县、乡镇、村（社区）都要开展新一轮换届工作。这里我们再次强调换届纪律：全县领导干部一定要进一步严明组织人事纪律和换届选举有关法律法规，严禁违背组织决定搞阳奉阴违、团团伙伙等行为，严禁拉票贿选、跑官要官等不正之风；一定要深刻汲取南充拉票贿选案和衡阳破坏选举案教训，做到教育在先、警示在先、预防在先，坚决以铁的纪律确保新一轮换届风清气正，共同营造政治上的绿水青山。

同志们，回首过去，成绩令人瞩目、振奋人心；展望未来，使命无比光荣、责任重大。让我们在市委、市政府的坚强领导下，继续团结带领全县广大干部群众，坚定信心、开拓创新，真抓实干、攻坚破难，万众一心建设幸福美丽安县！

安县人民政府工作报告

——在安县第十七届人民代表大会第五次会议上

安县人民政府县长　李昊天

（2016年2月1日）

各位代表：

现在，我代表县人民政府，向大会报告政府工作，请各位代表审查。

2015年及“十二五”工作回顾

2015年，在市委、市政府和县委的坚强领导下，在县人大、县政协的监督支持下，我们主动适应经济发展新常态，始终保持专注发展定力，按照“坚定一个目标，把握两个机遇，突出三个重点，加快四化同步”工作思路，齐心协力促发展，踏石留印抓落实，统筹推进稳增长、促改革、调结构、惠民生，较好完成了县十七届人大四次会议确定的目标任务。

一、坚持稳增长、促转型，产业结构不断优化

工业加快转型升级。全年规模以上工业增加值增速达13%，新增规模以上工业企业13户，累计达90户。完成工业投资40.96亿元，佳士达机电、洪发车辆、新一美等25个工业项目竣工投产。“两新”产业加快发展，实现高新技术产业产值86亿元、同比增长19.4%，9户战略性新兴产业企业实现产值42.8亿元、同比增长18.3%。传统产业加快改造升级，银河化学10万吨红矾钠、好医生药业活性化合物库等87个工业技改项目进展顺利，完成技改投资32.63亿元。工业园区核心区规模以上工业总产值达105.15亿元、同比增长15%，实现税收1.18亿元。

现代农业稳步发展。完成农业总产值45.32亿元、同比增长4.5%。强农惠农政策全面落实，实现粮食总产量25.22万吨，出栏生猪43.77万头。第二批省级现代农业、现代畜牧业重点县通过验收。魔芋、中药材等特色产业加快发展，杂交水稻制种标准化示范区通过省级验收，引进保兴食用菌盘活辽安现代农业示范园。新增市级以上龙头企业3家、农民专业合作社27家、家庭农场3家。强化农业科技和信息服务，加强农业实用技术培训，培育新型职业农民400人。扎实做好重大动物疫病防控和农产品质量安全监管，成功创建国家农产品质量安全县。

全域旅游渐具雏形。启动全域旅游目的地体系规划编制，罗浮山登山游步道完工、南环线建设加紧推进，景区业态不断拓展，国家级旅游度假区加快建设。花城果乡、幸福七里及猕猴桃走廊启动A级景区创建，花城果乡旅游项目荣获国家旅游局“中国乡村旅游模范村”“中国乡村旅游模范户”“中国乡村旅游金牌农家乐”三项大奖，温泉花海、环湖碧荷园、“枣皮走廊•蝴蝶谷”等乡村旅游示范片加快建设。雎水踩桥民俗活动圆满成功。首届“厨艺大赛”、安县特色农产品评选顺利完成。全年接待游客500万人次、增长35.7%，实现旅游总收入38.23亿元、增长23.1%。

第三产业日趋繁荣。实现服务业增加值26.39亿元、增长9.4%。新增限额以上批零住餐企业58家、规模以上服务业企业10家。引进阿里巴巴、合多科技、中国网库等知名电商企业，

电商产业园、农村淘宝县级服务中心、淘宝“中国特色·安县馆”开业运营，魔芋电商基地加快建设，建成淘宝村级服务站73个，全年实现电商交易额10.22亿元、网络零售额3.62亿元。好农国际农产品交易批发中心投入运行。出台促进房地产市场健康发展11条政策，全年商品房销售32.7万平方米、增长44%。金融机构存贷款余额分别达146.78亿元、81.24亿元。

二、坚持抓改革、扩开放，发展动力不断增强

各项改革持续深化。新一轮政府机构改革全面完成，事业单位分类改革有序推进。严格执行新《预算法》，公共财政预算管理不断规范。国资国企改革步伐加快。深化投融资改革，完成民间投资62.6亿元、增长5.8%。县信用联社改制农村商业银行取得实质进展。推行“三证合一”改革，新增市场主体471户。推行养老机构公建民营，界牌、桑枣敬老院即将建成投入运行。农村土地确权登记颁证全面完成，农房、集体建设用地、宅基地和小型水利工程等确权颁证有序推进，启动不动产登记，农村产权交易中心和农村集体“三资”管理服务中心挂牌运行。

开放合作不断加强。撤县设区工作加快推进，申报材料已上报国务院。科技城集中发展区安县区域规划建设前期工作有序开展，科技城大道一期工程顺利竣工。四川绵阳汽车产业园获市政府批复，规划建设、推介招商工作加快推进。大力开展精准招商和产业招商，积极参加“西博会”“科博会”等大型招商活动，成功引进纳川新型管材、深圳蓝波绿建光伏发电等重大项目35个，到位国内省外资金28.08亿元。完成外贸进出口总额6900万美元，实际利用外资200万美元。

创新创业活力迸发。实施省级科技项目7项，实现专利申请240件、授权120件，分别增长33.3%、50%。新增科技型中小企业126家，朗迪新材料、蓝奥机械被认定为省级高新技术企业。积极促进农民工和农民企业家返乡创业，在上海、深圳等地召开安县籍成功人士返乡创业座谈会，建成县级创业孵化基地1个、返乡创业示范点30个，成功吸引355名农民工回乡创办企业347家，楠得乌木缘凌永建被人社部表彰为全国优秀农民工。建成大学生创新创业园1个，高校毕业生实现创业50人，安县选手陈飞宇荣获“中国创翼”青年创业创新大赛全国总冠军。

三、坚持打基础、优环境，城乡统筹不断加快

城乡建管扎实推进。县城总规获省住建厅批复，控制性详细规划加快编制。睢水镇总体规划及火车站控制性详细规划编制工作有序开展。县城河西片区第二条污水管网完工，淘金大道东外线等3条市政道路加快建设。花荄城镇危旧房棚户区改造签订征收补偿协议248户。秀水、桑枣、塔水等集镇建设步伐加快，建成幸福美丽新村30个。扎实开展省级文明城市创建，启动县城路牌、门牌建设工作，规范城区车辆停放，推行环卫作业市场化运行，整治违法建设131宗，农村生活垃圾治理通过国家验收，城乡人居环境进一步改善。

基础条件逐步改善。成兰铁路（安县段）加快推进，茶北路、方碑大桥建成通车，梓潼大桥、晓坝大桥等4座病危桥整治如期完工，改造县乡道危桥9座，晓坝齐心至沸水枫香乡村旅游道路、成青路水毁恢复工程有序推进，S418线安县至睢水一级公路、成绵复线宝林出口至成兰铁路安县火车站一级公路前期工作加快推进。新建村组道72公里，打造标美示范路58公里，实施安保工程49公里。草溪河水库可研报告通过长江委复核备案。建成高标准农田4.6万亩，整治加固水库3座、堤防8.7公里、山坪塘190口，疏浚河道10公里。实施城乡电网改造工程，安全用电水平进一步提升。推进城乡光纤网络接入建设，在全市率先建成“全光网县”。

生态环境持续优化。凯江流域工业企业转型升级扎实推进，依法关停污染加工点36处。花荄、晓坝创建为省级生态乡镇。清溪污水处理厂扩容提标工程和秀水、塔水污水处理设施

加快建设。地质灾害应急排危除险76处，治理水土流失7.13平方公里。严格落实“河长制”，加强水环境治理和饮用水源地保护，干河子水环境三年整治通过市政府验收，饮用水水质达标率100%。千佛山国家级自然保护区总体规划和可研报告通过国家评审，完成造林1700亩。狠抓大气污染防治，秸秆禁烧成效明显，综合利用率不断提高，空气质量优良天数达310天。

四、坚持保底线、惠民生，幸福指数不断提升

民生保障全面强化。投入民生资金5.91亿元，141个民生项目和12件民生大事全面完成。新增城镇就业人口4556人，城镇登记失业率控制在3.88%。“五项”社会保险实现全覆盖，支付待遇4.88亿元。农村义务教育学生“免费午餐”惠及学生20646人。调高城乡低保、农村五保标准和环卫工人工资，落实高龄补贴和乡镇工作补贴。出台“救急难”实施意见，完善临时救助制度，发放医疗、临时生活救助金989.63万元。社会养老服务体系加快建设，切实关爱农村留守儿童、妇女和老年人，保障残疾人合法权益。新农合保障水平不断提高，216万人次享受报账1.56亿元。开工建设公租房100套，发放个人住房公积金贷款9952万元、廉租住房补贴188户。完成地质灾害避让搬迁501户，春夏旱期间应急解决5.12万人饮水困难。

社会事业加快发展。义务教育均衡发展通过国家认定，沙汀实验小学建设加快推进，高考硬上线突破千人大关。成功承办全国第九届残运会暨第六届特奥会滚球比赛，成功举办中国舟钓路亚公开赛、第三届环山环湖自行车公开赛。医药卫生体制改革稳步推进，基本药物制度、基本公共卫生服务全覆盖，血吸虫病防治达到国家阻断标准，创建为全国农村中医药工作先进县、全省计划生育综合改革示范县。“安州大舞台”精彩纷呈，话剧小品《石榴树下》获省级“优秀剧目奖”，纪实影集《安州影像》获省“巴蜀文艺奖”。农村广播电视覆盖率达98%以上，放映农村公益电影2808场次。档案馆数字化建设有序推进。

脱贫攻坚精准发力。把精准扶贫、精准脱贫摆在突出位置，编制18个乡镇、24个省级贫困村、17个县级贫困村的脱贫攻坚规划和十大专项扶贫规划，统筹实施“5+10”组合拳，投入扶贫资金877万元，加强农田水利、电网、信息化等基础设施建设，建成规模种植基地15个、规模养殖示范场6个，发展中药材1400亩、魔芋430亩、黑芋子628亩。大力推进2个乡镇6个村的连片扶贫开发，探索实施帮扶资金量化股份给贫困户入股产业发展、参与收益保底分红的扶贫机制，减少贫困人口5071人，精准脱贫工作取得阶段性成效。

社会治理成效显著。“六五”普法圆满完成，依法治理深入推进，大接访、大下访长效机制不断完善，网络理政高效推进。强化安全监管，深入开展安全生产大检查和安全社区建设，道路交通安全综合整治、打非治违、隐患排查治理成效明显，企业主体责任进一步落实，安全形势持续好转。加大食品药品安全监管力度，启动省级食品安全示范县创建。天网二期投入使用，“情指一体”综合调度中心投入运行，应急综合管理服务水平明显提升。积极预防和妥善处置各类群体事件，依法防范和打击各类违法犯罪活动，社会治安满意度位列全市第一。

五、坚持强服务、提效能，政府建设不断加强

依法行政深入推进。坚持政府常务会议学法制度，组织政府系统法律考试，严格执行重大决策程序规定。建立行政权力清单制度，全面取消非行政许可审批事项。强化行政权力运行监督，规范行政执法。完善政府信息公开制度，直播“阳光政务”38期。认真落实县人大及其常委会决议决定，积极采纳县政协建议和视察调研成果，按时办结人大代表建议意见104件、政协委员提案76件，办结率100%。

服务水平明显提升。认真落实“三集中三到位”，大力推行并联审批，行政效能不断提高。争取政府性债券转贷资金3.87亿元，获得政策

性资本金注入2.33亿元，取回建设用地1620亩。开展向存量资产资源要效益行动，利用闲置资产引进项目43个、新增投资15.78亿元。出台稳增长21条措施，制定“两新”产业、电子商务、创新创业等政策，推出“助保贷”金融产品，提供小微企业贷款1870万元，促进产业转型升级、企业健康发展。

廉政建设全面加强。全面落实党风廉政建设主体责任，将廉政建设责任制落实与重大事项实施、纪律监督与群众监督有机结合，探索形成重大项目建设监督“四早”机制。严肃执纪，查处涉及群众身边“四风”和腐败问题61件。严格土地出让、国有资产经营、政府性投资、工程招投标等重点领域监管，扎实开展政府投资项目、专项资金审计，强化农村集体“三资”管理，重拳惩治腐败行为，营造了风清气正、干事创业的良好氛围。

各位代表，2015年各项目标任务的圆满完成，标志着我县“十二五”规划确定的主要目标如期实现。“十二五”期间，我们坚持科学发展、加快发展不动摇，团结奋进，攻坚克难，抵御了宏观经济下行压力加大的冲击，战胜了“8·17”“7·9”特大暴雨、泥石流等自然灾害，办成了一批具有深远意义的大事，办好了一批深受群众欢迎的实事，全县经济社会发展站在了新的更高起点，为全面建成小康社会打下了坚实基础。

过去五年，经济平稳较快发展、综合实力显著增强。2015年，完成地区生产总值109.7亿元，同比增长8.9%，是2010年的1.96倍，年均增长11.4%；一般公共财政预算收入5.2亿元，同比增长8.1%，是2010年的2.46倍，年均增长19.8%；规模以上工业总产值194.85亿元，同比增长11.6%，是2010年的2.6倍，年均增长21%；社会消费品零售总额59.07亿元，同比增长12.1%，是2010年的2.18倍，年均增长12%；全社会固定资产投资101.03亿元，同比增长8.5%，五年累计完成435.1亿元。

过去五年，发展方式加快转变、产业结构日趋优化。三次产业结构比由2010年的30.8 ∶ 43 ∶ 26.2调整为24.2 ∶ 51.7 ∶ 24.1。汽车、化工、医药食品等支柱产业加快发展，工业园区被列为全省“51025”重点产业园区，银河化学位列全省百强企业81位，新增亿元以上工业企业28家。粮食产量实现5连增，被认定为国家级杂交水稻种子生产基地，“安县魔芋”成为国家地理标志保护产品，农民专业合作社达438家，家庭农场达110家，市级以上龙头企业达37家。罗浮山被评为省级旅游度假区，成功创建省级乡村旅游示范县。电子商务快速发展，商贸流通、现代物流、现代金融等日渐繁荣，社消零限上企业达134家。

过去五年，改革创新纵深推进、发展活力充分显现。政府机构改革成效明显，农村产权、财税金融、投融资、国资国企改革取得进展，教育、文化、卫生计生等领域改革不断深化。建成国家级企业技术中心2个，发展科技型中小企业403家，争创中国驰名商标2个、省著名商标6个，专利授权330件。撤县设区工作取得实质进展，科技城集中发展区30平方公里核心区安县面积达13.4平方公里，四川绵阳汽车产业园布局安县。招商引资引进项目184个，到位资金154.07亿元。完成外贸进出口总额2.27亿美元。

过去五年，城乡统筹步伐加快、生态环境明显优化。完成新一轮县城总体规划修编，县城面积扩大到10平方公里，人口增加到8.5万人，秀水、桑枣被列为全国重点镇，塔水等3个乡镇被列为全省“百镇”试点镇，城镇化率由2010年的35%提高到44.67%。成兰铁路（安县段）开工建设，成绵复线在宝林设置出入口，全县公路里程达2226公里，比2010年增加886公里，乡镇通畅率达100%，行政村通畅率达87.6%。省级生态县创建扎实推进，万元GDP能耗、主要污染物排放等全面达标，干河子流域综合整治扎实推进，开展河道内外采砂治砂集中整治和水环境治理，生活垃圾无害化处理率、污水集中处理率不断提高，治理水土流失面积61.67平方公里，千佛山自然保护区晋升为国家级，全县森林覆盖率达39.59%。

过去五年，社会事业全面进步、人民生活持续改善。城乡居民人均可支配收入分别达到25500元和12945元，同比分别增长8.6%、9.7%，是2010年的1.62倍和1.86倍。五年新增城镇就业人口1.94万人，实现农村贫困人口脱贫51657人。“五项”社会保险覆盖面不断扩大，城乡低保应保尽保，新农合参保率连续五年100%。新建保障性住房3774套。教育均衡发展水平提升，义务教育普及率达100%。医药卫生体制改革有序开展，公共卫生服务能力明显提升。文化惠民工程深入实施，文艺精品创作成果丰硕。《汶川特大地震安县抗震救灾志》出版发行。安全生产形势持续稳定向好，平安安县、法治安县建设深入推进，社会大局和谐稳定。国防、双拥、人防、人事、机构编制、民族宗教、外事侨务、对台、统计、档案、供销、邮政、工会、共青团、妇联、工商联、残联、老龄、红十字会等工作取得新成绩。

过去五年，政府建设有效加强、服务水平全面提升。严格执行中央“八项规定”和国务院“约法三章”，深入开展党的群众路线教育实践活动，认真践行“三严三实”要求，加快政府职能转变，深入推进行政审批制度改革，以简政放权为突破口，大幅削减审批事项，推进扩权强镇试点，效能建设取得明显成效。自觉接受县人大及其常委会法律监督、工作监督和县政协民主监督，五年办复人大代表议案、建议和政协委员提案942件，满意和基本满意率达100%。狠抓廉政建设，大力推行政务公开，加强行政监察和审计监督，不断强化关键环节和重点领域监管，严肃查处违法违纪行为，干事创业氛围更加浓厚。

各位代表！经历“十二五”时期的发展与磨炼，今天的安县，经济更加繁荣，社会更加和谐，人民更加幸福，知名度和美誉度显著提高。五年来，安县被联合国人居署评为“迪拜国际改善居住环境全球良好范例”，获得中国宜居宜业典范县、全国科技进步先进县、全国“六五”普法中期先进县、全国县级防震减灾综合考核先进单位、全省教育先进县、全省农民增收工作先进县、全省建设长江上游生态屏障先进集体和全省维护社会稳定工作目标先进县等一大批荣誉。全县人民的自豪感和荣誉感不断增强，干事创业的热情空前高涨，对未来的发展充满信心。

各位代表，回顾“十二五”，我们走过的道路很不平坦。在复杂的宏观经济形势面前，我们没有左顾右盼，发展的思路更加清晰；在各种困难和矛盾面前，我们没有动摇懈怠，发展的势头更加强劲；在激烈的区域竞争面前，我们没有畏缩不前，发展的步伐更加有力。五年来，全县上下坚持加快发展不动摇、攻坚克难不分心、务实落实不犹豫，战胜了比预想要大的困难，取得了比预想要好的成绩，增强了在复杂环境中驾驭经济社会发展的能力，积累了在解放思想中破解发展难题的成功经验，筑牢了在激烈竞争中决战决胜的扎实基础。

“十二五”成绩的取得，是县委坚强领导、统揽全局的结果，是县人大、县政协和社会各界对政府工作有效监督与大力支持的结果，是全县人民团结奋斗、拼搏进取和无私奉献的结果。在此，我代表县人民政府，向全县人民，向县人大代表、政协委员，向所有关心、支持和帮助安县发展的社会各界人士，表示衷心的感谢和崇高的敬意！

在充分肯定成绩的同时，我们也清醒地看到，全县经济社会发展还存在一些不容忽视的困难和问题：民营经济增加值、城镇居民可支配收入等个别指标未完成“十二五”规划目标；县域经济总量小，结构性矛盾较为突出，质量效益还不好，自主创新能力还不强，转型发展任务艰巨；资源、区位、交通等优势尚未得到很好发挥，缺乏对经济有重大拉动作用的大项目支撑，经济增长后劲乏力；财政收支矛盾十分突出，脱贫攻坚任务艰巨，社会事业发展、生态文明建设、社会治理等短板还较多；个别部门“中梗阻”现象仍然存在，一些干部干事创业劲头不足等等。对此，我们一定高度重视，在各位代表和同志们的监督支持下，采取有力措施加以解决。

“十三五”时期政府工作的奋斗目标

“十三五”时期，是全面建设小康社会的决胜阶段。展望未来五年，中央大力实施“一带一路”发展战略，把绵阳纳入国家系统推进全面创新改革先行先试地区；省上积极打造成德绵协同创新共同体，对科技城建设的支持力度空前加大；市上加快建设国家科技城和幸福美丽绵阳，把安县作为重要拓展区域，将四川绵阳汽车产业园布局安县。特别是安县即将实现撤县设区，绵安同城化发展将取得实质进展，安县将站上一个全新的发展舞台，更多地参与绵阳功能分工、资源配置和生产力布局，有利于吸引更多发展要素，集聚更好产业和人才。这一系列重大机遇，都有利于安县立足新起点、发展新优势、培育新动能，在融入全国、全省、全市大局中率先突破发展。

根据中央、省、市和县委关于“十三五”规划编制建议，县政府组织编制了《安县国民经济和社会发展第十三个五年规划纲要（草案）》，已提交大会审查。

《纲要（草案）》提出“十三五”时期，政府工作的指导思想是：全面贯彻党的十八大和十八届三中、四中、五中全会精神，坚持以马克思列宁主义、毛泽东思想、邓小平理论、“三个代表”重要思想、科学发展观为指导，深入学习贯彻习近平总书记系列重要讲话精神，全面落实“四个全面”战略布局，牢固树立“五大发展理念”，始终坚持发展第一要务，紧紧围绕建设“幸福美丽新区”总目标，牢牢把握“科技城集中发展区建设和撤县设区”两大机遇，实施更加积极主动的“全域统筹、创新驱动、开放合作、产业倍增”四大战略，大力推进“新型工业化、新型城镇化、农业现代化、旅游品牌化”四化融合互动发展，力争在全市“两个率先”中走在前列，加快建成全省经济生态强县。

《纲要（草案）》提出“十三五”时期，发展定位是：

——幸福美丽新安州。加快融入绵阳主城区，提高中心城区人口和资源集聚能力，加强城乡统筹发展，推动民生事业、公共服务与主城区全面对接，提升宜业宜居宜游品质，满足城市高品位、多元化需求。

——两新产业增长极。坚持“两新”产业与传统优势产业协同发展，集聚高新技术产业和战略性新兴产业，推动传统产业转型升级，以汽车产业、新型化工、医药食品为重点，形成区域特色优势产业集群，提升产业核心竞争力，打造经济升级版。

——生态经济新高地。始终把生态环境作为城市发展不可逾越的底线和红线，培育生态产业，推进全域旅游、绿色生产、现代农业深度融合，塑造生态文化，实现经济发展与生态建设和谐共赢。

《纲要（草案）》提出“十三五”时期，经济社会发展的主要目标是：

到2020年，全县经济总量、产业结构、城镇建设、社会民生、生态环境等实现跨越赶超，综合实力和持续健康发展能力显著增强，全面建成小康社会。

——经济发展实现新跨越。主要经济指标增速高于全国、全省、全市平均水平，加快建成经济结构优、创新能力强、量增质更优的经济强区，作为全市新兴主城区的战略地位凸显，力争经济综合实力进入全省前50位。

——产业结构迈向中高端。新型工业化快速推进，以汽车为龙头的高新技术产业和战略性新兴产业不断壮大，打造四川第二大汽车产业基地。第三产业比重持续提升，以全域旅游、电子商务、健康养老为核心的现代服务业蓬勃发展。农业现代化取得更大进展。新产业新业态不断成长。三次产业比重调整为17 ∶ 53 ∶ 30。

——城镇建设取得新突破。以人为核心的新型城镇化加速推进，城镇化率达到52%以上。城市建设展现新面貌，人口集聚效应增强，建成全国文明城市。城乡差距和区域差距进一步缩小，特色新城镇、幸福美丽新村建设成效显著，发展空间格局更加优化。

——人民生活迈上新台阶。城乡居民收入增长速度高于经济增长，现行标准下贫困人口全部脱贫，贫困村全部摘帽。社会事业全面进步，公共服务体系更加健全，城乡基本公共服务均等化水平稳步提升。市民文明素质和城市文明程度全面提高，群众的获得感、幸福感显著增强。

——生态文明建设达到新高度。千佛山、罗浮山、白水湖和海绵生物礁自然保护区等重点功能生态区建设成效显著，森林覆盖率达到40.1%以上，建成省级生态县。城乡环境综合治理全面推进，资源能源利用水平明显提升，防灾减灾能力进一步增强。生态文明理念深入人心，形成绿色低碳生产生活方式，打造美丽绵阳典范城区。

力争“十三五”期间，地区生产总值年均增速8.5%；规模以上工业增加值年均增速10%；一般公共财政预算收入年均增速5%；全社会固定资产投资年均增速5%；城镇居民人均可支配收入年均增速9.5%；农民人均可支配收入年均增速10%。

各位代表，我们站在新的历史起点上，开启新的征程。展望“十三五”，前景鼓舞人心，目标催人奋进。我们坚信，有县委的坚强领导，有县人大、县政协的监督支持，有“十二五”时期打下的坚实基础，有全县广大干部群众的团结奋斗，只要我们抓住机遇，奋力拼搏，扎实工作，“十三五”目标一定能够如期实现，安县经济社会发展一定能够迈上新台阶，再创新辉煌!

努力实现“十三五”良好开局

2016年是“十三五”开局之年。做好全年工作，对于“十三五”规划的实施具有极其重要的意义。今年政府工作的总体要求是：深入贯彻中央、省、市一系列新理念、新战略、新部署，认真践行“五大发展理念”，坚持稳中求进总基调，按照县委“一二三四七”工作思路，精心组织好“项目年”，统筹抓好稳增长、调结构、惠民生、防风险，加快建设幸福美丽安县，努力实现“十三五”良好开局。

今年经济和社会发展的主要预期目标建议为：地区生产总值增长8.5%，规模以上工业增加值增速12%，全社会固定资产投资增长10%，一般公共财政预算收入增长8%，社会消费品零售总额增长12%，城镇居民人均可支配收入增长9.5%，农民人均可支配收入增长10%，完成省、市下达的节能减排计划任务。为实现上述目标，重点抓好以下工作：

一、以项目建设为抓手，努力在有效投资上实现新突破

坚持以项目为中心组织经济工作，充分发挥投资对稳增长的关键作用，大力开展“项目年”行动，努力扩大有效投资。

全力抓好谋划争取。深入研究国家、省、市产业支持政策、重点投资领域和专项建设资金投资方向，安排200万元专项经费，扎实做好项目前期工作，主动以规划精准对接国家、省、市“十三五”规划纲要中的项目专栏，强化包装、储备，积极推出一批“两新”产业、传统产业技改、基础设施、社会事业和生态环境等方面的重大项目，加大向上争取力度，努力使更多项目进入国家、省、市规划盘子。

着力激发投资活力。完善政府和社会资本合作机制，鼓励民间资本参与交通、水务、教育、卫生、城市等基础设施和公益性事业项目的投资、建设和运营，引导民间资金转化为产业资本，充分激发民间投资活力，力争民间投资达到65.72亿元。把扩大产业投资放在更加突出位置，全力推进久远智能消防等36个项目开工建设、陈氏菜籽王等19个项目竣工投产，力争完成工业性投资41亿元。

强力推进项目建设。狠抓项目建设不放松，完善重大项目推进常态化管理机制，严格落实县级领导、县级部门联系服务重点项目制度，强化立项审批、资金筹措、用地保障等统筹协调，合理调配水、电、气等发展要素，坚持挂图作战、每月通报，持续开展向存量资产资源要效益行动，大力推动招商引资已签约项目落地实施，力争形成更多投资实物量和投资额。重点抓好九州通医药、恒远机电等15个省、市重点项目建设。

二、以结构调整为重点，努力在创新发展上实现新突破

始终坚持创新驱动发展，加快转方式、调结构，着力构建现代产业体系，不断提升产业发展质量和效益。

突出工业优化升级。大力实施产业发展“一号工程”，着力引进培育高新技术产业和战略性新兴产业，扎实抓好四川绵阳汽车产业园建设，以汽车整车及关键零部件龙头企业为重点，全面启动华晨汽车年产25万辆整车、新华股份年产30万辆汽车发动机关键零部件等项目。加快推进麦思威尔、久信科技等一批“两新”产业项目建设，力争实现高新技术产业产值96.75亿元、增长12.5%，战略性新兴产业产值突破49亿元、增长15%。鼓励传统行业和企业加大技改力度，实施银河化学10万吨红矾钠等44个技改项目，完成技改投资33亿元。认真落实稳增长措施，加大帮扶力度，促进企业满负荷生产，力争实现规模以上工业总产值214亿元，新增规模以上工业企业10户、达到100户。

突出农业提质增效。力争农业总产值增长3.2%。以创建全省第三批现代农业重点县为抓手，稳定粮食播面，新建粮油高产示范片8个，实现粮食产量25.3万吨以上；着力调整产业结构，重点打造水稻制种、蔬菜、水果、食用菌等现代农业基地，突出抓好魔芋、中药材基地建设；加快推进标准化适度规模养殖，出栏生猪44.45万头。大力培育新型农业经营主体，新增市级以上龙头企业2家、农民专业合作社5家、家庭农场5家。巩固国家农产品质量安全县创建成果，推广提升安县特色农产品。深入推进农业向二产三产延伸，积极发展生态休闲观光农业，拓展农民增收渠道。加强农业服务体系建设，提升科技支撑力度。扩大政策性农业保险范围，不断提高农业抗风险能力。

突出旅游全域发展。4月前完成全域旅游目的地体系规划编制。加快罗浮山创建国家级旅游度假区步伐，完善功能，丰富业态，力争年内通过省级初评。7月前建成晓坝齐心至沸水枫香乡村旅游道路，10月前完成罗浮山南环线建设。推动福盟公司“旅游+康养”基地尽快落地。启动千佛山景区恢复重建。以花城果乡、环湖碧荷园、“枣皮走廊·蝴蝶谷”等为重点，结合民俗、文化、环境实际，培育有“卖点”的特色餐饮、特色产品，打造乡村旅游品牌。强化旅游宣传营销，深化“智慧旅游”建设，加强旅游从业人员培训，提升服务水平，力争年接待游客突破575万人次，实现旅游总收入45.8亿元。

突出提升第三产业。深入实施现代服务业发展“一号工程”，大力发展电子商务，推进“全企上网、全民触网”，力争引进孵化电商企业50家。支持本土电商企业发展，培育20个以上特色产品进入“中国特色·安县馆”，全县实现电商交易额15亿元、零售额6亿元。3月前完成物流规划、商业网点规划，积极发展现代物流、现代金融、科技服务等新兴先导服务业。9月前建成安洲二手车销售市场。推进新农村现代流通服务网络工程建设，改造提升综合服务社3个、经营网点5个。大力发展养老服务业，促进医疗康养、休闲健身等业态融合发展，力争新增社会养老机构3家。新入库社消零限上企业10家、规模以上服务业企业10家，实现服务业增加值28亿元。

三、以释放活力为目标，努力在开放发展上实现新突破

进一步解放思想，全面深化改革，提高开放水平，汇集各方优质资源，集聚各类创业主体，不断释放经济社会发展活力。

全面深化改革。严格落实政府权力清单制度，完成责任清单和负面清单编制。加大经济社会管理权限下放力度，全域推进扩权强镇。规范政府采购行为，推广政府购买基本公共服务。力争10月前实现农村商业银行挂牌开业。

推进国资国企改革，进一步提高国有企业竞争力。全面推行“三证合一”改革，确保市场准入便利化。深化农村改革，完成农房、集体建设用地、宅基地和小型水利工程等确权颁证，做好不动产登记，规范农村产权交易中心运行，提升农村集体“三资”管理水平。

扩大开放合作。主动融入科技城发展，积极推进撤县设区，启动兴仁撤乡设镇。优化招商引资机制，整合各类资源，切实用好“西博会”“科博会”等平台，围绕“两新”产业发展、传统产业提质增效和产业链延伸，紧盯知名企业，着力引进一批优质重大产业项目，提高招商引资实效，完成招商引资签约50亿元以上，到位国内省外资金30亿元以上。积极引导企业参加境内外各类经贸交流活动，拓展国内外市场，扩大“安县造”产品外销力度，实现外贸进出口总额7000万美元。

推进创新创业。支持企业和高校、科研院所组建产学研实体和技术创新联盟，增强企业自主创新能力，实现专利申请276件、专利授权80件。着力完善创业服务中心功能配套，加快培养引进创新团队，发展科技型中小企业90家，新增规模以上科技型中小企业5家，新培育国家高新技术企业1家。建立完善政策扶持、培训服务等机制，扎实抓好大学生、失地农民等创业就业，鼓励引导农民工和农民企业家返乡创业，积极争创全省农民工等人员返乡创业试点县，全力推动“大众创业、万众创新”。

打造承载平台。积极做好绵阳综合保税区申建工作，加快建设科技城集中发展区安县区域基础设施，力争年内完成塔九路建设，加快绵安第二快速通道、创业大道等5条市政道路和综合管廊、防洪堤及景观打造等前期工作。6月前编制完成四川绵阳汽车产业园产业发展规划，修订完善工业园区近期建设规划。组建专家智囊团，为汽车产业发展提供智力支撑。积极探索专业化、市场化运行机制，加快实施创业路延长段等基础设施，进一步优化功能配套服务，提升园区承载能力和集聚能力。

四、以城乡一体为方向，努力在协调发展上实现新突破

积极探索新型城镇化和城乡一体化发展新路径，不断提高城乡协调发展水平，加快建设幸福美丽安县。

着力完善县城功能。6月前完成县城控制性详细规划修编。加快淘金大道东外线、文星大道南段、滨江西路南段3条市政道路建设。加大花荄城镇危旧房棚户区改造安置力度，做好国有土地上房屋征收与补偿工作，完成420套保障性住房建设。启动滨河路体育公园、西山公园建设，加快建设西科大城市学院及汇星商业广场、花城酒店等商贸综合体。鼓励房地产开发企业去库存，促进房地产市场健康发展。加强湿地公园、主干道绿化带等城市绿地改造升级，完善公厕等服务设施配套。推进“智慧城市”建设，加快数字化城管系统建设步伐，积极探索完善网格化、精细化、常态化管理机制，全面提升城市管理水平。

统筹打造特色镇村。完成睢水总体规划及火车站控制性详细规划和河清、迎新总体规划修编，以秀水、桑枣、塔水为重点建设特色小城镇，加快塔水、黄土等危旧房棚户区改造。完善“1+6”村级公共服务体系，着力打造新型农村社区，推动城镇公共服务向农村延伸，力争建成幸福美丽新村34个。推进乡村道路改造，新建村道100公里、组道160公里、机耕便民道300公里。全力推进7个沿山乡镇整体连片发展，围绕构建“一线四片多点”发展格局，统筹规划、分步实施，完善基础设施，强化生态保护，因地制宜发展魔芋、中药材等特色产业和乡村旅游业，今年重点抓好晓坝姊妹桥至睢水环湖碧荷园核心区建设。

加快建设基础设施。强力推进交通建设攻坚大会战，继续做好成兰铁路（安县段）建设配合服务工作，完成干河子大桥、成青路水毁恢复工程，打造标美示范路50公里，实施安保工程15公里，加快S418线安县至睢水一级公路建设，做好S216线睢水至绵竹拱星改建、成绵复线宝林出口至成兰铁路安县火车站一级公路项目前期工作。力争草溪河水库年内开工建设。抓好小型农田水利重点县建设，加快推进白河供水工程，完成8公里白溪河山洪沟治理。新改建提灌站180台（套），整理土地1.12万亩，建成高标准农田5.12万亩。积极推进黄土、宝林35kv变电站配电工程，继续实施农村低电压整治。完成10个村“宽带乡村”建设，实现村级全覆盖。

五、以生态环保为前提，努力在绿色发展上实现新突破

牢固树立“绿水青山就是金山银山”理念，把生态文明建设摆在重要位置，加快建设省级生态县。

狠抓节能减排。大力发展绿色低碳循环经济，严格控制高污染、高能耗项目建设，启动绿色工业园区创建。加快推进凯江流域工业企业转型升级，支持化工、建材企业化解过剩产能和淘汰落后产能，着力淘汰高耗能窑炉和机电设备，完成陈氏植物油脂等企业淘汰落后产能任务。加大节能减排投入力度，实施重大节能项目2个；对明升纸业等3家工业企业实行强制性清洁生产，力争万元GDP能耗下降3%。推动生产生活方式绿色转型，促进资源节约化、集约化利用。

强化环境治理。启动安昌河水环境综合整治，开工建设凯江工业集中发展区污水处理厂，力争年内完成清溪污水处理厂扩容提标和千佛、永河污水处理设施建设。进一步做好固体废弃物处置，推进农村面源污染治理。大力实施农村清洁工程，在兴仁、乐兴开展农村垃圾回收分类处理试点，完成塔水七里农村环境连片整治。加强大气污染防治，划定高污染燃料禁燃区，继续抓好秸秆禁烧和综合利用，积极推进机动车尾气防治，完成空气自动站改造，力争空气质量优良天数达85%以上。

推进生态建设。开展乡镇主要负责人生态文明建设离任审计。划定生态红线，完成界牌、河清省级生态乡镇创建。完成土地利用总体规划中期调整和永久基本农田划定，加强耕地和基本农田保护，做好黄洞子沟等地质灾害治理。强化水源涵养林建设和保护，综合治理水土流失7.6平方公里。配合做好申建岷山大熊猫国家公园、争创国家森林城市工作，加快千佛山国家级自然保护区建设，新增造林1700亩。严格环境执法，以最严厉的措施治理环境污染，让群众更好享受碧水蓝天。

六、以民生改善为根本，努力在共享发展上实现新突破

坚持民生为先、民生为重，加快社会事业发展，创新社会治理，努力让改革发展成果更多更公平惠及全县人民。

着力保障改善民生。继续深入实施“十项民生工程”，切实抓好系列民生大事。全年新增城镇就业4100人，城镇登记失业率控制在4%以内。积极做好社会保险扩面征缴，认真落实机关事业单位养老保险参保工作。继续推行农村义务教育学生“免费午餐”计划。强化城乡低保、医疗救助、五保供养等救助体系建设，完善新农合报销政策，更加关心残疾人、空巢老人和留守儿童，切实为弱势群体提供兜底保障。加强食品药品监管，做好重大疾病和疫情防控工作，积极创建省级食品安全示范县。继续做好民族宗教、外事侨务、对台、工会、邮政、保险、红十字会、住房公积金等工作。

全面发展社会事业。全力创建省级文明城市，确保年内通过检查验收。积极推进义务教育均衡发展，确保沙汀实验小学9月投入使用。办好中国舟钓路亚公开赛和环山环湖自行车公开赛等四大精品赛事。稳步推进医药卫生体制改革，加快乡村卫生一体化建设，提升县人民医院综合服务能力，推进“全国中医治未病示范县”试点。落实一对夫妇可生育两个孩子政策，促进人口长期均衡发展。抓好基层文化阵地建设，推动文化惠民项目与群众文化需求有效对接，广泛开展群众性文化体育活动，精心打造“安州大舞台”等文化品牌。深入实施《安县妇女儿童发展纲要（2011—2020年）》，继续推进档案馆数字化建设，做好全国第三次农业普查。深入推进国防、双拥、人防、人事、机构编制、地方志、保密、工商联等工作。

扎实推进脱贫攻坚。认真落实脱贫攻坚“六个一”要求，集中精力打好“5+10”组合拳。瞄准建档立卡贫困人口，整合扶贫资源，加强项目包装和对上争取，加大投入力度，动员和鼓励民营企业等社会力量参与扶贫，严格按照10个扶贫攻坚专项方案和年度计划，重点在晓坝、沸水、睢水等乡镇实施贫困村连片开发项目，切实把“六个精准”“五个一批”要求落实到村、到户、到人头，统筹解决好插花贫困问题，力争年内减少农村贫困人口3600人、贫困村7个。

提升社会治理能力。深入推进依法治县，确保“七五”普法良好开局。全面开展重大决策社会稳定风险评估，加强信访法治化建设，着力解决群众合法合理诉求。严格按照“党政同责、一岗双责、齐抓共管、失责追责”要求，真正将安全责任落实到操作层面，全力确保安全生产形势持续稳定好转。强化道路交通安全综合整治，提升道路管养质效。健全社区警务与网格化社会管理服务体系，推进“情指一体”综合调度中心高效运行，提升应急管理、防灾减灾救灾能力。积极推进“平安安县”建设，完善立体化社会治安防控体系，深化警务运行机制和执法权力运行机制改革，严密防范和打击违法犯罪活动，切实维护社会稳定。

七、以服务群众为宗旨，努力在政府建设上实现新突破

始终坚持执政为民理念，加快职能转变，推进法治政府建设，不断提高行政效能和服务水平，努力建设人民满意政府。

坚持依法行政。坚持政府常务会议学法制度，完善政府系统和工作人员学法用法制度，不断提高依法管理经济和社会事务的能力水平。完善行政执法程序，规范行政执法行为，加大行政执法监督力度，切实做到严格公正文明执法。严格执行县人大及其常委会各项决议、决定，自觉接受县政协监督，认真办理人大代表建议和政协委员提案，建立县人民政府与县人大常委会、县政协定期联系机制，广泛听取社会各界意见建议。

坚持科学理政。严格落实“三重一大”事项决策程序，全面执行决策事项公众参与、专家论证、风险评估、合法性审查与集体讨论决定等程序，不断提高行政决策质量。坚持政府工作项目化、项目责任化，强化目标管理，建立完善项目推进报表、督查和通报机制，做到倒排计划、责任到人，加强节点控制、考核奖惩，加大行政不作为问责力度，推动各项工作落地生根。

坚持为民勤政。深入践行“三严三实”要求，带领推动政府系统干部始终振奋精神，在服务群众、服务企业、服务基层上求突破、出成效。深化行政审批制度改革，严格落实“三集中三到位”，推行政务服务“11331”模式，不断提升政务服务水平。加大政务公开力度，持续开展“阳光政务”电视问政活动，引入社会满意度评价体系，提高政府工作透明度和公众参与度。

坚持廉洁从政。全面落实党风廉政建设责任制，切实抓好政府系统党风廉政建设和反腐败工作。严守中央“八项规定”和国务院“约法三章”，厉行勤俭节约，深化公车改革，严控“三公”经费。加强行政监察和审计监督，强化对财政资金、土地出让、政府采购、脱贫攻坚等重点领域监管，预防源头腐败，坚决纠正损害群众利益的不正之风，树立为民、务实、清廉的政府形象。

各位代表！面对新形势，踏上新征程，让我们在县委的坚强领导下，紧紧依靠全县人民，始终牢记加快发展的使命，始终保持真抓实干的作风，切实增强勇于担当的气魄、干事创业的激情，凝心聚力，开拓奋进，为建设幸福美丽安县而努力奋斗！

名词解释和说明

1.“两新”产业：高新技术产业和战略性新

兴产业。

2.三证合一：企业登记时依次申请，分别由工商行政管理部门核发工商营业执照、组织机构代码管理部门核发组织机构代码证、税务部门核发税务登记证，改为一次申请、合并核发一个营业执照的登记制度。

3.农村集体“三资”管理服务中心：由乡镇人民政府成立的“资金、资产、资源”代理服务监督管理机构。

4.全光网县：全县范围内光纤接入到户的宽带用户占比达到90%以上。

5.河长制：由各级党政主要负责人担任“河长”，负责辖区内河流的污染治理。

6.“五项”社会保险：基本养老、医疗、失业、工伤和生育五种保险。

7.“5+10”组合拳：“5”即政策、组织、资金、创新、考核等5套保障体系；“10”即基础、产业、生态、新村、教育与就业、医疗卫计、文化惠民、社会保障、社会扶贫、财政金融等10个专项扶贫。

8.情指一体：将县政府应急调度中心、县公安局指挥中心、县公安局情报合成作战中心职能整合，实行合署办公。

9.三集中三到位：部门许可职能向一个科室集中、审批科室向政务大厅集中、审批事项网上办理集中，做到事项进驻大厅到位、审批授权窗口到位、电子监察到位。

10.“四早”机制：群众意愿早知晓、廉洁风险早提醒、违纪行为早发现、工程问题早纠正。

11.“51025”重点产业园区：2013年，省政府提出的通过5年的努力，力争形成5个营业收入超过2000亿元、10个营业收入超过1000亿元、25个营业收入超过500亿元的产业园区。

12.五大发展理念：党的十八届五中全会提出的“创新、协调、绿色、开放、共享”五大发展理念。

13.“一二三四七”工作思路：县委2016年工作的总体要求。“一”即建设“幸福美丽安县”总体目标；“二”即“科技城集中发展区建设和撤县设区”两个重大机遇；“三”即“四川绵阳汽车产业园建设、全域旅游发展、脱贫攻坚”三项重点工作；“四”即“新型工业化、新型城镇化、农业现代化、旅游品牌化”深度融合、互动发展；“七”即“绵安同城、产业升级、城乡一体、改革开放、生态文明、民生和谐、党的建设”七项要务。

14.智慧旅游：利用云计算、物联网等新技术，通过互联网主动感知旅游信息，达到对各类旅游信息的智能感知、方便利用的效果。

15.智慧城市：利用先进的信息技术，对包括民生、环保、公共安全、城市服务、工商业活动在内的各种需求做出智能响应，实现城市智慧式管理和运行。

16.“1+6”村级公共服务体系：村级组织（村两委）活动场所和便民服务中心、农民培训中心、文化体育中心、卫生计生中心、综治调解中心、农家购物中心。

17.“一线四片多点”发展格局：“一线”即沿山乡镇所有山区村连线区域；“四片”即晓坝姊妹桥至沸水枫香村，温泉花海及桑枣周边山区村，睢水环湖碧荷园及周边山区村和秀水六个贫困村；“多点”即中药材、魔芋、苗木、水果、养殖等示范点。

18.四大精品赛事：由安县主办的中国舟钓路亚公开赛、环山环湖自行车赛、桥牌赛、九瑞冠军杯乒乓球赛。

19.六个一：1名县级领导、1个驻村帮扶工作组、1名工作组组长、1名第一书记、1个联系单位、每个贫困户至少有1名具体帮扶责任人。

20.“六个精准”“五个一批”：“六个精准”即扶持对象精准、扶贫项目精准、资金使用精准、扶贫措施精准、驻村帮扶精准、脱贫成效精准。“五个一批”即扶持生产和就业发展一批、移民搬迁安置一批、低保政策兜底一批、医疗救助扶持一批、灾后重建帮扶一批。

21.“11331”模式：对行政审批项目一个窗口统一受理，一个窗口统一出件，审批方式实行“三集中三到位”，同时对收费项目实行一个窗口统一收费。

安县人大常委会工作报告

——在安县第十七届人民代表大会第五次会议上

安县人大常委会主任 梁 建

（2016年2月1日）

各位代表：

我受县第十七届人大常委会委托，向大会报告工作，请予审查。

2015年，安县人大常委会在县委的坚强领导下，紧紧围绕县委提出的“坚定一个目标，把握两个机遇，突出三个重点，加快四化同步”工作思路，认真落实县第十七届人大第四次会议确定的目标任务，依法履行宪法和法律赋予的职责，不断提升对“一府两院”法律和工作监督实效，着力构建代表履职长效机制，激发代表履职积极性，扎实有效地开展人大各项工作。监督工作、代表工作等走在全省、全市前列，受到省市人大常委会的肯定，12月，安县人大常委会在市委人大工作会议上作了经验交流发言，对全县加强和改进人大工作积累了很好的经验，为推进民主法制建设进程、实现全县经济社会持续健康发展做出了应有的贡献。

2015年，县人大常委会召开常委会会议11次，常委会主任会议28次，听取和审议“一府两院”贯彻执行法律法规情况报告4项，专项工作报告12项，作出决议决定和审议意见21项，主任会议纪要8项，任免国家机关工作人员和人民陪审员49人。

一、与时俱进，着力推进人大工作向前发展

制定出台《安县人大常委会关于讨论决定重大事项的规定（试行）》。确定涉及全县国民经济、社会事业、城市规划、环境和资源保护等方面须作出相应决议、决定的重大事项17项；必要时可作出相应决议、决定的重大事项20项；报送人大常委会备案，必要时可提出审议的重大事项12项，进一步明确了重大事项议案、报告等提出的程序、形式、内容及人大常委会需作出决定决议的方式。根据《规定》，县人大常委会作出《关于同意〈安县城市总体规划〉（2013—2030）》《关于同意变更安县2014年危旧房棚户区改造项目省级统贷主体》等决定，作出《关于撤销安县设立绵阳市安州区的意见》；对《安县促进房地产市场健康发展十一条措施》等3项县人民政府重大事项送审备案，推进全县经济社会健康发展。

制定出台《安县人大常委会加强司法监督工作的规定》。进一步明确了监督对象和监督方式。通过组织代表旁听法院庭审、召开司法监督工作汇报会、听取检察院专项工作汇报等方式，司法监督工作得到切实加强。

制定出台《安县人大常委会国有资产管理监督办法（试行）》。明确县人大常委会监督国有资产管理的范围、监督重点、监督方式和责任追究等事项，开启对国有资产管理的监督工作，填补县人大常委会监督国有资产的空白。根据《办法》，县人大常委会作出《关于同意回购清溪污水处理厂经营权》《关于同意安县人民政府回购捐赠安县农村信用合作联社资产》《关于同意处置原安县安昌镇辖区部分国有资产》等决定，促进国有资产安全完整、保值增值。

制定出台《安县人大常委会加强财政预算审查监督的决定》。认真贯彻执行新《预算法》，

加强财政预决算审查监督，建立健全全面规范、公开透明的预算制度。根据《决定》，县人大常委会作出《关于批准安县2014年县级财政决算》《关于同意调整安县2015年财政收支预算》等决定，听取了安县2015年地方政府债务限额情况的报告，批准安县2015年地方政府债务限额为11.3931亿元，不包括或有债务。听取了县人民政府《关于〈安县2014年财政预算执行情况和2015年预算草案的报告〉和〈安县2015年预算编制方案〉的报告》，作出了初步审查意见，提出收入预算需完善方面2项，支出预算需完善方面3项，部门预算需完善方面3项，支出预算需补充方面7项。听取县人民政府关于县人大常委会作出融资决定资金使用情况等报告，有效促进预算工作科学化、规范化。

二、服务大局，着力推进经济社会持续发展

助推全县经济健康平稳发展。视察和听取县人民政府关于安县2015年上半年国民经济和社会发展计划执行情况的报告，提出扎实抓好全县工业发展、加快农村经济发展、促进农民增收致富等审议意见；听取审议意见办理情况报告并进行满意度测评。

积极参与全县中心工作。按照县委统一安排，积极参与全县维护社会稳定、扶贫攻坚、电子商务、旅游发展、城乡环境整治、秸秆禁烧、节日安全大检查、领导大接访、联系乡镇、联系困难群众等全县中心工作，联系支持浮山水泥、陈氏植物油脂等41个“四上”企业、项目持续发展以及协办和跟踪服务绵阳嘉宏磁材制造有限公司等科技型中小企业3户。

加强财政预算监督。视察和听取县人民政府关于2014年县级财政决算和2015年上半年财政预算执行情况的报告，提出强化预算管理、优化支出结构、强化非税收入的征收等审议意见；听取审议意见办理情况报告并进行满意度测评。听取县人民政府关于2014年县级财政预算执行和其他财政收支审计工作情况的报告，提出强化审计成果的运用，加大对查出问题的整改力度等审议意见；听取审计整改情况报告并进行满意度测评。

重视科技成果推广运用。视察和听取县人民政府贯彻实施《中华人民共和国科学技术进步法》的情况报告，提出优化科技创新发展环境，强化企业创新主体地位，加速科技成果的转化和运用，推动高新技术产业发展等审议意见。

推进城乡规划建设。视察和听取县人民政府贯彻实施《中华人民共和国城乡规划法》情况的报告，提出加大监督检查力度，夯实城乡规划管理基础，切实完善镇村规划体系建设等审议意见，听取审议意见办理情况报告并进行满意度测评。

维护计生基本国策。视察和听取县人民政府贯彻执行《四川省人口与计划生育条例》情况的报告，提出加强行政执法、关爱扶助失独和计生特困家庭等审议意见，听取审议意见办理情况报告并进行满意度测评。

保障和改善民生。视察和听取农田水利基本建设情况的报告，作出充分调动农民积极性主动参与农田水利建设，发挥资金使用效率，建管并重的主任会议纪要。视察和听取“五险一金”征收管理情况的报告，作出强化资金监管，夯实基础，努力提高服务质量和水平的主任会议纪要。

关注民族宗教事务。视察和听取县人民政府贯彻实施《宗教事务条例》的情况报告，作出加强宗教执法的力度，维护宗教领域稳定和谐，科学合理规划、设置宗教活动场所，积极探索做好信教群众工作的有效途径和办法的主任会议纪要。

三、突出监督实效，着力推进民主法治建设进程

积极推动法治安县建设。坚持常委会会前学法制度，组织常委会组成人员和委室负责人学习了《中华人民共和国预算法》《中华人民共和国城乡规划法》《中华人民共和国科学技术进步法》等法律法规。视察和听取我县“六五”普法工作开展情况，提出开展“法律七进”活动，加强普法阵地建设等审议意见，听取审议意见办理情况报告并进行满意度测评；听取县人民检察院关于反贪污贿赂和侵权渎职工作的情况汇报，作出继续保持反腐败高压态势，从源头上建立预防腐败的基本制度，提升办案水平的主任会议纪要。

促进“一府两院”依法行政。继续开展政府工作部门和“两院”专项工作评议，在听取8个政府工作部门和“两院”专题工作开展情况报告后，通过常委会票决，对县司法局和县民政局工作开展情况进行了专项评议。两个评议组先后深入乡镇、村、社区和企事业单位调查了解，召开评议会，作出评议意见，督促限期整改存在的问题，有力地推进政府工作部门工作。

提高国家工作人员从政能力。坚持任前考核审查、法律考试、任前承诺、任后宣誓等工作。

做好规范性文件备案审查。对县人民政府及其办公室和乡镇人大按规定向县人大常委会报备的规范性文件及时审查，做到有件必备、有错必纠，切实维护国家法制统一。2015年共审查备案政府规范性文件30个，乡镇人大规范性文件54个。

组织代表旁听法院庭审工作。组织部分常委会组成人员和人大代表旁听法院庭审工作，要求法检两院进一步提升队伍素质，提高办案质量，积极化解矛盾纠纷，维护社会公平正义。

监督检查村规民约（居民公约）。对全县各村（社区）的村规民约（居民公约）进行监督审查，对部分村委会和社区的村规民约（居民公约）与法律相抵触的条款提出整改意见，整改后重新公布上墙。

积极配合上级人大开展执法检查和调研活动。配合全国、省、市人大常委会对我县土壤污染防治等法律法规的立法调研、执法检查及省人大常委会对农产品质量安全和新农村建设调研活动等工作，得到上级人大常委会的充分肯定。

四、发挥代表作用，着力构建代表履职长效机制

提高代表履职能力。加强人大代表培训，开展县第十七届人大代表履职培训，坚持每次常委会至少邀请两名以上人大代表列席会议。

代表活动常态化。继续深入开展人大代表“五个一”活动，代表纷纷深入群众中宣传党的政策、走访调研、了解民声、倾听群众的意见建议，积极参加代表小组活动，走访联系选民，提出建议850条，为群众办好事实事和帮扶困难群众1210件次，撰写调研文章50篇，反映社情民意2150条，受到广大选民称赞。

积极参与扶贫攻坚活动。按照省、市、县人大的要求，在全县18个乡镇积极开展“扶贫攻坚——人大代表在行动”活动，乡镇结合实情，人大代表根据自身实际，制定方案抓落实，常委会成立6个小组，督促18个乡镇积极开展该项活动，并初见成效。

提高建议办理质量。加强和改进代表建议督办工作，选取群众关注度高的代表建议实行常委会领导牵头重点督办。县第十七届人大第四次会议期间，代表共提出议案（转为建议办理）、建议、批评和意见104件，均在法定办理时间内得到办理，代表满意、基本满意达100%。

构建代表履职长效机制。在全县试点代表履职评价、退出、保障和激励机制，各乡镇以提供代表履职平台、保证代表活动经费、出台多种激励措施、年终进行履职登记、撰写履职报告及召开选民大会进行代表述职和测评等形式，为代表履行职务、发挥作用创造条件，使代表履职进一步规范，代表主动履职的意识和能力得到提升，履职机制试点成效明显，履职机制框架初步形成，受到选民认可。

县乡（镇）人大实现同步发展。县人大常委会加强对乡镇人大工作的联系和指导，完善乡镇人大年度考核办法，不定期召开乡镇人大工作例会，组织乡镇人大主席参加学习培训，坚持每年至少邀请乡镇人大主席列席两次常委会会议，参与常委会重要活动。

五、注重作风转变，着力推进人大整体作用发挥

深入开展专题教育活动。根据中央、省、市要求和县委部署，扎实开展党的“三严三实”

专题教育活动，认真学习党的十八大和十八届三中、四中、五中全会精神，通过学习教育，进一步坚定理想信念、强化群众观念、增强“谋事要实、创业要实、做人要实”的自觉性；通过开展专题调研，分析解决突出问题，有效提升了人大工作科学化水平；通过开展“走基层、村村行”“三深入一走遍”等接“地气”活动，与人民群众联系更加紧密。

建立健全工作规范。制定完善了常委会工作职责，学习制度，决策、监督工作制度，工作管理制度，联系和服务群众工作制度，机关内部管理制度，工作流程图共48项。

加强对外学习交流。密切同市人大常委会和兄弟县区人大常委会的联系和沟通，积极参加川渝鄂部分区县市人大常委会联席会议。

加强宣传信息工作。高度重视履职透明公开，及时上报各类信息，办好《人大公报》，宣传信息工作名列全市县（市区）人大常委会前列，受到省市人大常委会表彰。

加强信访工作。认真做好来信来访工作，加强对信访反映问题的调查了解和催办督办，使群众合理诉求得到解决。2015年共受理人民群众来信来访69人次。

各位代表，2015年常委会各项工作取得了新的成绩，这是县委正确领导和对人大工作高度重视的结果，是常委会组成人员、全体人大代表和人大工作者共同努力，“一府两院”、社会各界大力支持的结果。在此，我谨代表县人大常委会向所有关心、支持、帮助人大工作的领导和同志们表示衷心感谢！

回顾2015年的工作，我们清醒地认识到，常委会的工作与宪法和法律赋予的职责及人民群众的期望和代表的要求相比还存在着一定的差距。对此，我们将努力探索工作新方式、新途径，切实加以解决。

各位代表：

2016年，是全面实施“十三五”规划开局之年，是推动安县加快转型升级、加快建设幸福美丽安县的关键之年，做好新时期人大工作，事关全面推进依法治县重大决策的贯彻落实。县人大常委会将深入学习贯彻党的十八大和十八届三中、四中、五中全会精神，全面落实中央、省、市关于加强县乡人大工作和建设的若干意见，在县委的坚强领导下，紧紧围绕县委提出的“坚定发展一个目标、把握两个重大机遇、突出三项重点工作、推进四化融合互动，狠抓七项首要任务”工作思路，依法履行宪法和法律所赋予的职责，与时俱进，扎实工作，全面推进民主法制建设进程，努力开创人大工作新局面。

一是关注全县重点，依法行使好重大事项决定权。严格执行《安县人大常委会关于讨论决定重大事项的规定（试行）》，建立完善政府重大决策出台前向人大报告制度，就事关改革发展稳定全局的重大问题、人民群众普遍关注的热点难点问题、关系长远发展的突出问题，适时做出决议、决定。围绕“十三五”规划和全县重点工作部署，组织常委会组成人员和部分人大代表进行视察和调研。通过视察和调研，深入了解情况，总结工作经验，分析存在问题，提出建设性意见和建议，推进相关工作。

二是注重社会民生，依法行使好监督权。把监督重点放在事关全局，群众反映强烈、要求迫切解决的问题上，重点关注四川绵阳汽车产业园建设、全域旅游发展、脱贫攻坚和绵安同城、三产升级、城乡统筹、改革开放、生态文明、民生和谐等方面，综合运用审议审查、视察检查、质询询问、依法罢免等多种监督手段，努力形成人大监督工作的合力。要通过组织代表旁听法院庭审，召开司法监督工作汇报会，听取司法部门专项工作汇报等方式，促进司法公正，维护法律的公平正义。要加大备案审查力度，做到有件必备、有错必纠，切实维护国家法制统一。要认真做好群众来信来访工作，积极适应信访工作新形势，完善工作机制，畅通民意表达及信访渠道，依法受理来信来访。坚持常委会领导接访制度，重大案件跟踪督办，维护群众合法权益。

三是强化从政能力，依法行使好任免权。坚持对新任命人员实行任职资格审查、任前法律知识考试、任前表态发言、任后向《宪法》宣誓和接受询问等制度。对“一府两院”选举任命的干部实行年内书面述职，全面掌握了解其依法行政、贯彻执行人大决议、决定情况。

四是突出作用发挥，助推经济社会发展。抓好闭会期间代表工作。强化代表学习培训，继续深入开展人大代表“五个一”活动，总结完善代表履职评价、退出、保障、激励机制，在全县推广。扎实做好代表服务、保障工作，为代表履职创造条件。充分发挥代表密切联系群众的优势，深入开展好“扶贫攻坚——人大代表在行动”活动，在资金、政策、项目上给予支持，使贫困群众精准脱贫。进一步加强和改进代表建议督办工作，选取群众关注度高的代表建议进行重点督办。在县委的领导下，严格按照省市县人大常委会要求，依法做好县乡人大代表换届选举工作，通过县乡两级人大换届选举，把模范遵守宪法和法律、密切联系人民群众、自觉遵守社会公德、廉洁自律、公道正派、具有一定履职能力的人选为人大代表。坚持对乡镇人大开展经常性指导。召开好乡镇人大工作例会，指导乡镇每年召开两次人民代表大会会议，加强对乡镇人大主席培训，组织乡镇人大主席外出学习、各乡镇人大之间进行交流等活动，开阔视野，坚持邀请乡镇人大主席列席常委会会议，参与常委会重要活动，科学细化乡镇人大年度考核办法，推进乡镇人大工作向前发展。

五是狠抓自身建设，推动人大工作与时俱进。深入学习贯彻党的十八大和十八届三中、四中、五中全会及习近平总书记系列重要讲话精神，深刻领会精神实质，把思想认识统一到中央和省市县委的各项决策部署上来。加强对外学习和交流。坚持会前学法制度，提高常委会组成人员的法制水平和履职能力。健全常委会办事机构和工作机构，加强工作力量和能力建设。推动人大干部的选拔、培养和交流。加强作风建设，保持奋发有为、积极进取、昂扬向上的精神状态，全面提升人大工作质量和水平。

各位代表、同志们！2015年，成绩来之不易；2016年，任务光荣艰巨。让我们高举中国特色社会主义伟大旗帜，更加紧密地团结在以习近平同志为总书记的党中央周围，在县委的坚强领导下，凝神聚力，真抓实干，为推进人民代表大会制度理论和实践创新，实现安县经济社会持续健康发展，加快建设幸福美丽安县作出新的更大贡献！

政协安县委员会工作报告

——在政协安县第十三届委员会第五次会议上

安县政协主席　张忠贵

（2016年1月28日）

各位委员，同志们：

我受政协第十三届安县委员会常务委员会委托，向大会报告工作。请予审议，并请同志们提出宝贵意见。

2015年工作回顾

2015年是深入贯彻落实“四个全面”战略布局，自觉适应改革发展新常态的一年。一年来，在中共安县县委的坚强领导下，县政协常委会坚持团结和民主两大主题，紧紧围绕全县工作大局，认真履行政治协商、民主监督、参政议政职能，切实发挥协调关系、凝聚人心、汇聚力量、建言献策、服务大局的作用，为全县改革发展稳定作出了积极贡献。

一、围绕中心，参政议政，为助推改革发展献计出力

常委会紧扣县委、县政府工作中心，广泛组织政协委员、各界人士为助推全县改革发展议政建言。

政治协商围绕重点。四次全会以来，县政协面对宏观经济形势复杂多变，影响经济社会发展的不确定、不稳定因素仍然较多的实际，组织委员围绕促进工业园区可持续发展、破解中小企业融资难、推进现代物流业发展、推进电子商务发展、保护安县“母亲河”水生态环境、推进农业产业功能区建设、城镇化建设与义务教育均衡发展等方面积极撰写提案、进行大会交流、开展联组讨论、专题调研议政，为安县的发展谏诤言、献良策，提出意见和建议100多条，得到县委、县政府高度重视和积极采纳。

民主监督注重实效。狠抓重点工作视察。组织委员开展“社会养老事业发展”视察，提出“加强社会养老事业发展规划、创新养老事业发展模式”等5条建议，县委书记专门批示“请分管副县长和县民政局同志参阅，养老事业是一项朝阳产业，大力发展我县养老事业，带动县域服务业发展”。组织开展“依法治县”视察和专题协商议政，提出“加强法制宣传、强化社会治安综合治理”等12条建议。组织开展“政府采购”视察，提出“规范政府采购流程、健全体制机制”等5条建议。组织开展“创建省级文明城市”视察和专题议政，提出“加强文明创建宣传、落实文明创建责任制”等11条建议，同时按照“创建活动开展到哪个阶段，督查工作就跟进到哪个阶段”的要求，跟踪督查问效。狠抓重点提案办理。组织委员对“加快安县工业发展”“加大工业闲置土地和低效用地清理”“关于推进安县电子商务发展”“提升安县旅游品牌”“建立创建文明城市建设责任公示制”等重点提案进行督办。四次全会以来，共征集委员提案85件，立案76件，办复76件，办复率达100%，委员满意和基本满意率达100%。加强特约监督员工作。继续选派20名政协委员担任有关部门的特约监督员和政风行风评议员，对党政部门的班子建设、队伍建设、党风廉政建设、执法执纪情况开展民主监督。

参政议政助推发展。围绕新型工业化，开展“盘活园区存量资产推动工业提质增效”调研，提出“加强土地供应管理、健全建设用地批后监管”等6条建议。围绕新型城镇化，开展“全县房地产业发展”调研，提出“政府合理引导住房消费、实行差别化信贷政策”等15条建议，在县政府制定《关于促进安县房地产市场健康发展十一条措施》中予以采纳。围绕农业现代化，开展“建设幸福美丽新村，打造新农村升级版”调研，提出“发挥农民主体作用、科学规划新村建设布局”等6条建议。围绕旅游品牌化，开展“安县非物质文化遗产的传承与保护”调研，提出“大力开展非遗的保护和利用、建立和完善非遗工作保障机制”等8条建议，在市政协专题议政会上交流发言；全力协助睢水“环湖碧荷园”项目建设，提出“完善和提升项目总体规划、重视环境保护”等9条建议，引起相关部门重视和采纳。围绕产业转型升级，开展“加快安县现代物流业发展”调研，提出“加强物流业发展规划、制定促进物流业发展优惠政策”等5条建议，县委、县政府主要领导专门批示“政协调研报告很好！相关部门要认真研究吸纳”。围绕招商引资，政协主要领导带队赴上海、江苏、广州等地考察项目，为招商引资牵线搭桥，为项目落地出力支招。同时，积极配合市政协开展好农村电子商务发展、农业执法、节约集约用地、低效工业用地再开发等专题调研，得到市政协的充分肯定，被评为全市联合视察调研先进单位。

二、突出重点，履职为民，为推进民生改善贡献力量

常委会坚持履职为民理念，关注民情，反映民意，维护民利，为促进民生改善发挥积极作用。

着力惠民生。关注特大旱情。政协班子成员第一时间深入联系乡镇、村，察看旱情，安抚受灾群众，指导参与抗旱救灾工作。政协常委主动作为，全力投入抗旱一线，寻找水源、整修沟渠、指导农业生产，千方百计帮助农民群众渡过难关。关注民生热点。组织开展“乡村卫生服务一体化建设”调研并形成报告，县委主要领导专门批示“请分管副县长组织相关部门认真研究健全全县卫生服务三级网络，乡村卫生服务项目一体化管理形成规范、有序、高效、便捷的管理体制及运行模式提出意见”。开展“计划生育技术服务”专题视察，提出“提高计划生育服务质量、加强计生政策宣传”等建议，推动了民生事业健康发展。

竭力办实事。全力推进脱贫攻坚和重点项目建设，尽心为民办实事。县政协班子成员深入开展“走基层·村村行”活动，多次深入联系乡镇、村（社区）和贫困户家中，开展精准脱贫和结对帮扶工作。一年来，为联系乡镇、村和“环湖碧荷园”等重点项目，协调项目资金326万元、水泥200吨，帮助硬化村道7公里、沟渠13公里，新建人畜饮水工程、便民桥等基础设施，极大地改善了农村面貌，“环湖碧荷园”也成功面世并深受游客好评；引进天豪魔芋等3家龙头企业，带动280户农户种植中药材、魔芋、莲藕、脆李等经济作物，助推农民增收；加大帮扶力度，组织政协委员与贫困学生、留守儿童、孤寡老人等困难群众结对帮扶，共捐资捐物186万余元，用实际行动为脱贫攻坚献智出力。

三、凝聚共识，增进团结，为促进和谐稳定发挥作用

常委会始终突出团结和民主两大主题，注重发挥大团结、大联合的组织优势，努力营造团结民主、共谋发展的良好氛围。

促进合作共事。推动民主党派建设。组织召开全县民主党派工作座谈会，帮助落实民主党派工作经费预算和办公场所。指导民主促进会和农工民主党安县支部开展调研活动，提出“加强卫生队伍建设，提高医疗技术水平”“促进新兴产业发展”等建议12条。加强统一战线汇聚力量。抓好党外代表人士队伍建设和党外后备干部储备工作，积极向县委推荐14名党外优秀干部。抓好民营经济走访联系工作。深入好医生药业、湘天建材等联系企业和项目调查研究，尽力为企业发展解困；帮助好医生药业

顶住经济下行的压力，新增投资1.2亿元，加快中药配方颗粒项目建设。维护社会和谐稳定。协调资金95万元，用于扶持少数民族群众发展产业和改善基础设施。协调资金42万元，解决飞鸣禅院、塔水清真寺和秀水天主教堂用水用电、古木保护等问题；积极引导宗教界开展慈善活动，捐资5万元扶贫帮困，增进了民族团结、宗教和谐。定期开展领导“大接访、大下访、大走访”活动，累计接待群众54批117人次，一大批涉及群众切身利益的问题得到解决，有力地促进了社会和谐稳定。

深化团结联谊。注重团结各方力量。继续发挥牵线搭桥的作用，切实加强与港澳台同胞、海外侨胞和归侨侨眷的联谊。邀请台资企业来县考察投资环境，促进达成合作意向；争取台湾法鼓山资金33.62万元，援建秀水镇第一中心小学塑胶操场整治项目；组织开展台胞台属座谈会，看望慰问援建台胞，帮助困难台属。注重开展交流联谊。协助黄埔军校同学会安县联络组开展活动；多次接待省、市政协来安县开展调研视察，先后接待江苏省常熟市、山西省运城市和省内凉山州、阿坝州、资阳市、宜宾市兴文县、广元市朝天区等省内外、市（州）、县（区）政协来安县考察学习，深化交流合作。

四、大胆探索，创新实践，为提升履职成效不懈努力

常委会认真践行“三严三实”要求，始终坚持以“严实”的作风，加强自身建设，积极创新实践，不断提高履职实效。

加强政协协商民主建设。县委高度重视政协工作，认真贯彻落实《中共中央关于加强社会主义协商民主建设的意见》，县委、县政府、县政协联合制定实施《2015年协商工作计划》，明确了协商议题、协商形式、协商人员、协商成果报送和协商意见处理反馈制度；及时召开县委政协工作会议，转发了《关于在乡镇试点设立政协工作委员会的实施意见》，在花荄、睢水、清泉试点设立了乡镇政协工作委员会，增设了政协委员工作委员会，加强了人员配备，明确了职能职责。清泉镇政协工委积极探索实践“百姓提案”活动，面对面倾听百姓心声，实打实解决群众难题的举措受到市政协的高度肯定。花荄、睢水镇政协工委围绕当地党委、政府工作中心，积极收集社情民意，为促进问题的解决发挥了积极作用，对推动基层协商民主进行了有益探索。

加强政协机关和专委会建设。加强政协机关建设。严格调研视察、办文办会、对外接待、公车使用等工作流程，严肃工作纪律，进一步规范政协机关运行机制。加强政协专委会建设。各专委会围绕常委会工作部署，充分发挥自身特点和优势，组织委员开展学习交流、调研视察、民主监督等活动，积极反映委员所提建议和意见，履行职能的基础性作用得到充分体现。

加强联络组工作指导。继续强化政协领导联系、专委会具体指导联络组工作机制。政协联络组活动内容丰富、形式多样。政协16个联络组分别组织委员就城市建设、工业企业发展、农业产业化、农村环境治理、乡村旅游等开展调研视察，提交联名提案7件。鼓励联络组“走出去”开阔眼界，跳出界别看安县。党群联络组围绕现代农业、小城镇建设等方面发展，组织到江油等地开展专题调研，代表联络组在县委政协会上交流发言；医卫联络组、教育新闻联络组关心关注全域旅游、文化挖掘等方面打造，组织到龙泉驿、金堂等地考察学习，开阔了视野，更新了观念；乡镇联络组围绕生态农业、幸福美丽新村建设，开展专题考察，并提出了很好的建议。财贸、农口交通等4个联络组还将活动成果转化作大会发言。联络活动体现了界别特色，取得了实在成效。

加强委员队伍建设。抓学习，提升委员履职能力。邀请省政协地联委专职副主任覃涌同志为全体政协委员、特邀委员进行《政协委员的修养》专题培训；组织党群、经济界委员60余人听取了著名经济学家王进教授关于经济发展形势的专题报告；编发《政协委员必读》等学习资料。通过培训和自学，提高了委员履职本领和建言献策水平。抓制度，增强委员履职实效。修订出台了《安县政协工作规范(试行)》，包含政协会议、调研、视察、提案、机关建设等制度25个、工作流程图6个，加强了委员履职的制度化、规范化、程序化。

加强文史宣传工作。按照“亲历、亲见、亲闻”原则，充分发挥“存史、资政、团结、育人”的作用，做好文史资料的收集、编撰工作。安县文史工作被市政协评为2015年度先进单位。积极宣传政协委员新风采，全年市级以上媒体刊用安县政协稿件100余件。《政协建议让“农旅双链”模式鼓起农民增收“钱袋子”》《“百姓提案”结出协商民主硕果》等稿件在《人民政协报》《四川政协报》头版刊载。安县政协信息宣传工作连续5年被市政协评为先进单位，连续9年被省政协评为先进单位。

各位委员、同志们，过去一年县政协工作取得的进展和成效，是中共安县县委坚强领导和市政协大力指导的结果，是县人大、县政府关心支持和社会各界密切配合的结果，是政协各参加单位和广大委员共同努力的结果。在此，我代表县政协常委会向所有关心、支持政协工作的各位领导、同志们、朋友们表示衷心的感谢和崇高的敬意！

在肯定成绩的同时，我们也清醒地认识到存在的不足。主要表现在：委员的主体作用发挥不够充分，个别委员履职责任感和主动性有待进一步增强；民主监督力度还需要进一步加强；推进协商民主的途径和方式有待进一步探索；联络组的活动形式和内容有待进一步创新；提案质量和办理质量有待进一步提高；乡镇政协工委试点工作刚刚起步，许多工作需要积极探索。对此，我们将在今后的工作中认真研究，不断改进。

2016年工作建议

2016年是“十三五”开局之年，也是本届常委会履职的最后一年。县政协工作的总体要求是：深入学习贯彻中共十八大、十八届三中、四中、五中全会和习近平总书记系列重要讲话精神，在中共安县县委的坚强领导下，坚持团结和民主两大主题，牢固树立创新、协调、绿色、开放、共享发展理念，紧紧围绕县委“坚定一个发展目标，把握两项重大机遇，突出三项重点工作，推进四化融合互动，狠抓七项要务”的工作思路，切实履行政治协商、民主监督、参政议政职能，充分发挥人民政协协商民主重要渠道作用，为加快建设幸福美丽安县，努力实现“十三五”时期经济建设、政治建设、文化建设、社会建设、生态文明建设和全面建成小康社会贡献智慧和力量。

一、学习新理论，努力为协商民主和政协工作提供保障

深入学习贯彻中共十八大，十八届三中、四中、五中全会和习近平总书记系列重要讲话精神及省委、市委、县委政协工作会议精神，是当前及今后一个时期县政协工作的首要政治任务。全体委员和各参加单位要带头学习，准确把握精神实质，坚决贯彻落实各项决策部署。要聚焦创新发展、协调发展、绿色发展、开放发展和共享发展理念，深入调查研究，积极协商议政，为幸福美丽安县建设出实招、谋良策。要认真学习党的统一战线和人民政协理论、政协章程，着力推进政协事业不断发展；要学习市场经济新理论、现代新科技、管理新方法，用新知识、新科技武装头脑，更好地发挥政协组织在全县经济社会发展中的促进作用，开创统一战线和人民政协工作新局面。

二、聚焦新常态，努力为经济发展和转型升级献计出力

围绕中心，服务大局，是人民政协履行职能必须遵循的原则。常委会要紧扣全县重点，履行三大职能。认真开展政治协商。着眼全县经济、社会、政治、文化和生态文明建设等重大课题深入调查研究，积极协商议政。充分发挥专委会的特点和优势，动员和组织政协委员围绕加强区域统筹协调、加快完善基础保障、推动产业升级、推进全域旅游等实现“十三五”规划的重大课题深入调研，积极为县域经济发展建言献策。扎实推进民主监督。积极探讨履行民主监督职能的有效方法和途径，推进民主监督的组织化、程序化。

强化对委员提案办理落实情况的跟踪督办，促进委员提出的意见和建议在经济社会发展的实践中得到充分体现。加强对重大产业项目、重大基础设施建设及教育、医疗、住房、社会保障、食品安全等工作视察，增强民主监督的实效性，促进工作落实。积极做好参政议政。紧紧围绕“四个全面”战略布局安县实践，加强对“新型工业化、农业现代化、新型城镇化、旅游品牌化”同步发展和精准脱贫、依法治县、全域旅游、文明城市创建、电子商务发展等课题进行议政建言。按照全县阶段性工作重点，适时开展调研视察活动，组织委员到发达地区考察学习，不断提升参政议政水平。

三、顺应新期盼，努力为社会事业和民生改善出谋划策

坚持把维护最广大人民群众的根本利益作为政协开展工作的出发点和落脚点，体现在履行职能的各项工作中。聚力脱贫攻坚。把脱贫攻坚作为履职重点，积极开展“我为脱贫攻坚办实事好事”主题活动，倡议政协委员积极参与贫困村、贫困户结对帮扶活动，引导和组织委员开展教育科技、文化卫生、法律知识下乡活动，积极开展捐资捐物，帮助发展特色产业，改善生产生活设施，努力为脱贫攻坚献智出力。促进履职为民。强化“人民政协为人民”理念，引导政协委员投身改善民生的具体实践。切实发挥政协提案在改善民生中的积极作用，努力拓宽反映社情民意的渠道，更加直接、畅通地反映群众的意见和呼声。坚持服务民生。围绕食品药品监管体系、住房和社会保障、教育医疗、养老服务产业、群众文化发展、生态文明建设、环境保护等群众关注的热点问题，通过调研、视察、协商等形式，提出切实可行的意见建议，推进民生改善。

四、营造新环境，努力为团结民主和社会和谐凝聚力量

始终坚持团结和民主两大主题，充分发挥政协组织的政治优势，凝聚各界力量，协调各方关系，化解各类矛盾，积极维护社会和谐稳定。加强与社会各界的团结联合，密切与各民主党派、无党派人士、工商联、人民团体和社会各界的联系、交流和沟通，为他们更好地履行职能搭好平台。积极促进党外代表人士队伍建设。认真落实党的民族宗教政策，协助做好民族宗教工作。加强港澳台、海外侨胞及其眷属、民族宗教界人士以及新社会阶层的联系和团结，凝聚社会各方力量，努力促进社会和谐。探索团结联系新经济组织和新社会组织代表人士的途径和载体。加强与市内外、省内外政协组织的联系，促进工作交流，为展示安县、宣传安县、推动安县发展作出贡献。

五、落实新要求，努力为履行职能和自身建设奠定基础

人民政协是社会主义协商民主的重要渠道和专门协商机构。要认真贯彻执行《中共中央关于加强社会主义协商民主建设的意见》，始终坚持以“严实”的作风，加强政协常委会自身建设，完善政协常委会议事规则和工作机制。加强专委会建设，落实专委会与部门对口联系制度，发挥好专委会的基础性作用。加强政协工委建设，积极支持花荄、睢水、清泉三个试点乡镇政协工委开展工作，进一步明晰工作职能职责；积极探索基层政协工委学习制度、活动制度、考核制度等体制机制，搭建基层委员履职平台，推动政协工作向基层延伸。加强委员小组建设，坚持抓大事、议大事、办实事、求实效的原则，紧密结合本乡镇、本系统和自身工作实际，精心选题，开展调研视察、外出考察，为全县经济社会发展献计出力。加强委员队伍建设，认真开展“五个一”活动，充分展现委员在本职工作中的带头作用、在政协工作中的主体作用和在界别群众中的代表作用。进一步健全委员履职激励机制，对优秀提案、优秀政协委员、优秀委员小组进行表扬，充分调动和激发委员履职热情。全体政协委员和政协机关干部要严格落实中央“八项规定”“三严三实”和省、市、县关于加强作风建设的有关要求，认真遵守廉政准则，筑牢思想防线，自觉接受监督，以为民务实清廉之举推动政协事业不断发展。

各位委员、同志们，新的形势和新的任务，对人民政协工作提出了新的更高要求，也为人民政协履行职能、发挥作用提供了更加广阔的舞台。让我们更加紧密地团结在以习近平同志为总书记的中共中央周围，在中共安县县委的坚强领导和市政协的大力指导下，在县人大、县政府及社会各界的大力支持下，团结奋进，开拓创新，扎实工作，为加快建设幸福美丽安县作出新的更大贡献！

安州年鉴
AN ZHOU YEARBOOK

大事记

区文化广场一角

2015年大事记

1月

1日　县委副书记李昊天一行到乐兴、桑枣、晓坝等乡镇，详细了解节日期间安全生产及值班情况。李昊天对节日期间坚守岗位的干部表示亲切慰问，并致以节日的祝福。

5日　县委副书记钟思亮率县财政、住建、农业等部门负责人到成都、郫县就农村产权流转交易、农村土地制度改革等内容进行参观考察。

5—6日　“中国科技城，创新创业新特区”绵阳青年创新创业环境推介会先后在昆明理工大学、云南大学举行。县委书记廖雪梅在会上就安县创新创业环境作详细推介，并邀请广大青年师生到安县大展才华。

7日　县教体系统举行“2015祖国颂”新年音乐会。音乐会邀请国内外著名乐团乐手演奏《红旗飘飘》《可爱的中国》《把一切献给党》等歌颂党和祖国的名曲，为观众献上一场艺术盛宴。

8日　全市民兵预备役冬季野营拉练在安县开拔，这也是全市首次开展的大规模民兵野营拉练。来自全市各县、区的1000多名民兵负重25千克，从辽安路二期路口出发，途经花城果乡，前往江油市青莲镇，全程30公里，其中有安县民兵100多名。

12日　县委书记廖雪梅一行先后到绵阳豪茂魔芋、四川新阜建材、四川天和饲料和绵阳华丽新材料等企业生产车间调研。每到一处了解生产经营情况，与企业负责人就企业未来发展打算和深化市场空间拓展进行深入交流，并就企业发展过程中遇到的实际问题进行现场办公。

是日　副市长、公安局局长任建民到安县检查指导“中国春社·雎水踩桥”活动安保工作准备情况，并传达市委书记罗强对安县踩桥活动安保工作指导意见。

13日　安县县委召开2015年经济社会发展工作研讨会。县委书记廖雪梅主持会议。县委副书记钟思亮介绍全县2014年社会经济发展情况和2015年全县工作要点（讨论稿）。会上，县人大、政协、各部门和乡镇分别从各自工作实际出发，就全县2015年社会经济发展打算和重点领域改革发展工作进行深入探讨。县四大班子领导参加会议。

14日　县委书记廖雪梅到塔水镇调研企业发展情况。廖雪梅先后到陈氏植物油脂公司、辉达油脂化工公司、志辉油脂公司、绿植农业公司、普及饲料等企业，实地查看生产经营状况，详细了解企业产品研发、生产加工、推广营销等情况，听取企业负责人相关介绍，同时对企业提出了要求。

是日　市考核组到安县考核加快推进新型城镇化工作。考核组一行先后到花荄镇花城果乡、黄土镇方碑村和桑枣场镇，详细了解全县新农村建设、“全省百镇建设试点镇”项目推进以及新型城镇化建设等工作，并对安县加快推进新型城镇化工作表示肯定。

20日　安县第十七届人大常委会第二十七次会议召开。会议组织学习《中华人民共和国各级人民代表大会常务委员会监督法》，讨论通过《安县人大常委会2014年工作报告》和《安县人大常委会2015年工作要点》，补选了绵阳市第六届人大代表1名。县人大常委会主任梁建、县人大常委会副主任王勇军、唐坚、彭明礼、于功春参加会议，县委常委、常务副县长党海燕、县政协副主席金红列席会议。

22日　省农业厅经作处处长胡强一行到安

县调研现代农业重点项目建设情况。胡强一行先后到高川乡天池村中药材万亩示范区、乐兴镇猕猴桃走廊、宝林镇鱼腥草走廊，对全县现代农业重点县建设情况进行实地查看，了解各项目产业基地建设、运作经营模式、种植生产销售等情况，对安县2014年现代农业重点项目建设所取得的成效和做法给予充分肯定。

是日　安县首个新村集中供气项目——塔水镇龙桥村新村集中供气项目通过竣工验收，并投入使用，该处集中供气点每天可产沼气50立方米，可同时供给84户农户使用。

26日　副县长岳兵检查全县寺庙安全工作。岳兵一行先后到河清镇普济寺、睢水镇卧佛寺、桑枣镇罗浮山飞鸣禅院和花荄镇感恩寺等地，实地查看寺庙安全工作开展情况，了解"除夕夜"庙会安保工作筹备以及消防安全、突发事件等应急准备情况，并对存在安全隐患的地方提出整改意见。

27日　安县召开农村金融工作会。会议总结2014年度农村信用体系建设、灾后农房重建贷款回收、农村小额人身保险、政策性农业保险等四项工作，并对2015年农村金融工作作安排部署。

28日　省政府办公厅党组成员、副主任钟承林带队到塔水镇开展走访慰问活动。钟承林一行与七里村群众座谈，听取群众就村上基础设施建设及发展过程中遇到的困难等作介绍，了解村上产业发展和群众增收情况，并分组慰问当地困难群众。

29日　省安监局副处级监察专员朱雅琴率省安委办第四督查组到安县督查矿山安全生产工作。督查组先后到睢水镇银河矿产青岩窝矿场和安子坡矿场，查看矿山企业生产环境，详细询问安全生产制度落实和安全生产方面人员配置、资料登记等有关情况，并强调要及时排查整治各类安全隐患，确保岁末年初安全无事故。

是日　省公安厅副厅长袁刚检查指导安县中国春社·睢水踩桥活动安保工作准备情况。袁刚在听取县委书记廖雪梅，副县长、公安局局长岳兵就踩桥活动安保工作具体实施方案的介绍后指出，如何确保群众踩桥期间的人身安全是整个安保工作的重点，要在安保方案中尽量考虑到有可能发生的安全事故，提前做好应急处理方案。

31日　安县县委召开2014年乡镇党委书记抓党建工作述职评议会。会议由县委书记廖雪梅主持。全县18个乡镇的党委书记，分别从2014年党建工作主要做法及成效、存在的主要问题及原因分析、下一步工作思路和主要措施三个方面作报告。会上，省委组织部组织二处处长卿刚、市委组织部副部长文刚作点评讲话。县委委员、县委候补委员、县委党建领导小组成员、省市党代表、县党代表、县级部门党（工）委书记等100多人参加会议。

是月　由农业部、发改委等九部委局联合发文，认定3759家合作社为国家农民合作社示范社，圣康蛋鸡养殖专业合作社成为安县首家被九部委联合评定的国家级示范社。

是月　安县猫儿沟农庄、巴蜀鱼都入选首批省级示范休闲农庄。

2月

3日　中国共产党安县第十届纪律检查委员会第四次全体会议召开。会议学习贯彻中纪委十八届五次全会、省纪委十届四次全会、市纪委六届五次全会精神，总结2014年全县党风廉政建设和反腐败工作，研究部署2015年工作。县四大班子领导，各乡镇、部门负责人和县纪委委员参加会议。

是日　安县召开优秀人才命名表彰暨人才工作会，会议宣读《关于命名王方兵等21名同志为第一届"安县优秀人才"的通知》，并对优秀人才进行表彰。

4日　安县县委十一届八次全体会议召开。会上，县委书记廖雪梅代表县委常委会向全会作工作报告，分组对《中共安县县委十一届八次全体会议报告》《县委2015年工作要点（草案）》及《中共安县县委十一届八次全体会议决议（草案）》进行讨论发言，并表决通过了《中共安县县委十一届八次全体会议决议（草案）》。会议还对2014年度县委领导班子选人用人工作进行民主评议，开展县级领导班子和县级领导干部2014年度考核测评，并对乡镇领导班子和党政正职、县级部门领导班子和主要负责人进行县委全委会“上级评价”。

是日　安县非物质文化遗产“红酥”传习所在秀水镇举行开馆仪式，正式对外开放。传习所于2014年7月动工修建，总投资近800万元，位于秀水镇东升干道北段，室内设有展示区和体验区，群众清晰地了解安县“红酥”的历史以及制作技艺等。

5日　十七届安县人民政府第三十七次常务会议召开。会议组织学习企业国有资产管理方面法律法规，审议《安县2015年度预算编制报告》和《关于安县2014年财政预算执行情况和2015年财政预算草案的报告》。县委常委、常务副县长党海燕指出，各级各部门要对新企业国有资产管理法律法规引起重视，更好地履行依法行政职责，严格执行新预算法规定。

8日　四川省第十七届文化列车·同心艺术团送文化下乡活动走进安县（“文化列车”是四川省“三下乡”品牌项目之一，自1998年第一趟“文化列车”启动以来，2015年已是第17次“发车”）。

10日　安县县政府召开《政府工作报告》征求县人大代表、政协委员意见座谈会。

13日　以“幸福安县”为主题，由中共安县县委、县人民政府主办，县委宣传部承办的2015年迎新春群众文艺晚会在县工人文化宫演出，县电视台对晚会进行全程直播。

16日　安县举行2015年新春团拜会，县四大班子领导与全县离退休老干部、企业家及社会各界人士欢聚一堂，共庆佳节。

21日　市委常委、政法委书记陈兴春到安县花荄汽车站检查春运安全。陈兴春一行查看车站安检处、站台、三品检查点等地，详细了解车站节日期间线路安排、班次安排、应急预案等情况，要求客运车站要严格执行“三不进站、六不出站”规定，强化安全管理工作，为乘客营造一个“安全、便捷、舒适”的春运环境。

25日　县委书记廖雪梅到睢水镇调研成兰铁路（安县段）项目推进情况，深入一线解决问题，对项目的整体推进进行指导。县委副书记钟思亮，县委常委、常务副县长党海燕参加调研。

27日　2015年县委全面深化改革领导小组第一次会议召开。会议讨论了《县委全面深化改革领导小组2015年工作要点》《关于进一步深化国资国企改革意见》及《2015年全县农村改革主要任务及责任分工》。

是月　安县2015年新农合筹资工作圆满结束，全县共37.18万农村居民加入新型农村合作医疗，参合率连续五年达到100%。

是月　环保部批复，四川千佛山国家级自然保护区总面积为11083公顷，其中核心区面积5453公顷，缓冲区面积2110公顷，实验区面积3520公顷，保护区位于安县和北川羌族自治县境内，地理坐标为北纬31° 37′—31° 48′、东经104° 6′—104° 18′之间。

是月　县级领导奔赴各乡镇开展节前慰问和安全检查活动。

3月

4日　安县创建四川省文明城市工作动员会召开。会议宣读了《中共安县县委、安县人民政府关于成立安县创建四川省文明城市指挥部的通知》《中共安县县委、安县人民政府关于安县创建四川省文明城市实施方案》和《中共安县县委、安县人民政府关于安县创建四川省文明城市考核奖励办法》，市文明办主任赵方嵩就安县创建工作进行指导，与会相关职能部门和乡镇分别作表态发言。县委书记廖雪梅强调，全县上下要统一思想、提高认识，深刻理解全域创建四川省文明城市的重大意义，努力确保顺利实现创建四川省文明城市目标。

6日　安县在县工人文化宫举行纪念三八国际劳动妇女节庆祝表彰大会暨“家福工程”项

目活动启动仪式。大会由县委常委、总工会主席陈本志主持，县委常委、常务副县长党海燕对“家福工程”活动开展提出要求，县委书记廖雪梅出席活动并讲话。

是日　绵阳市科技型中小企业发展工作调度会在安县召开。县委副书记李昊天代表安县在会上发言，市委副书记吴群刚出席会议并讲话，他强调要正确看待工作面临的喜、忧两方面形势，以更加有力的措施把工作抓好抓实，再接再厉为全市科技型中小企业发展作出新贡献。

9日　安县2015年纪检监察干部业务培训会召开。会上，市纪委副书记王友富结合全国反腐形势，通报全市2014年案件查处办理情况，并就相关业务知识作了讲解。

是日　安县2015年送文化、科技、卫生、理论“四下乡”活动在黄土镇正式启动。

10日　安县2015年武装工作会召开。会议传达两级军区、军分区党委全会精神，县委常委、人武部部长吴秦川代表县人武部作工作报告，县委常委、政法委书记刘胜军宣读2014年度先进单位、先进个人表扬通报。县委书记、县人武部第一书记廖雪梅在会上充分肯定县人武部2014年工作，并对2015年工作提出要求。

是日　全县组织工作推进会召开。会议通报全县2014年党建信息宣传工作开展情况和存在的问题，安排部署2015年党建信息宣传和干部档案专项审核工作；宣读2014年度省、市、县党建信息宣传工作先进集体、先进个人，并颁发荣誉证书。

11日　省委、省政府督查组到安县调研工业发展工作。督查组先后到银河化学股份有限公司、安泰消防工程有限责任公司、朗迪新材料有限公司、好医生药业集团等企业，听取企业生产经营状况及面临的困难和问题，以及全县工业经济运行等情况，并对企业技术改造升级、市场营销等方面提出建议。市县领导颜超、李昊天、任晓军、任文治等参加活动。

是日　省审计厅厅长黄河到塔水镇七里村调研。黄河先后察看七里村联合肉兔养殖专业合作社、七里村水库、堤防、蔬菜大棚及葡萄产业园等项目，听取产业规划情况。并调研全县审计工作，看望慰问结对帮扶对象。市县领导王瑜、廖雪梅、李昊天、党海燕参加活动。

14日　国家体育总局、中国钓鱼协会到安县白水湖考察交流成立国家钓鱼基地、垂钓特区相关事宜。

14—15日　安县举行第三届“罗浮山温泉杯”环山环湖自行车公开赛。比赛全程50多公里，途经桑枣、乐兴、秀水、睢水、沸水、晓坝等乡镇，共有来自四川、台湾、广东、甘肃等全国28个省、117个地市、120个车队、608名自行车爱好者参加比赛。

22日　十七届安县人民政府第三十八次常务会议召开。会议审议《关于深入推进依法行政加快建设法治政府的实施意见》，依法行政、法治政府建设相关事宜，矿产资源、土地出让相关事宜，《安县太平井田高川乡煤矿关闭退出奖补协议》《安县生产经营单位安全生产分类垃圾监督管理办法》《关于安县进一步打击非法营运工作实施方案的请示》以及污水治理建设相关事宜；审议并通过《国家农产品质量安全县创建工作方案》《关于陈明富等10名同志见义勇为行为的表彰奖励通知》《安县公安局关于升级改造治安卡口的报告》《淘金大道东外线等三条道路工程招商文件建议修改条款》等。

23日　安县“春社踩桥”日，八方宾客齐聚睢水镇太平桥，共赴踩桥盛会。

24日　安县全面深化农村改革暨农村工作会召开。会上，县住建、水务、农业等部门和永河、秀水等乡镇入会人员就农村改革工作作交流发言，副县长衡国钰组织学习中央、省、市农村工作会议精神，县委副书记钟思亮安排部署2015年“三农”及农村改革工作。县委书记廖雪梅强调，各级各部门要充分认识到“三农”工作的重要性，全力确保“三农”发展取得实效。

26日　安县“春风送岗”企业招聘会在县文化广场举行。共有来自全县28家企业提供的424个岗位，其中包括电子信息、医药食品、化工、汽车零部件、材料、冶金机械等，参加招聘会的群众达到2000多人，达成就业意向220人。

31日　县委书记廖雪梅到县地管处就全县旅游产业发展、地管处体制机制建设等内容进行调研。

是月　安县红心猕猴桃专业合作社、龙腾农机服务专业合作社、沸水镇敏宏肉牛养殖专业合作社、龙盛达粮油种植专业合作社等4个合作社荣获2014年度“绵阳市农民专业合作示范社”称号（全县共有近400家农民专业合作社，其中国家示范社3家，省级示范社13家，市级示范社37家）。

4月

1日　安县“纪委书记下基层”活动走进乡镇，向老百姓宣传政策，接受群众咨询、投诉，听取意见，与群众面对面交流。

2日　原辽宁驻安县对口支援指挥部常务副总指挥、辽宁省卫生和计生委副主任王天宇率领辽宁省人民医院专家到安县回访。王天宇希望，辽宁省人民医院要继续对安县人民医院的各项工作给予支持和帮助，卫生和计生系统要继续加强沟通交流，让两地人民的友谊延续。

3日　全县领导干部大会召开。市委决定：李昊天任中共安县县委委员、常委、副书记。市委同意提名：李昊天任安县人民政府县长（代理）。市委同意提名：免去胡德兵安县人民政府县长、四川安县工业园区（辽安产业合作园区）管委会主任职务。市委同意：免去胡德兵中共安县县委副书记、常委、委员、四川安县工业园区（辽安产业合作园区）党工委副书记职务。

6日　为期半个月的全市巡特警警务技能教官培训在安县举行。

9日　县委书记廖雪梅深入各乡镇调研农业农村及扶贫开发工作。廖雪梅先后调研黄土镇永福农机专业合作社、乐兴镇猕猴桃种植基地、沸水镇连片扶贫开发项目、睢水镇金华养猪专业合作社以及永河镇金花蔬菜专业合作社，详细了解大春备耕、土地流转、农业项目综合开发、贫困村产业扶贫、农村基础设施建设及扶贫攻坚和春防等工作开展情况，并在听取相关汇报后提出具体要求。

是日　县委副书记、代理县长李昊天专题调研全县环境保护工作。李昊天一行实地察看界牌清溪污水处理厂、塔水垃圾填埋场、塔水镇油坊村垃圾转运站、县工业园区青山绿水环保有限公司等地的污水处理、各类垃圾分类管理运输及生产企业环保设施投入运行情况后，指出要高度重视环境保护工作，落实责任，做到严格执法，助力企业发展。

10日　中共安县县委中心组第一次学习（扩大）会召开。会议邀请著名经济学家、中国西部华尔街创意人王进教授到会作“2015年两会及宏观经济形势分析”专题辅导报告。12日，中共安县县委中心组第二次学习（扩大）会召开，邀请相关专家讲解依法执政等方面知识。

14日　市委副书记、代市长刘超调研安县经济社会发展情况。在实地考察部分企业以及对新型城镇化和新农村建设进行深入调研后，刘超对全县经济社会发展情况给予充分肯定，并强调，要抢抓国家科技城建设和“撤县设区”等重大历史机遇，始终保持专注发展定力，在新常态下努力实现科学发展新跨越，助推全市经济文化生态强市建设和国家科技城建设取得新突破。廖雪梅、李昊天、梁建、张忠贵等县四大班子领导参加调研。

是日　安县召开2015年全县财政工作暨党风廉政建设工作会议。会议总结2014年财政工作，分析经济发展新常态下的财政形势，研究部署2015年全县财政工作，签署2015年财政绩效目标责任书、党风廉政建设目标责任书、依法行政责任书和党建目标责任书。

15—17日　安县召开第十七届人民代表大会第四次会议。会上，代理县长李昊天代表县人民政府作《政府工作报告》，县人大常委会主任梁建代表安县第十七届人大常委会作《人大常委会工作报告》，县人民法院院长陶毅作《安县人民法院工作报告》，县人民检察院检察长张涛作《安县人民检察院工作报告》；会议书面听取安县2014年国民经济和社会发展计划执行情况与2015年国民经济和社会发展计划（草案）的报告以及安县2014年财政预算执行情况与2015年财政预算（草案）的报告，并通过决议。会议选举李昊天为安县第十七届人民政府县长。县委书记廖雪梅在会上作了题为“敢于担当重任，扎实履行职能，以改革和法治精神开创人大工作新局面”的讲话。

20日　安县举办工间操推广及交流赛，来自全县各单位、乡镇的1800名干部职工、52支代表队参加比赛。

22日　安县2015年党建暨经济工作会召开。会议宣读全县2014年度工业、招商引资、经济社会发展及见义勇为、党建、宣传思想、人大政协和维护社会稳定工作表扬决定，并对受表扬的单位和个人进行颁奖。会议还签订《党建工作目标责任书》《党风廉政建设目标责任书》《维护社会稳定工作目标责任书》及《安全生产工作目标责任书》。县委副书记、县长李昊天回顾总结全县2014年经济工作，安排部署2015年工作。县委书记廖雪梅就全县2015年度党建和经济工作作了讲话，强调要主动适应新常态，坚持以提高经济发展质量和效益为中心，突出抓好核心要务，全面推进深化改革和从严治党，促进全县经济平稳健康发展和社会和谐稳定。

23日　天濠药业年提取中药材1500吨项目举行奠基仪式，标志着天江药业与天雄药业合作项目正式落地安县工业园区。

24日　全国第九届残运会暨第六届特奥会主办方——中国残联及省筹委到安县检查全国第九届残运会暨第六届特奥会筹备情况。

30日　安县举行五一国际劳动节庆祝表彰大会。会议宣读关于表彰全县“十大最美劳动者”“十大金牌工人”“十大技术创新能手”等六项表彰决定，并为获奖单位和个人颁奖。县委副书记钟思亮代表县四大班子向获奖集体和个人表示祝贺，向辛勤工作在全县各条战线、各个岗位上的广大劳动者致以节日的问候和祝福。

是月　全县18个乡镇相继召开文明村镇创建活动动员会，并以不同形式开展创建工作。

5月

6日　团省委志工部副部长张志君、桑扎一行到安县调研全国第九届残疾人运动会暨第六届特殊奥林匹克运动会安县赛区志愿者服务工作。

11—16日　全国第九届残疾人运动会暨第六届特殊奥林匹克运动会滚球项目比赛在安县举行。共产生37枚金牌、35枚银牌和33枚铜牌，22名运动员、12名裁判员和7个代表队被授予体育道德风尚奖。

12日　中国残联党组成员副理事长王梅梅、国家体育总局群众体育司巡视员兼副司长范广升，在省、市筹委会相关负责人的陪同下到安县视察滚球项目比赛情况。

14日　省直机关工委副书记赵旬章到安县秀水镇牌坊村调研帮扶工作。赵旬章一行详细了解秀水镇牌坊村党建工作、产业发展以及基础设施建设等情况，认真听取县农业局联系帮扶牌坊村工作汇报，并对帮扶工作给予充分肯定。

19日　安县旅游发展大会在绵州温泉酒店召开。会议总结全县旅游工作，安排部署下阶段工作；宣读了关于表扬优秀旅游企业的决定和《关于加快推进旅游产业快速发展若干政策的意见》奖励兑现名单并颁奖；县级相关部门、乡镇代表、旅游企业代表及乡村旅游业主代表进行交流发言；会议还发出农家乐标准化建设倡议书，颁发安县乡村旅游标准化建设公示牌。县委书记廖雪梅充分肯定全县旅游产业发展成绩，县委副书记、县长李昊天主持会议并要求各部门结合自身工作职能切实抓好2015年旅游目标任务和重点工作，市旅游局局长谭莉参加会议并讲话。

是日　安县举行“三严三实”专题教育党课，正式启动“三严三实”专题教育。县委书记廖雪梅为全县各级领导干部作专题教育党课报告。

22日　“文明安县·你我同行”安县创建四川省文明城市志愿者服务活动启动仪式在县文化广场举行。启动仪式后，16支志愿者队伍1000多名志愿者分片深入各街道社区，清扫垃圾、清理小广告、劝导规范通车，以实际行动践行志愿精神。

26日　省农业厅厅长任永昌调研安县现代生态循环农业发展工作。任永昌一行先后到好农国际物流中心、七里村现代生态循环农业示范区、黄土镇国家农业综合开发区域生态循环农业示范项目雪宝乳业公司，详细听取全县现代生态循环农业发展规划、产业结构调整等介绍，并希望安县继续深化农村改革、优化农业结构、转变发展方式，推动现代生态循环农业发展取得新成效。

27日　农业部有关人员到安县调研杂交水稻种子基地建设工作。调研组一行先后到秀水镇、塔水镇实地查看全县杂交水稻种植情况和标准化制种基地建设情况，并对安县杂交水稻制种产业过程中所取得的显著成绩表示肯定。

是日　国家发改委农经司巡视员胡恒洋到安县调研。胡恒洋一行先后到兴仁、乐兴、塔水、秀水等乡镇，实地查看全县千亿斤粮食工程、杂交水稻基地制种和高标准农田建设等项目，了解全县粮食生产基础设施、农业农村经济形式及农业结构调整等情况，听取相关汇报，并强调要多措并举，全面提升农业产业和农业农村经济又好又快发展。

29日　安县县委中心组第五次学习（扩大）会议召开。会议邀请深圳大学社会科学院教授、博士生导师姜安作《中国周边局势与安全方略》专题辅导报告。

是月　在第三届中国县市医院论坛开幕式上，安县人民医院荣获“管理之星”，成为四川省唯一获此殊荣的医院。

6月

4日　市委副书记、代市长刘超率领督查组到安县专项督查项目推进暨投资促进工作。刘超强调，要认真贯彻落实全市项目推进暨投资促进工作会议精神，始终保持专注发展定力，狠抓招商引资扩大经济增量，狠抓项目储备增强发展后劲，努力实现科学发展新跨越。

5日　安县工业发展及招商引资工作现场会召开。参会人员先后到清泉、河清、迎新等乡镇以及县工业园区等地，深入泸川饲料有限公司、旺门农业科技发展有限公司、安县川磷化工有限公司、绵阳安珑碳化硅有限公司等企业，参观生产线，询问企业发展状况，了解当地政府在盘活存量、盘活闲置资产以及企业招商引资等方面的开展情况，参会领导现场点评，并对相关工作作了安排部署。

10日　绵阳市创业促进会会长文久喜调研安县青年创新创业工作。在创业服务中心，文久喜一行先后察看绵阳知觉科技股份有限公司、四川九渊医药科技有限公司、绵阳麦思威尔科技有限公司，听取相关情况介绍。县委副书记、县长李昊天汇报了全县创业服务中心运行情况。文久喜指出，安县县委、县政府高度重视创业服务工作值得肯定，要继续在吸引高科技人才上下功夫，为建设绵阳科技城、实现绵安同城化作出努力。

11日　省委老干局副局长史可调研安县老干部工作。史可先后到老年活动中心网球场、门球场、书画室、舞蹈室、棋牌室、健身中心实地察看，听取相关情况介绍，并对安县的老干部工作表示肯定。

16日　省政府督查组督查安县民生工程项目推进情况。督查组一行先后到河清镇区域性养老服务中心、县图书馆和好农集团大学生见习基地等处，了解民生工程建设、使用、运行以及相关内部管理、制度建设、运作模式等，并听取县委常委、常务副县长党海燕汇报的全县2015年1—5月省级十项民生工程及20件民生大事实施情况，并就如何进一步做好安县民生工程项目交流意见。

19—22日　安县首届房产交易会在县文化广场举行。全县有12家房产企业参展，活动期间共销售住房244套、面积23479.09平方米，商铺23个、面积1455.01平方米、金额8197.31万元，其中县内购买200户，县外购买67户，进入网签的有91户。

24日　省政协农业委员会副主任傅志康到安县调研统筹城乡发展工作。傅志康察看工业园区陈氏菜籽王项目建设现场，了解企业菜籽油深加工、产品销售市场前景、品牌打造等情况；了解天雄药业企业生产流程、销售市场等生产运营情况；还调研全县产城一体、产城相融建设，花城果乡现代农业和好农国际电子商务，塔水镇七里村、乐兴猕猴桃走廊村、镇特色产业打造等情况。傅志康充分肯定安县的统筹城乡工作。

25日　全省水产品质量安全监管工作会在安县召开，来自全省21个县、市、州的70多名分管领导参加会议。与会人员实地参观花荄镇雍峙村绵阳时新水产生物技术发展有限公司的水产养殖示范基地，听取全县水产品质量安全监管及县级水产养殖职能服务平台建设项目等情况介绍。会议希望，各县、市、州要全面加强水产品质量安全监管，实现水产品质量安全水平稳步提升，切实保障水产品安全有效供给。

是日　省环保厅检查组到安县检查海绵生物礁自然保护区开发情况。检查组查看睢水镇海绵生物礁升级自然保护区，了解海绵生物礁的分布、保护等情况，参观海绵生物礁博物馆并听取相关情况介绍。检查组指出，安县在保护生态环境尤其是海绵生物礁方面措施得力、成效显著，值得肯定和推广。

29日　安县在县工人文化宫举行庆祝中国共产党成立94周年暨先进表扬大会。县委书记廖雪梅代表中共安县县委，向在全县各条战线上努力奋斗的共产党员们致以节日的问候，向受到表扬的先进集体和先进个人表示热烈祝贺，并对2015年的防汛度汛、招商引资和项目推进，全县安全稳定工作及下半年专题教育和思想政治建设工作作了强调。县委副书记、县长李昊天主持会议并要求，要统一思想认识，凝聚发展合力，要强化责任意识，全力推动改革稳定发展，推动全县经济持续健康发展，促进社会和谐稳定。县委常委、常务副县长党海燕通报安县建立党内关爱基金及资金筹备情况。县委常委、组织部长胡斌宣读县委表扬决定。县上领导和各乡镇、县级各部门实职副科级以上领导干部，县属重点企业党委正、副书记，村（社区）党支部书记、党员及受表扬人员代表等620多人参加会议。

30日　安县举行2015年15个招商引资项目集中签约仪式。签约项目涉及汽车零部件、医疗食品、新能源、新材料、餐饮等行业，签约项目总投资19.06亿元，总占地1177亩，每个项目平均投资达到1.27亿元。

是月　全县各部门、乡镇纷纷开展活动，以不同形式庆祝七一建党节。

7月

2日　四川省文化厅有关人员到安县就全国文化馆评估定级进行督导。督导组实地察看文化馆内书画、声乐、舞蹈、跆拳道等场所，听取情况介绍后指出，县文化馆评估定级工作领导重视，工作扎实，希望按时间节点做好迎接全国评估定级工作，以评促“新”为目的，推进全县文化事业的进一步发展。

6日　中央电视台新闻频道《朝闻天下》栏目推出系列报道《匹夫有责》首期节目，报道发生在安县的“死”字旗的悲壮故事，时长12分钟。

6—7日　安县农村党建工作推进会召开。代表团前往剑阁县剑门关镇、城北镇民主村、姚家乡团结村考察学习基层党建工作，听取“一办三中心”运行模式、党员干部履职清单、群众满意度评价系统以及“互联网+纪律”的社会监管平台情况介绍，了解该县村级组织活动场所建设、硬件配备和党建信息化平台建设等工作，并进行现场交流。推进会传达了中央、省、市相关会议精神，通报2015年基层党建上半年检查情况，安排部署下半年重点工作，花荄、河清、桑枣等乡镇分别就农村党建工作进行交流发言。

8日　中国电信安县分公司举行“绵阳首个全光网县（安县）建成仪式”，标志着安县在全市率先建成“全光网县”。

8—16日　安县举办2015年党务干部培训班。培训采取课堂讲授、专题研讨、异地教学、拓展训练、撰写调研报告等方式进行，通过培训，用科学理论武装干部头脑，提升干部解决问题、化解矛盾能力以及宣传群众、组织群众的能力，强化党务干部党性修养和作风养成。

16日　市委书记彭宇行到安县调研县域经济发展、专业园区规划建设、经济转型升级等工作。彭宇行强调，安县要抢抓机遇、发挥优势，加快发展汽车产业。副市长谢晓东、县委书记廖雪梅，县委副书记、县长李昊天，县委常委任晓军参加调研。

21日　四川省食品安全示范创建现场会观摩团到安县观摩。安县谷雨农产品经销专业合作社联合社与安县食品药品和工商管理局桑枣所是示范创建现场会的观摩点。副省长、省食安委副主任陈文华和省食安办主任、食药监局局长姚义贤一行带领观摩团现场观摩。

是日　县委副书记、县长李昊天在视察全县旱情时要求，各相关部门要切实抓好防旱抗旱工作，全力保障百姓生活生产用水需求。

24日　安县2015年首届“为爱起航，让心回家”关爱留守儿童志愿服务活动表扬会暨文艺汇报表演在沸水镇举行。

27日　安县阿里巴巴农村淘宝项目启动会召开。会上，阿里巴巴集团中西部大区总经理牛少龙就“千县万村”农村淘宝项目作了阐述，县委书记廖雪梅针对如何做好农村淘宝项目建设作重要讲话。

28日　市委常委、常务副市长付康到安县调研地质灾害防治工作。付康在实地察看千佛镇千佛村泥石流治理工程建设和村物资储备、通信设施配备和听取相关汇报后强调，雨季汛期之际，各级党委政府一定要高度重视，提高认识，做好应急抢险准备和汛期物资储备，确保灾害来临沉着应对。

是日　县委书记廖雪梅带领县四大班子领导到晓坝镇看望慰问63839部队官兵，为他们送去节日的祝福和问候。

30日　安县2015年企业融资推进会召开。会议解读2015年国家、省、市、县出台的支持企业融资有关政策，介绍有关金融政策和金融产品、新三板有关知识、四川融资信息网。县委副书记、县长李昊天要求，金融部门要进一步转变观念，加大对企业的支持力度，立足安县县情，不断提高签约项目履约率，确保取得实实在在的效果。

8月

4日　副市长经大中到安县查看旱情，指导抗旱工作。经大中先后到宝林、秀水和沸水镇，通过实地考察和听取汇报的方式，了解全县旱灾情况和抗旱工作动态，并对安县积极应对旱情给予充分肯定。

5日　省委组织部相关人员到安县调研基层党建工作。调研组一行到桑枣镇立志村，对发展党员计划、入党积极分子和预备党员的培训考察、讨论发展党员工作的会议记录以及其他有关基础材料进行详细查阅，听取全县深化“双培双评双控”发展党员和“全程结构制分类量化积分”管理党员体系以及探索“三定两审”不合格党员处置办法的情况汇报，还就“三严三实”专题教育开展情况和营造良好政治生态与县委书记廖雪梅进行了座谈。调研组对安县基层党建工作给予充分肯定。

是日　中共安县县委中心组第八次学习（扩大）会召开，专题学习“互联网+”和电子商务。会议邀请阿百商学院首席培训师黄圣陶结合淘宝项目在安县的落户，讲解“互联网+”以及如何做好电子商务等内容。

10日　安县召开扶贫开发工作研讨会。会议通报县委、县政府关于贯彻落实四川省委《集中力量打赢扶贫开发攻坚战，确保同步全面建成小康社会的决定》的实施意见和安县扶贫开发攻坚工作考核办法，县扶贫开发工作领导小组成员单位进行交流发言。

11日　省政协副主席翟占一率队到安县调研基层防汛抗旱体系建设工作。翟占一一行先后到千佛镇千佛村山洪灾害防治工程治理点、镇防汛应急指挥部和应急物资储备点，实地察看泥石流灾害治理工程实施情况，了解地质灾害隐患点农户避让搬迁、极端天气应急预警和救灾物资储备等情况，并听取该镇地质灾害群测群防体系建设工作汇报。翟占一对安县基层防汛抗旱体系建设工作表示肯定。

14日　国家林业局保护司司长张希武到安县视察自然保护区工作。张希武一行深入千佛山自然保护区茶坪保护站，详细询问野生动植物数量种类、水源地保护等情况，与工作人员深入交流，了解在工作中存在的困难和急需解决的问题，并听取相关情况汇报。张希武要求，安县要充分发挥自然保护区在主体生态功能区建设中的作用，加强宣传教育工作，做好生态文明文章。

18日　省委常委、常务副省长王宁率队调研安县地质灾害防治工作。王宁强调，要坚决克服麻痹思想和侥幸心理，建立健全科学高效的防灾救灾体系，确保汛期人民群众生命财产安全。

是日　安县电子商务协会成立大会在好农国际展示厅举行，并为安县电子商务协会及副会长单位授牌。会上宣读了《关于同意成立安县电子商务协会的批复》及倡议书，协会相关负责人汇报了电子商务协会筹备情况。首批登记入会的企业和个人会员共59个，涉及食品、医药、制衣、化工、汽车零部件等多个领域。

20日　全市首部极重灾县《汶川特大地震安县抗震救灾志》举行首发式。《汶川特大地震安县抗震救灾志》从2009年下半年开始启动编写，历时7年，于2015年6月由国家级专业出版社——方志出版社正式出版。全书126万字，图片近300幅。该志书设大事记、灾情、抢险救灾、医疗防疫、赈灾、灾后重建、辽宁对口援建、英模人物和英雄（先进）集体及附录等篇目，全面客观真实地记述了2008年汶川特大地震安县的灾情，以及安县人民百折不挠、万众一心投入抢险救灾和灾后重建，从悲壮走向豪迈的不凡历程。该志书的正式出版发行，凝聚了社会各界的智慧和力量，不仅是对安县抗震救灾、灾后重建工作的一次全面总结，更是对历史的郑重交代和对灾难中遇难同胞的深情告慰，具有重要的存史、资政、教化价值。

21—23日　安县举行“安洲驾校杯”第二届象棋排位赛。共有来自全县各机关单位和乡镇的20多支队伍、120人参赛。

24日　省交通运输厅公路局有关人员到安县调研车辆超限超载治理工作。

25日　农业部总畜牧师王智才调研安县畜牧产业工作。王智才先后到好农国际物流中心、兴仁乡山地土鸡养殖合作社等地，察看各企业基础设施建设及企业发展状况，并听取相关汇报。王智才对安县畜牧工作给予充分肯定。

是日　“金秋助学”助学金发放仪式在县文化广场举行，全县231名贫困大学新生领到资助金57.7万元。

26日　省妇联有关人员到安县调研妇女儿童工作。调研组先后深入妇女儿童中心、早教园以及兴隆村益昌薯业合作社，了解全县妇联基层组织建设、妇女再就业、创业等情况，听取全县妇女儿童工作情况汇报。

28日　中共安县县委十一届九次全体会议召开，县委书记廖雪梅代表县委常委会作扶贫开发工作报告，县四大班子领导出席会议。

是日　安县老干局召开主题为“不忘光荣历史，弘扬红色精神”纪念抗日战争胜利70周年老干部座谈会。

9月

1日　安县举行纪念抗日战争胜利70周年和创建省级文明城市书画创作展及文艺演出。

是日　安县与中国网库集团正式签订“特色产业集群电商基地项目”战略合作协议。

2日　省电力公司总经理王抒祥率队到安县检查绵阳启明星磷化工有限公司安全生产工作。王抒祥认真听取企业安全生产管理工作汇报，了解企业在生产、储存、运输、经营等各个环节安全生产责任措施落实情况，实地察看各生产车间安全用电、消防设施配备、危化品贮存等情况，并对绵阳启明星磷化工有限公司安全生产工作情况给予肯定。

4—6日 2015年度中国舟钓路亚公开赛在安县白水湖开战。比赛共吸引来自全国各地的选手120名，年龄最小的17岁，最大的52岁，经过两天在湖面上角逐，15名参赛选手脱颖而出，获得晋级资格。

9日 由省农业厅、遂宁市农业局相关专家组成的验收组到安县检查验收2015年水稻高产创建项目。验收组一行到塔水镇浮萍村水稻高产创建示范片进行现场踏勘和测产验收，听取相关情况汇报。全县水稻高产创建项目达到增产标准，得到验收组的一致好评。

10日 县委书记廖雪梅、县人大常委会主任梁建、县政协主席张忠贵等领导参加安县中学教师节庆祝会，祝愿全县广大教职员工节日快乐。会上，县教体局、安县中学负责人分别汇报全县教育体育和学校工作开展情况，29名教育工作者和教师受到表彰。

11—20日 第五届中国成都国际非物质文化遗产节在成都国际非遗博览园隆重举行，安县的“原生态歌舞《唱山歌》”和“非遗特色商品安县张包蛋”在国际非遗节上受到欢迎。

14日 市委书记彭宇行，市委副书记、市长刘超到绵阳麦思威尔科技、四川九渊医药公司，调研安县科技型中小企业发展情况。强调安县要紧紧围绕优势产业，加快培育更多科技型中小企业，在加快高新技术和战略性新兴产业以及电子商务和“互联网+”发展上做得更好。

15日 省政府督查安县就业创业工作。督查组一行先后到界牌镇楠得乌木缘、塔水镇发阳农场和创业服务中心，实地察看农民工返乡示范基地及创业服务平台建设，了解企业生产经营和返乡农民工创业等情况。全县共有农村人口37万人，常年农村劳动力转移就业12万余人，已有返乡农民工1200人，有312名返乡农民工回乡创业，创业项目主要涉及畜牧养殖、加工制造、蔬菜种植等行业。督查组希望安县继续高度重视创业就业工作，进一步加大就业创业扶持政策落实力度，积极搭建创业平台，努力推动就业创业工作再上新台阶。

16日 “辽海文化——走进四川安县”交流报告会在县工人文化宫举行。报告会邀请辽宁大学原副校长顾奎相教授作“辽海文化历史发展进程及区域特点”报告，辽宁省社科联党组书记、副主席杨路平出席，全县实职副科级以上领导参加报告会。

17日 第三届中国（绵阳）科技城国际科技博览会正式开幕，安县企业受到与会者欢迎。

18日 安县召开电子商务项目推进会。会议通报全县电商产业园建设及阿里巴巴农村淘宝项目前期推进情况，安排部署下阶段重点工作；阿里巴巴农村淘宝项目相关负责人就农村淘宝项目的意义、村级服务站开业等情况作了说明；县委书记廖雪梅充分肯定了全县前期工作。

20日 中国汽车零部件总公司副总裁殷小平到安县考察。殷小平一行到湿地公园、工业园区汽车产业园预留区，了解城市规划布局、道路交通状况、产业发展地域优势、企业生产要素配套等方面情况，参观华晨汽车总装车间、秦川恒远公司，了解企业生产经营情况，对发展过程中的问题提出见解，并就未来汽车产业走势作了分析。

25日 阿里巴巴农村淘宝安县服务中心开业暨安县电子商务产业园开园仪式隆重举行。仪式由县委副书记、县长李昊天主持，县委书记廖雪梅作重要讲话。

30日 安县在县烈士陵园举行烈士公祭活动，并向革命先烈敬献花篮，县四大班子领导参加活动。

是日 县政务服务中心食药工质局窗口颁发安县首张“三证合一”营业执照。

10月

8日 全县37所农村义务教育学校实行学

生“免费午餐”，共惠及21000名学生。

12日　民政部副部长宫蒲光到安县调研社会服务工作。宫蒲光一行参观了社会福利中心老年活动室、老人房间、居住院落，详细了解老人们居住状况和服务中心运营机制与管理模式，并希望安县开拓创新，多研究社会服务事业发展中存在的问题和解决措施，扎扎实实做好为民服务工作，为当地居民尤其是孤寡老人及特殊困难人群提供更贴心的服务。

13日　农业部副部长陈晓华到安县调研。陈晓华先后到安县龙腾农机专业合作社、谷雨农产品经销专业合作社及兴仁乡兽医站和农业服务站等地，实地了解合作社服务运行模式及机制、各站点日常工作和服务工作开展等情况，听取全县种植业、畜牧业及渔业等农产品质量安全监管体系及绿色产品可追溯体系建设等情况的介绍。

是日　市旅游局局长谭莉到塔水镇七里村调研乡村旅游工作。谭莉一行先后对七里村观光走廊、观光平台、乡村旅游创客基地等进行现场踏勘，并听取七里村乡村旅游发展思路汇报。

14日　省政府督查组到安县督查城镇棚户区及农村危房改造工作。督查组一行先后到花荄镇广元街、县棚户区改造项目办公室、民安小区、千佛镇，实地察看城镇危旧房棚户区改造现场、棚改项目征收工作台账、农村危房改造现场，了解城镇保障性安居工程分配入住及项目建设情况，并听取相关汇报。督查组对安县城镇棚户区及农村危房改造工作表示满意。

15—17日　2015中国（四川）电子商务发展峰会在绵阳会展中心开幕。安县参展的农业企业有15家、淘宝电商5家、农村淘宝服务站2家；安县电商产业园举行电商与未来招商推进会，成功签约5家有意向入驻企业。

16日　省供销社副主任杨武秀到安县调研。杨武秀先后到黄土镇庄稼医院、塔水镇七里村综合服务社、花荄镇惠安供销日用百货公司、四川圣康蛋鸡养殖专业合作社及森泰养鸡专业合作社等地，实地查看各站点农资和日用品销售情况，了解合作社鸡蛋深加工、蛋品配送中心运营和特色农产品展示交易中心建设等情况。杨武秀希望，县供销社要主动作为，创新工作，不断健全供销系统综合服务体系，更好的服务“三农”。

20日　国家统计局四川调查总队住户调查处调研安县新农村建设和农民增收工作。调研组一行察看农村淘宝购买情况，详细了解各村新村聚居点产业发展、农民一三产互动增收状况，并到塔水镇七里村、乐兴镇猕猴桃走廊调研两地农村特色产业发展和新农村建设等工作。

21日　安县桑枣镇文学艺术界联合会成立，标志着全市首个乡镇文联组织建成，也是全省第二个乡镇级文联组织。

是日　安县龙头企业四川省银河化学股份有限公司举行建设发展50年总结暨客户联谊会。

22日　安县青年陈飞宇荣获中国创翼青年创业创新大赛总决赛企业组一等奖，并受到国务院总理李克强的接见。

是日　全县召开首届道德模范推介工作会。道德模范评选分为“助人为乐模范”“见义勇为模范”“诚实守信模范”“敬业奉献模范”和“孝老爱亲模范”五类，凡年满18周岁的安县籍公民均可参与，以此为契机深入推进全县省级文明城市创建工作顺利开展。

26日　省验收组考核安县创建四川省第二批现代畜牧业重点县工作。验收组一行察看清泉镇金泉养殖公司生猪养殖自动饲养系统和种养循环农业，详细询问该企业养殖品种、养殖规模、销售模式等情况；随后又到神雨养殖公司、六月雪公司、欣牧公司，实地察看全县现代畜牧业发展情况并查阅相关资料。验收组希望，要继续加大基础设施建设，切实做好种养循环，产村相融，确保全县畜牧产业提质增效。

27日　中纪委驻司法部纪检组组长、党组成员韩享林到安县调研司法行政系统党风廉政建设和反腐工作。

是日　由中国科协、科技馆与市、县科协共同举办的中国流动科技馆巡展活动走进安县，开展为期45天的科技巡展，为基层广大老百姓

"零距离"接触高科技搭建平台。

11月

3日　市委常委、副市长刘少敏到安县调研重大交通项目和重点市政工程规划推进工作。刘少敏一行实地调研S418线安县至睢水快速通道建设项目规划、安县成绵复线宝林出口至成兰铁路安县火车站公路项目建设规划以及S216线安县睢水至拱星改建工程规划。县委副书记、县长李昊天对项目基本情况作了汇报。

4日　副市长王瑜到安县调研干河子小流域水环境综合整治工作。王瑜一行先后到塔水、秀水、迎新等乡镇，通过看现场、听汇报的方式，详细了解干河子小流域水环境综合整治进度和工作中遇到的困难。王瑜对安县在小流域水环境综合整治中取得的成绩给予肯定。

6—8日　安县首届厨艺大赛在县文化广场举行。根据菜品的刀工、色泽外观、口感味道、健康营养等方面综合评分，选出10道名菜品、5道名小吃、3个名火锅，并现场为获奖菜品颁奖。

11日　全国人大环资委副主任委员罗清泉、王鸿举、蒋巨峰、孟伟率调研组到安县开展土壤污染防治立法调研。调研组参观了企业产品展示，了解企业在重金属污染治理、资源化利用工程污染防治示范项目建设和全县重金属污染防治工作开展等情况，听取相关汇报，并希望全县各企业要继续加强对重金属防治工作的重视，要更加注重废渣废水再循环利用及资源有效使用等，切实做到在生产过程中资源的节约和环境的保护。

是日　省督导组检查安县妇女儿童发展纲要实施情况。督导组一行先后到县妇幼保健院、县人社局、特殊教育学校、塔水镇七里村、沸水镇，就妇儿保健、特殊儿童教育、"妇女儿童之家"运行、居民养老、法律援助、文化阵地建设等情况进行检查，县委常委、常务副县长胡斌作了全县实施妇女儿童发展纲要情况汇报。督导组对安县实施两纲情况给予充分肯定。

11—12日　安县通过创建国家农产品质量安全县省级技术核查，成为全市第一个国家农产品质量安全县。

12日　由市委常委、市纪委书记、省党代表杨娟带队的第一组在绵省党代表到安县晓坝镇、乐兴镇等地，开展调研视察活动。

18日　市政协副主席宋明到安县视察农业综合执法工作。宋明一行先后实地视察瑞祥动保兽药店、龙腾农机服务工作站、谷雨农产品经销专业合作社联合社原料基地、兴仁乡农业服务站，了解全县农业综合执法工作情况。宋明对安县农业综合执法工作表示肯定，同时针对下一步工作提出要求。

19日　市人大常委会副主任王黎率领市司法、报社等部门到安县秀水镇金埝村调研精准扶贫工作。

20日　农业部有关人员到安县调研农村农业工作。调研组一行在龙腾农机服务专业合作社了解合作社运营模式、经营状况以及如何让老百姓受益等情况；调研组在县农业局，观摩了农村土地承包经营权确权登记操作过程，并与市县农业局相关负责人进行交流，听取县政府贯彻落实中办国办《关于引导农村土地经营权有序流转发展农业适度规模经营的意见》的情况汇报。调研组指出，安县作为全国农村土地承包经营权确权登记和农村土地流转规范化管理及服务试点县，希望在现有基础上，再接再厉，让更多改革发展成果惠及农民。

是日　国务院妇儿工委办考察安县两纲示范和家园项目工作。考察组分别到千佛镇和沸水镇儿童友好家园，察看儿童活动功能场所，了解家园的运作模式、工作经费、人员配备以及在运转工作中遇到的困难等情况，并与到园活动的家长和孩子进行沟通交流。考察组对家园科学规范的管理等给予充分肯定，对活动的开展和经验的总结宣传提出建议。

是日　省政府办公厅到安县塔水镇七里村调研。调研组一行详细了解七里村农村产业发展和新农村建设工作，询问当地农民工返乡创业和连片产业发展过程中农民利益分配机制相关情况，并对七里村的产业发展提出希望。

24日　省地方志办公室党组书记、主任马小彬一行到安县调研地方志工作。马小彬听取了全市及安县地方志编纂、出版工作情况汇报，对安县历年来地方志工作取得的成绩给予高度肯定，并要求，要认真贯彻落实《全国地方志事业发展规划纲要》和《四川省地方志事业发展规划》，扎实做好地方志事业“十三五”发展规划，不断开创地方志工作新局面。

是日　省卫计委副主任杜波带队到安县督查调研2015年卫生计生重点工作。杜波一行先后到桑枣中心卫生院、桑枣飞龙村卫生室、县人口和计划生育服务站、县人民医院，实地察看全县乡镇卫生院基础设施建设，了解基本公共卫生服务、日常诊疗等方面情况，并听取相关汇报。杜波对安县2015年卫生计生重点工作给予充分肯定。

27日　武警绵阳支队新训大队400多名新兵参观安县博物馆，近距离了解驻地的悠久历史和灿烂文化，充分激发新兵“热爱军营、热爱驻地，建功第二故乡”的热情。

30日　市委副书记、市长刘超带领全市投资工作现场会与会人员到安县参观学习。参观组一行察看8月在安县开工建设的绵阳九州通现代医药项目的投资、建设情况，详细了解全县1—10月招商引资、固定资产投资和项目库建设及重点项目推进工作。县委书记廖雪梅和县委副书记、县长李昊天分别就全县投资工作推进思路及具体做法向参观组作介绍，刘超对安县招商引资和投资工作给予高度评价。

是月　由县文化广电新闻出版局打造并报送的话剧小品《石榴树下》在“首届四川艺术节·第十五届戏剧小品（小戏）比赛”中获得优秀编导奖、优秀演员奖等多项奖励。

是月　安县“天网二期”电子警察系统启用首月抓拍违法行为16万起。

12月

2日　由市科协主办的2015年度“科技专家企业行，助力企业谋发展”活动走进安县，为企业提供经营理念主题培训。

4日　县委政协工作会议召开。会议贯彻落实党的十八届五中全会精神和中央、省委、市委加强政协工作的新部署新要求，研究部署近期安县政协工作，县政府办党组、县卫计局党委、清泉镇党委和党群联络组作了大会发言。

9日　在山东威海举行的“体育总局社会体育指导中心赛事推介洽谈会”上，安县人民政府受到国家体育总局和中国钓鱼运动协会的表彰，荣获“中国舟钓路亚公开赛优秀组织奖”。

15日　省依法治省工作检查组检查指导安县依法治县工作。检查组一行先后到花荄镇联丰村、湿地公园以及县七一实验小学，实地了解全县基层民主法治建设、法治文化阵地建设、校园法治文化建设和机关法治文化建设等方面情况。检查组对安县依法治县工作给予高度评价，并要求要再添新举措，凝聚新合力，推动依法治县工作再上新台阶。

16日　副市长孙福全调研安县科技创新工作。孙福全先后到麦思威尔科技有限公司、好医生药业集团、县电商产业园和县创业服务中心及入驻科技企业等地，参观企业生产线及科技创新产品展示，了解企业科技创新、科技研发以及全县科技型企业政策扶持、服务等情况，副县长任文治汇报全县科技创新工作推进和下一步打算。孙福全对安县的科技创新工作提出希望。

是日　县委人大工作会召开。会议贯彻落实中央、省委、市委关于加强人大工作建设的新部署、新要求，紧紧围绕“四个全面”战略布局，对做好新形势下人大工作进行安排部署。县四大班子领导参加会议。

是日　县委党的群团工作会召开。县委书记廖雪梅在会上要求：各级部门要结合当地实际情况抓好落实，切实推进全县群团工作再上新台阶，取得实效；各级群团组织要紧紧围绕工作、服务大局，充分发挥自身优势，着力增强群团工作的针对性和实效性，始终专注发展第一要务，自觉融入全县改革发展大局，在全县社会经济建设主战场上献计出力。

19日　国家土地督查成都局巡视员刘建伟率督导组到安县督查闲置土地处置整改情况。督查组先后到县工业园区和花荄镇等地，实地察看久信科技、华祥机械及盛宇地产等企业土地现状，了解全县闲置土地处置及整改工作，听取相关情况汇报，同时提出希望。

21日　罗浮山温泉杯绵阳市首届健美健身锦标赛圆满落幕，荣获健美健身锦标赛前20强在绵州温泉度假区进行展示演出。

23日　由省发改委、水利厅、农水局组成的调研组到安县调研农村饮水安全运行管理情况。调研组一行深入塔水镇双林供水站，实地检查饮水安全工程运行管理情况，详细了解水价构成及电费所占比重情况，听取全县农村饮水安全工作情况汇报。调研组对安县农村饮水安全工程建设以及工程管理给予充分肯定。

28—29日　香港童军总会九龙地域到安县开展“川港一心，坐言起行”为主题的服务与文化交流活动。香港童军总会是香港首个童军旅，也是世界童军运动组织的第111个成员，香港童军总会九龙地域近70名学生和委员代表与睢水镇学校、特殊教育学校开展了课间活动、课堂学习、书法交流、篝火晚会等多种形式的文化交流。

30日　副市长元方到安县调研工业企业发展情况。元方一行先后到好医生药业、魔力科技、银河化学公司，详细了解企业生产经营情况以及发展中面临的困难和问题，并表示，市委、市政府会进一步创造良好的外部环境，在政策、人才、项目等方面支持传统企业发展，使工业经济保持平稳发展的态势。

是月　县上领导分别到各乡镇开展节前安全检查。

是年　安县先后被国家林业局授予“绿色丰碑县”，被四川省评选为“四川省绿化模范县”。

是年　全县实现地区生产总值109.74亿元，比上年增长8.9%。全县人均GDP达到28357元，比上年增长8.8%。全年实现农业总产值45.32亿元，同比增长4.5%。粮食总产量25.22万吨，增长2.0%。全年共有规模以上工业企业102户，实现规模以上工业总产值194.85亿元，同比增长11.62%；实现规模以上工业销售产值191.40亿元，同比增长12.81%，产销率达到98.23%。全年累计实现规模以上工业增加值增速13%。全县完成全社会固定资产投资101.03亿元，同比增长8.5%。实现社会消费品零售总额59.07亿元，同比增长12.1%。全县实现财政总收入10.50亿元，同比下降25.11%。全县金融机构各项存款余额146.8亿元，比年初增长10.69%。全县总户数为191827户，户籍总人口为447500人，人口出生率为9.83‰，人口死亡率为7.02‰。全县城镇居民人均可支配收入25500元，同比增长8.6%，农村人均可支配收入12945元，同比增长9.7%。（张　琴）

安州年鉴

AN ZHOU YEARBOOK

自然·生态

兴仁乡牡丹花卉种植基地

概　述

【位置面积】 安县位于成都平原西北部，绵阳市西南，龙门山脉中段。地理坐标介于北纬31°32′—31°47′、东经104°05′—104°38′之间，东西长54.9公里，南北宽43公里，方围长217.9公里。东与江油市、涪城区接壤，北邻北川羌族自治县，西北与茂汶县毗邻，西南与绵竹市接界，南界罗江县。总面积1189平方公里。县政府所在地花荄镇。

【地形地貌】 全县地形呈不规则长方形。地形复杂多样，地貌差异大，处于四川盆地西北边缘，龙门山脉中段，与成都平原接壤地带。地势西北高，东南低，由西北逐渐向东倾斜。大致以桑枣、晓坝、沸水、睢水一线为分界，西北部为龙门山脉，属山区，地形切割强烈，相对高差较大，山脊海拔多在800—1200米之间，最高峰为大光包，海拔3047米，东南部地区为平坝、丘陵分布，地形开阔、平坦，相对高差较小，一般在50米左右。境内平坝占18.82%，丘陵占41.16%，山地占40.02%。

【地理气象】 安县属中亚热带湿润季风气候区，气候温和，四季明显，降雨充沛。由于山、丘、坝地貌差异，造成气象条件较为复杂。年平均气温16.3℃，每年平均降雨量1261毫米。降水主要集中在每年的7、8、9三个月，是四川省有名的暴雨中心区之一。农业基础条件薄弱，气象灾害频繁，时常有干旱、冰雹、大风、洪涝和泥石流等自然灾害发生。

【历史沿革】 安县，汉为涪县地，晋置晋兴，益昌，西充国三县，唐建龙安，宋设石泉军，元称安州，明降州为县，始称安县，历史1668年。清属绵州，民国2年（1913）撤销绵州，安县属四川省第十三行政督察区，直至1949年12月25日，安县和平解放。1950年安县属川西行署区绵阳专区。1952年撤销行署区设四川省，安县属四川省绵阳专区。1968年改专区为地区，安县属四川省绵阳地区。1985年2月撤销绵阳地区，安县属四川省绵阳市辖至今。

【行政区划】 2015年，全县辖花荄、界牌、黄土、桑枣、秀水、睢水、沸水、晓坝、河清、永河、塔水、清泉、宝林、乐兴、千佛15镇，兴仁、高川、迎新3乡，234个行政村，27个社区，2330个村民小组。

【人口】 截至2015年12月31日，全县共有191827户，447500人，平均每户2.33人。总人口数比2014年增加了1707人，年增长率为3.83‰。总人口中：男性227111人，占总数的50.75%；女性220389人，占总数的49.25%，男女性别比为1.03：1。18岁以下的人口67946人，占总人口15.18%；18—35岁的94906人，占总人口的21.24%；35—60岁的189674人，占总人口的42.39；60岁以上的94974人，占总人口的21.22%。农业人口366426人，非农业人口81074人。全县常住人口38.7万人，城镇化率达到44.98%。

【民族】 全县人口主要为汉族，清末民初有少数回族聚居花荄、塔水两地。解放后因工作调动及婚姻，又迁入部分其他少数民族。特别是党的十一届三中全会以来，因务工、经商等造成了人口流动。到2015年统计，全县共有汉、回、羌、藏、苗、满、蒙古、瑶、壮、土家、维吾尔等11个民族，其中汉族占总人口的98%以上。回族仍聚居花荄、塔水一带，羌、藏散居茶坪（千佛）、高川两地，其他少数民族散居各乡镇、场镇和秀水、界牌、宝林、清泉等移民区。（区方志办）

生态资源

国土资源

【概况】 安县土地调查面积1181.68平方公

里，占全市的5.86%。截至2015年，全县耕地面积37914.55公顷，园地面积7102.99公顷，林地面积50313.40公顷，草地面积146.75公顷，城镇村及工矿用地10799.79公顷，交通运输用地2066.37公顷，水域及水利设施用地5509.62公顷，其他土地4314.87公顷。（张玉明）

水资源

【概况】 安县位于四川盆地西北部，境内河流纵横、河网发达、水系众多，分布广泛，水质较为良好，径流总量多。地表水资源量为13.47亿立方米。地下水资源量3.19亿立方米。境外引水0.05亿立方米，过境水1.22亿立方米。合计17.93亿立方米。2015年全县总用水量1.83亿立方米，其中农业用水量1.717亿立方米，工业用水量0.09亿立方米，城镇生活用水总量0.11亿立方米，其他用水量0.07亿立方米。年均降雨量1261毫米，降雨集中在每年的6—9月。从整体来看，全县水资源相对丰富，但水资源总量在时间和空间上都分布不均，从而造成部分地区、时段缺水和季节性缺水。

【水资源管理】 强化最严格水资源论证，落实最严格的水资源管理制度，严把“三条红线”。开展“3·22”世界水日和“中国水周”宣传活动，并取得良好效果。加强取水许可管理，强化水资源费征收、解缴、使用管理，做到应收尽收。

【节水型社会建设】 推动节水型社会建设，在县属大型企业中建立节水试点。同时加大宣传力度，促进全社会科学用水、文明用水和节约用水。（王　静）

水文资源

【概况】 受地层岩性、地形地貌及构造的控制，县境内水文地质主要分为第四系松散堆积河卵砾层、孔隙潜水和红层区裂隙水以及山区岩溶水三大水文地质单元。其中，孔隙潜水主要分布在安昌河和干河子两岸坝区一、二级台阶地上，红层区裂隙水广泛布局在县境内龙门山前地带，山区岩溶水主要分布在县境内西北向山区一带。安县境内属桑洼汉第四次水系河。

【河流】 县境内河流主要有安昌河和睢水河（又名干河子），两条河流境内共长约120公里，安昌河为最大河流。安昌河由苏宝河和茶坪河两条支流在安昌镇南河桥汇合而成，向东南经花荄、界牌到绵阳注入涪江。睢水河发源于高川乡，向东南汇集白溪、秀水河二支流，经罗江注入凯江，汇入涪江。两条河流在山区地段，河谷深切，河床较窄，水流湍急，落差较大，是水利电力开发的主要地段。河床较宽的平坝地段既是粮食（水稻）的主要生产区，也是境内城镇及居民的主要分布区。全县河道总长度达232.7公里，流域面积1320平方公里，年均地表径流总量13.47亿立方米。各河流水量主要来源是雨水，其次是地下水，也有少量岩溶水补给，水质一般良好。（王　静）

动植物资源

【植物资源】 安县划分为东南部盆中丘陵平坝植被地带和西北部盆地边缘山地植被地带。主要植被类型为亚热带常绿阔叶林（含针、阔混交林）。据安县林业区划和森林资源二类调查结果显示，树木有71科138属220种。但由于人为活动极其频繁，导致原始自然植被分布零散，常绿阔叶林多属人工栽培。海拔1500米以下属常绿阔叶林，森林组成有青杠栎树、楠木；海拔1500—2200米属常绿、落叶混交林带，常绿阔叶林以青杠占优势，落叶树以水青杠、珙桐为主；海拔2200—2500米属针阔混交林带，以冷杉、云杉为主。经济树木主要有：茶树、银杏、五倍子、桑树、核桃、板栗、枣皮、杜仲、黄柏、厚朴、黄连等。经初步调查，安县国家一级保护植物有珙桐，二级保护植物有银杏、杜仲、鹅掌楸、水青树等。

【动物资源】 全县动物资源十分丰富，经初步调查统计，全县野生动物有1000多个品种，其中兽类60余种，鸟类200余种，鱼类54种，家禽家畜51种。国家一级保护动物有大熊猫、金丝猴、牛羚等；二级保护动物有黑熊、小熊猫、林麝、马麝、猕猴、鸳鸯等；三级保护动物有斑羚、锦鸡等。（杨　光）

矿产资源

【概况】　安县已发现的矿产25种，具有开发价值的矿产12种，已探明有工业价值的矿产地50余处。主要矿产有：石灰岩、白云岩、磷矿、建筑用砂石、页岩、地热等，还有具一定潜力的砂金、油气、石膏资源。

【矿产分布】　全县矿产资源以建材化工非金属矿产（石灰岩、白云岩、磷矿等）为主，石灰岩主要分布在高川、睢水、沸水、千佛、晓坝、桑枣6个乡镇，保有储量超过亿吨；白云岩主要分布在睢水、沸水、晓坝等乡镇，保有储量约5000万吨；磷矿集中分布在高川乡，保有储量约3000万吨；安县医疗热矿泉水具有储量丰富、水质好、价值较高等特点。

【矿产利用】　2015年全县开发利用矿产8种，矿山总数58个，其中大中型矿山3个。矿产资源利用以石灰岩、白云岩、砖瓦用页岩和磷矿为主。矿业经济总量与全县经济总量相互促进，同步增长，已成为推动全县经济蓬勃发展的重要动力。全年全县办理采矿权延续变更登记31宗，注销采矿权11宗，共收取采矿权价款383.95万元。（冯静平）

农业资源

【概况】　安县地处龙门山脉中段，由于地质构造的影响，以永安—安昌—桑枣—晓坝—沸水—睢水一线，将县境截然分为西北山区及东南丘陵、平坝两大区域。西北山地为中低山地形，气候温凉雨量充沛，属于湿润性生物气候类型，高等植物生长茂密，种类繁多，形成自然植被覆盖度较好的自然景观。因此，这一地区主要为草被及森林植物覆盖的自然土壤。农耕地多分布于沿河谷两岸的缓坡地带，只占辖区面积的10%左右。东南侧为广阔的丘陵和河流冲积平坝，是安县的主要农耕区，该级耕地林地较少，丘陵树种以马尾松为主，较成片分布。土壤的形成不仅与生物气候关系密切，还深受岩层母质的影响。全县所形成的土壤种类较多，类型复杂，尤其是坝丘土壤类型的分布受岩层母质影响显著。在海拔1500米以下，山地土壤在一定条件下受成土母质影响，在海拔1500米以上成土过程除与岩性有关外，在某种条件下，生物、气候起了主导作用，有较显著的垂直地带分布规律。2015年，全县粮食播种面积61万亩，总产25.22万吨，比2014年增加0.54万吨。油菜播种面积23.33万亩，总产3.73万吨。（王泽佳）

气　候

【气候特点】　2015年度气候较为正常。气温正常略偏高。降雨总量不足、强降雨天气过程偏少、降雨强度偏弱、洪涝灾害偏轻，出现了冬干连春旱连夏旱，7月下半月至8月上旬中期出现的连晴、高温、少雨、干燥天气，使伏旱迅速发生发展，达到特旱。日照时数正常。汛期有4次暴雨天气过程。

【温度状况】　年平均气温17.3℃，比历年平均气温偏高1.1℃。年极端最高气温37.1℃，年极端最低气温-0.9℃。冬季平均气温7.2℃，比历年冬季平均气温6.7偏高0.5℃；春季平均气温18.3℃，比历年春季平均气温17.2偏高1.1℃；夏季平均气温25.3℃，比历年夏季平均气温25.2偏高0.1℃；秋季平均气温17.8℃，比历年秋季平均气温17.1偏高0.7℃。全县入冬时间为2014年12月4日，入春时间为2015年2月14日，入夏时间5月26日，入秋时间9月8日（炎热日数61天，酷热日数11天）。

【降水时空分布】　年降水日数146天，比常年同期少16天，其中小雨日数多2天，中雨日数少8天，大雨日数少4天，暴雨日数少1天。年降水量774.5毫米，比历年1172.5毫米偏少34%。冬

2015年安县气象站主要气象资料

年度平均气温（℃）	年度降水量（毫米）	年度日照时数（小时）	年度极端最高气温（℃）	年度极端最低气温（℃）
17.2	760	1154.9	37.1	-2.5
年平均气温（℃）	年降水量（毫米）	年日照时数（小时）	年极端最高气温（℃）	年极端最低气温（℃）
17.3	774.5	1131.0	37.1	-0.9

注：年度为上年12月至本年11月，年为本年1—12月，汛期为本年5—9月，冬季为上年12月至本年2月，春季为本年3—5月，夏季为本年6—8月，秋季为本年9—11月。

春1—4月降水持续显著偏少，出现了冬干连春旱。汛期5—9月降雨量648.6毫米，比历年汛期降雨量偏少32%。

【日照时数】 年日照时数1131.0小时，比历年962.5小时偏多近2成。

【气候评价】 2015年县天气气候的主要特点，一是年平均气温为历史最高值；二是夏旱和伏旱较重。年内天气气候条件有利有弊：充足的热量资源为作物生长发育提供了良好的热量条件，夏季空气湿度偏低有效减轻了大春作物病虫害；汛期降雨强度总体偏小，洪涝和地质灾害偏轻；但严重的夏伏旱天气给大春作物生长造成一定的不利影响。全年天气气候条件空间差异明显，气象灾害总体较轻，为中等略偏差年景。（谭　祥）

政 治

美丽县城

中国共产党安县委员会

重大党务活动

【全县性工作】 1月30日，中共安县县委十一届八次全体（扩大）会召开。会议讨论并审议县委十一届八次全体会议报告和《县委2015年工作要点》，表决通过《县委十一届八次全体会议决议》。会议要求，要紧紧围绕县委、县政府总体工作部署，明确责任，落实举措，主动抓重点、破难题、补短板。要扎实做好关心群众特别是困难群众工作，全力保障节日市场平稳运行。要深入开展矛盾纠纷化解，狠抓治安管控和安全生产，强化节日期间应急值守，认真抓好经济“开门红”工作。

2月6日，安县县委印发《县委2015年工作要点》（安委发〔2015〕1号），对2015年全县工作进行总体部署。要点提出2015年工作的指导思想、总体要求和全县经济社会发展的主要预期目标。一是坚持统筹城乡，努力优化县域发展空间布局。二是坚持壮大产业，加快推动县域经济提质增效。三是坚持深化改革，着力提升转型发展动力活力。四是坚持依法治理，扎实推动法治安县加快建设。五是坚持改善民生，努力确保人民群众安居乐业。六是坚持从严治党，全面强化改革发展根本保障。

4月21日，安县2015年党建暨经济工作会议召开。会上县委、县政府与有关部门和乡镇签订2015年度目标责任书，分析研判全县面临的发展态势，部署了经济发展、深化改革、依法治县、从严治党等工作。会议强调，全区各级各部门要主动适应新常态，摆正心态定位，找准目标方向，牢牢把握各项工作主动权。要把握两大机遇，找准重点，突破难点，攻坚克难、和衷共济，全力抓好绵安同城化发展核心要务。要在“三严三实”专题教育中提升思想素质，推进制度治党，改进干部作风，加强反腐倡廉，为各项事业发展提供根本保障。

8月28日，中共安县县委十一届九次全体会召开。会议分组讨论并审议县委十一届九次全体会议工作报告和《县委十一届九次全体会议决议》，表决通过《县委十一届九次全体会议决议》。会议要求，要以消除贫困、同步小康为目标，以精准扶贫、精准脱贫为手段，以改革创新、完善机制为动力，建立完善“五套保障体系”，着力推进“十大专项扶贫”，确保每年减少农村贫困人口4500人以上，到2018年全部脱贫解困，到2020年消除绝对贫困，24个省级贫困村和17个县级贫困村全部“摘帽”，贫困群众人均纯收入比2010年翻一番以上。

【工业经济】 1月20日，安县召开“迎新春·促发展”企业恳谈会。会议通报安县2014年度企业建议落实情况，介绍2014年经济社会发展以及工业、招商引资方面的情况。企业代表围绕政策扶持、产业集群、服务效能等方面提出意见建议。会议要求，一是服务团队要主动作为、热情服务、保障发展。二是企业要抢抓机遇、坚定信心、创新发展。三是企业要遵规守纪、科学管理、回报社会。

6月30日，安县举行2015年招商引资项目集中签约仪式。集中签约项目15个，签约企业既有省内外知名企业，也有行业龙头、本地企业，合作的产业既有汽车及零部件、医药食品，也有新能源、新材料、餐饮服务等，投资总额达19.063亿元。

【“三农”工作】 3月24日，安县召开全面深化农村改革暨农村工作会。会议强调，一是要肯定成绩、正视差距，明确目标任务。二是要统筹兼顾、突出关键，抓好重点工作。三是要明确责任、狠抓落实，确保“三农”发展取得实效。

7月7日，安县召开省委十届六次全会第一次全体会议精神专题讨论会。会议围绕王东明书记重要讲话精神，讨论研究全县新阶段推进扶贫开发的工作思路、目标任务和办法举措。

会议强调，一要严格落实领导责任。二要扎实推进精准扶贫。三要着力强化工作合力。四要发挥基层组织作用。

9月21日，安县幸福美丽新村建设暨农民增收工作会召开。会议强调，要认真分析形势，找准差距，全面客观冷静地梳理前期工作中存在的问题和不足。要细化工作举措，拓宽农民增收渠道，切实解决农民增收问题。要深化农村改革，增加农民财产性收入。要落实责任、落实举措，确保农民增收取得实效。

【服务业】 5月15日，安县县委、县政府印发《关于进一步理顺和优化全县旅游体制机制的实施意见》（安委〔2015〕72号），《意见》对主要任务和工作制度进行了安排部署，并对建立工作推进长效机制提出了明确要求。

5月19日，安县旅游发展大会召开。会议回顾了近年来全县旅游业发展成效，深入分析当前旅游发展形势，就下步重点工作进行安排部署。会议要求，一是规划要先行，加快构建全域旅游格局。二是特色要鲜明，做大做强温泉旅游品牌。三是重点要突出，做精做优乡村旅游品牌。四是要素要配套，同步发展旅游延伸产业。五是营销要跟上，不断丰富展会活动内涵。六是责任要落实，合力推动旅游发展见成效。

9月18日，安县电子商务项目推进工作会召开。会议认真分析阿里巴巴“农村淘宝”项目前期推进情况及存在问题，对当前及下阶段重点工作进行安排部署。会议要求，要提高认识、强化措施。要加强宣传动员，加快农村淘宝项目建设进度，确保全县电商产业实现大发展。

9月21日，安县项目集中签约仪式成功举行。仪式上，安县与杭州合多信息科技有限公司和中国网库集团签订了投资协议，与福盟（上海）投资有限公司签订了战略合作协议。

9月25日，阿里巴巴“农村淘宝”安县服务中心开业暨安县电子商务产业园开园仪式成功举行。县委、县政府全力兴办电子商务产业园，为电商创业者、就业者创造一流环境，为县城聚集人气、商气和财气。首批建设47个村级淘宝服务站，让农村群众体验到网上购物的方便快捷和经济实惠，逐步拓展安县本地农产品的销售渠道，帮助农民增收致富。

11月5日，安县电子商务、旅游和现代服务业发展工作推进会召开。会议强调，一是要提高认识、正视问题，认真分析当前发展电子商务、旅游和现代服务业面临的新形势。二是要认清形势、统一思想，增强发展电子商务、旅游和现代服务业的紧迫感和责任感。三是要明确目标、突出重点，努力开创电子商务、旅游和现代服务业发展新局面。

【城乡建设】 3月4日，安县创建四川省文明城市动员大会召开。会议安排部署安县创建四川省文明城市工作，邀请市文明委主任赵方嵩讲话。会议强调，要统一思想、提高认识，深刻理解全域创建四川省文明城市的重大意义。要明确目标、突出重点，全力以赴推动创建四川省文明城市各项任务落实。要加强领导、健全机制，确保顺利实现创建四川省文明城市目标。

【投资促进】 5月25日，安县项目推进暨投资促进工作会召开。会议分析全县项目推进和招商引资工作存在的问题和面临的形势，明确下阶段工作目标和职责任务。会议强调，一要认清形势、抢抓机遇，保持专注发展定力。二要正视差距、自加压力，增强时不我待的紧迫感，三要创新思路、真抓实干，确保各项工作落地见效。会上工业园区、发改局、投促局和花荄镇等8个单位作了交流发言。

12月4日，安县重点项目工作领导小组（扩大）会召开。会议要求，一要进一步增强紧迫意识，确保完成全年目标任务。二要进一步加强开放合作，切实提升招商引资质效。三要进一步突出重点领域，加快推进重大项目建设。四要进一步破解难点问题，努力营造优质发展环境。五要进一步强化协调配合，确保形成工作整体合力。六要科学谋划、精心组织，做好“十三五”规划编制工作。

【全面深化改革】 1月8日，安县召开扩权强镇改革试点工作推进会暨行政许可法培训会。会议总结前一阶段试点工作开展情况及存在问题，安排部署下步工作。会议要求，一是要切实提高思想认识，进一步细化责任，抓好落实。二是要依法依规下放和行使权限，确保下放的权限落地见效。三是要建立个性化考核评价机制，抓好权限监督管理，提高行政效能。四要抓住开展试点工作的重大机遇，用好权限推动发展。会议听取桑枣镇、秀水镇和塔水镇前期试点工作开展情况以及农业局、交通运输局放权事项及业务培训指导情况。

2月27日，安县全面深化改革领导小组召开2015年第一次会议。会议审议《县委全面深化改革领导小组2015年工作要点》，讨论《关于进一步深化国企改革的意见》和《2015年全县农村改革主要任务及责任分工》专项改革工作方案。会议要求，一要进一步提高思想认识，坚定改革信念。二要进一步坚持问题导向，突出工作重点。三要进一步明确职责分工，形成改革合力。四要进一步强化责任担当，统筹抓好落实。会议强调，要将深化改革与经济发展、改善民生、依法治县、从严治党有机结合起来，进一步解放思想、抢抓机遇、锐意创新，齐心协力推动全面深化改革各项工作取得实效。

3月13日，安县全面深化改革领导小组召开第二次会议。会议讨论研究《县委、县政府关于进一步理顺和优化安县工业园区体制机制的实施意见》。与会同志从园区产值税收统计、社会事务管理、目标任务考核等方面对《实施意见》的进一步修改完善提出意见和建议。

3月30日，安县召开政府职能转变和机构改革工作会议。会议强调，要高度重视，深刻认识政府职能转变和机构改革的重大意义。要抓住关键，准确把握政府职能转变和机构改革的主要任务。要高度负责，全力确保改革工作如期稳妥有序推进。

5月5日，安县全面深化改革领导小组召开第三次会议。会议传达学习中央全面深化改革领导小组第九、十、十一次会议以及省委、市委全面深化改革领导小组第六次会议精神和主要领导重要讲话精神。讨论研究《安县农民工工资支付管理办法》等7个改革方案。会议强调，制定的改革方案不能只停留在文件上，要坚定不移的抓落实，确保各项改革任务落地生根。

5月21日，安县全面深化改革领导小组召开第四次会议。会议传达学习中央全面深化改革领导小组第十二次会议精神，讨论研究《关于推进安县县委党校（行政学校）办学体制改革的实施意见》等4个改革方案，并对1—4月改革工作推进情况、存在问题进行分析。会议要求，一是要进一步提高思想认识，集中精力推动各项改革任务落地见效。二是要全面夯实改革基础。三是要及时总结、争创典型，以此带动全县全面深化改革工作不断向纵深推进。

8月3日，安县全面深化改革领导小组召开第五次会议。会议传达学习中央全面深化改革领导小组第十三次、十四次和省委全面深化改革领导小组第七次会议精神，讨论并研究《关于坚持思想建党与制度治党紧密结合全面推进从严治党的决定的说明》等5个改革方案。会议要求，一是继续做好改革基础工作。二是加强改革工作部署落实。三是强化改革工作督查督办。

11月18日，安县全面深化改革领导小组召开第六次会议。会议传达学习中央全面深化改革领导小组第十五、十六、十七、十八次和省委全面深化改革领导小组第八次，市委全面深化改革领导小组第七次、八次和省、市改革办主任会议精神，讨论研究《关于深化价格改革的实施意见》等6个专项改革方案。会议要求，一是要认真开展改革方案调研评估。二是要切实加快改革方案制定进程。三是要及时研究解决改革推进中的问题。四是要全面总结推广改革典型经验。

12月24日，安县全面深化改革领导小组召开第七次会议。会议传达学习中央全面深化改革领导小组第十九次会议精神和市委全面深化改革领导小组第九次会议精神，讨论研究《关于全面开展“一核心四结合”科级领导班子和领导干部综合分析研判的意见》等6个专项改革方案。会议要求，一是要认真做好改革工作总结和年终考核工作。二是要积极做好方案评估和改革经验总结推广。三是要系统谋划2016年改革工作，加快推进重点领域改革。

【法治安州建设】 3月11日，安县依法治县领导小组第一次会议召开。会议讨论《关于贯彻党的十八届四中全会精神深入推进法治安县建设的决定（讨论稿）》和《法治安县建设2015年工作要点（讨论稿）》，会议强调，一是要进一步提高思想认识，切实明确工作责任。二是要进一步坚持依法依规，提升依法行政水平。三是要进一步强化宣传教育，提高全民法制素养。四是要进一步加强监督检查，确保依法治县工作取得实效。

3月25日，安县召开依法治县暨县委政法工作会。会议强调，要充分认识依法治县的重要意义，切实增强思想自觉、政治自觉和行动自觉。要扎实推进依法治县各项重点工作，确保法治安县建设取得明显成效。要切实加强党对依法治县工作的领导，确保形成齐抓共管强大合力。要准确把握政法工作新形势，坚持以法治为引领，加大调处矛盾纠纷力度，提升创新社会治理能力，全力创造安全稳定的社会环境。

【安全生产】 8月28日，全县安全生产工作谈心谈话暨警示教育会召开。会议传达全省安全生产工作座谈会议精神，提出安县贯彻落实意见，并观看《关爱生命·拒绝违章》警示教育片。会议要求，要严格落实安全生产责任制，切实做到“党政同责、一岗双责”。要全面开展安全生产大排查，切实消除各类安全生产隐患。要坚决做好安全生产基层基础工作，切实增强综合保障能力。要着力抓好依法治安工作，加快安全生产法治化进程。

【“十三五”规划】 5月13日，安县“十三五”规划纲要编制工作座谈会召开。会议邀请北京市长城企业战略研究所专家，对全县相关编制工作进行现场把脉。会议指出，要提高思想认识，充分认识“十三五”规划编制工作的重要意义。要适应经济发展新常态，把握好“十三五”规划的相关要求。要坚持改革创新精神，科学编制好“十三五”规划。

11月18日，安县“十三五”规划纲要基本思路汇报会召开。会议听取前期工作情况汇报，对规划纲要基本思路进行研究讨论，明确当前及下一阶段工作任务。会议强调，一是要认真贯彻落实党的十八届五中全会精神，明确“十三五”时期发展方向。二是要结合安县实际，把握好“十三五”时期着力重点。三是要强化责任落实，做好“十三五”规划编制工作。

【群团工作】 12月16日，县委党的群团工作会召开。会议要求，工青妇等组织，要在新的形势下开展工作，一是要提高认识、正视问题，增强做好群团工作的责任感和紧迫感。二是要围绕中心、服务大局，发挥教育引导作用，助推和谐安县建设。三是要加强自身建设，注重协作配合，创新模式开展工作。

【“三严三实”专题教育】 5月19日，安县“三严三实”专题教育工作会召开。会议传达了中央、省委、市委关于“三严三实”专题教育的总体要求、目标任务、方法步骤、重点举措。会议要求，一是要深刻理解开展“三严三实”教育的重大意义。二是要正确把握践行“三严三实”要求的核心要务。三是要从严从实抓好“三严三实”教育的各项工作。四是要统筹推进“三严三实”与当前工作紧密结合。

7月24日，安县“三严三实”专题教育第一次专题学习研讨会召开。会议邀请市纪委副书记任斌同志作《习近平关于党风廉政建设和反腐败斗争的论述》专题辅导报告，并进行交流发言。会议强调，要进一步深化对“五个必须”、省委“十项规定”和市委“十坚持十严禁”的深刻认识和把握，引以为戒，做纪律上的敬畏者、政治上的明白人。

8月31日，安县“三严三实”专题教育第二次专题学习研讨会召开。与会同志专题围绕严于律己交流近段时间的学习体会，深刻剖析律己不严的主要根源，明确从严从实的努力方向。会议强调，一要强学习、重反思，提高免疫力。二要修思想、清“圈子”，保持良好心态。

三要努力干、谨慎行，出色完成任务。

10月23日，安县“三严三实”专题教育第三次专题学习研讨会召开。会议专题学习南充拉票贿选案件通报、《中国共产党廉洁自律准则》和《安县践行“三严三实”要求党员干部行为规范（试行）》，并进行交流发言、剖析反思。会议强调，一要坚定信念、对党忠诚，争做正确政治方向的“明白人”。二要遵纪守法、干净做人，争做良好政治生态的“建设者”。三要奋发有为、敢于担当，争做推动事业发展的“实干家”。

12月25日，安县“三严三实”准提教育第四次专题学习研讨会召开。会议在总结前3个专题讨论成果的基础上，重点学习研讨如何结合自身工作实际，用好“三严三实”专题教育成果。会议要求，全县党员干部要迅速适应“三严三实”新常态，展现奋发有为新状态，把开展“三严三实”专题教育与做好当前改革发展稳定各项工作结合起来，将“三严三实”和“四个全面”更加有机融合在一起，共同为加快建设幸福美丽安县而努力奋斗。

【党的建设】 4月22日，安县领导班子思想政治建设工作会召开。会议通报贯彻落实中央、省委、市委从严治党部署工作成效和下步思路，并对加强思想政治建设进行了深入剖析和交流。会议要求，一是要提高认识、统一思想，充分认识加强领导班子思想政治建设的重大意义。二是要联系实际、突出重点，准确把握加强领导班子思想政治建设的主要任务。三是要从严从实、改革创新，扎实推进加强领导班子思想政治建设的具体工作。

【党风廉政建设】 2月3日，安县纪委四次全会召开。会议回顾总结全县2014年党风廉政建设和反腐败工作，对2015年工作进行总体安排部署。会议指出，要认真贯彻中央、省、市纪委全会精神，清醒认识党风廉政建设和反腐败斗争形势任务，坚决抓好2015年党风廉政建设和反腐败工作。会议要求，一要加强党的纪律建设，严明政治纪律和政治规矩。二要坚持不懈落实“两个责任”，强化责任追究。三要坚定不移“反四风”，推动作风建设常态化、长效化。四要保持惩治腐败强劲势头，坚决遏制腐败蔓延。五要进一步加强党员干部管理教育，牢固干部理想信念。六要切实履行好监督责任，建设一支忠诚、干净、担当的纪检监察“铁军”。

4月29日，县委中心组第三次学习会召开。会议以“讲政治、守纪律、守规矩”为主题，结合落实党风廉政建设主体责任，对全县领导班子思想政治建设进行专题学习反思。会议强调，一要坚定信念、对党忠诚，争做正确政治方向的“明白人”。二要勇于担当、敢于负责，争做推动事业发展的“实干家”。三要真抓实干、开拓创新，争做求真务实作风的“引领者”。四要清正廉洁、修身立德，争做良好政治生态的“建设者”。 （区委办）

县委办工作

【以文辅政】 2015年，共撰写讲话、汇报等材料280余篇，发文237件，报送市委备案文件23件。做好《中办通讯》《秘书工作》征订学用工作，获得全市2015年度《中办通讯》《秘书工作》订阅学用工作先进单位、2014年度党的机关公文评审优秀等次、2014年度文件清退工作先进单位。积极推广和应用云办公平台建设，实现公文办理提质增效。

【综合调研】 围绕全县发展大局，抓住党委、政府决策的重大问题和关注点，采取走访和体验相结合的方式，深入群众、企业、田间地头开展调查研究。全年共开展调研工作30余次，完成专题工作报告20篇，其中在市级以上刊物发表署名文章11篇，编发县内《调查与研究》9期。

【信息服务】 2015年，上报各类信息350条，分别被中办、省委办采用9条，市委办采用86条。共编辑《安州信息专刊》3期，出版《安县工作动态》月刊12期，利用手机彩信向全县科级领导干部公开县委常委会信息14期、《安州信息》35期，报送汛期汛情、安全事故、突发事件等紧急信息28条。

【综合协调】 充分发挥县委办牵头抓总的作用，积极探索为县委提供优质高效综合服务新途径。全年共承办县委全委会、县委常委会等各类会议80余次，同比下降11%。加强和规范全县值班制度，带头做好县委总值班室24小时值班工作，督促18个乡镇及县级重点部门实行24小时值班。同步推进计生、综治、群团等工作，顺利完成省督导检查组“两纲”中期评估工作。

【督查督办】 发挥督促检查重要职能，完善科学化可操作的目标考核体系，全县工作形成目标任务分解、任务下达、进程管理、事后考核、年终奖励的精细化管理流程，推动全县各级各部门更加主动积极地开展工作。全年共组织300余人次开展各类督查110余次、现场督查90余次，承接（办）上级批示专项督查50余件；编制《督查通报》63期、《督查专报》6期，督查督办市委书记批示的交办件8件。

【保密、防邪、机要、信息、机关事务】 组织全办干部职工认真学习《保密法》，签订保密协议，全县保密工作顺利通过市保密局检查。认真开展防邪宣教工作，加强防邪警示教育，加大敏感时期、重点区域防控力度，实现“零进京、零聚集、零插播”目标。严格落实机要工作“两个确保”要求，保证秘密安全和通信畅通。进一步加强电子政务建设，全年刊载各类信息1万余条。细化完善机关事务管理制度，制定出台《安县行政办公大楼综合管理办法》，建成条件完善的机关食堂。

【信访维稳】 坚持“网上畅通民意，网下解决民事”，认真开展维护社会稳定工作。扎实做好“网络理政工作”，县委书记信箱累计收到群众来信483封，均及时妥善处理并回复。认真做好群众来访接待和问题化解工作，全年累计接待来访群众583人次，无推诿扯皮、应付了事、矛盾上交情况发生。 （区委办）

组织工作

【扎实推进群教活动后续整改和“三严三实”专题教育】 2015年，重点围绕领导班子整改方案、领导干部个人整改清单和收集到的意见建议、信访诉求等内容，采取“点、面”结合的方式对全县的6个共性问题和5个个性问题限期进行整改，严格兑现教育实践活动每项整改承诺。严格按照时间进度和工作要求开展中心组专题学习、读书班、正反两方面典型学习讨论，开展法纪教育、警示教育、先进典型教育等活动。统筹推进“三严三实”专题教育，开展“三学三交流”“走基层·村村行”“我给书记写封信”“三走遍一深入”等活动。各级领导干部深入基层一线，以“倒查”的方式找问题，解决问题。县级党员领导干部共作专题党课报告36堂次，34名县级领导带头开展“四级走访”、记“民情日记”、建“日纪实”台账。

【坚持从严要求，不断加强干部队伍建设】 一是健全领导班子和领导干部综合分析研判机制。修订《科级领导班子及领导干部考核评价办法（试行）》，完成领导班子和领导干部考核及等次评定工作，完善“一核心四结合”科级领导班子和领导干部综合分析研判体系，形成《安县科级领导班子和领导干部综合分析研判办法（试行）》。二是深化干部选任方式改革，制定“1+5”文件、干部选任工作流程图；建立“组织部分管副部长初核、组织部长初审、相关领导会审、县委书记审定”四步联审动议机制；完善干部选任“一评议、两公示、三核查”制度、“三联三征”制度；严格执行干部选任全程纪实制度。三是加强领导干部理想信念教育。开展“忠诚、干净、担当”干部修身行动，组织科级干部培训班、团干部培训班、党务干部培训班等4个主体班次赴井冈山实地培训；邀请王进等国内知名教授专家到安县开展领导干部行政能力提升培训班5期；对18名大学生村干部、村（社区）书记和第一书记进行培训；开展年轻干部“经历补缺+能力提升”行动，选派5人赴藏区红原县挂职锻炼，推荐7名优秀年轻干部到市级机关挂职锻炼。四是健全基层干部关爱机制。出台《关于加强乡镇干部队伍建设的实施意见》，印发《关于设置乡镇非领导职务的通知》；制定《安县乡镇干部职工岗位补贴方案》，落实岗位补贴；制定安县职务与职级并行制度的实施方案；开展部务会成员联系乡镇和谈心谈话全覆盖工作。五是从严监督管理干部。加大“三超两乱”整治力度，稳步推进超职数配备干部整改消化工作；开展科级领导个人事项报告工作，加强领导干部因私出国（境）的管理，并加强科级领导干部经济责任审计。六是开展干部档案专项审核。完成全县所有公务员、参公人员和县委管理的企事业单位领导干部的档案审核工作。

【巩固基层服务型党组织建设】 深化“三级双向联诺联述联评联考联用”机制，建立健全各级党组织书记党建责任、问题整改和农村小微权力、村（社区）干部日常监督管理等“四项清单”，规范各村（社区）困难群众、民生诉求、稳定工作、干部作风“四本台账”，厘清党建责任。选派60名第一书记，制定《“第一书记”管理暂行办法》，落实第一书记“周纪实、季考评”制度，初步形成“第一书记打头阵、选派单位当后盾、党员干部齐上阵”的合力帮扶格局。评定出先进党组织178个、一般党组织360个、后进党组织42个，对22个重点后进村（社区）制定转化升级整体推进方案。结合全县实际，重点对沸水镇枫香村、清泉镇白果村基层组织党建阵地进行重点打造，以清泉镇白果村、河清镇富乐社区为模板，形成《村级活动阵地规范化建设建议方案》，强化基层党组织的政治功能和服务功能。及时更新大学生数据库，扎实做好大学生村干部创业园建设，对任满两个聘期的大学生村干部逐人作出分流计划，探索制定《村（社区）后备干部管理办法（试行）》，通过“三荐两评一定”方式，推荐出319名村（社区）后备干部，纳入优秀年轻干部人才递进培养计划。结合青年农民培养发展党员计划，合理分配党员发展计划指导数，制定《关于建立党员教育培训师资库的通知》，举办远程教育操作员培训班。实施“蓝领红领”双向培养计划，深化“五联一化”工作机制，扎实开展集中建党“百日攻坚”活动，进一步探索抓实非公企业党组织能力建设。

【突出人才优先发展，强化人才汇聚地建设】 草拟《关于建立健全党管人才领导机制体制的意见》，探索院（校）地创新创业资源共享机制，建立创业服务中心，实现“一站式”创新创业。完善高新技术人才奖励政策，对进入国家“千人计划”、省“百人计划”的高层次人才在安县创办科技型中小企业或研发机构，给予创业补助。注重发挥安县工业园区作为全市人才优先发展首批试验试点区的辐射作用，承接各层面人才转移。采用短期聘请、随资金设备协同引进、随重大项目引进、各类人才招聘活动多渠道引才，先后引进国内外硕士以上毕业生、副高以上专业技术人员以及紧缺专业人才23人。制定《工业园区入驻服务管理办法》，建立县级领导干部联系服务企业制度，服务体系和服务质量进一步健全。

（吴洋静秋）

宣传工作

【理论学习与培训】 2015年，深入学习“四个全面”战略布局和习近平总书记系列重要讲话，开展“三严三实”专题教育、“三会一课”和领导干部“双重”组织生活会。召开县委中心组学习（扩大）会12次，“三严三实”专题教育活动4次，受训党员干部7000余人次。“乡村大讲堂”先后深入18个乡镇，开展基层宣讲活动400余场次，公益讲座5场，学习宣讲培训2次，发放理论社科资料、科普读物2万余份，受益群众4.5万余人。完成重点研究课题《绵安同城化发展面临的机遇挑战和对策研究》《社会主义核心价值观在农村培育与实践的尝试》等16篇。报送舆情信息890条，被采用364条，其中中宣部采用13条。

【对外宣传】 制定《安县新闻发言人及新闻发布制度》，选派3批次31人赴省、市接受新闻写作、舆情处置等业务培训，积极处置10多起社会（网络）舆情。先后接待中央、省、市媒体40多批次130多人次到安县采访报道。在中央、省、市媒体刊发稿件1500余篇（条），其中人民日报6篇，中央电视台4条，中央人民广播电台3条，《四川日报》20篇，四川电视台3条，《四川农村日报》16篇，其他中央、省、市级媒体（网络）1500余篇（条）。在《绵阳日报》开设县域新闻专版22期，报送《绵阳党政参考手机报》信息600多条，编发《今日安县》手机报350余期、新闻外宣简报4期，市委外宣办采用2期。

【惠民文化】 组织开展群众文艺晚会、联谊晚会、山歌（民歌）会、绵州惠民季安县专场演、"庆七一暨创建省级文明城市——安州大舞台文化惠民戏剧周"等20场次群众文化活动，举办非物质文化遗产保护名录41项成果展览活动。选送节目参加群众广场舞绵阳赛、绵阳市第四届感恩文化节活动，组织非遗项目参加绵阳市第十个文化遗产日活动展示，非遗项目"张包蛋、恒缘木雕、被单戏"升级市级非遗项目。协调第十七届文化列车·同心艺术团送文化下乡活动走进安县，牵头组织"四下乡"深入8个乡镇，出动车辆200余辆次，参加人员1000余人次，现场咨询4万余人，医疗义诊8000余人，发放宣传资料3万余份、生活实用宣传物件8000余件、图书400余册。组织各类文化培训近20期，参训人员达1600余人，组建社会群众文化组织60余支。开展文化交流，《昨夜一场雪》获全国美术创作优秀作品奖，话剧小品《石榴树下》获省第十五届戏剧小品比赛"优秀剧目"奖。

【网络理政】 健全网络舆论和舆情处置队伍，收集研判处置20起重大涉县网络舆情和126起常规舆情；办理书记县长信箱1844件；举办网络专题培训200人次；召开第三方评价会3次，评价信访件16件；依法处置网络谣言11起，对县域44家部门网站和128个商业网站依法进行登记备案手续和清理。整合县内政务微博39个、政务微信41个、官方ID53个，每月刊发各类网络信息200余条。

【精神文明创建】 成立"安县创建四川省文明城市指挥部"和12个专项工作组，制定《安县创建四川省文明城市实施方案》《创建四川省文明城市工作考核奖励办法及问责暂行办法》《安县创建四川省文明城市宣传工作方案》等5个文件，编发创建简报73期，发放《市民公开信》30000份以及《安县创建四川省文明城市宣传手册》30000本。开展创建载体活动7场次，创建督导检查2批次，为18个乡镇和84个县级部门面对面把脉问诊，针对性提出指导整改意见。开展"十星级"文明农户、五好家庭等文明细胞创评活动，定位创建省级文明村镇目标体系。

新组建9支机关志愿服务大队和11支行业志愿服务大队，全县共建成志愿服务大队126支，招募志愿者达到1951人。建成志愿者工作站278个，新建标准志愿者工作站2个。启动"文明安县·你我同行"志愿服务活动，全县开展志愿服务活动5000余次。

深化群众性社会主义核心价值观培育实践活动，开展道德模范评选活动，宣传安县身边好人73人，在安县"好人365"网络平台宣传全国各地好人300多人。推荐第五届"全国道德模范"和"四川省道德模范"2名，汇编《聆听好人故事感悟道德力量安县好人故事汇》。首次评选道德模范10人，并在春节群众文艺晚会隆重表彰。组建市民学校30个、道德讲堂180个，培训市民47626人次。组织开展未成年人思想道德建设载体活动，建立留守儿童之家18所，为困难学生发放助学金57.7万元。新争取中央资金40万元，启动2所中央彩票公益金少年宫项目建设。

【队伍建设】 参加培训20余期，牵头完善制度7个，开展支部活动13次，党风廉政建设和法治安县宣传100余次，发手机短信《安州清风》专栏80余期，法治安县动态信息100余条。精准扶贫及双联工作深入千佛村走访调研20余次，解决落实事项20余项，慰问困难群众49户，解决实际困难30件，提供帮扶慰问资金3.5万元。

（席珍奎　王顺亮）

统一战线

【民主党派工作】　2015年，贯彻《中共中央关于加强社会主义协商民主建设的意见》精神，加强对民主党派、无党派人士的思想政治引导。加强民主党派人才交流锻炼，帮助解决下派民主党派干部挂职锻炼中的困难，建立健全县委重大决策和部署民主协商制度以及健全县政府工作部门对口联系民主党派、工商联制度，为党外人士了解和掌握党策政情搭建知政知情平台，提高党外人士参政议政能力。指导民主党派换届工作，帮助和支持民主党派基层支部开展活动。组织召开全县民主党派工作座谈会，落实民主党派工作经费和办公场所。6月16日，县委统战部、县台办组织黄埔老人和抗战老兵及黄埔后代开展座谈活动。

【非公有制经济领域统战工作】　为绵阳市安县明航矿物油科技有限公司解决废油罐搁置未处理问题，避免造成再次污染。深入非公有制企业走访、座谈、调研，及时协调解决非公有制企业在生产中遇到的困难和问题。成立创办领办中、小科技型企业工作领导小组，开展相关工作。（刘芙蓉）

目标督查

【概况】　2015年，共组织300余人次开展各类督查110余次，现场督查90余次，印发《督查通报》63期次、《督查专报》6期次，获得县委、县政府领导肯定性批示8件次，并批转有关单位及时办理，保障县委、县政府各项重大决策落到实处。

【完善目标绩效管理】　县督查办针对2014年度目标绩效管理工作中存在的问题，反复向全县各级各部门征集考核工作意见和建议，多次深入乡镇、县级部门调研目标绩效考核工作，积极主动修改完善目标绩效管理办法，让2015年目标绩效考核办法更贴切实际和更具可操作性。组织人员到平武县学习交流目标绩效管理的经验和做法，结合安县实际，在反复修改和完善的基础上，经县绩效委多次研究并报县委常委会讨论通过后，出台《安县2015年乡镇和县级部门目标绩效考核管理办法》（安委〔2015〕142号），进一步改革和完善了目标考核体系，确保目标绩效管理更加科学合理。

【科学分解目标责任】　县督查办牵头组织各相关目标责任单位对2015年全县各项目标进行分析调研，形成目标分解初步方案报送县委、县政府审定后，以安委发〔2015〕12号文件下达全年目标。根据市委、市政府下达的目标任务，出台安绩效委发〔2015〕1号、2号文件，将全年目标分解、细化到各级各部门，实现“一部门一目标、一乡镇一目标”。

【加强中心工作督查】　围绕县委、县政府的中心工作，及时梳理全县2015年的督查重点，进行分解立项，集中力量强化督查督办。加大对《政府工作报告》安排重点工作督查力度，定期对全县固定资产投资和招商引资工作、县级领导与部门联系重点企业和项目情况、对重点企业反映困难和问题分解办理工作、全县扩权强镇试点工作落实推进情况、震后已建设项目用地供地手续办理工作、人大代表和政协委员提案办理情况等方面开展督查。全面完成贯彻落实国务院、省、市“稳增长、促改革、调结构、惠民生”各项政策任务，共通报14期次，圆满完成市上专项督查5次。

【加强重点工作督查】　以县委、县政府主要领导安排的专项工作为重点，紧扣时间节点，跟踪督查督办。对防洪期间和节假日期间值班情况、农民增收、旅游发展、创建省级文明城市、白鹤林小区二期移交安置、淘金大道等三条市政道路建设情况、幸福美丽新村建设情况、电商产业园筹备重点工作、睢水镇和秀水镇城乡环境综合整治改进情况、花荄镇红武与塔水镇柑子垃圾场处理工作、书记县长信箱回复和网络舆情办结情况等方面开展专项督查。

【加强市上督办工作督查】 为进一步加快办理市上督办工作进度，县督查办主动与县委办、县政府办商议，市目督办下发文件全部由县督查办提出拟办意见直接送分管县级领导阅处，再将领导阅处意见送相关单位按要求办理，有效提高市目督办来文、来件承办效率。全年共安排落实县级承办部门、乡镇迎接市上专项督查60余次，督查项目40余项，有力推动市上对全县督查督办工作落实。（林长俊）

政策研究

【强化调查研究】 2015年，广泛征求征集调研课题，以实用性、超前性、时效性、真实性和多样性为标准，梳理调研课题40余个，精选重点调研课题22个。定期指导课题制定调研计划，设计调研方案，指导调研工作，扎实有序开展课题研究，完成内部刊物《调查与研究》9期。

【提升智力服务水平】 完成“十三五”规划重点调研课题，形成《安县县域经济发展的思考》《安县“十三五”全面深化改革重点领域研究》等调研成果。先后组织实施现代服务业、新农村、产业园区、党风廉政建设等多个调研任务，完成各类调研报告20余篇。其中，《以个性化考核推进党风廉政建设责任制落实的安县实践》在省委政研室刊物上发表，《抢抓发展机遇，加快四化同步，全力推进县域经济科学发展新跨越》等理论及调研文章11篇在市委机关刊物发表。与四川省统筹城乡研究会签订战略合作协议，联合绵阳师范学院县域经济研究中心设立四川县域经济研究中心科研工作站，协助完成《关于安县农业农村发展调研报告》《安县盘活闲置资产促进经济提质增效》等调研报告。同时配合省委政研室完成县域经济调研工作，形成《安县县域经济发展的情况报告》等材料。

【纵深推进深化改革】 狠抓全面深化改革“关键之年”核心工作，科学推进深化改革工作，促进改革新发展。积极传达中央、省、市关于深化改革工作的重大会议和主要领导讲话精神，组织各级各部门学习《学习与研究》等改革读物，广泛凝聚改革共识。研究出台《县委全面深化改革领导小组2015年工作要点》等纲领性文件，建立“三个一”改革推进机制，细化改革任务，落实改革责任，动态管理改革工作台账，保障改革力量，切实增强改革动力。全年共召开7次县委全面深化改革领导小组会议，共审议通过《进一步深化国资国企改革的意见》等专项改革方案31个，覆盖金融、财税、国企、土地等领域，重点领域改革示范共争取到国、省、市改革试点7项，自主改革试点7项，着力提高改革质量。全年共上报省、市改革办改革动态信息30余篇，《安县创新“四个三”工作机制，全力推进农民工和农民企业家返乡创业》等7篇改革信息被《绵阳改革动态》采用，积极通过现场会、交流发言、刊物发表等方式宣传推广40余次（篇）。全年共完成改革任务69项。（刘江涛）

县直机关工委工作

【机关党建】 2015年，结合“三严三实”专题教育活动，组织指导县直各党组织把十八届四中、五中全会和习总书记系列讲话精神纳入各部门党委（党组）中心组学习、党员干部培训、党课教育内容等，分层次、分专题对机关党员干部开展各类学习活动600余次。组织指导各党组织以开展“三会一课”、党课教育、主题党日、党员志愿服务等各类活动为抓手，深入开展社会主义世界观、人生观、价值观教育300余次。组织60名党务干部赴江西干部学院（井冈山）开展党务知识培训，机关工委以会代训开展党务干部业务培训2次。与下设各党组织层层签订目标管理责任书，实行抓机关党建责任清单制，合理细化量化考核指标，做到机关党建与行政业务工作一起检查、一起考核，积极开展县直机关党组织书记抓党建工作“双向”述职工作，开展述职评议2次。加大对各党组织活动经费的争取、检查力度，并征求纪检、审计、财政部门意见，出台党组织活动经费使用指导意见，确保财政预算落实的110万元党组织活动经费能够专款专用。认真开展“三分类三升级”活动，做好各党组织的转化升级工作，对后进党组织进行有针对性的帮扶和提升。对2个机关党委、4个党总支、13个党支部进行改选，对县级机关40名入党积极分子和48名新发展党员进行集中培训，发展新党员15名，转正20人。组织全县95个县级部门、18个乡镇共计3500余名机关党员干部参与创建文明城市知识竞赛，开展纪念建党94周年系列活动。向县委推荐表扬23个先进基层党组织、12名优秀党务工作者、26名优秀共产党员，工委表扬5个先进基层党组织、10名优秀党务工作者、50名优秀共产党员。

【机关文化】 5月，与县委宣传部联合开展“争创岗位学雷锋先进集体、争当岗位学雷锋敬业标兵”主题实践活动。8月，与县委宣传部、县总工会联合组织开展庆祝中国人民抗日战争暨世界反法西斯战争胜利70周年和红军长征入川80周年优秀主旋律电影联展活动，全县84个部门1400余人进行观影。8—9月，组织县直机关50个党组织1500余名党员参加“弘扬抗战精神，共筑复兴梦想”学习杯读书竞赛活动。

【“双联”和干部驻村帮扶】 积极指导督促县级包村部门做好帮扶工作，主动做好与省、市、县联系领导和部门的沟通协调，把干部驻村帮扶工作与“双联”工作有机结合。2015年，全县97个县级部门共3256名党员结对联系群众帮扶3922户，各单位主要领导调研900余次，开展活动300次，联系部门党员干部下村（社区）走访座谈群众10000余人，召开座谈会250场次，共梳理归纳问题350件，征求意见建议400条；为困难群众协调物资资金帮扶160余万元，协调基础设施建设资金2500余万元，协调产业发展资金4000余万元，增添党员活动设施15处，开展各类党建活动200余次，帮助培养党员90余名。

【特色创新】 指导机关基层党组织继续深化“一学二讲三评四公示”的党员教育管理模式，组织机关党员干部深入学习《党章》和《中国共产党党和国家机关基层组织工作条例》《四川省〈条例〉实施细则》及市、县《关于进一步加强改进机关党的建设的意见》，加强机关干部理想信念教育。开展“三进三解三促”活动，结合“双联”“双报到三服务”“学习兰辉精神与困难失地农民结对子”等活动，开展进农村、进社区、进困难家庭，了解社情民意、化解各类矛盾、破解发展难题，促进机关作风转变、促进党群关系融洽、促进基层发展稳定。全县1800多名机关党员建立起57支党员志愿服务队，结合“党员义工日”活动，分别到居住地所在党组织和联系村（社区）党组织报到，共计联系2408户贫困户。（钱熙铭）

精神文明建设

【省级文明城市创建】 2015年3月4日，召开安县创建四川省文明城市动员大会，启动安县全域创建四川省文明城市工作。成立“安县创建四川省文明城市指挥部”和12个专项工作组，组建创建指挥部办公室，制定出台创建四川省文明城市工作考核奖励办法及问责暂行办法等，建立四责任、三考核、两挂钩、一定时“4321”制度体系，在年度目标考核中增加10分作为专项考核分值。全年，全县创建指挥部办公室编发创建简报87期，发放《市民公开信》30000余份、宣传资料和宣传品近60万份、《安县创建四川省文明城市宣传手册》30000余本，制作大型宣传牌228个、宣传专栏731个，悬挂张贴宣传标语2497条，开展群众巡游宣传224次。在安县政务网、安县电视台、安县手机新闻等网络媒体和平面媒体分别开辟创建宣传专栏，先后开展“创文明城市、学雷锋精神、展志愿风采”和“‘文明安县·你我同行’机关干部进街道、进社区”以及“我的城市我的家”职工演讲比赛、“创建文明城市知识竞答”“不文明现象‘随手拍’”等文明城市创建活动，集中组织实施“十大基础工程”“十大专项行动”“二十个主题活动”创建工作。城市基础设施得到较大提升，城镇公共环境秩序有了明显改善，城镇功能不断优化，基本实现了“绿、净、美”“便、捷、优”。

【安县首届道德模范评选】 9月，根据县委第十一届第59次常委会议精神，组织县委宣传部、县文明办、县文广新局、县总工会、团县委、县妇联等6部门，启动安县首届道德模范评选活动。全县累计收到五类道德模范候选人169名，按照评选标准，经过群众网络和纸质投票、公众代表现场票选、县委审定，最终评选出五类道德模范10名，五类道德模范提名奖5名。分别是：“安县首届助人为乐道德模范”袁斌龙、李道友；“安县首届见义勇为道德模范”李文贵、李见庭；“安县首届诚实守信道德模范”唐开蓉、曾永万；“安县首届敬业奉献道德模范”肖兴勇、陈昌元；“安县首届孝老爱亲道德模范”刘秀华、薛永全。“安县首届助人为乐道德模范”提名奖郭顺会；“安县首届见义勇为道德模范”提名奖胡楷；“安县首届诚实守信道德模范”提名奖邓云建；“安县首届敬业奉献道德模范”提名奖李智；“安县首届孝老爱亲道德模范”提名奖陈弟英。

【身边好人推荐学习】 通过政务网《安县好人榜》专栏，持续宣传各地推荐的安县身边好人73人。组织专家对全县2015年前历届省、市道德模范、最美绵阳人物、感动绵阳十大人物及安县公民道德模范奖先进个人先进事迹进行整理，汇编成《聆听好人故事感悟道德力量——安县好人故事汇》。县委书记廖雪梅亲自作序，为安县开展社会主义核心价值观教育提供本土教育读本。

【未成年人思想道德建设】 在全县中小学生中，开展“清明网上祭英烈”“童心向党歌咏会”“优秀童谣征集”“美德少年推荐表彰”等活动，3名学生被授予绵阳市美德少年，安县“童心向党歌咏会”，被选送参与全国未成年人网上展播。广泛动员社会各界力量，采取多种形式帮助留守儿童、残疾儿童、贫困儿童，建立留守儿童之家18所。金秋助学工程为231名困难学生发放助学金57.7万元。安县爱心行动志愿协会、安县之窗公益群、安县文明志愿者团队等公益组织，多次发起为李宝洁等患病学生和困难家庭学生义捐义卖活动，募集资金近20万元。组织教体、文化、公安、工商等部门和各乡镇党委政府，利用节假日和重要时间节点，对网吧、电子娱乐场所开展多次拉网整顿，净化社会文化环境。组织教育、财政等部门，深入基层学校，对2014年度以前的中央彩票公益金项目学校进行督察考核。新争取中央资金40万元，启动2所中央彩票公益金支持少年宫项目建设；争取中央资金35万元、市级资金21万元，用于安县少年宫日常运转；完成2所市级示范少年宫建设。秀水一小少年宫成果在四川电视7台网络教育频道展播，获得全省少年宫节目展播一等奖。

【推进志愿服务活动】 印发《关于开展2015年志愿者星级评定工作的通知》，确立每月28日为全县志愿服务活动日，启动“文明安县·你我同行”志愿服务。新建9支机关志愿服务大队、11支行业志愿服务大队，志愿服务队伍共342支。按照“有标志、有不少于8支稳定志愿服务队伍、有固定工作场所、有专兼职管理人员、有贴近群众需求志愿服务项目、有规范管理队伍”6个要素，建成志愿者工作站278个，市级标准化志愿者工作站2个，志愿者人数达到7320人，注册志愿者达到2390人，累计注册服务时间达到11300小时。全县开展志愿服务活动5000余次，参与人数达到99430人。 （何 丽）

保密工作

【完善保密制度】 2015年7月27日，县政府组织召开乡镇和县级各部门负责人会议，学习《党政领导干部保密工作责任制规定》。12月14日，县委常委会专题学习贯彻《党政领导干部保密工作责任制规定》。把保密工作纳入全县目标管理和干部培训内容，将保密部门履行职责所需经费列入本级政府财政预算。全面完成

《安县"十二五"时期保密事业发展规划》目标任务。

【强化保密管理】 一是定密管理。2月，按照《国家秘密定密管理暂行规定》，在全县依法开展国家秘密确定、变更和解密审查工作。二是网络管理。3月，按照中办、国办印发的《党政机关和涉密单位网络保密管理规定》，组织开展核查分类，对涉密网络和非涉密网络进行保密检查，规范了2316台计算机保密标志工作。三是涉密人员管理。在6月20日—8月底，以保密普查为基础，进一步摸清底数，搞好涉密人员核查分类和确认工作，建立涉密人员管理信息数据库，加强涉密人员动态管理，抓好上岗、在岗、离岗等环节保密监管、保密教育，严格落实保密承诺书签订工作。

【完成工作重点】 一是《中华人民共和国保密法》颁布5周年，组织开展保密知识竞赛活动，全县2371名党政机关工作人员参加，合格率达100%。全县"六五"保密法制宣传教育工作顺利通过市上检查验收，完成《保密工作》征订和信息报送工作。信息公开严格落实上网保密审查制度，规范信息公开保密审查流程。完善保密业务指导工作机制，加强军工、科技、民族宗教、测绘、国家统一考试等行业领域和重要涉密单位保密管理，不断健全完善保密监管体系。加强要害部门部位、涉密载体的保密管理，对已取得保密资格的军工生产单位加强监管，对正在申请的单位搞好指导服务，做好初审工作。规范涉密磁介质销毁工作。认真开展《安县"十二五"时期保密事业发展规划》的实施和检查验收工作，得到市检查验收组的肯定。

（王国辉）

信息工作

【电子政务平台建设】 2015年，按照第一次全国政府网站普查范围和标准，全面落实责任单位逐个梳理、逐项整改。加强门户网站整改，共清除死链接、错链接等栏目5个。重新规划公开内容及填报地址，组织技术人员到政务服务中心对窗口单位进行面对面指导，帮助对照整改，各行权事项基本做到类别无缺失、内容准确。规范部门和乡镇网站，对23个乡镇及部门政府网站逐个分析问题、逐个帮助整改。加快云办公平台建设，结合工作实际采取集中培训、专题培训、一对一培训等多种形式，累计开展县级领导、县委办、县政府办、县级部门和各乡镇培训9期，培训360人次。云办公于12月中旬开始试运行。

【政务公开】 认真落实公开责任，增设政府信息公开股，落实2名专职工作人员具体负责。制定《政府信息公开工作考核细则》，并将政府信息公开工作纳入全县年度目标考核。坚持以民生需求为重点，深化公开内容，创新公开载体。不断强化监督检查，建立通报问责制度，按季度进行通报，对于更新不及时、要素不完整等问题，及时督促整改。全年全县主动公开政府信息84263条。

【深化服务功能建设】 合理规划网站栏目，围绕上级工作动态和全县中心工作，及时调整网站栏目。及时发布政府重要会议活动、重大决策部署信息，做到决策公开、执行公开、管理公开、服务公开和结果公开。全年，累计采编各单位动态信息3129条，更新内容达4000余条。完善政策解读、热点关注等栏目，及时公布涉及群众利益的重大政策和决策部署。开展"在线访谈"4期，解读了住房公积金新政策、文明城市创建、智慧城市等公众关注的热点问题。强化信息资源利用，广泛收集互联网上时政、经济、民生、社会专家论点等方面的信息，抓取各部门各乡镇工作的动态信息，为县委、县政府科学决策提供信息参考，充分发挥政务网便民服务的功能，不断提高政府公信力。

【强化电子政务技术保障】 坚持把运行维护管理作为主业主责，确保全县网络稳定畅通、信息安全高效。推进网络系统的升级改造，先后升级维护服务器24次。对所有运行在县内服务器上的网站系统进行调整升级，将其分布于政务网cloudstack云计算平台内，实现了云同步功能。强化网络信息安全，坚持“涉密不上网、上网不涉密”原则，对存在的异常信息发布状况及时直接采取处理手段，切实维护信息发布环境和谐稳定。建立完善电子政务网络与信息安全保障体系，重点控制网络信息事件发生率，全面提高政府网站稳定性、便民性和安全性。规范平台运行管理，完善和维护行政权力依法规范公开运行平台，加强与绵阳政务网深度融合，基本实现信息同步、资源共享。加大三网融合力度，全力推进宽带乡村建设，基本实现光纤到村。（贯俊辉）

机构编制

【政府职能转变和机构改革】 2015年，基本完成政府职能转变和机构改革工作。1月28日，正式印发《安县人民政府职能转变和机构改革方案》及《关于组织实施〈安县人民政府职能转变和机构改革方案〉有关问题的意见》。方案和意见中具体明确了全县八项职责整合和机构调整事项：一是将县发展和改革局的职责、县人口和计划生育局研究拟定全县人口发展战略规划及人口政策的职责、县粮食局的行政管理职责整合，重新组建县发展和改革局，加挂县粮食局牌子。二是将县卫生局的职责、县人口和计划生育局的计划生育管理和服务职责整合，组建县卫生和计划生育局。三是将县农业局的职责、县商务局的生猪屠宰管理职责、县水务局的水产渔政管理职责、县畜牧兽医局的行政管理职责、县扶贫和移民局的移民行政管理职责整合，重新组建县农业局。四是将四川省绵阳市安县工商行政管理局、四川省绵阳市安县质量技术监督局由省级以下垂直管理调整为县政府管理，将其职责与县食品药品监督管理局职责整合，组建县食品药品和工商质监管理局，加挂县食品安全委员会办公室牌子。五是将县商务局除生猪屠宰管理之外的职责、县文化广播影视新闻出版和旅游局的旅游管理职责整合，组建县商务和旅游局。六是将县科学技术局更名为县科学技术和知识产权局。七是将县教育体育局更名为县教育和体育局。八是县水务局加挂县政府防汛抗旱指挥部办公室牌子。县政府机构改革后，共设置工作部门24个。

【政府职能转变和机构改革评估】 10月，开展政府职能转变和机构改革评估工作。在各涉改部门自查自评的基础上，县编办派出2个评估组，对各涉改部门机构改革落实情况进行实地评估。针对部门在执行“三定”规定、理顺职责关系、明确强化责任、落实机构编制政策规定等方面存在的问题及时予以反馈，并限期整改，确保改革取得实效。

【事业单位分类改革】 全县涉及分类改革的事业单位共有334个。截至12月底，发文明确7个行政类事业单位、283个公益一类事业单位、13个公益二类事业单位的分类类别，对其余的31个事业单位（9个执法类事业单位暂缓分类，14个情况复杂的事业单位未明确类别，8个上级明确规定的不分类事业单位），按上级统一要求待进一步研究后再明确给予类别。

【实名制管理与养老保险人员核查】 实名制管理系统数据是基层机构编制人员统计数据和机关事业单位养老保险人员、财政供养人员等相关数据采集的基础数据。通过与本人核实、与档案核实、领导审签审核确认等方法，确保机构人员信息的精准性。在实名制管理系统录入核实阶段，要求各单位业务工作负责人做到信息一一核实，审批通过分管领导、主要领导层层签字确认，同时存档各类基础资料，做到有据可查、有规可依。

【控编减编工作】 按照“控制总量、盘活存量、整合资源、优化配置”的要求，结合全县机构编制实际情况及事业发展的需要，召集相关部门召开控编减编联席会议，制定科学合理的实施方案。全年共增加7个事业单位，撤销21个事业单位，年底事业编制为5429名，全县共核减事业编制72名，按照实名制报送编制标准5457名的统计基础数据，共超额完成控编减编28名。

【事业单位登记管理】 严格执行《事业单位

登记管理暂行条例》及其《细则》，全年办理事业单位设立登记3个，办理事业单位变更登记58个。2月底，在全市率先完成318个事业单位法人年度报告受理审查和公示工作。实地抽查60多家事业单位履职情况。全面完成194个机关事业单位中文域名续费工作。开展事业单位法定代表人培训工作，教育、卫生、农林水牧等100家事业单位法定代表人参加培训。大力推进两项试点工作，试点单位（安县七一实验小学）法人治理建设取得较好成效；住建局系统事业单位绩效考评试点工作进一步深化，取得阶段性成果。（倪薇薇）

党史研究

【统筹推进党史工作全面发展】 2015年，县委党史研究室深入贯彻落实习近平总书记关于党的历史和党史工作的重要论述以及重要批示精神，牢牢把握党史工作的正确方向，坚持“一突出、两跟进”（突出中国特色社会主义时间段历史研究，不断跟进党中央的步伐，不断跟进历史前进的脚步），统筹抓好党史工作，有效发挥了党史工作“存史、资政、育人”的社会功能。

【做好党史资料征集和专著编写】 积极做好民主革命时期中共安县地下党活动、红军长征等方面党史资料征集、整理、调研，重点开展新中国成立后尤其是改革开放新时期的党史资料征编工作。完成《中国共产党安县历史1949—1978》（二卷）的公开出版发行以及《中国共产党安县历史1979—2002》（三卷）的提纲编写工作；完成《中国共产党安县执政实录（2015卷）》编写的前期准备工作；完成2015年安县党史大事记的收集、整理、编写和上报工作。

【加强党史研究】 在抓好党史正本编写出版工作的同时，切实做好对安县各个历史时期重大历史事件和重要党史人物的研究，并着重总结经验，为各级领导干部解放思想、转变观念和不断推进当前工作提供借鉴。启动红军在千佛山战斗的研究和资料整理工作，为编写《红军在安县》打好基础。县史志办副主任田世荣撰写的《如何让党史文化在文化产业中占强势地位》一文入选中央党史研究室和浙江省委联合举办的征文集。

【加大党史宣传教育力度】 通过开展“抗战胜利日”“烈士纪念日”以及党史教育“六进”等系列活动，深入塔水、河清、乐兴等学校，采取多种形式，大力宣传和普及党史知识，广泛深入宣传党的光辉历史，弘扬党的优良传统和作风，提高党史教育水平。以县委党史研究室收集整理的资料为素材，反映安县爱国义士王建堂上前线参军抗日前，其父送他一面“死”字旗的英雄事迹为主要内容的宣传片，于7月6日在中央电视台第1套《朝闻天下》栏目《匹夫有责》系列报道中首期播出，起到了很好的宣传教育作用。

【做好《川陕苏区振兴发展规划》编制相关工作】 年初，由国家发改委牵头，启动革命老区发展规划编制工作，并委托四川省负责编制《川陕苏区振兴发展规划》。在《规划》编制过程中，县委党史研究室积极配合，主动做好各项基础资料的收集整理上报工作。截至年底，绵阳全域纳入范围涵盖全省6个市州的《川陕苏区振兴发展规划》已上报国家发改委，待审查、审批。（张 琴）

老干部管理

【概况】 2015年，安县老干部局被四川省委组织部、省委老干部局评为四川省老干部工作先进集体。

【落实老干部各项待遇】 一是坚持每月16日组织开展老干部政治理论学习活动。二是精心组织安排老干部开展丰富多彩的文娱活动以及外出学习活动。4月14日和10月19日，组织全县副县级离退休老干部约170余名，到绵阳杨家镇和安县塔水镇七里村开展外出学习活动。三是开展走访慰问关爱老干部活动。在元旦、春节、“五一”、端午、

"七一""八一"、国庆、重阳等中国传统节日期间，对副县级及以上的老干部进行走访慰问。四是争取特殊困难帮扶专项经费6万元用于关爱特殊困难离退休老干部和遗孀。五是认真组织筹办春节、端午、"中秋、国庆、重阳"老干部形势报告会3次。六是进一步收集、整理、更新新中国成立初期参加革命工作的"6·30"人员信息。全县有"6·30"人员55名，2015年"6·30"人员的门诊费、住院费补助事宜的办理全面完成。七是为2名副县级及以上退休老同志办理工资、退休证件等各项政策待遇，协助处理6名老同志去世后善后事宜。

【完善老干部活动阵地规范化建设】 2015年7月，县老干部局争取县上资金30万元，用于对羽毛球和网球场地的修缮、翻新，新建网球场1个，已正式投入使用。省委老干部局副局长史可，市委组织部副部长、老干部局局长周茂龙等各级领导先后到安县检查指导工作，并视察活动中心建设情况，对安县老干部工作进行充分肯定。

【鼓励老干部余热生辉】 一是利用离退休老干部熟悉县情、经验丰富的优势，通过走访慰问、召开座谈会等形式，广泛倾听征求老干部的意见和建议；二是组织离退休老干部给单位干部职工和基层党员讲党史授党课；三是积极创造条件展现老干部风采；四是引导老干部在"撤县设区"工作方面提出意见和建议；五是组织老干部志愿者对安县境内的留守儿童、五保户等展开关爱帮扶工作；六是加强老干部"文化养老"建设，关注老干部晚年心理层面、精神层面问题，提供多样化、个性化服务。离退休干部积极创造书画、诗歌、文章，汇编了以"为党的事业增添正能量"为主题的《丹心记忆——弘扬红色精神》一书。 （杨奥枫　王　杉）

党校工作

【干部培训】 2015年，共举办各类培训班6期，其中副科级干部培训班1期，50人次；重点村支部书记培训班1期，50人次；村（社区）党组织书记暨村第一书记提升培训班1期，120人次；村（社区）优秀年轻干部人才递进培养培训班1期，60人次；优秀年轻干部递进培养培训班1期，60人次；新党员培训班1期，60人次；参训人员共计400余人。与县委组织部、农委等单位共同办学、协作办学30多期，参训学员达3000余人次。采取"现场教学""拓展训练""专题调研""座谈讨论"以及演讲等形式进行培训，在优秀年轻干部递进培养培训班中安排40余名学员，到县工业园区、棚改办、商旅局等单位开展为期两周的顶岗锻炼。

【干部继续教育】 为满足干部继续教育需求，县委党校为党员干部创造继续教育条件，与各类高级院校举办学历教育培训班。全年新招学员19人，其中文化产业学院4人、东财大4人、川农大1人、省委党校研究生10人，完成市委党校下达的招生任务。

【理论宣讲】 党校主要负责人带头上课，受邀到全县各单位授课近100课时，为在党校参训的村干部、科干班、事业单位法定代表人培训班等授课120课时。

【撰写调研文章】 2015年，积极参与安县"十三五"规划前期论证课题两项，承担《安县融入成渝经济对策研究》调研撰写工作。积极参与省委党校、市委党校、市社科联理论调研工作，撰写理论文章10余篇。 （胡　斌）

机关事务管理

【概况】 安县报绵阳市委编办批准，于2014年12月设立安县机关事务管理局，为县政府直属事业单位。核定县机关事务管理局事业编制8名，局长1名（正科级）、副局长1名（副科级），纪检员按县委规定配备。2015年3月，县委、县政府开始遴选工作人员，搭建班子，启动机构组建。6月，配备局长1名，工作人员3名，局下设办公室（挂安全保卫股牌子）、资产管理股、后勤服务股。经费形式为核定收支、定额（全额）补助。

【打造廉洁高效管理服务队伍】 注重党员干部的政治和业务学习，把党的群众路线教育实践活动与队伍建设、思想作风建设相结合，走出去学习各地先进工作经验，结合运用到实际工作中。按照“民主、择优、公平、公正”的原则，通过竞争上岗，提拔中层干部3名。2015年新招进3名事业编制人员，平均年龄35岁。

【建立健全安全管理长效机制】 安全保卫工作面对的情况复杂、责任重大，始终坚持预防整治结合、人防技防并重，抓点带面，严格防范，确保行政办公大楼平安。一是强化安全检查和巡逻。每天定时对行政办公大楼进行专人巡视，对重点部位进行重点守护，加强陌生人员和陌生车辆出入管理。二是加强消防管理。规范完善消防管理制度，加强消防安全宣传，组织开展消防安全检修。对锈蚀渗水的8处消防管道进行重点维修，更换消防栓4处，添置灭火器6只，增加消防标志10余处。

【规范机关事务监督管理】 一是制定完善机关事务管理制度规范，印发《安县行政办公大楼综合管理办法》，进一步明确办公用房调配使用及维修改造、会议服务等7个方面管理制度。二是重点做好改革过渡期间公务用车管理工作，开展公务用车定点保险、维修和加油单位履约情况问卷调查活动，确定了新一轮的定点服务单位；积极配合发改局做好公务用车清理工作，广泛收集一手资料，为下一步开展公务用车制度改革奠定基础。

【全面做好后勤保障服务】 一是全面检修行政办公大楼的水池、水管、电路、网络、电梯等公共区域设施设备，及时修补渗水隐患25处；更换安装高清监控设备21处；全面检修电梯安全隐患，更换老化配件；安装男女厕所门82道，并对窗户作了防隐私处理；对常年堵塞、年久失修的大楼化粪池、排污管道进行集中清理。二是主动承接县政府周转房的管理服务，制定完善服务指南和要求，落实专人负责一切大小事务。三是通过购买社会服务的模式，积极筹建服务水平更好、条件更加完善的机关食堂，解决干部职工就餐难、就餐散的问题，10月19日开始试运行，运转状况良好，日常就餐人员稳定在160人左右。

【扎实推进公共机构节能工作】 一是开展公共机构节能宣传周活动，制作节能宣传展板2块，张贴节能宣传标示90块，发放节能宣传画100份。利用《今日安县》短信平台，累计发送宣传短信120条。二是倡导机关单位无纸化办公，节约用水、用电，努力降低机关能耗。将行政大楼公共区域坏掉的60余盏路灯、探照灯、亮化灯组更换为最新式的节能灯具，并严格控制亮灯时间。三是牵头做好安县中学创建全国第二批节约型公共机构示范单位工作，已顺利通过国家、省、市管理局验收。（李云霞）

安县人民政府

重大政务活动

【召开十七届第三十五次常务会议】 2015年1月8日，十七届安县人民政府第三十五次常务会议召开。会议传达全国永久基本农田划定和设施农用地管理视频会议精神；审议《关于开展我县耕地质量等别更新工作的请示》《关于创业服务中心区块内粮食局等单位产权证书办理程序及处置的建议意见》《安县人民政府关于撤销安县设立绵阳市安州区的请示》和《安县人民政府关于撤销安县设立绵阳市安州区的社会稳定风险评估报告》《〈安县农村饮用水安全工程——雎水镇白河供水工程〉共同组建公司的建议方案》《花荄城区重、中型货运车辆限制通行的方案》《关于增设校车行政审批项目的报告》《安县环卫作业市场化运作试点方案》《2015年县城区春节氛围营造实施方案》《“民安小区”第五期公共租赁住房项目建设方案》《安县清溪污水处理厂转让方案》。

【召开十七届第三十六次常务会议】 2015年1月30日，十七届安县人民政府第三十六次常务会议召开。会议学习《关于深入推进依法行政加快建设法治政府的意见》及新修订的《行政诉讼法》；传达《十八届中央纪委第五次会议》《十届省纪委四次全会》及《中共绵阳市委六届八次会议》会议精神；审议《政府工作报告（送审稿）》《安县2014年国民经济和社会发展计划执行情况及2015年计划草案的报告》《安县招商引资奖励办法》。

【召开十七届第三十七次常务会议】 2015年2月5日，十七届安县人民政府第三十七次常务会议召开。会议学习《企业国有资产管理方面法律法规》，审议《安县2015年度预算编制报告》《关于安县2014年财政预决算执行情况和2015年财政预算草案的报告》。

【召开十七届五次全体会议】 2015年2月6日，安县十七届五次全体会议召开。会议深入贯彻落实县委十一届八次全会精神，回顾总结2014年政府工作，安排部署2015年政府工作。就《政府工作报告》起草情况作出说明，审议《政府工作报告（送审稿）》《2014年国民经济和社会发展计划执行情况及2015年计划（草案）》《安县2014年财政预算执行情况和2015年财政预算（草案）》。

【召开十七届第三十八次常务会议】 2015年3月22日，十七届安县人民政府第三十八次常务会议召开。会议学习传达省政府第三次廉政工作电视电话会议精神；学习《四川省国土资源厅关于贯彻四川省人民政府进一步加强土地出让管理规定的实施意见》《四川省国土资源厅关于贯彻四川省人民政府进一步加强矿产资源开发管理规定的实施意见》；审议《关于深入推进依法行政加快建设法治政府的实施意见》《政府及政府部门法律顾问管理办法》《县级行政执法权限和行政执法程序的规定》《安县投资建设项目并联审批工作实施方案（试行）》《安县新城页岩砖厂等9宗采矿权申请延续变更审批有关情况》《申请设立安县沸水镇沸水矿泉水普查探矿权有关情况的报告》《关于拍卖出让花荄镇部分门面用地初步方案的请示》《国家农产品质量安全县创建工作方案》《关于陈明富等10名同志见义勇为行为的表彰奖励通报》《安县太平井田高川乡煤矿关闭退出奖补协议》《安县生产经营单位安全生产分类分级监督管理办法》《关于安县进一步深化打击非法营运工作实施方案的请示》《安县公安局关于升级改造治安卡口的报告》《关于建设凯江工业集中发展区污水处理厂及管网等附属设施的请示》《塔水秀水场镇生活污水处理项目工作建议方案》《清溪污水处理厂资产划转事宜》《淘金大道东外线等三条道路工程招商文件建议修改条款》。

【召开十七届第三十九次常务会议】 2015年5月6日，十七届安县人民政府第三十九次常务会议召开。会议学习民间借贷法律知识；审议《安县人民政府工作规则》《关于落实〈政府工作报告〉重点工作部门分工的意见》《关于建议辞退桑枣镇人民政府公务员肖兴林的情况报告》《关于安县雎水镇邓家坪矿厂采矿权申请延续变更审批有关情况的报告》《关于推进县城旧城棚户区改造相关事宜》《安县界牌镇和桑枣镇敬老院公建民营营运管理实施方案》《关于承办“2015年度中国舟钓路亚公开赛（COB–四川安县站）”的方案》《关于安县促进电子商务健康快速发展的实施意见》《关于巩政等同志职务任免的通知》。

【召开十七届第四十次常务会议】 2015年5月15日，十七届安县人民政府第四十次常务会议召开。会议传达全县领导班子思想政治建设工作会精神，审议通过《关于兑现〈关于加快推进旅游产业快速发展若干政策的意见（安府发〔2013〕9号）的奖励方案（草案）〉》和《2015年旅游目标任务和责任分解表》。

【召开十七届第四十一次常务会议】 2015年5月21日，十七届安县人民政府第四十一次常务会议召开。会议学习《关于加强行政执法与刑事司法衔接工作的实施意见》；审议《关于进一步建立县、乡镇、社区三级就业创业服务指导体制机制的实施意见（送审稿）》《安县农民工工资支付管理办法（送审稿）》《安县国有企业领导人薪酬管理考核办法（送审稿）》《关于进一步深化国资国企改革的意见（送审稿）》《关于解决部分军队退役人员下岗（失业）再就业援助工作的请示》《关于进一步加快工业转型升级发展的意见》《安县工业发展专项资金管理办法》《安县招商引资奖励办法（试行）》《关于〈安县国民经济和社会发展第十三个五年规划纲要〉编制事宜的请示》《促进安县房地产市场健康发展十一条措施》《关于赵安辉等同志职务任免的通知》《关于曾淘等同志职务任免的通知》。

【召开十七届第四十二次常务会议】 2015年6月23日，十七届安县人民政府第四十二次常务会议召开。会议学习《合同法》，传达全市重大项目暨投资促进工作推进会议精神、全县“三严三实”专题教育工作会议精神，审议《关于促进电子商务健康快速发展的实施意见》等议题。

【召开十七届六次全体会议】 2015年7月27日，安县十七届六次全体会议召开。会议贯彻市政府六届七次全体会议精神，总结上半年政府工作，安排部署下半年工作。会议还进行法律知识考试。

【召开十七届第四十三次常务会议】 2015年7月28日，十七届安县人民政府第43次常务会议召开。会前，与会人员集中学习职务犯罪法律知识；会议通报全县1—7月安全生产工作情况，会议强调，安全生产必须常抓不懈，警钟长鸣，做到“四个务必落实”；会议传达省委十届六次全会精神，要求对全县贫困户、贫困人口进行调查摸底，查清贫困原因，有针对性地制定帮扶措施；会议审议《安县行政许可项目目录》等其他议题。

【召开十七届第四十四次常务会议】 2015年8月5日，十七届安县人民政府第四十四次常务会议召开。会前，与会人员集中学习《四川省人民政府关于深化政务公开工作的意见》《四川省人民政府关于深化行政审批制度改革进一步加强建章立制工作的意见》《四川省人民政府关于进一步加强政府投资项目管理规定的通知》《四川省人民政府关于进一步规范国家投资工程建设项目招标投标工作的意见》；会议审议《关于推进干河子流域水环境综合整治的实施意见》等议题，研究信访稳定工作。

【召开十七届第四十五次常务会议】 2015年8月24日，十七届安县人民政府第四十五次常务会议召开。会前，与会人员集中学习《审计法》；会议传达全省安全生产工作座谈会精神，参会人员观看安全生产警示教育片，以及传达市委六届九次全会会议精神；会议审议《关于集中力量打赢扶贫攻坚战确保同步全面建成小康社会的实施意见》等其他议题。

【召开十七届第四十六次常务会议】 2015年9月14日，十七届安县人民政府第四十六次常务会议召开。会前，与会人员集中学习《环保法》；会议审议《安县2015年“互联网+”重点工作方案》《关于支持农民工和农民企业家返乡创业的实施意见（送审稿）》《关于推行农村义务教育学校学生免费午餐计划》《安县国有土地上房屋征收与补偿暂行办法》等。

【召开十七届第四十七次常务会议】 2015年9月23日，十七届安县人民政府第四十七次常务会议召开。会议学习《关于在公共服务领域推广政府与社会资本合作模式的实施意见》；审议《关于农民增收情况的报告》《关于安县农村集体“三资”管理工作相关事宜的请示》《关于提高县城环卫工人工资的请示》等，并就中秋、国庆假期相关工作进行安排；会议传达学习贯彻中共中央关于四川南充拉票贿选案和湖南衡阳破坏选举案查处情况及其教训警示的通报，以及全省领导干部大会精神，传达学习贯彻绵阳科技城建设部际协调小组第十二次会议及市委、县委相关会议精神，并提出具体贯彻落实意见。

【召开十七届第四十八次常务会议】 2015年

10月8日，十七届安县人民政府第四十八次常务会议召开。会议通报全县国庆期间相关工作情况，国庆黄金周全县旅游业态势良好，共接待国内游客24.16万人，同比增长36.96%，实现旅游收入4991.7万元，同比增长58.53%，旅游消费市场秩序井然，游客消费满意，未发生任何旅游投诉事件；会议审议《关于全面推行云平台化办公的建议方案》等。

【召开十七届第四十九次常务会议】 2015年11月5日，十七届安县人民政府第四十九次常务会议召开。会前，与会人员集中学习《城乡规划法》；会议审议《关于调整城乡居民最低生活标准的通知》《安县2015年道路基础设施建设项目实施方案》《关于解决当前公安建设有关具体事项的请示》《关于乡镇工作补贴实施办法的请示》等其他事项。

【召开十七届第五十次常务会议】 2015年11月17日，十七届安县人民政府第五十次常务会议召开。会前，与会人员集中学习《中国共产党纪律处分条例》；会议审议《关于在银河化学、启明星磷化工两企业组建专职消防队有关事宜的请示》《关于将原计划转给安县清溪污水处理厂的国有直管公产房重新转回花荄镇房管所的请示》等其他事项。

【召开十七届第五十一次常务会议】 2015年12月3日，十七届安县人民政府第五十一次常务会议召开。会前，与会人员集中学习《社会保险法》；会议审议《安县农村垃圾治理试点工作方案》《关于推进魔芋产业发展的实施意见》《安县“救急难”工作实施意见》《关于安县闲置土地处置工作的请示》《关于进一步促进非公有制经济发展的实施意见》等其他事项。

【召开十七届第五十二次常务会议】 2015年12月25日，十七届安县人民政府第五十二次常务会议召开。会前，与会人员集中学习《中华人民共和国政府采购法实施条例》；会议审议《安县沿山乡镇整体连片发展2016—2020年实施方案》《关于建立80周岁以上老人高龄津贴制度的实施意见》《关于加快发展现代职业教育的实施意见》《关于我县调整村（社区）干部基本报酬补助标准的请示》等其他事项。

（区府办）

县政府办工作

【概况】 县政府办主要负责县政府全体会议、常务会议、县政府例会和以县政府名义召开的大型会议的会务工作；负责《政府工作报告》和县政府主要领导重要文稿的起草工作，负责组织起草和审核以县政府、县政府办公室名义发布或上报的公文；负责全县政务调研、政务督查等工作。2015年，安县人民政府办公室被市政府办公室评为公文办理、会务工作、政务调研、应急管理等多项先进单位。

【综合协调作用充分发挥】 按照“高效、严谨、规范”要求，坚持站在全县大局考虑问题、处理事情，采取原则性和灵活性相结合的方式，着力抓好综合协调服务工作，有力助推政府各项工作有序运转。加强与上级部门联系，对省、市、县制定的政策、部署的工作、交办的事项，坚决服从，尽快落实，并主动汇报进展情况；积极与县委办、人大办和政协办沟通联系；强化与各乡镇各部门的协调合作；对群众反映的问题耐心解答，协调相关部门妥善解决；主动为各级领导、部门和群众搞好服务，做到内部协调充分到位，外部协调积极稳妥，有力推动政府办工作高效有序运转。

【文字会务水平显著提升】 一是公文办理。以“压缩数量，提高质量”为原则，结合全县实际，制发了《关于进一步规范县政府常务会议议题有关工作的通知》《关于进一步改进文风会风的规定》《安县政府系统公文处理失误登记通报制度》等，公文格式更趋于规范化。对会议方案、领导讲话、下发文件、会后报道等各种材料做到严谨细致，严把行文、运转、审批关。全年共制发各类文件390余件，起草各类讲话稿280余篇，做到制度完善、把关严格、收发及时、规范保密。二是会务工作。无论会务规模大小，都认真筹划、精心组织，对县委办组织承办的大型综合会议（大型活动）积极配合，全力参与。加强政府常务会议题安排的协调把关和各种会议会场布置、通知发放、资料印制、会议记录、会议纪要整理等环节的服务，做到会前充分准备，会中服务周到，会后认真总结，服务质量有较大提高。共承办县政府全体会议2次、常务会议16次，组织大型会议、活动26次，参与组织重点工程、项目等领导视察活动20余次，做到不出纰漏、细致圆满。三是信息调研。规范信息收集制度，拓宽信息来源渠道，加强对各类信息的综合分析，坚持将领导关注的重点、群众关心的热点和深化改革进程中的难点等有价值的信息及时向领导和上级政府报送，为领导掌握情况、指导工作、科学决策提供较好的信息服务，市政府办采用安县政务信息70多条。围绕全县总体工作部署和重点工作，筛选制定关系全县大局、有针对性的调研课题，组织力量开展深入调研，编印《安县政务调研选编》1本，在市级以上刊物发表《以集中推进集约以集聚促进发展——安县着力破解产业园区集约节约用地难题》等3篇文章。

【政务督查成效显著】 对县委、县政府的重大决策和确定的重点工作以及《政府工作报告》、县政府常务会议、专题会议确定的事项，及时分解落实到相关领导和部门，及时督办汇总，限期落到实处。对领导批示文件，积极做好分办、转办、催办工作，确保事事有回音、项项有交代、件件有着落。扎实做好人大代表议案、建议和政协委员提案办理工作，以切实解决问题为抓手，进一步落实责任制，加强沟通。全年在法定时间内，办结人大建议104件，办结政协提案85件，满意和基本满意率均达到100%。

【值班值守】 切实做好县政府总值班值守工作，建立健全值班制度，规范值班纪律，确保总值班室制度的严格落实。坚持24小时政务值班和应急值守，高度重视群众来信来访，办理市长公开电话交办单200余件、县长信箱159件，接待群众来访120余次300余人。坚持“市民投诉无小事”，及时倾听群众意见、要求和呼声，了解社情民意，努力为群众排忧解难。

【后勤保障高效有力】 在严格执行“八项规定”的前提下，坚持以客人满意为目标，做到既热情周到，又不铺张浪费；规范公务用车管理，保证县政府及政府领导各项公务活动、会议和接待的需要。财税金融、政府法治、应急管理等相关专项工作扎实推进。

【贯彻“两个责任”，履行“一岗双责”】 严格落实党风廉政建设主体责任。健全反腐败领导体制和工作机制，办公室主要领导担负党风廉政建设的主体责任，班子成员承担党风廉政建设的具体责任；县政府办公室将党风廉政建设和业务工作同安排、同布置、同检查、同落实、同考核，层层签订党风廉政建设责任书，认真履行“一岗双责”；制定出台《领导班子议事规则》《厉行节约相关规定》《关于规范干部职工出差和差旅费报销的通知》等一系列规章制度，形成长期有效机制，督促干部职工积极主动把党风廉政建设责任制和预防腐败工作纳入日常工作各个环节，增强拒腐防变的能力。

【推进依法行政】 县政府办公室紧紧围绕县委、县政府依法治县工作思路，认真落实县政府常务会议会前学法制度，全年累计组织开展会前学法12次。把法治教育纳入干部职工培训重要内容，结合实际，重点组织干部职工学习《宪法》《行政许可法》《行政复议法》等法律法规，不断提高掌握法律、运用法律的能力，依法行政意识明显增强，加快推进法治进程。

【加强队伍建设】 县政府党组书记对机关党总支交任务、提要求，亲自倡导开展党员志愿服务等活动，召集党组会议研究机关党建工作6次，组织党组中心组学习会5次，参加机关党总支开展的活动23次，党组成员积极参加机关党总支组织的活动。办公室党组年初对全年机关党建工作进行安排部署，机关党总支切实担负起效能建设协调、指导、督查的重要职责，在机关大力开展以“围绕中心大局，增强服务意

识，提高工作效率，规范管理行为，严格工作纪律”为主要内容的系列活动，县政府办公室工作作风明显好转。（区府办）

人事人才

【概况】 2015年，充分保证人事人才工作。一是招录公务员38名，招聘事业单位人员77名，面向县内公开选调机关事业单位人员34名；录用政法体改生2名，安置军转干部2名，面向县内公开选调公务员、事业单位人员34名；办理公务员提前退休3人，辞去公职1人，调出公务员5人，调入公务员10人；办理事业人员辞职备案59人，调出事业单位人员11人，调入事业单位人员17人。二是公务员职务与职级并行工作有序推进。全县329名拟晋升职级人员中，拟晋升正处级职级涉及2个单位2人；拟晋升副处级职级涉及43个单位103人；拟晋升正科级职级涉及21个单位44人；拟晋升副科级职级涉及43个单位180人。三是建立人员调配联席会制度、借用人员审批制度、临聘人员管理制度，切实加强全县机关事业单位工作人员和编外人员的管理。四是对全县司勤人员进行全面摸底，为推进公务用车制度改革司勤人员安置工作奠定基础。全县共统计司勤人员152名，其中正式在编司勤人员68人，经县委编办、县人社局核准聘用64人，单位自聘20人。

【人才环境】 一是招聘大学生村干部2人，招募“三支一扶”志愿者1人，为交通局公路运输管理所等单位招聘临聘人员40余名，为安县富腾实业有限公司招聘工作人员7名。二是做好回县报到毕业生接收、入户、存档等服务工作，及时分类统计，为研判全县高校毕业生创业工作提供数据支撑。全年共接收回县报到毕业生742人，已就业475人，未就业267人。三是扎实做好干部人事档案专项整理工作，整理和归档县人才服务中心管理的干部人事档案2000余份。四是积极为县内企业引进人才，组织参加“丰硕金秋”2015中国（绵阳）科技城中高端人才招聘会和“三届联招绵阳分场现场招聘会”活动，全年为县内企业代招高校毕业生100余名。

【工资福利政策】 一是机关事业单位10100名在职和离退休人员的基本工资调标工作全面完成。二是完成机关单位公务员（参公人员）按年度考核结果晋升级别增加工资427人，事业单位人员按年度考核结果正常增加薪级工资5241人。三是办理机关事业单位退休审批手续191名，死亡职工死亡抚恤金和丧葬费审核75人，全县机关事业单位死亡职工遗属生活困难补助清理和调标575人，死亡职工遗属困难补助金26人，连续工龄认定62人。

【职称管理】 一是加强对初级职务评审委员会的建设和管理，评审通过82名专业技术人员的初级职称。二是加强协调和指导，确保参加考试类人员晋升职称工作顺利进行，全年专业技术人员考试无违规违纪或受通报批评人员。三是有序推进继续教育公共科目培训工作，全县共4200人参加了公需科目培训，完成目标任务的140%。四是办理中级职称资格124人，高级职称资格37人。

【养老保险退休审批和工伤认定】 办理企业（个体）参加养老保险人员正常退休4671人，其中失地农民退休3963人，增补工龄59人；上报市人社局审批特殊工种提前退休35人。受理工伤认定98人次；上报市劳动能力鉴定委员会伤残鉴定46人；工伤行政复议和诉讼8件。

【军转工作】 各相关部门充分发挥职能作用，做到了军转工作人、财、物有保障，宣传好党的军转政策，切实帮助军转干部解决生活中的实际困难。全县95名企业军转干部、8名自主择业转业干部无上访现象。

【社会法律意识】 一是到乡镇、用人单位开展法律讲堂3次，开展普法宣传3次，发放各类宣传资料2000余份。二是接待来电来访630件，书面受理各类投诉案件47件，结案39件，为民工追回所欠工资947万元。三是认真开展各项专项行动及日常巡查工作，共开展清理整顿人力资源市场秩序、劳务派遣企业经营情况、季度农民工工资专项排查、劳动用工专项检查4

次，集中日常巡查4次，累计检查各类用人单位156户次。四是积极做好劳动保障监察“两网化”信息采集工作，确保“两网化”建设覆盖100%。

【劳动者合法权益维护】 一是在加强县劳动人事争议仲裁院实体化建设的同时，加强乡镇、事业单位和企业调解组织建设。二是强抓仲裁工作效能，全年劳动人事争议仲裁委共立案受理劳动争议案件75件，其中结案72件，经仲裁为劳动者挽回经济损失252万余元，劳动人事争议仲裁案件按期结案率达到100%。三是建立健全多部门调解联动机制，切实解决人社部门调解工作“单打独斗”的状况，全年通过调解共为劳动者挽回经济损失约81万余元。四是充分发挥劳动关系三方协调委员会的职能作用，全县企业劳动合同签订率达93.45%，已建工会企业集体合同签订率达96.1%。

【推进国有企业负责人薪酬制度改革】 为形成国资国企科学的考核体系，建立有效的激励与约束机制，实现国有资产保值增值责任，由县人社局牵头，制定出台了《安县国有企业负责人薪酬管理考核办法》。根据《考核办法》，县国资办会同县级相关部门，分别根据投控公司、富腾公司2012年、2013年、2014年目标完成情况和2015年度经营计划，制定了2015年度目标考核方案。

【加强农民工工资支付管理】 2015年，对原《安县民工工资支付管理办法（试行）》的部分条款进行相应修改或新增，修改后的《管理办法》从措施、职责、监管、主体责任等方面有了进一步明确。新的《管理办法》实施后，一是农民工工资保证金制度更加有力，21个建设项目缴纳民工工资保证金1511万元，为维护安县建筑工地劳资关系的和谐稳定提供保障；二是部门配合力度进一步增强，各自的部门职能作用进一步体现，全年累计为民工追回所欠工资947万元，为维护全县劳动关系和谐稳定起到积极作用。 （蓝钧军）

涉台事务

【涉台宣传教育】 2015年，按照市委台湾工作领导小组要求，深入开展涉台宣传教育“进机关、进社区、进学校、进企业、进农村”活动，点面结合，突出重点。重点抓好机关干部特别是领导干部、学校特别是青少年学生的涉台宣传教育。完成信息采编上报和对台工作宣传杂志发行任务，被市台办评为对台宣传调研工作先进单位。

【对台经济工作】 邀请2家台资企业到安县考察投资环境，接待台商两批10人到县考察项目。

【对台交流】 为台湾同胞了解安县搭建交流交往平台，接待法鼓山30人来访，增进两岸同胞友谊。组织教育界人士深入岛内中南部，参访台湾中（小）学、幼儿园，考察台湾基础教育、职业教育、幼儿教育，到法鼓山开展感恩致谢活动。确定2016年1月举行秀水镇民兴中学建成项目启用和乒乓球馆开工动土典礼，达成再投资为秀水镇第一中心小学建设“生命教育”资源教室的意向。形成考察报告，达到参访交流目的。

【台胞台属联谊互动】 组织台胞台属座谈会，在春节、中秋节与台湾法鼓山援建同胞开展联谊活动。节日期间看望慰问援建台胞，春节前开展慰问台属活动。

【增加援建新项目】 新增加援建项目1个——台湾法鼓山援建秀水镇第一中心小学校塑胶操场整修工程，面积2700平方米，捐资人民币33.62万元。筹备秀水镇民兴中学图书馆、200米标准塑胶操场、足球场、排球场、篮球场落成启用典礼和乒乓球馆动土开工仪式。

（易显林）

信访和群众工作

【概况】 2015年，共办理上三级交办信访事项282件，同比增加6.8%；来访686批5976人次，同比增加15.5%和62.6%；限时办理上三级督办信访案件110件，并全部录入全国网上信访信息系统。群众到京上访12批17人次，同比下降7.7%和增加21.4%；到省上访41批172人次，同比增加5.1%和17%；到市上访68批432人次，同比下降24%和增加17%；到省委第一巡视组上访65批117人次。

【完善工作责任制】 一是坚持以改革信访工作为主线，以认真贯彻落实中央、省市《关于创新群众工作方法解决信访突出问题的意见》为重点，进一步完善信访工作责任制。二是牵头组织召开联席会议15次，集中研判全县信访突出问题，专题向县委、县政府领导汇报信访工作16次，对可能出现的不稳定因素及时向责任单位发出预警信息，主动为县委、县政府决策提供参考建议。

【推行县级领导大接访】 下发《中共安县县委办公室安县人民政府办公室〈关于继续深入推进县级领导干部“大接访”活动有关工作〉的通知》，实行每一个工作日由一名县级领导在信访和群众工作局接访，双休日和国家法定节假日在县委、县政府总值班室带班候访制度。全年共有28位县级领导240次接待群众来访466批4408人次，实现“件件有落实，事事有回音”，重点人员得到有效稳控，未发生一起有影响重大信访事件。

【确保社会稳定】 组建工作小组，设立五道防线，圆满完成全国、全省“两会”“5·12”七周年、“6·4”“七一”“八一”、抗战胜利70周年、国际科博会、国庆、十八届五中全会等重点敏感时期“零到京”“零到省”工作目标。

【加大企业欠薪整治】 县联席会议办牵头，会同政法、公安、建设、人社等相关职能部门，不断加大欠薪整治力度，为“洋马路”、银都宝座、水韵华庭、荣华国际、中心广场、典汇国际、中国院子、莲花寺、科睿公司等房产企业和工业企业农民工1000余人追讨拖欠工资达1000余万元，切实维护农民工合法权益。

【推动积案化解】 按照“五定五包”和“三到位一处理”要求，成功化解省市督办信访积案15件，拉近了党群干群关系。

【开展“三无”创建活动】 为着力打造“阳光信访”“法治信访”和“责任信访”，全县开展“无进京上访、无到省集访、无到市重复集访”的“三无”创建活动。

【加大法制宣传】 结合《信访条例》颁布10周年之际，积极加大法制宣传力度。5月7日—8日，18个乡镇集中开展为期两天的宣传活动，共发放《信访条例》、涉法涉诉宣传手册、宣传漫画、画报等资料15000余份，接受群众咨询8000余人，信访秩序进一步好转。

【驻京、驻省工作】 在重点敏感时段抽派精干力量，参与驻京、驻省和上挂驻省值班信访维稳工作，圆满完成上级下达的各项目标任务。

【做好省委第一巡视组在绵工作期间的信访工作】 成立专项工作小组，派驻专项工作人员，精心组织，周密部署，依法依规成功劝返安县到省委第一巡视组上访人员65批117人次，办理巡视组交办信访案件42件。

【信访信息化建设】 投入47万元，完成18个乡镇和15个县级重点部门信访信息化建设，开通四川省信访部门市、县两级网上投诉受理平台门户网站，为群众反映诉求开辟又一条绿色通道。 （王　强）

地方志工作

【宣传《全国地方志事业发展规划纲要》】 2015年9月，国务院以国办发〔2015〕64号文件出台《全国地方志事业发展规划纲要（2015—2020年）》。县史志办组织全县修志人员认真学习，广泛宣传，着力营造依法修志氛围，通过政务信息、新闻媒体等多种途径，加大对地方志工作的宣传，提高社会各界对地方志工作的认知认同，扩大社会影响力，有效促进地方志工作的开展。

【完成《汶川特大地震安县抗震救灾志》出版发行】 2015年6月，《汶川特大地震安县抗震救灾志》公开出版发行，8月中旬成功举办志书首发式。该志书从2009年9月开始编写，历时7年，全书126万字，图片近300幅，客观真实、准确全面记载了安县抗震救灾、灾后重建以及辽宁援建等伟大史实。安县方志办在全市最先完成本志出版，得到省、市领导高度肯定与表扬。

【完成《四川羌族通志（安县篇）》编写】 编写《四川羌族通志（安县篇）》于年初启动，历时半年完成。全书约4万字，内容涉及全县3900余名羌族人民的生产生活情况。该书于6月上报省地方志编纂委员会。

【完成大事记编写】 完成《绵阳市建市30周年大事记（安县篇）》的编写、报送工作，编写内容从1985年开始，到2015年结束。

【完成年鉴公开出版和资料上报工作】 完成《安州年鉴（2015）》的组稿、编辑、审改、总纂以及公开出版工作。完成《四川年鉴（2015）》和《绵阳年鉴（2015）》安县篇的资料编写、报送工作。

【加强地方志理论研究】 整合县地方志办、学校的编纂研究人才资源，围绕地方志事业发展理论与实践的重大课题、难题，通过志稿评议、学习交流等形式，深入开展学术和工作交流活动，活跃地方志学术理论研究气氛。

【加强地方志信息化建设】 在全市率先建立县级地情网的基础上，积极做好网站升级改造、栏目完善、内容更新等工作，崭新的“安县地情网”已改头换面，焕发出新的活力。

【加强培训交流】 组织专业人员，深入乡镇、部门和有关企业，有针对性的加强对具体编写人员的业务指导和培训交流，提高编写人员的业务水平和书稿撰写质量。组织人员参加省、市地方志部门举办的各种培训会、研讨会，与相关先进县（市、区）大力开展学习交流活动，努力提高队伍自身素质。全年共对43个单位上门指导，接受156人次业务咨询，开展业务研讨和交流学习16次，参加省、市组织的业务培训5批次、11人次。 （杨晓灵）

档案管理

【概况】 2015年，着力完善档案馆“五位一体”功能建设，配合县农业局抓好农村土地确权登记试点档案工作，贯彻国家档案局9号令和民生档案工作，加快推进数字档案馆建设，深入推进依法治档工作，加快全县在新形势下档案工作的新发展。

【档案基础业务建设】 库房新购置单体式空调，将原有的温湿度监测系统改造升级为温湿度自动调控系统，实现温湿度管理智能化。加强日常档案馆库安全检查，坚持常年24小时值班制度，建立健全并严格执行档案信息安全保密管理制度，新增监控设备，制订应急预案。认真贯彻国家档案局9号令，加大民生档案接收力度，3月10日，印发《安县档案馆2015年档案接收计划》，对各全宗单位档案移交情况进行梳理，摸清底数，在保证质量的前提下做到应收尽收。全年共接收档案6522件、2190卷，图书资料354册。在查阅大厅启用触摸屏查询系统，采取电话、信函、节假日预约查档等方式，为群众提供快捷方便地查阅服务。全年接待查阅5649人次，提供利用档案6838卷（册），复印档案资料17210页。

【档案业务监督指导】 进一步加强机关、团体、企事业单位档案监督指导工作，对全县53个单位进行业务指导，指导件数34105件、838卷。积极开展规范化管理建设，全县共有8个单位通过市、县档案局的考评验收，达到档案规范管理一、二、三级标准。积极做好农村土地承包经营权确权登记档案工作，4月23日，与县农业局联合转发《农业部、国家档案局关于印发〈农村土地承包经营权确权登记颁证档案管理办法〉的通知》，同时到确权登记乡镇指导档案收集整理工作，推进全县农村土地承包经营权确权登记档案收集齐全、整理规范、保管安全。认真做好机改单位档案处置工作，1月5日，印发《关于认真做好政府机构改革中档案处置工作的通知》，积极主动上门服务，对机改撤并单位粮食局、畜牧局、质监局的历年档案进行了完整接收。做好重点建设项目档案督查工作，加强与重点建设项目主管部门和建设单位的联系，督促各项目主管部门及时搞好项目档案登记管理及相关工作，确保项目档案的完整与安全。重点对桑绵路梓潼大桥改建工程、界青路青安渡大桥改建、干河子大桥桥梁建设、方碑大桥新建工程、茶北路茶坪乡至禹里乡公路建设、好医生药业集团大规模小分子活性化合物库及服务平台项目6个项目档案工作进行督查。

【档案法治和宣传教育】 4月3日，印发《安县档案局2015年法制宣传工作计划》。5月2日，召开全县档案工作暨业务培训会，对各乡镇、县级机关、企事业单位100余名档案人员进行现场教学和实际操作培训。6月9日，在县城举办以“档案在你身边”为主题的国际档案日宣传咨询活动，发放档案宣传册100余份，接受咨询300余人；面向乡镇、社区、学校、企事业机关单位发放《档案与你相伴》图片宣传册及法律法规知识宣传资料600余份；向市、县报送档案信息38篇，被采用38篇。7月2日，根据《国家档案局关于举办档案法律法规知识有奖竞赛活动的通知》和省、市档案局要求，精心组织开展档案法律法规知识竞赛活动，各乡镇、县级各部门干部职工踊跃参赛，全县共300余人参加竞赛答题。8月10日，组织全局职工统一参加宪法知识考试。11月9日，下发《安县档案局关于开展2015年度档案工作执法检查的通知》，从11月23日开始，分3个组对全县100余个单位进行档案执法检查。

【数字档案馆建设】 县政府将“推动档案馆数字化建设”写入政府工作报告，列入2015年重点落实的20件民生实事，将县档案馆数字化建设专项资金50万元列入县财政预算。经过公开招标，安县档案馆馆藏档案数字化技术与服务项目由深圳东方信腾公司中标。8月4日，档案馆数字化工作正式开工，截至12月31日，完成扫描100万页。

【档案文化建设】 6月11日，为摄制纪念中国人民抗日战争胜利70周年专题片《匹夫有责》，中央电视台（CCTV-13）栏目组到安县档案馆查找、拍摄与抗战有关的档案资料。县档案局抽调专人做好档案查阅工作，为栏目组梳理、调阅安县民国档案、1932年《安县志》和1938年《安县志续志》等档案资料，使拍摄工作顺利进行。12月31日，完成了25万字的《安县档案志》初稿撰写工作。（廖 华）

公共资源交易

【概况】 2015年，共完成174个项目的交易工作，直接交易金额11526.98万元。其中，政府采购项目145宗，总成交金额8022.83万元；工程建设交易类19宗，总成交金额2595.15万元；土地交易类业务1宗，成交金额909万元；抢险救灾工程入库及工程代理等项目9宗，实现了交易工作的“四个统一”。在集中采购领域，完成公开招标54宗、竞争性谈判19宗、询价采购56宗、单一来源采购16宗，共节约预算资金1034.97万元，资金节约率达14.44%。政府购买服务类采购项目11宗，其中敬老院公建民营和乡镇养老服务投入1193.2万元，其余项目采购预算290.17万元，节约预算121.96万元，资金节约率高达42.03%。落实省委、省政府关于“惠民生调结构促发展”上扶持本地小微企业，采购县内企业项目23宗，采购总金额1392.71万元。

【多措并举，夯实交易环境生态化】 一是信息公开渠道多元化。依托现有资源，针对入场交易项目的具体情况，实行“三网、两报”（“三网”：四川省政府采购网、安县政务网、安县公共资源服务网；“两报”：《四川日报》《绵阳日报》）同时发布招标信息，并在办公区域内使用LED屏幕向社会公布交易信息，提高交易项目的参与性和社会监督，避免因为信息闭塞而造成“围标、串标”的现象发生。二是强化市场经济对资源配置的作用。在招标文件的制定过程中杜绝各种“排他性”条件的存在，鼓励社会监督，以更加开放的交易平台来引导和鼓励各类市场主体参与到公共资源交易中来。三是做好交易法规的宣传。中心采用多种方式扩大宣传工作的受众面，通过制作《公共资源交易法律法规制度汇编》向各部门系统化的介绍交易制度，并在受理接件和供应商报名时，以图形化和直观化的《政府采购指南》向采购方和供应商进行采购政策的普及。四是业务工作“精益求精”。结合不同的交易项目，在依托省财政厅制作的标准文本的基础上，制定客观明确的资格条件和符合性条件以及服务标准和评分标准，针对出现的“专家不专”现象，有效减少评审的自由量裁空间，使评审结果更加客观公正。

【强化交易制度，细化环节管理】 一是交易管理规范化。按照受理、交易、评审、监督四个环节实行流程化管理交易活动，制定《安县公共资源交易服务中心交易操作流程》及各个环节的操作规程、制度19套，对交易流程实行岗位化、制度化管理，做到岗位、人员、职责不脱节；整理国家及省、市、县交易相关法律法规，和文件一同形成《交易法律法规汇编》，通过完善制度、规范程序，在源头上压缩廉政风险滋生土壤，既提升服务工作效率又有效预防廉政风险。二是交易活动规范化。所有进场交易活动严格按照法定程序进行，将现场管理制度一一上墙公示，把公共资源交易的过程以及行政权力的运行放在阳光下，让群众参与监督，做到采购人、监督、专家、代理机构各方主体相互制约，权利和责任不越位不缺位，没有程序的交易项目不入场，采购人指向性明显的不受理。三是服务工作标准化。按照“程序严密、制约有力、服务到位”的要求，制定《交易管理办法》和《工作人员行为准则管理制度》，做到服务有标准、办事有指南，确保交易活动更加科学、规范、高效运行。

【落实农村改革，搭建产权交易平台】 为配合县委、县政府盘活农村资源要素，推进农村产权体制机制创新，打造绵阳市首个标准化建设的县乡两级农村产权交易平台的工作安排。中心通过在成都产权交易所和郫县、崇州等地的学习，做好平台建设的具体承办工作，并完成县农村产权交易中心的硬件建设和相关管理制度的草拟、编制，协助县政府和成都产权交易所签订平台搭建战略合作协议。一个涵盖农村产权流转、交易产权抵押融资、产权保护维权等涉农项目的“一站式”交易平台雏形在安县显现。（张智明）

接待工作

【概况】 2015年，安县接待工作坚决贯彻落实中央八项规定和《党政机关公务接待管理规定》，厉行勤俭节约，做好公务接待工作。全年共接待176批客人，其中国家及部级领导18批次，省上客人46批次，市上59批次，兄弟县20批次，客商33批次；并协助县委、县政府、各部门接待大小会议30余批次。

【热情接待，优质服务】 全年重要的接待工作有全国第九届残运会暨第六届特奥会、全国舟钓比赛、第三届绵阳市科技博览会和首届电商大会等大型活动等。认真执行接待管理办法，严格审批程序，做到接待规格不超标、经费不超支。坚持从简、从细、从严搞好接待工作，既节俭开支，又让来宾们满意，为宣传安县起到积极作用。为做好新时期下的接待工作，对各接待酒店提出新的要求，要求他们进一步配合做好各项接待工作，与酒店签订新的协议，符合八项规定和要求。不断提高服务质量，完善各项设施，积极为客人提供舒适的食宿环境，本着接待工作无小事的原则，尽心尽责，为客人提供耐心、细致的接待服务。

【严格执行公务接待标准】 认真贯彻落实“八项规定”和《安县党政机关公务接待管理办法》等相关文件精神，坚持“有礼公务、简化礼仪、务实节俭、杜绝浪费”的原则，严格落实中央和省市县的规定。对公务接待实行统一管理、预算包干、限额支付、集体审核的办法，严格公务接待费用管理，杜绝公务接待费多支、乱支、滥支等现象；对各项费用报销和重大经费支出，坚持做到票据要素齐全、层层把关审批的原则。在接待工作中，严格按照有关规定与标准进行安排，不能出现超范围与超标准接待现象，做到不允许出现的项目不能出现，不允许发生的费用不能发生。在餐饮安排上以本地家常菜为主，在住宿安排上严格按照上级有关规定执行，不得有超标准安排现象，有效降低接待费用的支出。（罗 丹）

政务服务

【概况】 2015年，县政务服务中心设有窗口27个（因机构改革单位合并，与2014年相比减少食药监、质监、畜牧、计生4个窗口），其中行政审批、公共服务单列窗口24个，综合窗口1个（入驻12个单位），银行窗口1个，行政效能监督窗口1个，有窗口工作人员70余人。全年，县政务服务中心计办件79249件，按时办结率100%，办理提速100%，提前办结率100%，群众满意率100%。收费窗口代收费320余万元；并联审批115件，投资金额84.39亿元。

【深化行政审批制度改革】 组织全县具有行政权力的全面清理行政权力项目，全面推进行政许可、征收、确认、给付及其他行权全部进入政务服务中心受理办理，强力推进行政审批“三集中、三到位”。牵头组织相关部门，切实梳理优化办事指南，规范材料样本、格式文件，更新网上办事流程、项目要求等，推进行政权力依法规范公开运行。组织相关部门、窗口多次会商、调研，外出取经，积极探索“三证合一”改革的运行机制，充实业务骨干，夯实技术力量，强化操作培训，保障物力、财力、人力，确保全县9月底前全面实行工商执照、机构代码、税务登记“三证合一”改革。组织相关部门多次召开研讨会，准确把握工作实情，研究对策措施，提出实施意见；召开专题会议，传达研究落实推广“江油模式”；制发《安县全面深化政务服务改革的实施意见》，全面深化政务服务改革，配齐配强人员，全力保障政务服务工作经费需求；组织相关人员分批考察学习先进经验，转变观念、吸取经验、增强改革信心；组织召开全县政务服务工作推进大会，全面实施“一窗受理、受办分离”改革，推行政务服务“11331”“江油模式”的实施。

【夯实基层便民服务】 把握省上对便民服务工作交叉检查迎检契机，明确基层便民服务工作的重要性、必要性、建设标准、迎检具体事项、内容、要求、阶段任务等，并通过分片检查、抽查、指导等形式，切实督促打造“建设标准、运行规范、服务优质、高效便捷”的便民服务体系。召开乡镇便民服务工作培训会，作具体的规范要求和培训指导。分层分类对便民中心工作人员以及村、社区代办员700余人进行业务培训，提升工作人员服务能力。积极开展服务下沉和创优质服务工作，推进县级相关职能部门将与广大群众、企业密切相关的审批服务事项下放到乡镇受理、办理。各乡镇便民中心进一步简化办理环节，压缩办理时限，推行首问负责、一次性告知、全程代理、限时办结和责任追究等制度，做到办事程序公开、依据公开、时限公开、收费标准公开，服务亮身份、亮承诺、亮职责，并着力于提升硬件标准化建设，升级电子政务服务设备，添置饮水机、群众休息椅、报刊阅览处等便民服务设施，打造亲民便民服务环境。

【完善公共资源交易平台】 初步建成功能齐全和集中统一的公共资源交易服务平台。打造5个标准化招投标功能室，为全县的工程招投标、政府采购、土地及国有资产处置拍卖等提供综合交易平台；制发《安县公共资源统一进场交易项目目录》《安县交易管理办法》等管理制度，形成一整套交易制度框架；搭建“安县公共资源交易信息网”，将交易信息进行同步公示；建起音频、视频全程电子监控系统，对交易活动实行全程实时监控；建起农村产权交易平台。

【打造清廉高效的政务服务队伍】 深入实施政务公开，推行“八公开”阳光政务，扎实开展“效能季后晒”活动，强化效能建设，努力构建清廉高效的政务服务。以创先争优活动为契机，深入开展党员示范岗、红旗窗口、文明单位等创建活动，狠抓工作人员的教育培训、思想建设、工作作风、行为规范、业务提升等，打造一支高素质的政务服务队伍。2015年，中心评选出交通、食药工质等2个窗口为红旗窗口，卫计、发改等2个窗口为党员示范岗，评选出文明示范窗口6个、优秀共产党员11名、巾帼文明岗3个，巾帼建功标兵、精神文明建设标兵等25名，充分展现党员干部的先进性，激发队伍活力。（张明斌）

招商引资

【概况】 2015年，全县招商引资新签约项目50个，协议引资71.04亿元。其中，5000万元以上项目27个，1亿元以上项目15个，5亿元以上项目5个；国内省外到位资金28.08亿元；新引进两新产业项目15个，包装和推出两新产业项目45个。全年共拜访企业及机构813家，收集有效项目信息478条，参加大型推介洽谈会65场次，邀请企业及机构503家1101人次到安县考察投资环境。召开项目评审会4次，评审项目31个；召开项目集中签约仪式3次，签约项目27个；举办大型专场推介会2次，长三角地区、珠三角地区安县籍成功人士返乡创业座谈暨四川绵阳汽车产业园投资环境推介会。

【健全机制，科学招商】 完善《安县招商引资项目服务办法》；筹划组建一、二、三产业项目推进工作小组，专项推进一、二、三产业项目；把工作能力突出的人员放在招商工作第一线，培养干部、锻炼干部、考察干部，对业绩突出的招商干部优先提拔使用。建立招商引资利益分享机制，按照“谁发展谁受益”原则，激发乡镇和园区发展活力。强化对投资人、招商引资引荐单位、引荐人等对象的奖励，用活市场配置资源原则，采取激励导向，形成全民招商的良好氛围。建立健全“4+3”工作机制，“4”即4个驻外招商引资办事处，“3”即局综合办、项目推进股、汽车产业及项目包装股3个股室。全面整合4个驻外办事处和局内股室的人力、信息等资源，实现资源共享，推动工作运行更流畅，工作成效更突显。对局内人员实行“技术+行政”的工作模式，对驻外办事处实行企业化管理考核。

【多措并举，精准招商】 以大平台获取大信息，创新构建与商（协）会、科研院所、中介机构、省市驻外机构的合作桥梁。大力整合在外乡情资源，深化绵商返乡创业工程，全年积极参加第三届科博会、西部国际投资大会等推介洽谈会65场次，成功举办安县籍长三角地区、珠三角地区创新创业成功人士座谈会暨绵阳汽车产业园推介会等专场推介会5次。以打造专业化的产业园区为导向，组建汽车产业发展专家顾问团，量身定做四川绵阳汽车产业园战略规划，为汽车产业发展指引方向。深化专家评审机制，所有招引项目均需专家研判讨论通过，依托专家对项目进行专业研判，严把项目准入关，不断提升项目引进质量，实现招新引优，招大引强。县领导每月亲自带队促进重大项目不少于2次，带领投促团队及县级相关部门高位推进项目。全年县主要领导外出招商51次，促进项目83个。充分发挥“一网一册一会”等媒介的宣传作用，全年发放投资指南3600本，并综合运用微信群、QQ群、微博等新媒体推介安县投资环境。（罗　雯）

防震减灾

【概况】 2015年，安县荣获“全国县级防震减灾工作综合考核先进单位”“四川省县级防震减灾工作综合考核先进单位”称号，安县地震台区域台测震资料分析、区域台测震系统运行双双获得四川省地震监测质量评比第一名。

【地震监测预报】 2015年，测震仪连续运转8760小时，连续率100%，向省地震局连续传输8760小时观测数据，连续率100%，分析处理地震2336个；垂直摆倾斜仪连续工作8760小时，连续率100%，分析处理倾斜数据8760小时；钻孔应变仪连续工作8760小时，连续率100%，分析处理体应变数据8760小时；重力仪连续工作8760小时，连续率100%，分析处理重力数据8760小时。强化地震预报研究，持续开展“震颤”与地震活动关系研究，分析震颤波1600余个。召开震情会商会12次，向上级业务部门报送震情会商报告2份。

【防震减灾科普宣传】 为提高群众防震减灾知识水平，利用文化、科技、卫生、理论“四下乡”活动、“‘5·12’防灾减灾日”和“12·4”法治宣传活动，分别到黄土、永河、界牌、雎水等乡镇开展防灾减灾科普知识宣传，累计发放自编科普知识、法律法规知识等宣传材料3万余份，VCD光盘5000余张，书籍500余套，解答群众提问9000余人次。开展防震减灾知识进校园、进社区活动，推进防震减灾示范学校和社区建设，完成1所市级防震减灾科普示范学校和1个市级防震减灾示范社区的创建。

【地震应急管理】 组织乡（镇）人民政府、县防震减灾领导小组成员单位及医院、学校等人员密集场所，对各自地震应急预案进行完善和修订，并报县防震减灾局进行备案。建成地震速报短信平台，在对有影响的地震事件发生后，能够及时通过该平台发布地震信息，提高全县地震应急响应速度。（徐 灏）

气象工作

【公共气象服务】 2015年，发布专题天气预报77期，重要天气预报11期，预警信号30次，雨情通报43期，旬月预报48期，气象服务短信40万余条。重要天气预报准确率为100%，一般降水准确率为95%，重大假日预报准确率为98%；积极开展“雎水踩桥”、环山环湖自行车公开赛、全国第六届特奥会、2015年中国舟钓路亚公开赛（COB-四川安县站）等大型活动气象保障服务。

【气象现代化建设】 对气象观测场、气象台等进行标准化建设，完善业务运行机制，提升工作效率和水平；积极争取现代化业务装备建设，完成新型自动气象观测站建设，进一步提升全县的气象监测能力；制定安县《关于全面推进气象现代化建设工作的实施意见》，明确全县气象现代化建设的目标和方向；加强气象人才队伍建设，引进大气科学专业人才1名，选派4人次参加全省、全国的气象业务培训，提升全局干部职工综合素质，申报科研课题1个，发表学术论文3篇。

【防雷安全管理】 与县安监局联合下发《关于进一步加强防雷安全管理工作的通知》，按照“重实效、零容忍、严执法、重实效”的原则，对全县37所学校、60所民办幼儿园、25所医院（卫生院）、41家企业进行防雷安全检查，发现防雷安全隐患11处，均责令整改合格；针对全县房地产和企业发展低迷的现状，主动为企业减免50%的防雷风险评估收费以及30%—50%的设计审核和竣工验收收费，促使房地产和企业走出低谷，促进地方经济发展。

【人影抗旱服务】 5—8月，全县出现严重的干旱天气。县气象局积极应对，及时制定《2015年安县抗旱人工增雨实施方案》，主动向市气象局争取价值40多万元的人工增雨火箭弹，成功组织人影作业10次，发射火箭弹60枚，缓解全县的旱情；在全市率先建成雨滴谱仪1套，进一步提升全县人影保障服务能力。

【农业气象服务】 针对安县“花城果乡”“七里果乡”“全国水稻制种基地”等特色现代化农业产业，尝试制作有针对性的农事天气预报，弥补农业气象服务短板；积极做好大春干旱农业气象决策服务，发布《2015年安县气象干旱监测报告》3期，为县委、县政府做好抗旱指挥决策和受损群众申报农业保险提供有力的科学依据。（谭 祥）

安县人民代表大会常务委员会

【概况】 2015年，县人大常委会认真落实县第十七届人大第四次会议确定的目标任务，依法履行宪法和法律赋予的职责，不断提升对“一府两院”法律和工作监督实效，着力构建代表履职长效机制，激发代表履职积极性，扎实有效开展人大各项工作。监督工作、代表工作等走在全省、全市前列，受到省、市人大常委会的肯定，12月，安县人大在市委人大工作会议上作了经验交流发言。

【召开县第十七届人大第四次会议】 安县第十七届人大第四次会议于2015年4月14日至17日在绵州温泉酒店举行。大会应到代表200人，实到代表195人。会议听取和审议安县人民政府工作报告，审查和批准安县2014年国民经济与社会事业发展计划执行情况及2015年国民经济和社会事业发展计划草案的报告，审查和批准安县2014年财政预算执行情况和2015年财政预算（草案）的报告，听取和审议安县人大常委会工作报告、安县人民法院工作报告、安县人民检察院工作报告，并通过了上述六个报告的决议。

【促进全县经济社会健康发展】 制定出台了《安县人大常委会关于讨论决定重大事项的规定（试行）》，确定涉及全县国民经济、社会事业、城市规划、环境和资源保护等方面须作出相应决议、决定的重大事项17项；必要时可作出相应决议、决定的重大事项20项；报送人大常委会备案，必要时可提出审议的重大事项12项；进一步明确重大事项议案、报告等提出的程序、形式、内容及人大常委会需作出决定决议的方式。根据《规定》，县人大常委会作出《关于同意〈安县城市总体规划〉（2013—2030）》《关于同意变更安县2014年危旧房棚户区改造项目省级统贷主体》等决定，作出《关于撤销安县设立绵阳市安州区的意见》，对《安县促进房地产市场健康发展十一条措施》等3项县人民政府重大事项送审备案，推进全县经济社会健康发展。

【加强司法监督工作】 制定出台《安县人大常委会加强司法监督工作的规定》，进一步明确监督对象和监督方式。通过组织代表旁听法院庭审、召开司法监督工作汇报会、听取检察院专项工作汇报等方式，司法监督工作得到切实加强。

【加强国有资产监督管理】 制定出台《安县人大常委会国有资产管理监督办法（试行）》。明确县人大常委会监督国有资产管理的范围、监督重点、监督方式和责任追究等事项，开启对国有资产管理的监督工作，填补县人大监督国有资产的空白。根据《办法》，县人大常委会作出《关于同意回购清溪污水处理厂经营权》《关于同意安县人民政府回购捐赠安县农村信用合作联社资产》《关于同意处置原安县安昌镇辖区部分国有资产》等决定，促进国有资产安全完整、保值增值。

【加强财政预算监督】 制定出台《安县人大常委会加强财政预算审查监督的决定》。认真贯彻执行新《预算法》，加强财政预决算审查监督，建立健全全面规范、公开透明的预算制度。根据《决定》，县人大常委会作出《关于批准安县2014年县级财政决算》《关于同意调整安县2015年财政收支预算》等决定，听取安县2015年地方政府债务限额情况的报告，批准安县2015年地方政府债务限额为11.3931亿元。听取县人民政府《关于〈安县2014年财政预算执行情况和2015年预算草案的报告〉和〈安县2015年预算编制方案〉的报告》，作出初步审查意见，提出收入预算需完善方面2项，支出预算需完善方面3项，部门预算需完善方面3项，支出预算需补充方面7项。听取县人民政府关于县人大常委会作出融资决定资金使用情况等报告，有效促进预算工作科学化、规范化。

【推进幸福美丽安县建设】 常委会组成人员多次深入园区、乡镇、部分重点企业、重大项目建设工地视察调研，就工业强县、园区发展、城乡统筹、产业支撑等提出意见建议。视察和听取县人民政府关于安县2015年上半年国民经济和社会发展计划执行情况的报告，提出扎实抓好全县工业发展、加快农村经济发展、促进农民增收致富等审议意见；听取审议意见办理情况报告并进行满意度测评。积极参与全县维护社会稳定、扶贫攻坚、电子商务、旅游发展、城乡环境整治、秸秆禁烧、节日安全大检查、领导大接访、联系乡镇、联系困难群众等全县中心工作，联系支持浮山水泥、陈氏植物油脂等41个“四上”企业、项目持续发展以及协办和跟踪服务绵阳嘉宏磁材制造有限公司等科技型中小企业3户。

【推进城乡规划建设】 为促进城市规划更加科学合理，推动文明城市建设，常委会组织组成人员和部分人大代表视察和听取县人民政府贯彻实施《中华人民共和国城乡规划法》情况的报告，提出加大监督检查力度，夯实城乡规划管理基础，切实完善镇村规划体系建设等审议意见，听取审议意见办理情况报告并进行满意度测评。

【重视科技成果推广运用】 为促进科学技术进步，发挥科学技术第一生产力的作用，常委会组织组成人员和部分人大代表视察和听取县人民政府贯彻实施《中华人民共和国科学技术进步法》的情况报告，提出优化科技创新发展环境，强化企业创新主体地位，加速科技成果的转化和运用，推动高新技术产业发展等审议意见。

【维护计生基本国策】 为促进人口与经济、社会、资源、环境的协调发展，使国家更加繁荣昌盛，常委会组织组成人员和部分人大代表视察和听取县人民政府贯彻执行《四川省人口与计划生育条例》情况的报告，提出加强行政执法、关爱扶助失独和计生特困家庭等审议意见，听取审议意见办理情况报告并进行满意度测评。

【保障和改善民生】 为提升全县农业现代化水平，增加农民收入，视察和听取农田水利基本建设情况的报告，作出充分调动农民积极性主动参与农田水利建设，发挥资金使用率，建管并重的主任会议纪要。视察和听取“五险一金”征收管理情况的报告，作出强化资金监管，夯实基础，努力提高服务质量和水平的主任会议纪要。

【关注民族宗教事务】 为促进全县民族宗教事业健康稳定发展，常委会通过视察和听取县人民政府贯彻实施《宗教事务条例》的情况报告，作出加强宗教执法力度，维护宗教领域稳定和谐，科学合理规划、设置宗教活动场所，积极探索做好信教群众工作的有效途径和办法的主任会议纪要。

【积极推动法治安县建设】 坚持常委会会前学法制度，组织常委会组成人员和委室负责人学习《中华人民共和国预算法》《中华人民共和国城乡规划法》等法律法规。视察和听取全县“六五”普法工作开展情况，提出开展“法律七进”活动，加强普法阵地建设等审议意见，听取审议意见办理情况报告并进行满意度测评；听取县人民检察院关于反贪污贿赂和侵权渎职工作的情况汇报，作出继续保持反腐败高压态势，从源头上建立预防腐败的基本制度，提升办案水平的主任会议纪要。组织部分常委会组成人员和人大代表旁听法院庭审工作，要求法检两院进一步提升队伍素质，提高办案质量。

【依法做好群众信访工作】 认真做好来信来访工作，加强对信访反映问题的调查了解和催办督办，使群众合理诉求得到解决。全年共受理人民群众来信来访69人次。

【加强规范性文件备案审查】 对县人民政府及其办公室和乡镇人大按规定向县人大常委会报备的规范性文件及时审查，做到有件必备、有错必纠，切实维护国家法制统一。全年共审查备案政府规范性文件30个，乡镇人大规范性文件54个。

【监督检查村规民约（居民公约）】 对全县各村（社区）的村规民约（居民公约）进行监督审查，对部分村委会和社区的村规民约（居民公约）与法律相抵触的条款提出整改意见，整改后重新公布上墙。

【开展专项评议政府工作部门工作】 不断创新监督方式，拓宽监督渠道，以促进政府及各职能部门改进作风、提高效能为出发点，继续开展政府工作部门和“两院”专项工作评议。在听取8个政府工作部门和“两院”专题工作开展情况报告后，通过常委会票决，对县司法局和县民政局工作开展情况进行专项评议。两个评议组先后深入乡镇、村、社区和企事业单位调查了解，召开评议会，作出评议意见，督促限期整改存在的问题，有力推进政府工作部门工作。

【配合上级人大开展执法检查和调研活动】 配合全国、省、市人大常委会对安县土壤污染防治等法律法规的立法调研、执法检查及省人大常委会对农产品质量安全和新农村建设调研活动等工作，得到上级人大常委会的充分肯定。

【坚持依法履职行权】 2015年，县人大常委会召开常委会会议11次、常委会主任会议28次，听取和审议"一府两院"贯彻执行法律法规情况报告4项、专项工作报告12项，作出决议决定和审议意见21项、主任会议纪要8项，任免国家机关工作人员和人民陪审员49人。

【代表活动常态化】 加强人大代表培训，开展县第十七届人大代表履职培训，坚持每次常委会至少邀请2名以上人大代表列席会议。继续深入开展人大代表"五个一"活动，代表纷纷深入群众中宣传党的政策、走访调研、了解民声、倾听群众的意见建议，积极参加代表小组活动，走访联系选民。共提出建议850条，为群众办好事实事和帮扶困难群众1210件次，撰写调研文章50篇，反映社情民意2150条，受到广大选民称赞。

【提高建议办理质量】 加强和改进代表建议督办工作，选取群众关注度高的代表建议实行常委会领导牵头重点督办。县第十七届人大第四次会议期间，代表共提出议案（转为建议办理）、建议、批评和意见104件，均在法定办理时间内得到办理，代表满意、基本满意达100%。

【构建代表履职长效机制】 在全县试点代表履职评价、退出、保障和激励机制。各乡镇以提供代表履职平台、保证代表活动经费、出台多种激励措施、年终进行履职登记、撰写履职报告及召开选民大会进行代表述职和测评等形式，为代表履行职务、发挥作用创造条件，使代表履职进一步规范，代表主动履职的意识和能力得到提升，履职机制试点成效明显，履职机制框架初步形成，受到选民认可。

【县乡（镇）人大实现同步发展】 县人大常委会加强对乡镇人大工作的联系和指导，完善乡镇人大年度考核办法，不定期召开乡镇人大工作例会，组织乡镇人大主席参加学习培训，坚持每年至少邀请乡镇人大主席列席2次常委会会议，参与常委会重要活动。

【深入开展"三严三实"专题教育活动】 根据中央、省、市要求和县委部署，扎实开展党的"三严三实"专题教育活动，认真学习党的十八大和十八届三中、四中、五中全会精神，进一步坚定理想信念、强化群众观念、增强"谋事要实、创业要实、做人要实"的自觉性；通过开展专题调研，分析解决突出问题，有效提升人大工作科学化水平；通过开展"走基层、村村行""三深入一走遍"等接"地气"活动，与人民群众联系更加紧密。

（雷古强）

中国人民政治协商会议安县委员会

【政协安县第十三届委员会第四次会议】 2015年3月2日至3日，政协安县第十三届委员会第四次会议在安县启明星酒店召开。政协主席张忠贵，副主席李凯、金红、邓德元、唐虎，秘书长董键出席会议，副县级以上领导列席会议，县政协历届退休副县级以上领导应邀列席会议，出席全会政协委员207名。会议审议通过张忠贵代表政协第十三届安县委员会常务委员会所作的工作报告和金红代表常务委员会所作的提案工作报告；会议听取并赞同县委常委、常务副县长党海燕代表县人民政府所作的工作报告，赞同县人民法院工作报告、县人民检察院工作报告和其他报告。县委书记廖雪梅在大会上作重要讲话。四次全会围绕县委"坚定一个目标，把握两个机遇，突出三个重点，加快四化同步”的工作思路，切实履行政治协商、民主监督、参政议政职能，委员共提交85件提案。

【政协安县第十三届委员会常务委员会第14次会议】 3月1日，县政协召开十三届常委会第十四次会议。会议审议通过政协第十三届安县委员会第四次会议议程和日程（草案），审议通过大会执行主席建议名单，审议通过大会秘书长、副秘书长建议名单，审议通过各联组召集人建议名单，审议通过提案审查委员会建议名单，审议通过大会接受委员提案截止时间的决定，讨论通过设立政协委员工作委员会和乡镇试点政协工作委员会的决定。

【政协安县第十三届委员会常务委员会第15次会议】 6月25日，县政协召开十三届常委会第十五次会议。会议听取副县长衡国钰通报2015年以来全县经济社会发展情况，通过人事事项，开展“优化法治环境，推进依法治县”专题议政，副县长岳兵就依法治县工作讲话。

【政协安县第十三届委员会常务委员会第16次会议】 9月24日，县政协召开十三届常委会第十六次会议。会议听取县委常委、常务副县长党海燕关于十三届四次会议以来提案办理情况，听取县委常委、纪委书记赵奎关于2015年以来全县党风廉政建设和反腐败建设情况，讨论政协工作规范，表决通过县政协设立委员工作委员会和在花荄、雎水、清泉镇试点设立乡镇政协工作委员会，通过人事任免事项。

【政协安县第十三届委员会常务委员会第17次会议】 12月4日，县政协召开十三届常委会第十七次会议。会议传达学习省委、市委政协工作会议精神和省委《关于新形势下进一步加强和改进人民政协工作的意见》，通过人事任免事项，主席会成员对花荄、雎水、清泉镇政协工作委员会进行授牌、授印。

【政协安县第十三届委员会常务委员会第18次会议】 12月25日，县政协召开十三届常委会第十八次会议。会议听取县委常委、常务副县长胡斌关于2015年以来全县经济社会发展情况，开展“创建省级文明城市”专题议政，县政府副县长许红就创建省级文明城市作讲话，讨论政协《常委会工作报告》和《常委会提案工作报告》，通过人事任免事项，通过委员调整方案。

【政协安县第十三届委员会常务委员会第29次主席会议】 1月28日，县政协召开十三届常委会第二十九次主席会议。会议讨论政协常委会工作报告和提案工作报告，研究通过政协委员调整方案，讨论政协第十三届安县委员会四次会议相关事项，学习中央、省委、市委文件精神。

【政协安县第十三届委员会常务委员会第30次主席会议】 2月23日，县政协召开十三届常委会第三十次主席会议。会议研究了政协第十三届安县委员会四次会议相关工作。

【政协安县第十三届委员会常务委员会第31次主席会议】 6月15日，县政协召开十三届常委会第三十一次主席会议。会议研究“不断优化法治环境，全面推进依法治县”专题议政会方案，研究政协第十三届安县委员会第十五次常委会建议方案。

【政协安县第十三届委员会常务委员会第32次主席会议】 9月23日，县政协召开十三届常委会第三十二次主席会议。会议讨论安县政协工作规范，讨论人事事项，讨论政协第十三届安县委员会第十六次常委会建议方案。

【政协安县第十三届委员会常务委员会第33次主席会议】 11月13日，县政协召开十三届常委会第三十三次主席会议。会议传达学习党的十八届五中全会精神，研究讨论政协第十三届安县委员会第五次全会筹备工作，讨论政协第十三届安县委员会第十七次常委会建议方案，讨论人事事项。

【政协安县第十三届委员会常务委员会第34次主席会议】 12月16日，县政协召开十三届常委会第三十四次主席会议。会议讨论政协常委会工作报告和提案工作，研究委员调整方案，讨论政协第十三届安县委员会第十八次常委会建议方案。

【房地产工作调研】 3月，县政协主席张忠贵带领政协经济委和经济界部分政协委员，深入到全县的房地产企业和县级相关部门、社区、基层群众中进行深层次的调查研究。提出建议：去化存量，政府合理引导住房消费；增添措施，切实去化存量房；分类处置，实行差别化信贷政策；优化环境，上下齐心开通“绿色通道”；健全制度，完善土地供应机制；监管到位，加强房产市场分析监测。

【工业提质增效工作调研】 11月，县政协主席张忠贵带领相关政协委员，对工业园区存量资产、推动工业提质增效工作情况进行调查、了解和分析。提出建议：强化组织领导，加大宣传力度；进一步加强调解仲裁工作规范化建设；加强培训，提高调解仲裁人员素质；优化环境，保障经费到位；搭建全县农村土地承包经营流转配套服务综合平台；以权益保障为目标，维护和谐稳定。

【创建省级文明城市工作考察】 11月，县政协主席张忠贵，副主席金红、唐虎带领部分政协委员和县相关部门负责人对全县创建省级文明城市工作进行考察。提出建议：继续加强创建工作组织领导；突出重点、全面深入推进创建工作；加强创建省级文明县城的宣传力度；加大对公民道德教育，全面提高市民素质；进一步提升县城公共管理服务的质量和水平；强化创建工作联动互动，形成创建合力；强化创建工作的监督管理，严格奖惩问责。

【依法治县工作考察】 9月，县政协主席张忠贵，副主席李凯、金红带领政协社法联谊委和党群界部分政协委员对全县依法治县工作进行考察。提出建议：强化组织领导，不断增强依法执政能力；强化行政行为，不断提升依法行政水平；强化公正司法，努力提高司法公信力；强化宣传教育，增强全民法律意识。

【现代物流业调研】 5月至7月，县政协组织部分政协委员、相关部门负责人，深入全县部分企业及有关部门调查研究，通过走访、召开专题座谈会等形式，初步了解和掌握全县物流业发展现状，并赴遂宁市现代物流港考察学习。提出建议：抓标准、高起点，强化物流统筹规划；抓机制、建机构，强化政府整合牵引；抓重点、谋突破，强化企业生存升级；抓应用、促整合，强化产业融合发展；抓招商、强助推，引商聚力助推发展。

【盘活园区存量资产工作调研】 11月，县政协主席张忠贵，副主席李凯、金红带领政协社法联谊委和相关部门的政协委员，对工业园区存量资产现状、盘活情况及存在问题进行调研。提出建议：加强土地供应管理，加强招商引资项目预审和可研分析；加强对投资协议的规范和管理，加强入园区项目投资协议；健全建设用地批后监管，严格对每个建设项目土地供应；进一步加强对闲置土地的后续管理工作。

【乡村卫生服务一体化管理工作调研】 5月，县政协组织部分委员对全县乡村卫生服务一体化工作进行专题调研。提出建议：加快推进乡村卫生服务一体化进程；加强管理，不断提高村卫生室诊疗水平；建立健全村医聘用机制，解决好他们的后顾之忧；建立抵御医疗风险保障机制；积极向上级主管部门争取中医发展项目。

【建设幸福美丽新村工作调研】 10月，县政协主席张忠贵，副主席金红、唐虎带领学习文史委和农业界相关委员，对全县建设幸福美丽新村，打造新农村升级版工作进行专题调研。提出建议：发挥广大农民群众在新农村建设中的主体作用；科学规划，合理布局；进一步加大投入；大力培育特色产业，促进农民增收；加强农村文化建设，全面提升全县农村的文化建设水平；加强农村基层党组织建设，发挥党员干部的带头作用。

【计划生育技术服务情况考察】 7月，县政协主席张忠贵，副主席金红、唐虎带领部分县政协委员对全县计划生育技术服务的开展情况进行专题考察。提出建议：加强人才培养，提高计划生育服务质量；确立“大计划生育”观念，统筹解决人口问题；拓展计划生育服务外延，调整服务功能，适应市场需求；整合卫生计生资源，形成合力，壮大技术服务力量；加强计划生育政策的宣传和贯彻落实。

【社会养老事业考察】 11月，县政协主席张忠贵，副主席金红、唐虎带领部分政协委员，深入河清镇敬老院、塔水镇久林生态颐养院、七里村日间照料中心等地，对全县社会养老事业发展现状进行专题考察。提出建议：做好养老服务业综合规划；打造养老服务产业集群；加强人才队伍建设；大力开展和创新居家养老模式；探索老年人文化关怀方式。（肖 礼）

纪律检查与行政监察

【落实党风廉政建设责任制】 2015年，贯彻《关于全面落实纪委监督责任的实施意见（试行）》，明确任务、厘清责任，严格落实党内监督责任，有效协助县委落实主体责任。全面推广个性化考廉工作机制，协助县委分层分类拟定责任清单、签订履职责任书，形成了责任层层分解、压力层层传导的“主体责任”落实机制。科学制定乡镇、县级部门考核细则，科学衡量党风廉政建设责任制的落实情况，增大乡镇和县级部门落实“个性责任”所占考核比重。为全县18个乡镇63个县级部门“定制”党风廉政建设个性考核目标127项，任务明确定人定岗、目标具体定时定效，实现监督考核有参照，责任追究有依据。

【提升党员干部廉洁自律意识】 全面开展党纪政纪基本教育大讲堂等活动，把反腐倡廉教育纳入县委党校教育培训必修课程，开展党员干部廉洁教育21期，培训3095人次，对全县新提拔干部开展任前廉政谈话87人。围绕领导干部廉洁自律、源头防腐建章立制，全面推进“重大事项廉政风险评估预警”“点题专述”工作。开展“纪委书记下基层”活动32场次，发放资料6.8万余份，收集处理问题42个，督促党员干部廉洁履职。

【强化权力运行监督】 对10类行政权力进行全面清理，保留行政权力5948项。认真执行领导干部个人有关事项报告制度，完成6名领导干部经济责任审计；加强“三公”费用管理，全县“三公”费用支出同比下降3.7%；在迎新乡、晓坝镇试点开展农村财务监督管理系统治理，通过“六个统一”，实现传统手工账务向系统化管理、随意性向制度化、糊涂账向明白账、集体组织资金向生产性开支“四个转变”。

【持续深化作风建设】 开展发生在群众身边的“门难进、脸难看、事难办”等10项专项整治，共查处涉及群众身边“四风”和腐败问题61件；开展落实中央、省、市关于作风建设相关规定情况专项检查3次，查出并纠正全县各级各部门6个方面问题共计220条。开展节日期间廉洁过节、上下班及值班情况、公车管理等检查25次，暗访抽查乡镇158个次、县级部门218个次。截至12月31日，共发出纪检建议书7份，通报批评13个单位，诫勉谈话23人次，问责查处11人次。

【推进廉政风险预警防控工作】 在全县18个乡镇31个重大事项推进廉政风险评估预警工作，将落实党风廉政建设责任制与重大事项实施、纪律监督与群众监督有机结合，探索重大项目建设监督的“四早机制”。在涉及重大项目、群众信访反映较多的77个村（社区）广泛推行“群众点题，干部述职”模式，保证群众的知情权、监督权，提高群众满意度。

【信访举报和案件查处】 县纪检监察机关共受理群众信访举报244件次，同比减少26%；办理上级领导批示的信访件12件，办结率100%；办结“网络理政”信访件9件，满意率100%。全县立案查处85件，同比增长31%，挽回经济损失160余万元，为25名受到不实举报的党员干部澄清了问题。

【纪检监察体制改革成效显著】 落实纪检监察机关“三转”要求，纪委监察局清理退出议事协调机构74个，精简率达80.4%；清理纠正分管其他业务工作的纪检机构负责人22人，清理纠正兼任其他职务的纪检监察干部18人。优化内设机构，从事执纪监督问责工作人员达委局职工的83.3%。落实“两个为主”，出台《关于进一步规范干部管理权限和任用程序有关事项的通知》，修订完善《关于建立县级部门办案协作区制度实施方案》《季度办案情况通报制》《关于纪检监察机关自办案件实行“一案三报告一建议”制度（试行）》《安县纪检监察系统约谈办法》等制度。试点开展“一案双查”“干部管理考核满意度测评”制度，探索建立乡镇纪委对同级党委班子成员的监督办法，有效搭建监督载体，凝聚监督合力。（纪委办公室）

人民团体

县总工会

【概况】 2015年，新增独立建会27个，新增会员2746人，全县共计工会组织1134个，会员85258人，非公数据库企业工会组建率达100%，库外企业工会组建率达98.5%，职工入会率达98.13%。

【服务经济发展】 开展“当好主力军，建功十二五”为主题的劳动竞赛和服务县域经济主体活动，全县参赛企事业单位805个，参赛职工达3.6万人次，职工参与面达98.4%，规模以上企业劳动竞赛参与面达100%。开展“大培训、大比武、大提升”三大行动，参与面达97.16%，“工人先锋号”“五化五强”班组创建不断深化，职工职业素质普遍提升。开展外地籍企业家关心关爱活动，通过召开座谈会、节日和生日慰问等多种形式，为全县33名外地籍企业家送上关心和祝福。

【弘扬劳模精神】 4月，县总工会召开安县庆祝“五·一”国际劳动节暨表彰大会。表彰“十大”最美劳动者、“十大”金牌工人、“十大”技术创新能手、“十佳”优秀工会工作者、“十佳”科技型中小企业、“模范职工之家”等40名先进个人和46个先进集体；推荐永河镇金花蔬菜专业合作社薛兴全为四川省第七届劳动模范；成立省劳模李先荣创新工作室，开展课题研究5个；对108名全国、省、市级劳模进行走访慰问，并在县广播电视台开通《劳动者风采》栏目，对劳模和各类先进人物的事迹进行集中报道宣传。

【维护职工权益】 认真贯彻落实《四川省企业工资集体协商提质增效2014—2017年工作规划》，全面开展“3+3”体系建设，积极推进工资协商程序与文本的规范化、行业工资协商示范化、协商工作实效化，全县共签订工资集体协议672份，工资集体协商建制率、签约率均达到98.2%，推荐银河公司为绵阳市工资协议工作“体检”示范单位。着力推进厂务公开民主管理，已建会公有制企业厂务公开、职代会建制率达100%，已建会非公有制企业厂务公开、职代会建制率分别达94.93%、99.26%。加大法制宣传力度，深入乡镇街道、企业广泛开展工会普法宣传8次，开展法律讲堂7次，接受法律法规咨询服务1200余人次，发放各类宣传资料2000余份；提供职工法律援助案件15件，职工维权诉求受理和处理率达100％。广泛开展“安康杯”竞赛，全县276家企业、186个班组，共22897名职工参赛。

【推动民生改善】 “春风送岗位”行动开展招聘会8场次，提供用工岗位信息1万余个。筹资7.5万元培训农民工159人，完成就业再就业168余人。“冬送温暖”对1214名困难职工进行走访慰问，发放慰问金慰问品72.43万元；“夏送清凉”为高温一线职工送去价值6万余元的防暑降温物品；“秋送助学”筹资16.8万元资助困难职工子女188人；“双联”活动，为兴仁乡石庙村投入资金4.8万元整修沟渠和基础设施，对45户贫困户发放慰问金慰问品13000余元。

【丰富文化生活】 春节开展送文化下基层活动，免费为职工发放电影票5000张；开展职工工间操推广交流赛，全县52支代表队1600余人参加预决赛，成功举办安县职工羽毛球赛、山歌（民歌）赛、篮球赛、桥牌赛、“我的城市我的家”文明卫生城市创建演讲比赛，做到季季有大型活动，月月有小型活动，丰富职工精神文化生活。同时，职工书屋建设得到进一步加强，全年新建农民工文化驿站4个，增强了工会组织的吸引力和凝聚力。（杨清波）

县妇女联合会

【强化宣传创新载体】 2015年，县妇联开展了形式多样的纪念“三八”国际劳动妇女节105周年庆祝表彰大会，表彰全国、省、市、县先进集体、个人共111名，邀请中国社会科学院陈一筠教授讲解婚姻家庭知识；举办安县第二届“母亲艺术”展，来自高川乡李荣香的原创丝绣作品《“5·12”地震山河图》被评选推荐参加全省“母亲艺术”作品比赛；组织近100个家庭开展“让爱住我家”亲子水果拼盘比赛；牵头组织开展“巾帼法治”征文比赛，制作了巾帼法治征文作品集；组织150个家庭开展“六一乐翻天”大型亲子活动；“九九”重阳节，组织全县各友好家园开展“尊老、爱老”主题月活动；全县友好家园和学校小志愿者开展文明创建活动4次。

【加强干部队伍建设】 共选派2名女干部参加全省妇联系统干部岗位培训；选派5名早教园教师参加课程培训；派出4名家园工作人员到省、市参加学习；组织全县机关女干部150余人次参加古筝等素质提升培训。

【落实民生工程建设】 做好妇女小额贷款后续工作，完成2012年、2013年妇女小贷财政贴息的清理核查工作。共投入资金16万余元建设妇女儿童之家镇级示范点3个、塔水七里村等村（社区）级示范点7个，配备大型玩具、图书等设施设备。大力支持新村建设等中心工作，自筹资金2万元完成乐兴镇妇女儿童之家的迁建，并补充完善户外玩具等。推荐全县30名妇女参加绵阳市电子商务和“互联网+”创新创业培训。支持农村淘宝工作，联系并指导界牌五显村农村淘宝站建设，在该淘宝站开业庆典时成功下单1.35万元支持网点发展。

【做优项目建设】 完善“呀呀之初”早教园数字化体验中心建设，完成活动中心户外场地建设。以儿童及家庭教育发展需求为目标，探索社区散居儿童早教及家庭教育工作模式。

【深化巾帼建功活动】 做大做强“贴心娘家”巾帼家政服务，通过重点项目及周边产业带动妇女实现居家灵活就业，巩固已建妇女居家灵活就业基地4处，培树县级2家。巩固和深化巾帼文明岗创建成果，加强对已挂牌的全国、省、市“巾帼文明岗”的巩固督导和典型宣传工作，对8个申报验收合格的市级巾帼文明岗进行命名和表彰。

【维护妇女儿童合法权益】 一是实施幸福家庭行动。组织绵阳婚促会等专家讲师，深入乡村妇女儿童之家开展幸福使者“母亲课堂”25次，惠及2600余名妇女及家庭。二是实施维权服务行动。建立安县妇女儿童维权和反家庭暴力协作机制，成立安县婚姻家庭纠纷人民调解委员会，在沸水、河清、花荄、塔水新建法律援助和家暴投诉点4个。同时充分发挥中心心灵驿站作用，为妇女儿童开展心理干预、情绪疏导。全年共接待来信来访224人次，协调解决家庭矛盾25起。三是实施关爱行动。慰问安康家园11名安县地震孤儿，对28户贫困母亲、6户特需儿童、3名患病儿、34户低保贫困人员给予关爱。争取到金秋助学项目资助6名女大学生每人2000元学费，为10名患“两癌”疾病的贫困妇女争取到每人1万元的专项救助资金。

【完成省政府“两纲”中期评估的督导检查】 按照“两纲”实施要求，将妇女儿童发展目标纳入“十三五”规划。继续推进“两纲”工作实施，健全2011—2015年妇女儿童监测统计数据库，组织全县33个县级部门和18个乡镇撰写了两纲监测分析报告和评估报告。安县作为全省“两纲”工作示范县，代表绵阳市顺利接受了省政府对“两纲”实施情况中期评估的督导检查。

【特色工作】 继续实施好国务院妇儿工委办

和联合国儿基会在安县开展的“社区儿童保护”项目，完成《建立安县儿童保护2+5工作机制》改革任务。通过机制的实施，探索建立了县、镇、村（社区）三级儿童保护服务网络体系。（肖　华）

共青团安县委员会

【概况】 2015年，安县团委直属团组织613个（其中团支部480个，团总支90个、基层团工委1个、基层团委42个），团干部593名（专职3名，兼职590名），团员23700名，共建立标准化农村留守学生之家19所。

【夯实基层团的组织建设】 一是建设由镇区内多个直属团组织构成的实体化“大团委”520个，指导和推动村级团组织建设和农村专业合作社团组织建设。二是开展“两新”组织团建工作，在绵阳市金盛元机械零部件有限公司、安县勇发养猪专业合作社等10家非公有制企业和128家合作社中建立团组织。三是在雎水镇、塔水镇以及迎新乡建设典型“大团委”3个，并充分发挥实体化大团委作用，不断深化认识，强化手段，最大限度发挥大团委巩固党基层执政基础的作用。四是积极建立基层团组织，新建立县人社局、县邮政公司2个团组织。五是强化基层团干部政治思想意识，团县委组织全县45名基层团干部统一到井冈山开展为期一周的培训学习，提升团干部的综合素质。

【打造“服务型”团组织建设】 积极开展挂包帮工作，深入联系村6次，慰问困难群众10户，走访联系户4次，收集民生诉求5个、困难诉求5个，为10户困难群众送去大米和清油等生活物质，为联系村建立留守学生之家并解决部分留守学生的学习生活用品。团结和带动一大批青年融入到团组织中来，丰富了青年们的业余生活，加强了团组织的建设。

【开展各类活动】 团县委举办“网络文明·从我做起”文艺会演、“走基层、关爱三孤”活动。全县各级团组织为纪念“五四”96周年和庆祝“建团”93周年，举办丰富多彩的系列活动。塔水镇、迎新乡、花荄镇、住建局、卫生局等团委举办五四趣味运动会，激励广大团员青年想在长远、干在实处、走在前列，为安县发展新跨越贡献青春、智慧和力量。团县委还开展一系列的分类思想引导工作。一是深入开展关心下一代工作。团县委与县教体局共同开展“六一”国际儿童节慰问活动，深入推进省级文明城市创建，广泛开展“三严三实”专题教育活动，号召全县师生“文明从小做起、从我做起”。二是组织禁毒志愿者深入全县37所学校开展预防青少年违法犯罪、未成年人保护、法治禁毒等知识宣讲活动，累计举办讲座40场次、集中流动课堂30场次。三是开展“关爱奉献者”系列活动。团县委带领全县基层团组织和界牌小学少先队开展以“环保微炬汇”为主题的系列活动，着力强化青少年思想引导，培育和践行正确的环保理念。四是开展青少年校外活动。组织全县中小学生37名参加绵阳市第23届少年军校活动。五是开展关爱职工子女活动。组织指导西科大“才子飞舸”志愿服务团队到银河公司开展“银河·朝阳”关爱职工子女活动。

【促进青年就业创业】 深入实施“青年小额贷款”和SYE青年创业项目。完成青年贷款人数79人，小额贷款金额80万元，项目涉及农业种植、畜牧养殖、电子商务等，帮助75名青年实现创业梦想。接受SYE咨询16人，递交SYE资料6份，成功申请SYE扶持5人。

【加强见习基地建设】 与银河化学股份有限公司、好医生药业以及部分乡镇留守学生之家合作，为全省大学生募集暑期“逐梦计划”岗位180个，为全省72名大学生提供见习岗位。

【开展创新创业推介会】 2015年，由团县委牵头，协同科技局、人社局等相关部门，到绵阳师学院、西南科技大学、重庆理工、昆明理工、云南大学等高校开展“创新创业推介会”，为3000余名学生宣传绵阳、安县就业创业扶持政策，吸引全国高校毕业生到安县创新创业。

【做好关心下一代工作】 组织广大志愿者深入开展留守学生之家关爱行动，拉近志愿者与孩子的距离，让他们感受到“心有人爱、身有人护、难有人帮”。组织绵阳师院、西科大等高校志愿者到睢水、塔水等多个乡镇开展留守学生关爱活动近50余次，覆盖留守学生3500余人次。通过“金秋助学”资助12名困难大学生，共计24000元；通过绵阳“金穗圆梦”资助4名困难大学生，共计20000元；通过“辽宁·大连希望工程”资助患病青少年5名，共计10000元；通过民间爱心人士资助2名学生，共计3500元。 （李安琪）

县科学技术协会

【科技项目申报】 2015年，科协推荐塔水七里村科普走廊和电子阅览室、农村科普带头人、科普基地等3个项目获省科协批准实施，获资金42万元。

【科普宣传和培训】 一是充分利用3月份“四下乡”、5月份科普周和9月份科普月，组织开展“科技、文化、卫生、法律”四下乡、“科技活动周”“大众创业万众创新活动周”“金桥活动”“中国流动科技馆四川安县巡展”等活动，编印“大众创业、万众创新”和支持科技型中小企业发展相关政策资料汇编以及宣传画册，在全社会营造大众创业、万众创新氛围。二是配合省级文明城市创建，衔接省科协，开展“服务群众走基层，科普行动在安县”中国流动科技馆四川巡展走进安县活动，10000余人到场参观体验，培养了公众对科学技术的兴趣和爱好。三是继续实施乡村科普宣传栏项目，新建科普宣传栏65个，加大科普覆盖率。四是积极组织全县中小学生参加国家、省、市青少年科技创新大赛。 （周 明）

县社会科学联合会

【拓展领域建基地】 2015年，新建千佛镇场镇红色文化及感恩教育普及基地、宝林镇书法美术普及基地、沸水镇留守儿童关爱教育基地，给予3个新建基地补助现金7万元。升级改造塔水镇白塔村国学基地、安县中学爱心协会道德讲堂、桑枣中学核心价值观普及基地、花荄镇白杨村圣康蛋鸡联户联养4个社科普及示范点，补助资金8万元。

【拓展空间抓普及】 一是开展“读、讲、传、演”等社科普及活动。组织筹办“送科技、文化、卫生、理论社科”四下乡活动，巡回到各乡镇开展哲学社会科学展览和咨询服务活动，为群众散发10万余份宣传资料；举办“科普周”“科普月”“法治宣传日”等固定科普活动85次，日常科普活动142次；广泛开展社科普及进机关、进企业、进校园、进社区、进农村“五进”活动，举办微型课堂3900余堂，发书籍2万余册，发资料12万份，制光碟5000余张，发短信3万余条，受众达54万人次。二是开设“理论社科宣讲”讲座和宣传栏，定期开展宣讲和发布理论知识。县广播电视台、《今日安县》手机短信开设“理论社科之窗”，专题介绍党的理论成果和好人好事；农村远程教育、农村广播定期播放党的理论知识光碟、录音；社科微信开设“理论社科学习”专题，上传中央重要决策部署和领导人重要讲话。

【提升品牌抓服务】 持续开展以“乡村大讲堂”为主题的“法治流动课堂”“公民道德讲堂”等活动。在校园建设“经典诵读课间随口来”示范点57个，建设塔水农村国学教育基地1个；建设中药材文化走廊1个，建设24孝文化墙4个，在6个乡镇场镇建立《二十四孝图》、古诗词等文化墙；建立基层村（社区）、专业合作社等社科普及基地15个。“乡村大讲堂”省级科普基地以优异成绩通过省上验收。

【壮大队伍强举措】 建立专兼职社科普及宣讲队伍，突出县、乡、村干部群众三级联动。成立以县级领导、理论社科协会学会会员、部门包村干部、乡镇理论骨干、致富带头人、老干部老党员、创业青年、各类先进典型、社会志愿者等社科普及宣讲队伍，共组建理论

专家、法律专家、农业技术专家、养殖技术专家、民间文化艺人等人才的科普宣讲队伍320人。（席珍奎　王顺亮）

县文学艺术联合会

【概况】 安县文学艺术界联合会下有县作家协会、县书法美术家协会、县摄影家协会三个文艺社团，挂靠有罗浮山文艺协会、县诗词学会、县舞蹈协会、县根雕奇石协会。2015年有登记在册的各类文艺社团会员325人，其中国家级2人，省级24人，市级58人，会员总数431人。

【开展丰富多彩的文艺活动】 举办“迎新春摄影作品联展”“安县·三台两地书画联展”，开展“义务送廉政春联到基层”“书写家乡之美作协系列采风活动”“摄协双月会”等，“自强新语杯摄影大赛”获得群众认可和各级领导的高度肯定；举办纪念抗战胜利70周年和创建省级文明城市书画现场创作活动；参与在平武举行的感恩文化节，选送120余幅摄影作品和舞蹈节目参加活动；接待40余位绵阳诗人到安县开展现代山水田园诗歌培训暨采风创作活动。完成白水湖景区大门楹联征集活动，“碧荷园杯安县乡村旅游摄影大赛”启动。

【壮大文艺惠民组织】 打造“文艺轻骑兵”、筹备建设“其香居”微信文艺公众号等在市内得到推广；欣帮安州电子平台开通安县艺术市场专栏，2015年，筹建《西部人物传记网》，指导协助桑枣镇做好镇文联成立筹备工作，成立乡镇级基层文联。

【提高文艺创作水平】 县摄影协会定期开展双月会和业务培训会，邀请《中国摄影家》杂志艺术总监蔡焕松、著名摄影家李杰等讲课，县摄协主席王剑正式被批准加入中国摄影家协会；县作家协会开展“书写家乡之美”安县作家采风活动；县书美协会派员参加“绵阳画家画绵阳”“涪江沱江流域四市十九县书画作品巡回展”等活动；县诗词学会积极参与白水湖征联活动；县文联在全县中小学广泛开展“让文学照亮青少年心灵”的专题文学讲座；沙汀实验学校学生尹晓龙出版长篇小说《东墙》，并在成都和母校召开新书发布会；宝林镇书法特色学校挂牌成立。

【实施文艺“精品工程”】 安县第三届“沙汀文艺奖”颁奖活动囊括并团结大部分全县文艺爱好者。王剑作品《影像安州》荣获四川省第八届巴蜀文艺奖摄影奖；陈丽版画作品《昨夜一场雪》入选“大山大水·大美四川”美术创作工程；刘名仙、唐文富的国画作品参加全国农民书画展并分别获奖；邹强的国画作品在湖南省美术家协会举办的全国书画展中入展；李历的书法作品在省首届行草书展中获优秀奖并入展省文华奖作品展；《细细的红线》《沙汀》等电影剧本完稿；安昌河剧本《一球定乾坤》成功投入市场。《安县文艺》成功推出旅游专刊、沙汀专刊和校园专刊。（何　超　徐　尧）

县工商业联合会

【开展守法诚信活动】 2015年，组织会员认真开展以守法诚信为重点的理想信念教育实践活动，开展非公有制经济人士“与法同行、诚信经营”宣誓接力活动。

【召开企业家座谈会】 2月13日，组织全县企业人士90余人召开企业家座谈会。围绕企业发展畅所欲言，县四大班子主要领导到会，县委书记廖雪梅作重要讲话。使全县企业家们进一步振奋精神，坚定信心，保持发展定力。又于9月2日，召开安县工商联（商会）九届七次执委会，大家畅谈各自企业发展中遇到的困难问题，解读中央、省、市、县各级党委、政府支持实体经济发展政策，积极调结构、转方式，抓住“互联网+”等重大机遇，不断增强发展后劲。

【组织会员企业参加培训】 2015年，走访、座谈企业26户，以“新常态下怎么办”为题，组织会员企业参加市工商联举办的培训；11月组织全县非公有制经济代表人士到福建厦门进行培训。通过培训，使民营企业家进一步更新观念、增长知识，增强了做强做大做好企业发展的本领。

【搞好维权服务】 倾听会员呼声，及时解决反映的问题。先后为绵阳西南明珠钢球厂、安县花荄商会、安县创业商会会员解决反映的问题3件，有力地支持了企业和商会发展。

（工商联办公室）

县红十字会

【概况】 2015年，主动适应经济发展、社会转型、作风建设新常态，大力发展“三救”“三献”核心业务，各项工作稳步推进、全面发展。

【项目建设】 塔水镇七里村及塔水镇三泉村“红十字博爱家园”稳步推进，红十字博爱养殖园投入使用，七里村生计基金12万元用于帮助60户贫困群众发展伊拉肉兔种兔养殖，户均增收500元，三泉村生计基金8万元用于兰花种植户发展种植，户均增收1000元。开展义诊活动1次，为三泉村上百名育龄妇女进行免费妇科疾病筛查，并安排儿科医师为近40名儿童进行义诊及儿童生长发育监测。开展健康教育、志愿者工作、红十字知识、法律知识宣传等各类培训8次，参训人员600余人次，提高了村民素养。香港红十字会援建4个社区恢复项目全面完成，后续完善纪念碑设立工作。

【救灾救助】 春节前开展送温暖活动，共为永河、兴仁等3个乡镇的群众送去慰问金及棉被、棉大衣等物资，惠及贫困群众近1000名；为1名贫困白血病患儿争取到中国红十字基金会资助款项5万元；救助白血病、贫困肿瘤患者4人，拨付救助资金1.1万元；帮助13名贫困群众在绵阳市红十字网站上进行网上求助；争取社会资源，为全县68名贫困党员和贫困家庭送去近2万元的帮扶资金及物质。

【助学行动】 “爱在安州—温暖四季”金秋助学活动。资助县内贫困初、高中学生37名，发放助学金3.7万元；南京鹏运机电有限公司资助秀水镇困难学生10名，发放助学金5.7万元；共资助困难学生56人次，发放助学金9.4万元。

【应急救护培训】 为促进群众了解并掌握应急救护基本知识和技能，提高应对突发灾难和意外伤害的能力，逐步建立红十字应急救护培训长效机制。在学校、机关以及社区、村委开展应急救护普及培训11次，培训900余人次，提高了群众的自救互救能力。12月，在永河镇海泉村组织防灾减灾应急演练1次，使约200名村民提高了对灾害的防范意识，初步掌握了疏散逃生及自救能力。

【“三献”活动】 结合四川省文明城市创建工作，制作无偿献血、造血干细胞捐献、遗体器官捐献知识宣传栏，在各乡镇、卫生院、医院张贴宣传；印制宣传单及折页，利用红十字日、红十字周、世界急救日及各类宣传日，宣传无偿献血、人体器官及遗体捐献、造血干细胞捐献、预防艾滋病等相关知识，共发放宣传单等资料3000余份；通过《阳光政务》政风行风热线进行“三献”相关知识专题介绍；编印《造血干细胞捐献服务手册》1000册，加大“三献”宣传力度，提高群众对捐献造血干细胞、器官及遗体等行为的认同率。全年新增造血干细胞入库志愿者16人，累计52人；实现器官捐献2例、遗体捐献1例、角膜捐献2例，累计15名志愿者进行了遗体、器官捐献志愿登记，累计实现器官捐献4例、遗体捐献5例、角膜捐献4例。

【常务理事会换届】 5月，根据《中国红十字会章程》召开安县红十字会第四次会员代表大会，来自全县企事业单位及基层红十字组织的会员代表共110人参会。大会审议县红会2010—2014年工作报告及救灾救助财务报告，并按程序选举产生县红会第四届理事会常务理事、专兼职副会长，聘请县委书记廖雪梅，县委副书记、县长李昊天为安县红十字会第四届理事会名誉会长。

（杨小兰）

安州年鉴
AN ZHOU YEARBOOK

法治·武装

征兵工作电视电话会议

概　述

【维护社会大局稳定】　2015年，深入推进人民防线建设和反邪教斗争，有效防范和抵御“颜色革命”，维护国家安全和社会政治稳定。对“洋马路”、花荄镇棚户区改造等项目再评估，推进重大事项稳定风险评估全覆盖，全年风险评估报告备案127件。完成各敏感时段和重大活动安保维稳任务，妥善应对处置“川银”“洋马路”、科技城核心区违建拆除和淘金大道、电网建设受阻等群体性敏感事件120余起。收集维稳信息2054条，排查重大矛盾隐患156件，成功化解154件。

【社会治安综合治理卓有成效】　立案并查处行政案件979件，刑事案件立案1107件，侦破盗窃工地电缆、货车柴油等系列大要案件，捣毁绵阳建市以来首个跨区域特大制毒团伙，县禁毒委荣获“全国社区戒毒康复工作示范单位”。全县配备309名社区（村）专兼职网格员，开通各级网格账号462个，实现村（社区）网格化全覆盖，处理事件1.82万余起，成功开展全市社区“网格+警务”一体化建设示范试点。健全多元化纠纷解决机制，“大调解”体系调解成功率达93.8%。建成“天网二期”工程和“四位一体”情指中心，全县社会面、乡镇街道和村（社区）、治安重点、单位内部、信息网络、科技“六张治安防控网”建设稳步推进。平安建设群众满意度位列全省183个县市区第21名，绵阳市第1名。

【社会法治进程加快】　司法体制改革扎实推进，出台《安县涉法涉诉信访改革实施方案》《安县法院审判权运行机制改革实施方案（试行）》《政府购买安置帮教服务实施方案（草案）》。县公安局警务运行机制和执法权力运行机制改革被列为省厅试点，在全省经验交流并推广。建立完善干部学法用法及考核制度，“六五”普法工作扎实有效，顺利通过省、市验收。打造法治文化阵地30余处，深入开展“法律七进”活动，开展各类大型法治宣传教育活动60余场次，全县395个单位聘请了法律顾问。

【政法队伍建设取得新成效】　“三严三实”专题教育活动切实深化，政法系统以“转变作风司法为民”为主题，围绕窗口服务、警容风纪、警车管理、执法突出问题和查处违法违纪五项重点，畅通举报渠道，深入查找并认真整改影响警民关系和群众反映强烈的突出问题，防止“四风”反弹，成效明显。广泛开展“传帮带”和岗位练兵、技能比武等活动，全县政法干警“五项能力”大幅提升，未发现1例违纪违法案件。

【保障服务经济社会发展】　严厉打击经济领域违法犯罪，依法惩处干扰正常工程建设以及扰乱市场秩序行为；妥善研处“川银公司”“华明公司”“能士光宝”“安泰消防”“万兴食品”等重大建设项目、企业发展瓶颈问题以及“裕森公司”安县项目建设终止清算工作；查办贪污贿赂犯罪9件11人，查办渎职侵权重特大案件5件，立案查办职务犯罪案件15件17人，挽救损失300万元；完成重大活动安保任务48批次，接收刑释解矫人员258人，法律援助646件，为受援群众挽回经济损失780余万元。（杨名鸣）

社会治安综合治理

【概况】　2015年，县综治办新增平安林区创建和危爆物品寄递物流清理整顿、严重精神障碍患者救助救治专项行动工作，创新开展“6995”“十户联防”技防工程和农村“小天网”技防建设，组织综治部门参与禁毒和社区戒毒康复工作。

【综合治理】　层层落实综治目标责任，建立

172名党政领导综治实绩档案。表彰奖励见义勇为公民10人，陈明富、李文贵、李见廷3人荣获“绵阳市见义勇为勇士”，慰问困难见义勇为家庭10个，奖励举报犯罪线索有功人员19人。明确村（社区）调委会和治保会，整合资源建立“秀水法治工作中心”。开展3月综治宣传月、6月禁毒宣传月、11月25—31日《反间谍法》宣传周等主题宣传活动。壮大综治信息员队伍，赋予309名社区（村）专兼职网格员、97名乡镇（部门）平台信息员为综治信息员职责。54个成员单位对口联系乡镇，做好市住建局联系秀水镇、市文广新局联系沸水镇和市交通运输局联系河清镇的对接工作。

【“大调解”工作】 落实“大调解”常态工作机制建设。42个单位使用《四川省“大调解”工作信息管理系统》，村（社区）一线调解员启用人民调解“随手调”手机系统。命名“名人调解室”53个，组建疑难矛盾“专家调解团”，建立“优秀案例库”，推行“一村（社区）一法律顾问”和“驻村法官”制度，391个单位聘请了法律顾问。独创安县“四级十次”调解制度。“大调解”体系高效运转，共受理各类社会矛盾纠纷1866件，调解成功1732件，调解成功率达92.8%，防止规模群体性越级上访事件13件。

【网格化服务管理】 2015年1月在全市率先启动农村网格化工作，一村一格，由村组干部兼任网格员，实现（社区）村全覆盖。7月30日，在县应急调度中心增挂“县网监中心”牌子，建成县、乡镇（园区）、社区（村）、网格四级运行体系。从9月起组织网格员协助相关职能部门，开展流动人口申报登记、参与特殊人群服务管理和群防群治“三项重点工作”，实现“两所一院”（19个基层公安派出所、7个片区司法所、18个乡镇卫生院）网格化工作全覆盖。把“事件处理”作为网格化工作核心，各级平台共办理事件1.82万起，基层社会治理成效明显。建设标准化社区网管站（警务室）27个，落实社区专兼职民警、辅警41人。3月9日，全市公安工作会现场点评安县做法，7—11月成功开展全市“将社区警务融入网格化服务管理之中”和“深化警务运行机制”两个改革试点示范，8月5日安县在全市深化网格化工作会上作经验交流发言，安县社区“网格+警务”一体化建设模式全市推广，57个省内外县市区到安县学习考察。绵阳市委、市政府将“网格+警务”模式写入《关于进一步深化全市社会治安防控体系建设的实施意见》，绵阳市委政法委将安县模式作为绵阳网格化首条经验呈送四川省委政法委。

【治安防控体系建设】 建成乡镇专职治安巡逻队18支、村（社区）兼职治安巡逻队257支。整合花荄派出所、工业园区派出所、县交警大队、县巡特警大队、县治安大队等警种和网格员力量，屯警街面、动中备勤，建成城区3分钟处警响应机制。完成“天网”一期工程7套高清治安卡口、38处天网视频监控系统升级改造，整合109家旅店“小天网”技防设施。强力推进“天网”二期工程，新建146处天网视频监控系统、7套高清治安卡口、24套电子警察系统、高规格的公安指挥调度大厅硬件设备、城区350兆无线数字集群系统，于11月1日启用。公共安全视频监控体系逐步健全，实现城区和主要交通干道全覆盖。县应急调度中心、县网监中心、县110指挥中心、县情报合成作战中心合署办公，创新建成“四位一体”情指中心，形成实战合力。创新实施“十户联防”技防工程，新建420个“6995”移动通信群组，在治安防范、抢险救灾上发挥作用。强力推进农村“小天网”建设，8—12月新增1200余个农村“小天网”视频监控头，桑枣镇投入70余万元建成城镇“小天网”模式，沸水镇投入4万余元建成农村“小天网”模式。全县街面、社区、单位场所、城郊结合部、农村、虚拟社会“六张治安防控网”逐步健全。

【“平安县”建设】 坚持开展突出治安问题、重点高危人群和疑难矛盾纠纷“三项排查”，整治突出治安问题3个、治安重点区域4处，完成48次大型群体活动安保任务。加强严重精神障碍患者救治救助工作，筛查出各类在册精神疾病患者1754人，落实44名严重精神障碍患者管控责任，未发生肇事肇祸案件。严厉打击违法犯罪，侦破治安刑事案件57件、打处70人；立查行政案件946件、查处984人；捣毁黄赌窝点8处，查获黄赌案件98件，收缴并销毁赌博机153台，打处180人；查处涉枪案16件，查处17人，收缴枪支17支；查处1起制销假酒案，破获安县首起污染环境案。6月，以“青少年拒绝合成毒品”为主题开展禁毒宣传月活动；6月25日，举办首届禁毒征文比赛暨禁毒文艺会演，成功破获绵阳建市以来首例跨区域最大毒品制造案。7月，联合县教体局等部门与西南科技大学合作，在睢水、沸水学校分别举行为期7天的“为爱起航让心回家——关爱留守志愿服务活动”，300余名留守学生参加。深化平安细胞工程，坚持开展平安文明和谐校园，平安医院、单位、企业、景区、林区、“三电”、边际、军地，以及平安和谐乡镇、村（社区）、网格“三级联创”等创建。县委、县政府命名2014年度平安单位41个，县委政法委表彰优秀网格工作人员17人，千佛山国家级自然保护区“平安林区”创建工作通过绵阳市综治委验收。群众平安建设安全感得分96.04分，满意度由2014年的80.69分升至85.58分，跃居全省183个县市区第21位，实现“发案少、秩序好、社会稳定、群众满意”的总体目标。

（李道春）

法治政府建设

【加强法治政府建设】 2015年，安排部署全县依法行政工作，制定《安县人民政府关于深入推进依法行政加快建设法治政府的实施意见》（安府发〔2015〕1号）等一系列依法行政文件。推进政府重大决策法定程序规范，制定《安县人民政府重大行政决策程序规定》（安府发〔2015〕17号），建议县委、县政府聘请西南科技大学法学院院长廖斌教授等21名专家组成的法律咨询团，为重大决策把关。建立法律顾问参与决策制度，制定《政府及政府部门法律顾问管理办法》（安府办发〔2015〕9号），法律顾问覆盖面进一步扩大，所有县级部门、18个乡镇、大部分村、社区聘请了法律顾问。落实领导干部学法制度，拟定《2015年度县政府常务会议会前学法计划安排》（安府办发〔2015〕19号），全年政府常务会会前学法进行18次，编印《县政府及部门领导干部常用法律摘要》，7月27日牵头组织全县200余名领导干部学法考试，提升了行政机关工作人员特别是领导干部运用法治思维和法治方式处理问题的能力。

【深化行政审批制度改革】 进一步清理优化行政权力事项，编制公布行政权力清单，推进行政权力依法规范公开运行。根据省政府2015年6月30日公布的《县（市、区）行政权力指导目录》，按照权力法定原则并结合安县实际，部门权力清单以法律、法规、部门规章为依据，结合“三定”方案，参考中央、省、市规范性文件，坚持“法无授权不可为”形成部门权力清单，由县法制办审核后报县政府批准，形成了《安县县级部门行政权力清单目录》（安府发〔2015〕21号）。经审核列入行政权力清单实施范围的县级部门30个，共需保留的行政权力5948项，已向社会公布。

【推进行政执法体制改革】 坚持以证件管人，对全县执法人员进行法律考试，合格者领取新版执法证，严把入口关。加强执法过程中动态管理，实行年审管理制度，实现“管好证”与“管好人”的良性工作循环。为参加行政执法人员资格考试合格的239名执法人员申办、换发行政执法证件，对全县448名行政执法人员的行政执法证件进行年审。规范行政执法行为，规范“两法衔接”信息平台和权力公开运行平台运行。

【严格控制规范性文件管理】 一是扎实做好规范性文件制定审查工作。凡是以县政府和县政府办公室名义制发的规范性文件，均由县政府法制办进行法律审查，严把规范性文件审核关。2015年县政府出台的31件规范性文件，均无一“带病”发布。二是严格执行规范性文件备案制度。积极贯彻“有文必备、有备必审、有错必纠”的原则，切实保证报备率、报备及时率和规范率，有效维护法治统一和政令畅通。及时将县政府制定的规范性文件31件报市人民政府和县人大常委会备案。（魏曙兰）

司法行政

【概述】 2015年，全县“六五”普法工作得到省、市肯定并顺利通过检查验收，位列全市前三、全省前列；人民调解工作被中华全国人民调解员协会表彰为“人民调解宣传工作先进集体”；全县依法治县工作接受省委督导检查，获督查组高度肯定；中纪委驻司法部纪检组组长韩亨林，对县司法局各项工作给予充分肯定。

【扎实开展“六五”普法】 一是全面贯彻《安县法制宣传教育第六个五年和法治县创建规划（2011—2015年）》，深入推进“六五”普法工作，组织4个检查组对全县各乡镇、各部门、村、社区进行“六五”普法工作检查，并顺利通过省、市检查验收。二是在湿地公园、乡村广场、景区、学校、街道、寺庙等群众休闲娱乐办事的场所加入法治元素，打造独具安县特色的法治文化阵地30余处。三是开展“法治大讲堂”“法治坝坝论坛”“为返乡农民工送法”等各类法治宣传及警示教育活动20余场次，发放各类宣传资料30万余份，接受群众现场咨询万余人次。

【全面推进依法治县】 全县司法行政系统深入开展“法律七进”活动，全面普及法律知识；建立干部学法用法及考核制度，有效引导干部依法执行公务；深化法律顾问制度，指导群众依法办事。县上四大班子，全县65个行政单位、18个乡镇、234个村、26个社区、47个规模以上企业普遍建立了法律顾问制度。

【创新社会管理】 在秀水镇试点成立法治中心，将信访、维稳、社区矫正、安置帮教、人民调解、社区禁毒、治安防控等功能集成、集约、集中处理，实现了窗口服务互动、工作联动、矛盾联调、问题联治。

【人民调解】 承接市司法局关于促进多元化纠纷解决机制的改革，进一步规范纠纷调处机制，加大对行业性和区域性调委会的建设力度，人民调解的社会效益明显提升。中央电视台《社会与法》栏目组专程到安县，实地、实景、实时拍摄人民调解纪实专题片，以反映安县人民调解工作的突出成效。2015年，各级调解组织共排查调处各类矛盾纠纷2400余件，调处率达100%，成功率97.53%。

【社区矫正和安置帮教】 夯实社区矫正“123”安县模式，严防脱管、漏管。全年在矫人员510人，解除矫正170人，在“9·3”抗日战争胜利暨世界反法西斯战争胜利70周年之际，根据全国人大特赦令，特赦了6名符合条件的社区矫正人员。深化安置帮教机制改革，建立政府购买服务的安置帮教机制，形成以“绿荷花阳光家园”为平台的一条龙安置帮教机制。接收刑释解矫人员258人，安置帮教258人，安置帮教率达到100%。

【法律援助与法律服务】 夯实服务网络，保障民生基础。一是夯实法律援助1小时服务圈，增建规范化的法律援助工作站3个，办理各类法律援助案件646件，结案率94%以上，为受援群众实际挽回损失780余万元，接受群众咨询3300余人次，群众满意度100%。二是县公证处业务量稳步上升，实现社会效益和经济效益有机统一，办理各类公证1138件，免费援助公证20余件。三是加强政治引领，促进律师行业健康发展，律师代理案件863件，法律援助案件辩护100余件。（王陆林）

公 安

【概况】 2015年，破获刑事案件609件，查处行政案件979件。打击处理各类违法犯罪人员899人次，逮捕110人，直诉227人，行政处罚524人。县公安局被省人社厅、公安厅表彰为全省公安系统先进单位，公安工作社会化评价位列全市第一；警务运行机制和执法权力运行机制改革被四川省公安厅列为全省试点单位；社区警务与网格服务管理“一体化”、情报合成作战经验分别在全市、全省推广；安县禁毒与预防宣传教育工作受到全省表彰，安县禁毒委员会被国家禁毒委命名为全国社区戒毒社区康复工作示范单位。

【维护稳定】 围绕服务绵阳科技城集中区发展战略和全县中心工作，开展情报信息研判预警，搜集重点工程项目建设、拖欠民工工资等各类矛盾纠纷312起，协助化解重大项目建设纠纷100余起。妥善处置了“2·5”花荄典汇国际工程拖欠民工工资事件、“2·16”花荄洋马路工程民工讨薪事件、“4·10”睢水成兰铁路工程施工受阻事件、“4·4”河清卫生院医闹事件、界牌110千伏输电线入场施工受阻等群体性事件20起。查处国保案（事）件线索6起，立案4起，破案4起，打击处理9人。

【反恐防暴】 细化预案、强化培训，加强武装巡逻和阵地控制，处置能力进一步提升，全县没有发生一起暴恐和个人极端性事件。

【安保警卫】 坚持底线思维，确保万无一失，完善警卫和安保方案。先后出动警力5000余人次，圆满完成胡锦涛、刘奇葆过境安县的警卫任务，以及“罗浮山”庙会、“环山环湖”自行车赛、“睢水春社踩桥”民俗活动、全国第九届特奥会滚球比赛、舟钓路亚公开赛等系列大型活动安保任务48批次。

【打击犯罪】 突出公安侦查破案主责，严打暴力犯罪、涉毒犯罪、多发性侵财犯罪、涉枪涉爆犯罪等各类刑事犯罪活动。破获各类刑事案件609起，抓获犯罪嫌疑人375人，追捕逃犯63人，摧毁犯罪团伙15个。先后侦破塔水“3·1”放火案、永河“6·27”抢劫汽车案、花荄“9·11”强奸案等严重暴力犯罪案件以及系列流窜撬砸车窗盗窃车内财物案、系列盗窃工地电缆、货车柴油等大要案件。破获毒品刑事案件31件，抓获犯罪嫌疑人40人，捣毁河清镇一特大制贩冰毒窝点，收缴毒品及半成品189.9千克。侦破经济犯罪案件12件，其中非法集资案1起，涉案金额1000余万元。

【治安管理】 履行公安行政管理职责，加强社会面管控，强化枪支、爆炸危险物品、旅店业、文化娱乐场所、废品收购业、出入境等行业、场所管理，查处违法犯罪，保障服务群众。全年查处行政案件979件，查获违法人员1004人，行政处罚524人，社区戒毒11人，强制戒毒11人，其他处理461人。其中，查处“黄赌”案件98件，捣毁黄赌窝点8处，收缴销毁赌博机153台，查处涉枪案件16件，收缴枪支17支。落实公安部《从严管控民用爆炸品十条规定》，监管全县23家民爆物品使用单位、8处储存仓库，推进民爆物品“一体化”管理。对中铁十六局、十九局等自主爆破单位开展日常性隐患排查。全年民爆炸药使用量1028吨，雷管87万余发，坚持13年无民爆安全事故发生。加强流动人口管理，建立流动人口申报点856处，申报管理流动人口4865人，监管旅店113家。强化户政、出入境服务，审核办理跨市户口迁移579人、二代身份证19212个、临时身份证1292个、各类出国（境）证件14785件。登记临时入境外国人165人次，境外常住人员7人。

【交通安全监管】 为预防、减少交通事故发生，加强路面监控，治理酒驾、超载超限，开展机动车非法改拼装等专项整治，严查交通违法、违章，确保良好的交通安全秩序。全县共发生道路交通事故2768起，比2014年上升6.93%；交通事故死亡49人，受伤1227人，经济损失279.46万元，比2014年分别下降10.90%、10.24%和8.16%。全年办理机动车注册登记2050个，变更登记271

个，注销登记935个；年检机动车16851辆；受理驾驶证业务16853个，其中本地初领5874个，换证7050个。全年查处各类交通违法18735起，其中侦破交通肇事逃逸案13件，查处货车非法改拼装629起、超载超限726起、酒驾192起、醉驾1起、毒驾1起、客车超员41起、超速3767起、乱停乱放3007起、无牌无证97起、涉牌涉证1230起、伪造行驶证驾驶证及号牌10起、危化品车违法41起、人力三轮车加装动力装置123起。刑事打击处理26人，治安拘留67人。

【监所安全监管】 看守所、拘留所安全监管深入“五化建设”，加强内部监督和外部监督，加强安全警示教育和关押人员行为规范教育，科学管理，无脱逃、自残、自杀、非正常死亡等不安全事故发生。

【消防安全监管】 落实消防责任，开展消防安全宣传和火灾隐患整治，加强公共消防设施和消防力量建设，防止重特大火灾事故的发生。年内新增市政消火栓10个，新聘合同制专职消防队员10人，注册登记乡镇消防志愿者2219人，形成了以公安消防现役消防为主，政府专职队消防队、各地义务消防员为辅的火灾扑救体系。全年发生火灾事故63起，死亡0人，受伤1人，直接财产损失19.31万元，过火面积884.8平方米。消防官兵接处警469起，抢救被困人员18人，疏散被困人员1人，抢救财产价值112.6万元。全年以劳动密集型企业、旅游景区、公众聚集场所、社会福利机构、医院、学校等为重点，检查单位1161家次，清除火灾隐患263处，下发行政处罚决定书30份、临时查封决定书9份，责令“三停”单位7家，罚款26.59万元。

【公安建设】 在县委、县政府主导下，建立现代化、集约化的应急指挥调度体系，实行政府应急调度中心与公安110指挥中心合署办公，整合水务、气象、120急救、燃气、供水等资源系统，实现资源集约、部门联动，提升应急处置能力。建立实战化的情报合成作战中心，以情报主导警务，解决侦查破案、防控支撑信息掌握不足的问题。建立覆盖全县的社会治安立体防控体系，建成27个标准化社区警务室（网格站），布局“大天网+小天网”视频监控“全覆盖”工程，完成“天网二期”工程146处点位182个监控头、7套治安卡口、24套电子警察系统建设任务，并积极争取乡镇财力投入公共部位“小天网”建设，构筑“城乡技防一体化”格局，全县可防性案件同比下降19.6%。探索执法权力运行机制改革，建成标准化的执法办案中心，成立预审中队和案管中心，强化法制部门对刑事案件归口管理和监督审核职能，有效预防冤假错案和立案不实问题发生。构建“大党建”格局，创新“所队+支部”模式，以地域连片、区域连勤为原则，重新调整基层党支部，实行“基层组织联建、组织生活联过、党员队伍联管、党建工作联考”的四联大党建工作机制，基层党组织的战斗堡垒作用进一步发挥，片区警务协作联动效能得到提升。（田兴辉）

检　察

【概况】 2015年，共立案查办职务犯罪案件15件17人。其中，查办贪污贿赂案件9件11人，查办渎职侵权案件6件6人，为国家挽回直接经济损失300余万元。提出预防检察建议8件，提供行贿犯罪档案查询29次，开展警示教育活动12次。

【加大办案力度，维护社会稳定】 全年，共受理公安机关提请批准逮捕案件72件113人，审结73件115人，审结率100%。其中审查后批准逮捕57件85人，不批准逮捕16件30人。共受理侦查机关移送审查起诉218件324人，审查后，提起公诉170件233人，不起诉12件16人，按管辖移送市院起诉2件5人。

【准确把握刑事政策，确保和谐执法】 对符合法定从轻条件的轻伤害、交通肇事、未成年人犯罪案及初犯、偶犯、从犯、被教唆犯等轻微刑事案件，适用宽严相济刑事政策。共对涉嫌犯罪但无逮捕必要的，不批准逮捕16件30人；对犯罪情节轻微但不需要判处刑罚的，决定不起诉10件14

人；提出从轻量刑建议的105件162人均获轻判。

【参与社会治理，化解矛盾】 共受理来信来访67件，办结率为100%。全年无涉检（法）涉诉上访、无进京到省上访，信访窗口及接待室未发生群体事件或恶性事故，荣获省级“文明接待室”称号。深化国家司法救助工作，注重司法人文关怀，提高救助的主动性，全年共办理司法救助案件5件。

【规范执法司法，尊重保障人权】 坚持打击犯罪与保障人权并重，坚决排除非法证据，杜绝冤假错案。对事实不清、证据不足的14件22人，不带病提起公诉，按程序依法处理。依法开展文证审查4件，司法会计鉴定1件和笔迹鉴定5件，电子取证1件，充分保障案件证据真实可靠，实现不枉不纵。

【强化侦查监督，督促规范执法】 严把事实关、证据关、程序观和法律适用关，监督侦查机关应当立案而未立案的5件5人，不应当立案而立案的2件2人。审查案件过程中，发出书面纠正违法通知书3份，发出不捕说理书16份，规范了侦查机关执法行为，纠正漏诉8人。制作《要求提供法庭审判证据通知书》13份。

【加强审判活动监督】 与人民法院建立联席会议制度，进一步完善检察长列席审判委员会制度，加强工作沟通。在出庭和审查判决中，对认为确有审判程序违法、适用法律错误、量刑畸轻畸重的，及时提出纠正意见，提请、提起抗诉 3 件6人。全面贯彻执行修改后的民事诉讼法和高检院《人民检察院民事诉讼监督规则（试行）》，严格执行受审分离原则，积极构建多元化监督格局。2015年，在民事诉讼结果监督中共办理生效裁判监督案件8件，向绵阳市中级人民法院提出抗诉1件，再审检察建议1件，均被采纳。办理民事执行监督案件3件，行政违法行为监督案件2件，审判程序违法监督案件1件，支持企事业单位起诉2件。

【加强刑罚执行监督】 加强监管场所的日常监督，参加看守所安全检查10次，参加狱情分析会、联席会议4次；加强与被监管人员教育谈话，协同监管单位对监管设施检查17次，排除安全隐患5次；发现刑罚执行和监管活动中各类违法10件并提出书面纠正；监督纠正监外执行违法24件，发出检察建议4份；督促看守所投劳38人，纠正交付执行、留所服刑违法情形1件1人；开展羁押必要性审查56人，提出变更强制措施建议2人。对3件指定居所监视居住执行案件和法院决定执行的1件强制医疗案件通过建立台账、跟踪监督方式等进行同步监督。在特赦令颁布后，严格掌握条件和范围，对符合特赦条件的8件8人的提请、审查进行同步监督。

【推进“两法衔接”平台建设】 联合环保、食药监等单位开展“破坏环境资源犯罪专项监督活动”和“危害食品药品安全犯罪专项监督活动”，对行政执法单位有罪不究、以罚代刑等违法情形监督立案1件。加强“两法衔接”平台建设，6月，召开全县“行政执法与刑事司法衔接”信息共享平台运行推进会暨培训会后，38个单位“两法衔接”信息共享平台登陆接入率达到100%。

【自觉接受人大法律监督和政协民主监督】 主动向县人大、政协报告检察工作，加强内部办案监督。全年共监督办案290件，提出办案期限预警52次、羁押期限预警6次，评查办结案件434件，发出通报11次，形成案件质量评查报告11份。为当事人、辩护人、诉讼代理人查询、复印案卷提供274次服务。深化人民监督员制度，对2件拟不起诉案件邀请人民监督员进行评议。积极推进检务公开，全面推行阳光司法，主动接受社会监督。

（房　超）

法　院

【概述】 2015年，共受理各类案件4265件，审、执法3718件，同比分别上升16.7%、11.9%，结案诉讼标的额8.9亿元，收缴诉讼费和罚没款432.1万元。

【刑事审判】 依法惩治刑事犯罪，维护安全稳定发展环境。审结刑事案件193件，同比下降22%，判处罪犯306人，同比下降1%，结案率96%。依法严惩危害人民群众人身、财产安全犯罪，审结故意伤害、抢劫、强奸、盗窃、诈骗等案件66件109人。严厉打击妨害社会管理秩序犯罪，审结交通肇事、非法持有枪支、开设赌场、贩卖毒品等案件99件119人。依法从严惩治贪腐犯罪，审结贪污、贿赂、职务侵占等案件11件17人。积极推进量刑规范化，确保案件准确定性，量刑适当。深入推进轻微刑事案件快速审理工作机制，审结67件95人，案件办理时间平均缩短至4天，诉讼效率明显提升。

【民商事审判】 妥善化解民事纠纷，优化公平有序市场环境。共受理民商事案件2437件，审结民商事案件2140件，同比上升7.3%，结案率88%。积极化解经济下行压力下的矛盾纠纷，审结买卖、运输、金融借款等合同纠纷案件1015件，同比上升27.5%，全力维护经济秩序稳定。妥善审理关系人民群众切身利益的案件，审结婚姻家庭、遗产继承等涉民生案件483件，推进社会公序良俗。加大劳动者合法权益的保护力度，审结追索劳动报酬、工伤保险等劳动争议案件103件。回应群众生产生活问题，审结农房重建、农村土地承包、土地租赁等涉农纠纷62件。着力优化调解方式运用，全年调解、撤诉案件1104件，调撤率52.4%，切实发挥司法化解社会矛盾纠纷功能。

【行政审判】 监督支持依法行政，助推高效优质政务环境。全年审结行政案件11件，同比上升22%，结案率100%。其中裁定不予受理4件，依法履行法定职责2件，撤销行政处罚、驳回诉讼请求、撤诉各1件，依法移送2件。深入推进行政首长出庭应诉制度，4件公开开庭审理的行政案件，行政机关负责人出庭率100%，切实促进行政争议实质性化解。深化业务指导，通过专题咨询、个案指导等多种形式，对行政机关存在的不规范问题提出建议和指导5件次，有效提升行政管理法治化水平。

【执行工作】 努力破解执行难题，促进诚信守法社会建设。执结案件1027件，同比上升27%，执结到位标的1.1亿元，同比上升41%。强化执行联动威慑机制，落实失信被执行人名单制度，公布891名“老赖”信息，将“黑名单”人员信息纳入人民银行征信系统，在融资信贷、限制高消费、出境出行等方面予以限制。扎实开展打击“拒执”专项行动，加大对拒不执行生效裁判行为的责任追究力度，其中移送公安机关处理2人，司法拘留4人。扎实推进“点对点”网络执行查控机制建设，强化执行信息对接，与全省工商、民政部门及24家银行等协助执行单位实现资源共享，形成以“点面结合、以点带面”的联动化执行方式，切实提高执行能力和效率。

【司法改革】 稳妥推进司法改革，着力提升司法公正水平。一是规范审判权运行，切实提升办案质效，制定《审判权运行机制改革实施方案（试行）》，从机制层面助推审判工作整体提升，推行落实裁判文书由主审法官签发。二是深化审委会制度改革，发挥其在“疑难、复杂、重大”案件中的指导作用，建立案件过问全程留痕制度，保障审判机关公正行使职权。三是落实立案登记改革，积极保障群众诉权，严格按照上级法院要求，彻底改变有案不立、拖延立案等问题。四是强化立案改革统筹协调，实行分管领导、庭长轮流值班制，保障当事人诉权。五是深化司法公开，有效提升司法公信力，积极建立和完善司法信息公开平台，当事人可从该平台获取案件基本信息和流程信息。六是运用科级法庭，实现“每庭必录”的庭审全方位公开。七是积极推行裁判文书上网，实现裁判文书上网100%，公开执行信息1081条。

【队伍建设】 全面加强队伍建设，提升司法服务水平。一是强化规矩意识，改进司法作风，扎实开展“三严三实”专题教育、民主生活会等活动，深刻剖析“不严不实”问题6个方面8个具体表现，针对问题修改完善12项规章制度，开展审务督查15次，发出督查通报4期。二是强化队伍建设，提升业务能力，深化业务导师制，加大干警培训教育，组织干警参加培训18场、362人次，参训率100%。三是深入开展“学习邹碧华精神”大讨论、“国家宪法日”宣誓等活动，持续推进法院文化建设，增强文化向心力。四是强化两个责任，保持司法廉洁，狠抓落实党组主体责任和纪检监察部门监督责任。五是完善廉政风险防控机制，主动接受案件当事人对审判、执行工作的监督。六是通报全国法院系统违法违纪典型案件25起，院领导授党课2次，全院干警接受廉洁专题教育累计300次，持续增强防腐拒变能力。（岳海军）

人民武装

【思想政治工作建设】 2015年，一是深入学习贯彻党的十八大，十八届三中、四中全会精神和习主席系列重要讲话精神，持续抓好中国特色社会主义理论体系武装。二是扎实开展“学习践行强军目标、做新一代革命军人”主题教育和“三严三实”专题教育整顿活动，结合军分区“四有”专题教育集中授课和政治理论集训。三是学习贯彻新修订的《思想政治教育大纲》，以“每月一课”为载体，狠抓经常性思想教育和形势政策教育，教育引导干部职工密切关注意识形态领域斗争，积极弘扬正能量，大力倡导社会主义新风尚，着力培养“有灵魂、有血性、有本事、有品德”的新一代革命军人。四是开展“坚定理想信念、对党绝对忠诚”系列党课教育，持续深化军区“三清理、三整治”活动和省军区“七个专项清理整治”，下大力气整顿作风，整肃军纪、整治积弊活动。五是开展以“中国梦、强军梦”为主题的军营文化活动，加强新闻报道和政研工作。

【军事斗争准备】 一是加强日常战备工作。贯彻落实《战备工作条例》和省军区《战备工作实施细则》，仿真落实了战备制度。修订细化和对接各类战备预案，并结合敏感时期和节假日，加强战备教育，落实战备值班民兵分队。二是积极推进营区机关战备设施建设。以完善作战指挥室建设为主要内容，持续推进“三中心”“一网四系统”建设，进一步对战备图库、资料室和器材库等进行规范整理，补充完善各类战备物资和器材，不断提升人武部机关战备水平和应急应战能力。三是加强情报信息工作。加强与公安、国安、应急维稳、信访等部门的沟通联系，准确掌握辖区内幕性、预警性、动向性情报信息，并及时、准确上报。加强本级和各乡镇信息化建设，发挥民兵指挥通信指挥作用。利用整组，加强对民兵信息员的编组和培训，规范情报信息收集报知方法、内容和程序。

【军事训练】 一是加强机关训练。根据绵阳军分区统一计划安排，人武部全体干部参加轻武器实弹射击、手榴弹投掷及体能为主的训练和考核。二是加强专武干部及民兵应急分队训练。4月，在梓潼“两弹城”采取集中食宿、连队化管理的方式，组织专武干部及民兵应急分队125人，进行为期12天的集训。三是组织本部干部参加分区“两个二分之一”轮训。重点学习应知应会、识图用图、手工和计算机标图等科目，并参加统一考核。

【国防后备力量建设】 一是抓好民兵预备役转型建设。做好三类基干民兵队伍组织调整，优化基干民兵结构布局，形成以乡镇（街道）为基础、企事业单位和行业系统为骨干、重要区域和交通沿线为轴线的基干民兵组织新格局。全县共组建民兵应急分队1支，森林防火分队1支，乡镇民兵应急分队14支，专业救援分队8支，形成了以县城为中心、以主要救援任务为目标、以其他非战争军事行动为补充的应急队伍格局。二是提高征兵工作质量。认真贯彻落实征兵工作纪律，组织征兵业务培训，“严格征集标准、严把质量关口、落实优先征集、加强督导检查”的要求，圆满完成年度征兵工作任务。三是巩固基层武装部规范化建设成果。四是开展国防动员潜力调查，建立和完善国防动员方案及配套计划，充实国防动员数据库。搞好退伍军人和兵役、预备役登记、统计工作，掌握数量质量和分布情况。五是加强国防教育，增强全民国防观念，使关心国防、热爱国防、建设国防、保卫国防成为全社会的思想共识和自觉行动。组织全县普通中学、职中进行为期一周的学生军事训练。

【后勤保障能力建设】 一是修订完善后勤保障预案，强化管理，进一步规范后勤战备库室建设，加大保障队伍建设力度。二是严格党委理财制度，开展"财务监管年"活动。三是加强军车管理，严格落实车辆维护保养和运行制度规定。四是加强训练基地管理使用。五是武器装备管理专项检查，定期检测维护民兵武器仓库安防系统，完成装备管理信息化建设。扎实开展装备保障训练、抢险救灾等重大任务的保障工作。

【参治参建】 一是坚持把参与和支援地方经济建设作为义不容辞的政治责任，动员组织民兵预备役人员积极参与地方基础设施、生态环境、扶贫帮困和新农村建设等工作。二是深入开展双拥共建工作，大力弘扬拥政爱民光荣传统，不断巩固发展军政军民团结。三是做好涉军维权工作，进一步健全完善军地联防联治制度机制，主动参与矛盾纠纷排查化解、社会管理创新等工作，切实维护退伍军人、军烈属合法权益。（崔玉华）

消　防

【概况】 2015年，全县共发生火灾63起，死亡0人，受伤1人，直接财产损失19.31万元，过火面积884.8平方米。全年大、中队共接处警469起，出动消防车392台次、消防官兵1963人次，抢救被困人员18人，疏散被困人员1人，抢救财产价值112.6万元。全年未发生重大、特别重大火灾事故以及其他造成重大社会影响的火灾事故，确保全县火灾形势的持续稳定。

【落实消防工作主体责任】 5月26日，县政府召开2015年全县消防工作会暨夏季消防检查动员部署会议，副县长、公安局局长岳兵，县政府应急办主任李贺，县政府消防安全委员会成员单位有关负责同志，各乡镇政府分管领导，各公安派出所所长以及消防大、中队官兵代表共120余人参加会议。副县长岳兵代表县政府与乡镇人民政府、县消安委成员单位代表签订了2015年消防工作目标任务责任书，确定消防安全重点单位59家。

【开展火灾隐患排查整治】 联合县公安、安监、住建、食药工质、卫计、教育、民政等相关部门深入全县的劳动密集型企业、旅游景区、公众聚集场所、人员密集场所、社会福利机构、医院、学校等地开展联合检查20余次。在辖区集中开展了"劳动密集型企业消防安全治理""夏季消防检查""彩钢板违章建筑消防安全专项整治""易燃易爆危化品场所消防安全专项整治""福利救助机构、幼儿园、医院及学校火灾防控"等重大专项整治行动。全年共检查单位1161家次，清除火灾隐患263处，下发行政处罚决定书30份，下发临时查封决定书9份，责令"三停"单位7家，罚款26.59万元。及时有效清除火灾隐患和违法行为，全县消防安全大环境得到有力改善和净化。

【部队管理和执勤备战】 按照部队正规化管理要求，认真贯彻执行部队各项管理制度，组织开展"八无一培"安全创建活动，每月开展"三违三重"问题排查，规范部队"四个秩序"，有效确保部队的安全稳定。按照练兵训练计划，积极组织官兵开展灭火救援战术训练，提高灭火指挥技术水平和部队快速反应能力，在2015年支队进行的大比武中，安县中队取得了总分第二名的好成绩。大中队深入辖区消防安全重点单位、人员密集场所、医院、福利院、劳动密集型企业、易燃易爆等场所开展消防实战化训练60余次，参加县政府组织的"2015年自然灾害应急救援队伍集结演练及群众避险转移演练"。圆满完成绵阳市安县第三届"罗浮山温泉杯"环山环湖自行车公开赛、安县"中国春社·睢水踩桥"以及"抗战胜利70周年""西藏自治区成立50周年"等重大消防安全保卫活动。（范辉明）

农 业

大棚种植

概　述

【概况】　2015年，全县粮食播种面积60.05万亩，粮食总产量25.22万吨。油菜播种面积23.34万亩，油菜总产量3.73万吨，同比增长3.1%。全县农业总产值453205万元，按可比价计算，同比增长4.5%。全县农民人均纯收入实现12945元，增长9.7%。全县出栏生猪39.60万头。

【农田水利基本建设成效显著】　截至8月底，完成农田水利基本建设投资36460.25万元，其中中央、省级、市级投资17948.67万元，县本级财政投入6999.58万元，群众和社会投入11512万元。完成工日190万个；出动机械台班2.5万个；完成土石方总量226万立方米；修复水毁工程241处；新建、加固堤防10.47公里（其中：新建1.85公里，加固8.62公里）；疏浚河道5.8公里；清淤沟渠436公里；新修、改造农村提灌泵站13座；整治堰塘186口；整治渠道145公里；提升、建设供水站12处，解决4.01万人饮水困难；治理水土流失7.13平方公里；建设高标准农田4.37万亩；建设高产、高效基本农田3.3万亩；实施土地项目整理4万亩；新建农村户用沼气池400口，新建新村3个省级集中供气项目，供气189户，沼气服务网点10个；完成农村机耕便民道350公里；完成通乡通村公路建设70公里；巩固退耕还林成果专项建设2.6万亩，完成政策补助9.27万亩，天然林保护生态效益补偿5.7万亩，国有林管护12万亩，中央财政补贴造林0.6万亩。通过山、水、田、林、路等农田水利建设项目的有效整合，新增蓄水能力57万立方米，改善灌溉面积0.85万亩，新增节水灌溉工程面积0.18万亩，新增除涝面积0.1万亩，改善除涝面积0.45万亩，新增旱涝保收面积0.51万亩，新增节水能力15万立方米。

【特色产业不断壮大】　按照打造绵阳城市后花园，以产业带动乡村旅游的思路，围绕花城果乡、塔水七里——猕猴桃走廊、桑河路玫瑰花园乡村旅游示范区、环湖碧荷园四大重点区域，建成猕猴桃基地6000余亩，梨、枇杷、柚、葡萄基地10000余亩，玫瑰园1300亩，荷塘1000余亩，以及核桃等干果基地1.2万亩。围绕山区乡镇，建成中药材基地14.2万亩、魔芋基地4.5万亩，魔芋良种繁育基地6个、1000亩。围绕坝区建立杂交水稻制种基地3.9万亩、蔬菜基地12.5万亩。大力发展种养循环，改造养殖小区6个，建成畜禽标准化适度规模养殖小区（场）145个，获部、省级畜禽标准化养殖小区（场）示范创建6个，出栏生猪13.3万头、肉牛2000头。深入实施“一村一品”强村富民工程，支持专业示范村镇建设。全县专业村达到11个，从事主导产业人数达到4774人，占总人数的66.94%，农业专业村经济总收入3.22亿元，主导产业总收入2.38亿元。

【农村土地承包经营权及林权确权放活】　2015年，完成农村土地承包经营确权登记颁证；完成林权登记和林权证颁发；完成农房外业测绘38000户、504.52万平方米；完成农房登记15199户、209.16万平方米；完成各类小型水利工程10783处的调查摸底；集体土地所有权颁证2425本。形成了《安县农业发展扶持办法》。牵头农村产权交易中心建设。完成财政投入形成资产股权量化3户，森泰、好农成为省上典型进行推广，开展安县首届特产农产品评选。

【分片分步有序推进幸福美丽新村建设】　以新村建设为载体，按照“依山傍水、因地顺势、各具特色、错落有致”的要求，印发《安县幸福美丽新村建设实施方案（2015—2020年）》，对全县198个村进行了规划。对30个县级幸福美丽新村建设进行指导，充分整合县内项目资源，依托“花城果乡”“七里村及猕猴桃走廊示范片”“金花蔬菜”“环湖碧荷园”“温泉花海”等新农村示范片，推动循环农业、中药材种植、旅游产业核心区建设。

（王冬梅）

新农村建设

【绵安新农村示范片不断巩固提升】 2015年，花荄、黄土、界牌、兴仁4个乡镇20个行政村，115平方公里，1.57万农户、4.3万农业人口的省级绵安新农村示范片，按照“现代休闲观光农业园区”的发展定位，不断完善要素，突出建设的持续性，一、三产业互动成果不断扩大。“花城果乡”的乡村旅游元素不断增加。全年，吸引游客100余万人次，实现旅游收入2亿元以上，示范片内农民人均可支配收入超过1.5万元。

【辽安新农村示范片快速推进】 兴仁、乐兴、塔水、秀水4个乡镇18个行政村，70平方公里，1.4万户4.1万农业人口的辽安新农村示范片，以“种养循环”的发展模式，以“七里及猕猴桃走廊示范村”为核心，向周边辐射状推进。已建成乐兴镇7800亩“猕猴桃走廊”，塔水镇七里村5000亩葡萄基地，秀水镇万亩优质粮油示范区。荣获四川“最美乡村”熊猫奖的青龙村综合体“水岸人家”产村相融初具雏形，服务体系逐步完善。示范片内农民人均可支配收入突破1.3万元。

【新农村建设百花齐放】 雎水镇“环湖碧荷园”以其独特优美的地域和自然环境，推进千亩荷花基地。以省级风景名胜区白水湖、百年古刹卧佛寺、“中国春社·雎水踩桥”民俗文化以及成兰铁路雎水火车站为一体的旅游产品集群，取得一定成效。桑枣镇围绕以干柏村等9个村为核心打造的“温泉花海”，兴仁乡“养殖小区”、永河镇“品味菜篮”等农业产业化经营产业体不断兴盛壮大。 （王冬梅）

农业产业化经营

【开发特色产品，提升品牌知名度】 2015年，组织首届最受消费者欢迎特色农产品评选活动，建立安县公共品牌，评选特色产品营销公司，打造安县农业产品名片。申报企业20余家，申报产品26个，通过初审符合条件企业10家，产品13个。全县获得省以上名牌产品或著名（驰名）商标8个，获得无公害食品23个，绿色食品8个，有机产品2个，农产品地理标志2个，无公害基地认证4个，通过ISO9000、GMP等质量体系认证的企业23个。

【围绕互联网+，加快培育农业企业转型发展】 2015年，县委、县政府与阿里巴巴建立战略合作关系，在全县建立100家电商服务网点。支持好农集团投资1亿元建立“好农物流交易中心”，带动全县农业企业围绕互联网电子商务，不断完善升级农业产业标准化基地、专业化生产、精细化加工以及质量品牌提升。全县35家市级以上农业产业化龙头企业中，生产型企业向加工转型企业5家，发展生态循环产品6家；销售型企业由实体店销售向电子商务网上交易发展企业12家，物流批发交易企业1家；初加工企业向精深加工技改升级2家。绵阳市森泰农业开发有限公司通过转型升级，启动好农国际农产品物流交易中心，建立农产品交易批发市场、鲜活农产品集配中心、展示中心；依托天猫、淘宝等网站开展电子商务线上交易，组建天鲜农业科技有限公司，建立天鲜网，开展农产品同城物流线上交易。 （王冬梅）

种植业

【粮油产业】 2015年，全县耕地面积45.6万亩，有农业人口37.36万人，有耕地面积54.8万亩。全县共引进粮油新品种136个，其中水稻新品种51个，玉米新品种51个，油菜新品种28个，小麦新品种6个。共创建粮油高产示范片9万亩，全县粮食播种面积61万亩，亩产413千克，比2014年增加7千克，总产25.22万吨，比2014年增加0.54万吨。油菜播种面积23.33万亩，亩产160千克，比2014年增加2千克，总产3.73万吨，比2014年增加0.11万吨。全县完成晚秋生产面积9万亩，其中秋粮5.5万亩，秋菜3.5万亩。

【杂交水稻制种】 在全县10个乡镇共发展杂交水稻制种面积3.9万亩，打造标准化制种基地1万亩。安县国家级杂交水稻种子生产基地地位得到进一步巩固。

【蔬菜产业】 全县蔬菜种植面积达到12.8万余亩，共建成蔬菜标准化栽培技术集成与示范基地17个。全年蔬菜总产量22万吨，产值达到2.41亿元。

【魔芋产业】 2015年，魔芋良种繁育基地6个、面积1000亩，魔芋技术集成示范区2个、面积2000亩，连片种植基地7000亩，零星分散种植3.2万亩。省级魔芋加工龙头企业1个，市级魔芋加工龙头企业2个，个体魔芋加工企业32家，产值1.98亿元。安县“魔芋加工之乡”地位得到提升。

【中药材产业】 根据安县中药材产业发展现状，因地制宜选择黄连、重楼、牛蒡子、鱼腥草、无花果、川芎6个特色鲜明、市场价值高的品种作为主要发展品种，全县规模种植中药材品种已达25种。成功建成了丘坝区和高山区2个“道地”中药材展示园共600亩，共发展8个中药材技术集成示范区共1.2万亩，以点带面，辐射带动全县中药材产业快速发展。全年中药材产量达4.5万吨，产值近5.2亿元。

【水果产业】 全县水果种植面积达到4.6万亩，主要以猕猴桃、葡萄、无花果、柑橘为主。在乐兴和花荄镇建成猕猴桃基地2个，全县猕猴桃种植面积达9000亩，“川西北猕猴桃走廊”得到进一步提升。以塔水镇七里村和乐兴镇青龙村为核心建设葡萄基地2个，全县葡萄种植面积达6000亩。以黄土镇方碑村、柴育村无花果基地为带动，全县无花果种植面积达到1200亩。在花荄镇红武村、黄土镇明月村建设柑橘基地2个，全县柑橘面积达到1.55万亩。 （钟思成）

养殖业

【畜牧业】 2015年，全县生猪存栏26.54万头，同比增长5.62万头；生猪出栏31.58万头，同比减少8051头。小家禽畜存栏415.3万只，同比增长3.3万只；小家禽畜出栏874.2万只；同比增长15.4万只。牛存栏1.81万头，同比增长345头；牛出栏6880头，同比增长200头。羊存栏8760头，同比增长160头；肉羊出栏1.4万头，同比增长354头。全县加入专合组织的适度规模养殖户达到1208户，有部级标准化养殖示范场3个，省级标准化示范场6个，市级标准化示范场21个。常年存栏500只以上蛋鸡养殖户438个，年出栏1000只以上肉兔养殖户43个，年存栏5头以上奶牛养殖户4个。

【水产业】 以“渔业增效、渔（农）民增收”为中心，不断调整优化渔业结构和布局，加快渔业科技创新和特色水产养殖，大力推进渔业产业化和特色化经营，成功打造凯江千亩水产养殖基地、青龙生态养殖小区，促进全县渔业经济的持续健康发展。加强水产技术指导，加快养殖农户的知识更新，全年共举办渔业培训班3期，300余人次参加培训。全县水产品总产量20967吨，渔业总产值4.62亿元，占农业总产值的10.19%。全县农民人均渔业产值22元，水产品总产量、渔业总产值等重要指标均名列全市第一。（邱长连）

农机管理

【农业机械】 2015年，全县各类农机及配套农具总量已超过2万台，农机总动力达38.57万千瓦。全县共组织完成机耕63.55万亩；组织完成水稻机收52万亩；完成机械化育插秧8.5万亩；完成小麦机播5.7万亩；完成机械植保62万亩。全县主要农作物耕、种、收综合机械化水平达62%。

【机电排灌】 新建维修技改提灌站568台次。全县共拥有电力提灌站2121处、2247台（套），总装机29460千瓦，保灌面积达20.4万亩。

【农村能源】 2015年，全县共新建50口农村户用沼气和2个省级新村集中供气点，全县户用沼气池已达7.36万口。（吴康明）

林 业

【概况】 2015年，全县森林面积89.35万亩，森林覆盖率39.59%，森林蓄积量为262.47万立方米。完成固定资产投入9283万元。全县实现林业总产值15.2亿元，农民从林业上获得的人均收入达1605元，实现助农增收104元。

【生态建设扎实推进】 全面落实天保工程12.34万亩国有林、5.74万亩集体公益林管护任务，落实兑现天然林保护工程财政专项资金和森林生态效益补偿资金224.39万元。严格落实9.27万亩退耕还林森林管护责任，兑现退耕还林补助资金2186.47万元，退耕还林工程顺利通过省级复查和国家核查。进一步加强26万亩自然保护区及大熊猫主要栖息地16.63万亩保护。全年实施义务植树90万株、四旁植树110万株、一般造林1.2万亩、中幼林抚育4.5万亩、人工造林0.15万亩。

【林政资源有效管理】 严格林地征占用管理，充分用活政策，支持县域经济发展。全年共办理林地征占用34宗，面积19.13公顷。严格执行凭证采伐、限额采伐制度。办理林木采伐许可896份，蓄积9837.90立方米，年森林采伐指标严格控制在151257立方米的限额指标内。扎实开展“平安林区”创建专项整治行动，加大对破坏森林资源的打击力度。立森林刑事案件11件，破案8件，依法移送起诉8件5人；查处林业行政案件93件，林业行政处罚89人，收缴木材171.3568立方米，收缴罚没款11.13万元，查处涉林案件78起。认真组织开展森林病虫害的预测预报工作，森林病虫害成灾率为零。新增森林面积0.46万亩，新增森林蓄积4.5万立方米。

【集体林权制度改革进一步深化】 2015年，进一步规范林权流转、林权抵押登记管理工作，积极为林农服好务。全年共办理林权流转21宗，流转面积1846.7亩，流转金额75.6万元；办理林权抵押登记11宗，抵押面积6683亩，抵押贷款388.6万元，为林业产业发展注入强大动力。扎实开展森林保险工作，全年开展森林保险续保82.2万亩，收取保费102.2万元，完成政府下达森林保险任务75.7万亩的108.48%，有效提高了林农抵御自然风险的能力。积极做好扩权强镇试点工作，主动将12项行政审批权限、1项行政处罚权限下放至扩权强镇乡镇林业站，并加强业务培训和工作督导，确保扩权强镇试点工作依法依规进行。

【林业产业快速发展】 安县是“四川省首批林业产业强县”。在此基础上，以深入推进“产业强县”为抓手，进一步巩固扩大林下药材、经果林基地，大力发展林下经济，发展特色经果林0.15万亩、打造前胡基地0.074万亩、黄连基地0.05万亩、葛根基地0.06万亩，新建产业道路9.2公里。2015年6月6日，中央人民广播电台对安县林下经济发展情况进行了专题报道。全县实现林业总产值15.2亿元，实现助农增收104元，其中林业助农增收60元，落实退耕还林、天保工程补助奖励政策促农增收12元，集体林权制度改革促农增收32元。（许　川）

水　利

【概况】 2015年，县水务局共争取中央资金5221.55万元。重点完成2015年小农水重点县项目建设、山洪灾害防治项目建设、小型水库除险加固项目建设、水利工程维修养护项目建设、中小河流治理项目建设，完成省级水产专项资金项目建设、省级抗旱救灾资金项目建设，完成“大禹杯”绩效考评奖补资金项目建设和市级专项资金项目建设。全年完成固定资产总投资2.01亿元。

【农田水利建设】 整合资金2230万元，把农田水利建设与精准扶贫、新村建设、水环境治理紧密结合，大力实施民生水利、生态水利，注重示范引领和项目整合，实行山、水、田、林、路综合治理，以“点”带“线”，以“线”扩“面”。以“七里村——猕猴桃走廊”、睢水“环湖碧荷园”、桑枣“温泉花海”等为重点，不断改善水利设施条件。示范区生活、生产用水条件得到明显改善。

【农业生产用水】 以“保春灌”为工作重点，切实加强引水、蓄水、放水调度管理和节约用水宣传，严格执行用水计划，科学调剂各灌区余缺。全县春末蓄水达到4596万立方米，年末蓄水4375万立方米，保障了全县31.2万亩水稻栽插，占计划应栽水稻面积的99.5%，成功抵御了2015年干旱灾害的影响。

【农村饮水安全】 全面完成“十二五”农村饮水安全规划建设任务，农村安全饮水管网覆盖率达80%以上，自来水入户率67%。年内新建供水工程6处，改造提升29处，解决了2.67万群众及农村师生饮水安全。积极推进管网连通工程，连通了晓坝水厂与乐兴供水站和兴仁供水站管网，积极推进城乡供水一体建设。在全市率先建成了农村饮水安全水质检测中心，可自行开展40项常规指标检测。在春旱期间利用维修基金35万元，应急解决9个乡镇18个村4万人饮水困难问题。坚持生活饮水优先，紧急调拨供水管材，抢通管网18.5公里，新挖、疏淘水井210口，寻找新水源18处，并为沸水镇三合、枫香村等地1500多人送水。尤其是快速处置睢水水厂水源点水质浑浊问题，及时恢复1.5人安全供水。

【防汛减灾体系建设】 紧紧抓住工程治理、隐患排查、度汛预案、监测预警和应急处置等关键环节，切实加强防汛减灾体系建设。完成中小河流治理项目，新建、加固堤防22公里，疏浚河道11公里，安昌河堤防形成了完整的防汛“闭合圈”。进一步完善了“县、镇、村、组、户”五级山洪灾害监测预警体系，干群应急抢险处置能力有效提高。启动山洪调查评价和山洪灾害防治非工程措施项目，调查分析暴雨、小流域特征、社会经济和历史山洪灾害情况，综合评价防洪能力，完善监测预警网络。

【水生态综合治理】 深入论证区域水资源承载能力，加强计划用水和用水定额管理，严格落实水资源论证、取水许可、水功能区管理等制度，严守“三条红线”。年内办理行政审批38项。以“世界水日”和“中国水周”宣传活动为契机，抓好水法律法规宣传，分发宣传手册10000余本，悬挂过街标语20余幅，书写墙面标语50余幅，展示宣传展板8块，接受群众咨询2000余人次，有效提高群众“亲水、惜水、节水”意识。坚持水土流失预防监督与综合治理相结合，严格审批各类开发建设项目水土保持报告表，切实防止新增人为造成水土流失。以水库清水、河道采砂、河道清淤、水源地保护为重点，广泛开展“水韵安州”清水行动，推动“水清、岸绿、河畅、湖美”水环境形成。积极推广节水工艺和设施设备，切实降低水耗，加快节水型社会建设。

【水政能力建设】 群众事务党员代理、行政审批许可工作规范有序，规范文件、办理事项一律实行网上公开，11项行政审批和许可事项实行“一站式”公开，全年接办件38件，接受咨询300余人次。应进项目到位率100%，办结率100%，群众无不满意投诉。加强地方小水电技术服务指导，协助搞好设备、设施、水工建筑物的检修与维护，完成发电量5000万千瓦时。县级水资源费和渔政、水保等各种规费和农业水费征收有序，所有费用全部按规缴交入库。

【水利精准扶贫】 2015年，扎实做好41个贫困村水利扶贫规划。以建设“业兴、家富、人和、村美”幸福美丽农村为目标，规划以农村饮水巩固提升、农田水利精准灌溉和防洪抗旱减灾工程为重点，切实解决贫困村吃水难、用水难问题。实施“六大行动”，加大帮扶沸水镇红星村脱贫力度，深入开展帮扶村精准扶贫。实施“饮水解困”，以沸水供水站优质水源为依托，采取“管网延伸+二级提蓄”方式，提高群众安全饮水保障；突出生态特色，大力发展蔬菜、稻田养鱼、林下养殖等有机种养殖业，积极推进休闲农业、体验农业发展，推动“产业提升”；以“自然山水·生态村落”为主线，实施工程生态整治和环境综合整治，深入开展垃圾清运、秸秆禁烧工作，有效推进“田园整治”；落实“扶贫济困”结对帮扶责任，深入研判贫困户致贫根源，“一户一策”编制扶贫方案，从助耕、技术、信息、物资、资金多方面开展扶贫帮扶；以产业发展为核心，整合水利、水保、山溪沟治理等项目资金，坚持引、提、蓄并举，采取新建、改（扩）建、维修整治等多种形式，加大“基础配套”力度，积极改善农业用水条件。帮助红星村整治山溪沟150米、山平塘2口、放水渠2公里。

【水利确权颁证】 以省级小型水利工程管理体制改革试点县为契机，以塔水、清泉、宝林和七里村为试点，把小型工程产权量化到乡镇、村（协会）和农户（含联户）所有，落实管理主体责任。整合水费、公共设施运行费、“一事一议”和民办公助自筹资金、供水站盈余资金，建立了小型水利设施维修基金，推动管护经费落实。推行“先改后建、先建后补”等奖补办法，鼓励用水户协会、专合组织、产业大户或个人，享有工程使用权和收益权，调动了群众兴修水利的积极性。涌现出河清镇荣华村集资清淤3万立方米（荣华大堰塘）、秀水镇青松村桂氏三兄弟集资30余万整治塘堰等好做法。产权明晰、管理责任落实，推动了群众治理水环境主体作用的发挥，渠、塘、库环境面貌得到有效改变。

【重点项目推进】 加快草溪河水库可研立项工作。20个专题、专项报告和《可研报告》通过省厅审查批复，并将《可研报告》报长江委备案审查。以提质增效为目标，积极推动城乡供水一体化进程，完成白河供水工程前期可研任务，工程规划日供水能力2.8万立方米，已争取第三方注入资金2900万元。规划“十三五”投资28.52亿元，切实加强安全饮水提质增效、灌区连通、末级渠系配套与节水改造、水源工程建设。《安县“十三五”水利发展规划》《农田水利专项规划》《2015—2030年水土保持规划》《“十三五”农村饮水专项规划》等规划正在加快编制。 （王 静）

白水湖管理

【水利服务】 2015年，引水9000万立方米，蓄水4500万立方米；收取水费27万元；新增灌面400余亩；实施完成了10.5公里干渠、84公里支渠岁修起淤、冬修项目、二大渠引水闸维修养项目，完成总投资43万元。完成白水湖水库除险加固工程和白水湖水库震损灾后恢复重建工程竣工验收。

【旅游发展】 全年接待游客8.2万人；举行“2015年度中国舟钓路亚公开赛（COB-四川安县站）”赛事活动，活动购置卡亚克艇40艘、建浮动码头一座、干仓一处，完成投资323.48万元。

【电力生产】 完成白水湖电站增效扩容改造项目；3个电站累计完成发电量140万千瓦时。

【综合治理】 修建整理香樟树园烧烤基地4000平方米，硬化停车场路面3000平方米，修整景区内道路，更换景区垃圾桶25个，新添环境卫生标志标牌27个，制作白水湖“路亚”活动掠影长廊及宣传海报，共完成投资55万余元。

【特色活动】 2015年，接待放生团体50余批次，放生鱼类5000余千克、鸟类500余只、爬行类800余只；景区大门楹联征集活动揭晓，评选出一等奖1名、优秀奖10名；与绵阳昭南文化传播有限公司达成合作协议，成功举办“夏季亲子”活动；邀请绵阳市美术学会书画家两次到白水湖进行书画创作；协同县桥协举办“白水湖”杯桥牌联谊活动。 （蒋　跃）

安州年鉴
AN ZHOU YEARBOOK

工　业

股东大会

概　述

【概况】　2015年，全县规模工业总产值194.85亿元，同比增长11.62%，规模工业增加值增速13%，位列全市第二位；完成工业投资40.96亿元，同比增长8.8%，技改投资32.63亿元，同比增长0.5%；实现规模工业利润总额8.96亿元，同比增长%；新增规模工业企业13户，全县规模以上工业企业达到90户，产值过亿元企业35户，产值超过10亿元企业3户；民间投资增长率达到5.8%；单位工业增加值能耗同比下降5.6%。

【“两新”产业发展壮大】　2015年，全县科技型企业孵化器面积达到2.13万平方米，规上科技型中小企业85户。全县高新技术产业实现产值86亿元，同比增长19.4%，占规上工业比重为44%，实现税收8586.36万元，占规上工业企业税收比重为41.28%，产值增速高于全县规模以上增速7.8个百分点。战略性新兴产业实现产值42.8亿元，同比增长18.3%，占规上工业比重为22%，实现税收2186.3万元，占规上工业企业税收比重为10.51%，产值增速高于全县规模以上增速6.7个百分点。“两新”产业企业主营业务收入90.2亿元，占规模工业总量的50.5%。

【技术创新不断升级】　截至2015年年底，安县建成银河化学、好医生药业2个国家级企业技术中心，安县纸业1个省级企业技术中心，启明星磷化、豪茂魔芋、自胜机电、能士光宝、新绵樱农牧5个市级企业技术中心。

【品牌效应日益显著】　2015年，安县拥有“好医生”“安剑”2个驰名商标，“秀湖”“绵樱”“豪克”“沸泉”“女娲”“圣吉康”等6个著名商标，“浮山”“绿植”“睢水”“益昌”“李氏万鑫”“张包蛋”“菜籽王”“好农”“罗浮山”“宏帆”等11个知名商标；有“好医生”牌桑姜感冒胶囊、“绵变牌”变压器、“英志牌”大功率磷酸铁锂锂离子电池、“秀湖”牌无碳复写纸原纸、“安剑”牌工业重铬酸钠、“安剑牌”重铬酸酐、“安剑”牌铬鞣剂、“女娲”牌普通硅酸盐水泥、“豪茂牌”魔芋纯化粉、“好农”牌无公害鸡蛋等10个省名牌产品；“安县魔芋”为国家地理标志保护产品。　　（刘小钰）

医药食品产业

【产业现状】　医药食品产业是全县的主导产业之一，聚集了好医生药业、天雄药业、天濠药业、九州通医药、九渊医药、绵阳医药等一批医药生产和流通企业；成长了绿清香油脂、陈氏油脂、辉达油脂、宏帆粮油、乐事多粮油、广吉油脂、志辉油脂、洪光油脂、绿源米业等一批粮油加工企业；发展了魔力科技、豪茂魔芋、都乐魔芋、绿植农业、华川食品、天樱食品、金麦香食品、春泉茶业、益昌粉丝、永福粉丝、千佛万鑫、张大包蛋、安州禽蛋、沸泉酒业、睢水曲酒、剑特酒业、津丰园、拓普果业、康途生物、邓家老作坊、福来源泡菜、旺门农业、志扬调味品、东娟调味品、利泰来味业、香之源农业等一批具有地方特色的食品加工企业。产品覆盖了化学药物、中药药品、粮油食品、保健食品、白酒、矿泉水、纯净水、果汁饮品、复配乳、调味品、时令泡茶、精制茶品、腌腊制品、糕点果品等医药食品行业。其中，魔力科技代餐粉、魔芋面，豪茂魔芋纯化粉，拓普果业哈龙宝果干，千佛万鑫李氏万酥满口香红酥，张大包蛋包盐蛋6个产品被认定为绵阳首批特色食品。医药食品产业拥有驰名商标1个、著名商标7个、省名牌产品2个、知名商标7个。“安县造”产品行销省内外，带动了中药材、魔芋、油菜籽、无花果、优质稻米、玉米、红薯、茶业、蔬菜等种植业，以及生猪、肉牛、肉兔、鸡、鸭、鹅等畜禽养殖业的发展。

【产业规模】 2015年，全县医药食品产业规模企业23户，实现工业总产值53.96亿元，同比增长13.70%，占全部规模工业的27.60%。其中，四川好医生药业集团有限公司实现产值33.61亿元，同比增长19.86%，占规模工业总产值的17.25%。（陈 萍）

精细化工产业

【产业现状】 安县是绵阳市化工产业发展的重点区域。汇聚了银河化学、启明星磷化工、天明新能源、朝阳磷化工、天明磷化工、神龙饲料、吉星消防、向泰阳化工、路林磷化工、川银化工、川磷化工、金鸿饲料、茂森化工、安珑碳化硅、明航矿物油、天捷能源等一大批省内外知名企业。产品覆盖了铬化学、磷化工30余个主要精细化工产品，其中红矾钠产销量约占全国的1/4。"安剑牌"是行业内唯一的驰名商标，拥有"安剑"牌工业重铬酸钠、"安剑牌"重铬酸酐、"安剑"牌铬鞣剂等3个省名牌产品。2015年3月，经绵阳市人民政府批准，设立了安县凯江工业集中发展区，规划面积为563.37公顷，是全县化工产业的聚集区。根据《中共安县县委安县人民政府关于安县凯江工业集中发展区淘汰落后产能及转型升级的实施意见》，加快推进集中区工业企业向高附加值、集约型、低能耗、低污染转型升级，实现产业绿色、环保、低碳、健康和可持续发展。强力推动了全县部分传统化工产业转型升级，促进产业走向高端、高效、高附加值，全面打造高端化工产业集群。

【产业规模】 2015年，全县有化工产业规模企业13户，实现工业总产值63.33亿元，同比增长8.55%，占全部规模工业的32.5%，为全县第一大产业。其中，四川银河化学股份有限公司实现产值45.11亿元，同比增长9.9%，占规模工业总产值的23.15%。（曹 斌）

汽车及零部件产业

【概况】 2015年，全县共有汽车整车及零部件生产企业23户，其中规模企业14户。全县汽车产业实现规上企业工业总产值25亿元，其中整车生产2.75万辆，实现产值13.6亿元。

【整车企业】 全县有汽车整车生产企业1家——华晨汽车南方基地华祥机械制造有限公司，设计产能为年产15万辆整车，能够完成整车生产所必需的冲压、焊装、涂装、总装四大生产工艺，产品有金杯皮卡、轻微卡以及微型面包车等3类车型。

【零部件产业】 全县有汽车零部件生产企业22家，产品涵盖发动机系统、油料系统、排气系统、变速箱、转向系统、车轮及制动系统等，并与川汽、华晨汽车南方基地华瑞公司、新晨动力、海马汽车、雪佛兰、奇瑞、东风标致等汽车厂家建立了长期合作关系。

【新能源汽车产业】 秦川恒远、万欣汽配、瑞晨汽配等企业的产品已与川汽绵阳公司、华瑞公司取得良好对接，并形成了一定配套能力。结合新能源汽车产业发展需求，园区先后引进了一批重点项目。其中英志新能源大容量高功率磷酸铁锂动力电池制造技术开发和产业项目、高容量储能锂电池项目及天明新能源年产800吨磷酸铁锂电池正极材料项目、400吨改性纳米级磷酸铁锂技改扩建项目建成投产后，可广泛运用到新能源汽车上，将为安县发展新能源汽车产业奠定坚实基础。

【汽车产业园】 为深入推进科技城建设，充分发挥县域（园区）比较优势，遵循错位发展原则，按照市委、市政府提出"一区一主业"的发展战略和安县要抓住汽车产业二次布局的重大机遇，紧紧围绕全市产业发展高新技术产业和战略性新兴产业的"一号工程"的指示精神，整合资源，加快建设四川绵阳汽车产业园。12月17日，绵阳市人民政府批复同意在四川安县工业园区设立四川绵阳汽车产业园和安县工业园区实行“两块牌子，一套人马”。安县围绕市委、市政府的决策部署，抢抓汽车产业发展的重大机遇，按照“规划先行、政府主导、市场运作、分步实施”的原则，创新管理体制机制，抓紧规划布局调整，明确产业发展定位，努力打造成为全省第二大汽车产业生产基地。（赵　磊）

电　力

【概况】 国网安县供电公司是安县境内最主要的电网规划、建设、运营和电力供应企业。公司供电区域包括安县18个乡镇及相邻的北川、江油部分地区，与北川县有趸售关系。供电面积1150平方公里，拥有电力客户16.6万余户。截至2015年年底，公司辖区内有变电站18座，10千伏开关站1座，主变总容量1021.4万千伏安。全网最高负荷21万千瓦，最大日电量404万千瓦时。

【电网建设与发展】 2015年，国网安县供电公司电网工程项目共计162个，总投资9640.7万元。全面解决了辖区范围内低电压问题、线路卡脖子和水田坝、茶坪两座35千伏变电站单电源问题，全县智能电表推广率达80%。通过对电网基础设施的建设，进一步改善全县电网结构，提高供电可靠性。在完成既定工程任务的同时，认真履行属地协调原则，协调解决了绵阳高新区220千伏变电站110千伏配套工程界牌境内施工受阻问题，有序推动了项目建设进度。

【经营管理】 严格依法治企，强化依法护电维权意识，成功处置涉电案件两起，成为《四川省电力设施保护和供用电秩序维护条例》生效以来安县涉电第一案，引起各级媒体的广泛关注，取得良好的社会效应。加强线损的统计与分析，降损工作取得突破性进展。筹建三新公司安县分公司，进一步规范农电用工管理工作。管理质效持续提升，在绵阳公司的6个县公司的业绩排序中被列为A类，被评为“国网绵阳供电公司2015年度先进单位”。

【安全生产】 全面落实“从严治安、作风强安”工作要求，不断健全领导干部“每周安全督办”制度，加强作业现场全覆盖安全管控，及时纠正制止各类违章现象，构建事前预防、事中控制、事后查处的工作机制，开展各类安全督察1877人次。强化运维管理精益化和常态化，全面开展安全大检查和缺陷隐患整治活动，落实“一清四防”要求，实效降低线路跳闸率。截至2015年年底，已连续安全生产5094天，持续刷新最长安全周期，获得省公司年度安全先进集体称号。

【农村用电】 2015年，完成农网改造及技改大修工程投资6080.8万元，新增配变91台/9320千伏安，新建和改造10千伏线路46.346公里，低压线路252.919公里，治理低电压台区25个，解决低电压用户1956户，整治接户线10000余户，改造智能电表38500只。农村供电可靠率达99.97%，电压合格率99.85%，全年农网户均容量1.403千伏安。全部供电所达到“四星级班组”标准以上，花荄供电所建成四川省电力公司“企业文化示范点”，农村供电服务全面推广“精准服务”。

【科技与信息化工作】 整合创新资源，统筹推进管理创新、科技进步、群众性创新，实行合理化建议和创新成果归口上报常态化和规范化。培育创新文化，聚集创新智慧，加大宣传力度，积极营造创新氛围，形成全员创新的生动局面。两项创新成果荣获省公司工人技术创新二等奖，两项成果获省公司青年创新创意大赛二等奖，其中一项被绵阳公司评为“最佳创新成果奖”。

【市场服务】 深入推进业扩精益化试点项目，有效缩短办理时间。整合资源，打造统一的应急抢修综合平台，提高故障抢修准确性和时效性。加强专、公变采集设备安装、调试，实现了专、公变采集全覆盖。认真推进营配数据清理及贯通工作，有效提高工作效率和各部门之间工作协同性。动员公司全体员工，提前完成绵阳公司下达掌上川电APP手机应用软件推广任务。圆满完成绵阳公司下达的售电任务，被评为绵阳供电公司2015年度供电服务业绩优秀单位。 （刘忠华）

重点企业简介

四川省银河化学股份有限公司

【概况】 四川省银河化学股份有限公司位于安县睢水镇。2015年，在经济下行压力不断加大的宏观形势下，面临复杂多变的经营形势和创新发展的新机遇，四川省银河化学股份有限公司"内调结构、外转方式"，积极适应新常态下的发展要求，坚持创新驱动发展，依托自主研发的关键核心技术，抢抓转型升级的发展机遇，加快推进铬盐主业的工艺技术转型升级，顺利完成双自返2号工艺中试研发，1至3号铬盐回转窑的淘汰处置。公司全资子公司四川省女娲建材有限公司成功引进行业规模最大的央企中国建筑材料集团有限公司作为战略投资人，收购了富恒原（香港）国际有限公司，搭建起香港离岸贸易平台。与绵阳检验检疫局合作设立绵阳精标检测有限公司，搭建川内唯一一家化工类公共检测服务平台。公司全年累计申报专利19项，撰写及发表科技论文5篇，获得专利授权15项（其中发明专利8项，实用新型7项）。

【经济指标】 全年累计实现营业总收入42.5亿元，出口创汇1312万美元，上缴入库税金4628.69万元。 （蓝 燕）

四川省好医生药业集团

【集团被认定为"国家企业技术中心"和荣登"中国医药工业百强榜单"】 四川省好医生药业集团位于安县工业园区。2015年2月，发改委发布了第21批享受优惠政策的国家认定企业（集团）技术中心名单公告。根据《国家认定企业技术中心管理办法》，经审定，好医生药业集团等78家药企进入了国家认定企业（集团）技术中心名单。7月12日，2015年全国医药工业信息年会在成都开幕，正式发布"2014年度中国医药工业百强榜单"，好医生药业集团荣登榜单，位列第70位。12月，好医生药业集团上榜"四川省2015年度大企业大集团制造业百强"。

【集团董事长参加全国两会建言献策】 3月，全国两会期间，好医生集团董事长耿福能作为全国人大代表，参加十二届人大三次会议。提出了《关于国家食品药品监督管理总局破除原料垄断的建议》《构建和谐医患关系的建议》《促进中医药发展现代化的建议》《大力促进中药材基地建设的建议》《把发展民营医疗机构落实到位的建议》等议案。观点引起了媒体广泛关注并被中央电视台《新闻联播》、四川卫视《四川新闻》、新华网、人民网、光明网、央广网、中国网等权威媒体相继报道。

【攀西药业荣获"四川省专利奖"】 4月23日，由四川省人民政府主办的2014年度四川省专利奖颁奖仪式在成都举行。四川好医生攀西药业有限责任公司发明的"含有美洲大蠊及其乙醇提取物的药物组合物及新用途"项目获得2014年度四川省专利二等奖。6月29日，攀西药业建立的"药用美洲大蠊四川省重点实验室"通过专家评审。

【向天津"8·12"火灾爆炸事故遇难消防官兵捐赠】 8月17日，好医生药业集团通过"中国华夏文化遗产基金会"，向天津港"8·12"火灾爆炸事故官兵捐款100万元人民币，作为在事故中牺牲的消防官兵子女的教育经费。

【院士（专家）工作站获"优秀创新团队"称号】 10月22日，四川省院士（专家）工作站创新助力经验交流暨授牌仪式在四川省科技馆举行。会议对全国和省"讲理想、比贡献"活动的"全国先进院士（专家）工作站""优秀创新团队”进行表彰。四川好医生攀西药业院士（专家）工作站荣获“优秀创新团队”称号。

【康复馨口腔护理产品上市】 2015年2月5日，好医生药业集团康复馨口腔护理品牌上市发布会在成都金牛宾馆隆重举行，好医生历时三年研创的康复馨口腔护理产品震撼上市。作为四川省唯一的CFDA授予的牙膏生产企业，填补了四川生物活性口腔护理产品的空白，也标志着好医生药业集团向大健康产业做出又一重大战略部署。（曹耀宇）

安县中联水泥有限公司

【概况】 安县中联水泥有限公司（简称安县中联）位于安县桑枣镇。公司成立于2009年2月，是“5·12”汶川大地震后，中央企业中国建材集团积极响应党中央号召，由中国建材旗下中国联合水泥集团有限公司和四川省安县浮山水泥有限公司共同出资设立的集水泥和熟料的生产、研发及销售的大型新型干法水泥工业项目。企业全部股份于2012年1月划转中国建材旗下西南水泥有限公司管理。

【节能环保】 公司有一条日产4500吨熟料的新型干法水泥生产线，同期配套建成一座9兆瓦的余热发电站。项目总投资额为人民币7.5亿元，占地约25.5公顷，建筑面积17.1万平方米，安装具有国内先进水平的设备600余台（套）。该项目以“节能、降耗、减污、增效”为目标，主要环保设备采用国内一流、世界领先的袋收尘技术，全部扬尘点实现有组织排放。节能环保设备投资占总投资的6.25%，并从项目选址、总图设计、环保投入、技术领先、科学管理方面，系统考虑，综合规划。该项目成为一个集清洁生产、节能环保、符合循环经济发展模式的现代化、园林化的工业旅游景点。

【生产经营】 企业生产经营状况良好，销售市场覆盖绵阳、德阳、成都、阿坝、遂宁等区域，居行业前列。2015年，生产水泥108.22万吨，熟料112.79万吨，水泥销售109.21万吨，熟料销售33.99万吨，上缴税金1710.56万元，实现工业产值2.64亿元。（公司办公室）

绵阳启明星磷化工有限公司

【概况】 绵阳启明星磷化工有限公司位于安县河清镇，成立于2001年，注册资金5500万元，员工700余人，是一家专业生产、销售黄磷、磷酸、磷酸盐、甲酸和甲酸盐的化工公司。公司已通过ISO 9001国际标准化质量体系认证、GB/T28001-2011国家推荐标准职业健康安全管理体系认证、ISO 14001国际标准化环境管理体系认证，集研发、生产、销售、服务于一体，年产值超过5亿元，部分主产品在国内市场占有率达到5%以上，产品远销美国、法国、意大利、土耳其、泰国、沙特、印度等40多个国家和中国香港、台湾地区。

【稳步发展】 公司拥有启明星、星君达注册商标，曾荣获“龙头企业”“外经贸先进企业”“规模优势企业”“高成长型企业”“优秀企业”等称号。公司主要产品有工业黄磷、工业（食品添加剂、电子级）磷酸、工业（食品添加剂）三聚磷酸钠、工业（食品添加剂）六偏磷酸钠、工业一、二铵、工业甲酸、工业甲酸钠、工业甲酸钾。公司拥有1个市级企业技术中心，专业技术人才180余人，先后完成6项国家、省、市等重点项目，荣获国家专利技术8项。（任春艳）

安州年鉴

AN ZHOU YEARBOOK

交通·邮政

环山自行车比赛

交 通

【概况】 2015年，固定资产投资完成60416万元；公路客货运总周转量的增速达11%；其他营业性服务业营业收入增速达28.17%。

【构建交通新体系】 争取上级项目补助资金6536万元，申报改善花方路、塔河路等项目4个。梓潼大桥、晓坝大桥等4座病危桥整治如期完工，新建方碑大桥等桥梁3座，全县桥梁安全隐患得到彻底消除。全长28公里，总投资8400万元，茶北路于2015年6月竣工。县客运站改造、成青路水毁恢复等项目有序推进。全县村道普查圆满完成，新建村组道路72公里。截至年底，全县公路里程达2226公里，行政村通畅率达87.6%，除高川乡、千佛镇外，全部乡镇实现半小时直达县城。

【道路养护】 投入260万元，打造桑河路、七里村道、猕猴桃走廊等标美示范路58公里；投入300余万元，完成公路小修维护17处。圆满完成国省干线迎部检工作。

【路政管理】 清障排障150余处，查处不规范装载运输50余车次，整治违规占道行为30起；检测货运车辆10.24万车次，查处超限车辆5010车次，卸货1.06万吨，超载率有效控制在5%以下。

【运输发展】 全县开通各类农村客运班线91条、城乡公交7条，乡（镇）通班车率达100%，符合客车开行条件的行政村客车通达率达98%。加大非法运营打击力度，查处“黑车”85辆。

【安全稳定】 投入3200余万元，治理安全隐患；实施安保工程（路侧护栏）49公里；7家运输企业通过安全生产标准化考评；全系统无安全责任事故发生。顺达养护公司顺利移交县投控公司管理，圆满完成成青路安县收费站职工分流安置。

【行政执法】 2015年，开展执法培训6次，培训288人次。处理案件92件，现场处理28件，结案率100%，无行政复议和行政诉讼发生。局运管所被四川省交通运输厅评为“全省交通运输行政执法评议考核优秀单位”。 （唐其林）

铁 路

【概况】 成兰铁路建设是国家重点工程，安县段总长33公里，途经县3个乡镇18个村组。有桥梁两座，设立雎水客站、雎水货站、高川技术停靠站各1个。途经雎水镇、高川乡、千佛镇3个乡镇、18个村组红线内用地540.7345亩，其中含国有土地52.647亩，涉及拆迁安置农户195户654人。

【建设进度】 高川集中统规自建安置统规统建房屋于2015年7月正式动工，12月房屋主体已完工。截至2015年12月，成兰铁路（安县段）投资完成7.0117亿元，占计划总投资的99.602%。上缴铁建税收1500万元。安县隧道掘进2491.8米；柿子园隧道左右线分别掘进3480米、2803米，单洞掘进4363.2米；跃龙门隧道左右线分别掘进4158米、4359米。白溪河三线大桥、雎水河双线大桥的桩基、桥墩、桥台已完工，高川站四线大桥已完成90%。车站开挖、回填1175023立方米。 （贺 松）

邮 政

【概况】 2015年，业务收入2948.54万元，完成年计划104.45%，排全市第2位，增长11.5%，同比绝对值净增额295.75万元。成本费用总支出完成1689.58万元，占年计划107.41%；全员劳动生产率人均完成26.09万元，占年计划的105%；服务满意度90分，无市以上新闻媒体曝光事件的发生；全面完成各项通信质量、服务质量、安全生产等指标。储期末计余额达到14.02亿元，完成年度计划的115.63%。

【突出重点抓经营，持续健康促发展】 深入贯彻落实市公司邮政代理金融旺季营销活动宣传方案，营造新春氛围，采取全方位的宣传和礼品回赠，拉近新老客户及社会公众之间的距离，塑造邮政金融积极进取、不断向前的精神面貌，推动了旺季金融营销的快速发展。2015年新增CRS自助设备8个，其中秀水增设了离行式自助银行服务1处，全县75%的网点实现存、取款一体化服务，有效提升了全县邮政金融业务在市场的竞争力和企业产品影响力。

【狠抓平台渠道建设，确保项目实施落地】 一是金融业务狠抓新增储蓄余额的增长和理财、保险业务的销售。二是函件业务转型产品狠抓房地产及中小微企业的项目营销，积极组织开展幸运刮刮卡项目营销工作，实现函件封片收入46.2万元；春节期间加强国内小包电商客户的营销工作，开发电商客户1个，收寄4686件，实现收入3.7万元。三是积极开展环保书信比赛活动，实现收入3.8万元。四是成功举办安县首届集邮品鉴会，现场实现邮品销售收入7万元，形象年册开发销售860册，实现集邮收入25.19万元。五是实现党报党刊一次性收订流转额229.6万元，完成年计划的100.46%；6月8日“书香安县全民阅读”活动顺利开展，售书流转额约5万元，实现纯收入0.75万元。六是电子商务完成302.5万元，完成年计划的91.95%；全力推进代收电费业务强化便民服务站建设，全县累计建成代收电费网点154个，实现了所有乡镇的全覆盖；大力发展短信业务不放松，制定短信业务营销竞赛活动方案，实现短信收入187万元。七是分销业务种植基地开发协议客户3户，销售肥料80吨，销售额达到15万元，农药2万元，销售端午粽子实现分销收入16万元，销售中秋月饼实现收入23万元；在发展速递业务上，着力加快推进运行质量，重点开发同城、省内代收货款市场，主抓了“一体化”业务的拓展和服务提升，抢占电子商务市场，为完成速递收入奠定了基础。

【强化监督检查，确保安全合规经营】 2015年，按照业务视察检查要求，共计两人出检604天，形成检查报告书103份，指出和整改问题30个，出12期视察安全简报，对违规人员进行了75人次考核。开展重岗人员排查、金融人员轮岗、营投质量、合规行动回头看、两加强、两遏制、邮件收寄验收专项整治系列等专题检查活动。接受了集团公司、省邮政公司邮件收寄验收专项检查，投递、网点建设检查均达到合格要求，加强安全设施建设，安装12个110联网报警网点，增设投递部监控，对网点报修的监控设备及时进行维护，确保一方平安。

【全面推进农村、城市邮政综合服务平台建设】 加强领导，健全机制。县邮政局成立了创新农村、城市邮政综合服务平台渠道建设领导小组，由局长任组长，副局长任副组长，由办公室、市场经营部、金融业务中心、电商分销业务中心、报刊网运投递中心、各支局、经营中心负责人为成员，具体负责农村邮政渠道建设的各项工作。二是全面规划，科学选点。农村、城市邮政综合服务站严格按照“支局实地选点、县局实地论证、市局统筹规划”的工作流程，做到选址合理、考察严密、布局科学。三是统筹试点，稳步推进。通过试点区域的建设运营情况及时总结经验，试点成功后，结合规划，逐步完成服务站开通工作，开通一个，见效一个，带动一片，为全面推进做足做好准备。四是加强管控，防范风险。规范了合同的签订，强化了过程环节方面的管控。 （唐志明）

安州年鉴
AN ZHOU YEARBOOK

贸　易

农贸市场一角

概 述

【概况】 2015年，完成服务业增加值26.39亿元，增速9.4%（市目标任务考核为增速8.5%）；完成社会消费品零售总额59.065亿元，同比增长12.1%（市上下达社会消费品零售总额增长率12%）；完成外贸进出口额7030万美元，同比增长1.9%，占年度计划6900万美元的101.9%；完成到位外资202万美元，占年度目标200万美元的101%；完成电子商务交易额10.223亿元，占年度计划10亿元的102.23%；网络零售额3.62亿元，占年度计划3亿元的120.67%；新增电商企业9个，占目标任务8个的125%；招商引资电商企业6家，占目标任务4家的150%。

【外贸外资有效推进】 针对全县进出口产品较为单一的状况，在巩固化工等优势进出口产品的同时，重点挖掘了食品、机电等行业的进出口潜力，培育新增外贸企业。指导绵阳蓝奥机械设备有限公司、四川省绿植农业公司、安县农友食用菌种植专业合作社等企业办理了出口经营备案。形成了以化工、食品、电子、汽车零配件等为主的进出口产品结构，增强了外贸发展后劲。

【商贸流通积极向好】 一是项目建设方面。商务部第三批再生资源回收网点项目25个通过市上验收；好农国际农产品交易中心投入运行；汇星商业广场项目主体工程全部完工，正在进行内外装修，累计完成投资1.69亿元，占年度计划投资总额的100%；省级现代服务业集聚区——旅游休闲服务集聚区项目正加快建设。二是促销方面。首先扩内需，特色促销。以落实省、市“三大活动”为契机，以不同形式拓展新型的消费渠道，牵头组织“2015四川（安县）迎春购物月”活动，以此带动塔水等6个乡镇的17个超市以不同形式的促销互动。借助“安县第三届罗浮山‘温泉杯’自行车环山环湖公开赛”“2015睢水春社踩桥商品展销会”“全国第九届残运会暨第六届特奥会”和“中国舟钓路亚公开赛（安县站）”等平台，组织本土20个名优特新食品生产企业参与。全年组织惠民购物促销活动13场次。以华蜀、贵翔、惠安为龙头的配送中心，采取不同方式为农村市场配送价值6500余万元的货物，有效繁荣了农村市场。同时，带动了餐饮、住宿等相关产业发展。其次走出去，拓展市场。先后组织9家企业参加了“四川首届生态旅游博览会”“第三届中国（泸州）西南商品博览会”和“2015中国（四川）电子商务发展峰会”等5场活动，通过“政府搭台、企业唱戏”，提高了企业的影响力和产品在市场的占有份额，为企业做大做强奠定了基础。三是市场运行方面。2015年，采取多种措施加快市场体系建设，进一步完善市场服务功能。全县26个农贸市场运行平稳，3个专业市场同比有新的增长，12家重点超市、商场根据市场发展，以各自的实招赢得市场。积极配合创建国家农产品质量安全县工作，全面完成了10个“三品一标”产品专（柜）建设，并在11月12日通过省检查组验收。主动履行“双打”办工作职责，牵头组织食药工质、农业、林业等7个部门，围绕省、市“双打”工作重点依法开展“双打”宣传和联合执法工作，并按要求汇总上报“双打”工作开展情况。5月，以“维护社会稳定，切实保护人民群众根本利益”为出发点，在全县商贸流通领域开展了防范和打击非法集资宣传月活动。同时，认真做好市场监测和应急物资储备工作，5家生活必需品和重点流通监测企业适时监测日用生活品市场运行情况。组织3家县级物资储备企业和6家社会物资储备点，按要求开展应急物资储备工作，全力保障极端天气和市场异常波动情况下的市场物资供应。全年向国家商务部提供商贸流通信息62条。

【服务业平稳运行】 2015年，坚持发展生产性服务业与生活性服务业并重，在全力提升传统服务业的基础上加快发展现代服务业。一是电商产业的迅速崛起，有效拉动了服务业的发展。仅“双11”活动中，全县电商交易额达550万元，从开业至年底，农村电商交易总额达到1450万元。二是旅游业的突破为服务业发展带来新天地。随着全域旅游业的快速推进，以白水湖、千佛山、罗浮山“金三角”的旅游目的地的形成和“幸福七里”的打造，以及“花城果乡”的装点，服务业更上一层楼。全年社消零同比增长12%，其中农村购买力同比增长21%。

【电商产业健康发展】 一是强化政策保障。成立电子商务工作领导小组，26个县级部门和18个乡镇为成员单位；出台了《安县电商实施意见》《安县电商推进方案》《安县电商扶持政策》等支持电商发展的政策；设立500万元专项基金；成立电商协会，入会会员达268位。二是开展电商培训。邀请全国知名电商专家为620余名领导干部及企业负责人作专题报告；组建7个讲师团宣讲电商知识及扶持政策，开展论坛、培训、“电商赶场”等活动数十次，累计开展电商培训3500余人次。三是积极推动农村电商发展。与阿里集团签订战略协议，引进了“千县万村”农村电商项目，于9月25日农村淘宝县级服务中心及47个村级服务站点投入运营，全年建成73个村（社区）电商服务站，完成交易订单3万余单，返乡农民工电商创业占比近60%，回乡大学生占比20%；中国特色·安县馆已获阿里巴巴总部审核通过，并于12月28日正式开馆，15个安县产品进馆销售；积极争取阿里巴巴产品上行资源，推荐魔力科技、好农集团、好医生等企业产品参加天猫“双11”、聚划算、农村淘宝“县域生活馆”“乡甜”、年货节等线上促销活动，好农集团的精品土鸡蛋在聚划算仅两天就销售1.5万余件70余万元；29个村淘合伙人获得“旺农贷”资格，可提供2万元—50万元的无抵押、无担保贷款。四是加快电商集聚区建设。加快电商产业园建设，引入杭州合多信息科技公司建设“安县互联网公社”项目，电商产业园已签入驻协议的企业20家，中国网库、华教咨询公司正式入驻产业园；引入中国网库集团，合作建设全国最大、最专业的“魔芋电商基地平台”；依托本地企业建立“安县电商创业园”和“好农国际物流中心”，加快建设川西北首席农产品交易中心和物流园区，好农国际电商物流仓储吞吐量达3000吨。全县物流企业15家，快递站点65个。五是实施“全企入网”战略。传统工业企业80%建立电商平台，其中好医生集团、魔力科技等企业产品，已通过跨境电商销往国外，全年累计实现销售额3300万元。商业企业用网率达95%。

【商旅执法成效明显】 2015年，与相关部门多次联动，集中对全县商旅市场开展了安全执法检查，查处违规行为，由相关职能部门按有关规定实施处罚。积极做好防范和打击非法集资宣传月活动，牵头做好打击侵犯知识产权和制售假冒伪劣商品工作，在商旅领域开展治超治限工作。

【安全稳定防范有效】 一是进一步落实安全生产责任制。同各责任单位签订了2015年安全生产责任书，形成一级抓一级、层层抓落实的工作氛围。二是积极组织力量对大型商场和大型超市汛期安全和物资储备情况进行检查，以确保汛期商品交易安全和防汛物资保障。开展生产安全检查12次，排查事故隐患点8个，下达整改通知8份，截至12月，通过回访，整改率为100%。三是过去由于商贸企业改制不彻底，沉积的历史遗留问题多，且问题复杂，在做好指导发展的同时，全力抓好抓实信访工作，千方百计力控信访源，有效化解了各类矛盾，避免了群体性上访事件发生，确保了社会和谐稳定。（陈　茜）

盐　业

【经营销售】 2015年，全县盐品销售数量共完成5340吨（其中口盐1447吨、工行业用盐3893吨）；实现销售收入987万元；利润226万元；调入食盐5580吨；全年缴国地两税金额42万元。

【盐政市场管理】 2015年4月，经县疾控中心抽样测定，全县碘盐覆盖率为100%，碘盐合格率为99.67%，合格碘盐食用率为99.67%，“三率”水平均超国家标准。5月13日，在花萼、秀水和塔水等乡镇举办了“5·15”碘盐知识和盐政法规宣传，散发各类宣传单3000多份，陈列宣传展板40余张，受教育群众达4000余人。全年出动盐政稽查车辆160余台次，盐政稽查人员500余人次，对全县盐政市场进行检查和维护。全年未发生盐政违法案件，全县食用盐及行业用盐市场秩序良好。 （赵晓红）

烟草专营

【营销工作】 2015年，共计销售卷烟10296.08箱，共计实现销售收入33392.31万元。

【专卖监督管理】 一是强化市场管控能力，打假破网工作战果突出。全年共查获万元以上案件8起，5万元以上并移交公安机关追刑案件1起，国家标准百万网络案件1起。二是强化专项治理力度，开展市场清整行动。开展了长达150天的“天府金剑”专项整治行动，查获案件64起，共查处违法违规卷烟5.596万支，涉案金额5.59万元。按照市局万元以上案件统计标准，查获五千至万元案件5起。三是强化基础工作管理，提升专卖队伍整体素质。作为首批试点专卖信息系统的县级局，严格按照要求对员工职能职责、系统使用规范、授权委托和保密管理等环节进行了制度性规范，完成移动手持终端的装配及使用；切实推动行政执法责任制工作的落实，进一步修改完善考核评议内容，落实行政执法评议考核，提高专卖执法人员的行政执法水平；认真落实“六五”普法教育工作，有计划，有重点地组织了“3·15”“6·29”“12·4”等法制宣传教育活动，营造了良好的执法氛围。全年共查获各类案件164起，完成全年目标任务的102.5%，累计案值17.09万元；查扣卷烟共计19.72万支，累计罚没收入5.17万元。

【综合管理】 一是以创建“六有”基层服务型党支部为总体目标，明确总体要求，抓好主线思路，学习“5665”工作思路，制定工作目标，聚焦重点，全面铺开。二是持续巩固安全生产标准化达标成果，进一步推进安全生产标准化岗位达标工作，全面提高在岗员工的安全意识和操作技能。开展了以“加强安全法制，保证安全生产”为主题的安全生产月活动，举行了安全知识竞赛；每月组织驾驶员开展安全培训，定期对办公区域安全设施及车辆进行集中排查；加强对出租房屋的安全检查，杜绝一切安全隐患；更换了办公及家属区域视频监控设备，确保了办公区域的出入安全。三是齐头并进，实现各项基础工作全面持续稳定开展。顺利启动了办公区域停车场的设计方案及送审工作；按计划开展物资采购工作，严格按要求完成一项一卷资料及系统录入等工作；继续开展对口安县秀水镇新田村的帮扶工作；完成了自1984年起文书档案的数字化扫描工作；严控“三公”消费，执行“一事一批”制度，确保费用使用规范明朗；积极开展工会各项工作，成立羽毛球、足球兴趣小组，并定期开展小组活动；严格落实“三严三实”专题教育学习活动；成立宣传报道小组，创新宣传载体，进一步提升了宣传窗口形象。 （王 维）

供销合作商业

【概况】 2015年，实现经营服务总值12.67亿元，占目标任务8.5亿元的149%；实现销售总额6.66亿元，占目标任务4.5亿元的148%；实现助农创收3.34亿元，占目标任务2.3亿元的145%；实现汇总利润2610万元，占目标任务1800万元的145%；实现社会贡献总额3620万元，占目标任务2430万元的149%。以上经济指标均超出了同期10%的计划。完成电子商务交易额6240万元，占目标任务5000万元的124.8%；完成电子商务零售额2986万元，占目标任务2000万元的149.3%；认真做好“互联网+”工作；完成助农增收60.1元，占目标任务50元的120.2%。县供销联社成为全市唯一一个连续6年获得市供销社综合业绩考核特等奖的县社。

【实施电子商务进农村】 全面贯彻落实中发〔2015〕11号文件精神和供销总社关于开展电子商务发展的意见，抢抓机遇、主动作为，推动农村电商发展，并成功申报为绵阳唯一一个省供销社电子商务示范县。一是组建了安县供销电子科技有限公司和绵阳市云集电子商务有限公司，引领带动系统内其他企业迅速开展电商工作。二是指导县供销电子科技公司自建电商平台、特产超市、电商体验店及县级电商营运中心，云集公司在天猫、淘宝、京东等第三方开店，筹备自建3D“天鲜网”和“好农网”。全县供销系统完成自建平台2个，借助第三方平台建店8个。三是加强指导，积极依托云集公司组建县电子商务协会。四是全力支持参与全县农村淘宝工作。

【创新农资经营服务】 一是充分发挥供销社农资供应优势，全年组织储备化肥8600余吨、农膜80余吨、农药近40吨。二是巩固提升60家庄稼医院规范化建设，组织开展庄稼医生免费培训，考试合格者颁发国家职业资格证。三是引导农资经营转型，积极开展“下田问诊”“放心农资进农家”“土地托管”等新型业务。创新农资服务工作被绵阳电视台和《绵阳日报》专题报道，得到省市社的充分肯定。四是做好全市农资商品价格动态监测点工作。五是配合有关部门，搞好市场监管，杜绝假冒伪劣农资，切实保障农产品质量安全。

【农副产品产销对接】 一是组织系统重点专合社和企业参加“绵阳造·特色农产品展销馆”招商对接会，并有6家企业成功签约入驻。二是组织益昌薯业、圣康蛋鸡等专合社及企业参加各类特色农产品展示展销会、电商高峰论坛，促进安县农产品走出去。三是积极配合县委农办推进全县农产品公共品牌建设工作。评选出安县首届最受欢迎农产品。

【强化专合组织发展】 县供销联社紧扣市场脉搏，不断拓展服务领域，将自身职能与合作社发展紧密联系起来，优化服务、多极支撑、全程参与，切实引领农民专业合作社步入持续、健康、全面发展的轨道，获得了全市供销系统引领规范合作社工作“九个第一”。截至年底引领发展各类专合组织40家，其中国家级示范社2家（圣康蛋鸡专合社为国家九部委局首批联合评定国家示范社）、省级示范社8家、市级示范社4家。

【基层组织建设】 一是在塔水镇七里村与葡萄种植专合社合作投入20多万元建农村电商服务站1个，为农村居民提供网络代购、农产品网上代销、网上充值、代投邮件等业务，有效改善农村居民网络消费环境。二是联社利用改制剩余资产改造农贸市场，打造沸水镇综合服务中心，彻底改变沸水镇无一个正规农贸市场的现状。三是合理利用综合改革发展资金，支持圣康蛋鸡养殖专业合作社农产品配送中心的升级改造，将其打造为供销社的新型基层社。

【农村资金互助合作】 2015年，根据中央11号文件精神要求，联社积极引导支持具备条件的合作社、社有企业按照社员制和封闭性原则，在不对外吸储放贷、不支付固定回报的前提下，发展农村资金互助合作。森泰农村资金互助社被省农工委和省供销社批准为全省第二批试点，已挂牌营运，该社首批入社社员100户，筹集资金达500万元。 （朱志先）

安州年鉴
AN ZHOU YEARBOOK

金融·保险

中国银行外景

概 述

【概况】 2015年，全县有银行金融机构8家：农发行、工行、农行、中行、建行、邮储行、商行、农村信用社，有网点65个，ATM机145个。银行金融机构各项存款余额146.8亿元，增加15.6亿元，增幅11.91%。其中个人存款108.8亿元，增加14亿元，增长14.76%。银行金融机构各项贷款余额81.2亿元，增加1.3亿元，增幅1.58%。存贷比55.35%。全县有保险支公司8家：中国人寿、人保财险、中华联合财险、人保寿险、泰康人寿、太平人寿、太平洋财险（11月由营销部升级为支公司）、中航安盟财险（12月新注册）。全年保险支公司共计收入各种保费2亿元，发生赔付（给付）金额0.9亿元。四川省政府金融办公室批准设立的小额贷款公司1家：安县泰和小额贷款公司，注册资本金5000万元，截至12月31日，贷款余额27户、4469万元；融资担保公司1家：绵阳市兴安融资担保公司，注册资金11295万元，截至12月31日，累计担保金额3.7亿元，小微企业融资担保在保客户数127户，在保余额4.2亿元。

【银政企对接】 全年组织召开银企对接活动3次，编制印发《2015年银企对接手册》600本。多途径建设银企双方信息交流交换平台，多方式搭建银企双方交流对接空间，线上线下多形式促进双方相互了解、增进互信、促进合作，通过对接活动促成20余家企业与银行金融机构实现签约，授信资金6亿余元。

【农村信用社改革】 4月29日，县政府成立了以县长为组长的四川安县农村商业银行股份有限公司筹建工作小组，推进安县农村信用合作联社改制，组建农村商业银行股份有限公司。11月10日，安县农村信用合作联社取得省农村信用合作联社启动改制的批复，确定9月30日作为安县农村信用合作联社改制清产核资基准日。11月24日，农商行筹建工作小组第一次会议召开，县委副书记、县长李昊天对农商行筹建工作作了详细安排部署。

【防范和打击非法集资】 1月30日，制定印发《安县打击和处置非法集资工作操作流程》，建立打击和处置非法集资长效机制。5月至6月，开展防范非法集资宣传教育活动，组织驻县8家金融机构，在县城人员密集街区和乡镇场镇开展防范打击非法集资宣传教育活动，发放宣传资料12000余份，张贴、悬挂宣传标语50余条，引导广大群众认识非法集资，远离非法集资。

【金融信用环境建设】 一是加强小微企业信用信息的宣传和辅导工作，通过人民银行北川县支行向人民银行绵阳市中心支行小微企业信用信息系统报送小微企业信息195户，通过小微企业信用信息库网平台对接实现银企签约7户、授信500万元。二是加强农房重建贷款收回工作，通过日常检查督促，举行专题清收活动等方式推进农房重建贷款的回收。2015年收回农房重建贷款本息总额4845.9万元，其中贷款本金4371万元，利息474.9万元。截至12月31日，全县农房重建贷款余额14018万元。 （张 鹏）

中国工商银行安县支行

【概况】 2015年，工行安县支行内设综合管理部、业务营销部2个机构，外辖1个营业室、2个二级支行网点，在岗员工42人。全县设有8个自助服务网点，共有自助服务机具23台、助农POS15台，布点涉及花荄、界牌、睢水、秀水、塔水、黄土、迎新、高川、永河 9 个乡镇。截至12月末：存贷款规模达19.93亿元。

【支持经济发展】 截至年底，工行在全县的贷款余额达到10.72亿元，新增6900万元，累计上缴各种税金401.6万元。一是围绕地方国有公司，解决资金需求。为富腾公司积极争取政策新增贷款500万元，解决燃眉之急。二是服务重点企业。为银河子公司华意达提供6000万元信用贷款，为银河、安剑、华意达、秦川等企业办理票据贴现11246万元，计划完成率居全市第一。三是支持小微企业发展。与天雄药业、启林实业、金润特机械、道地皇楠等多家小微企业新建信贷关系，加大支持力度。小微企业贷款净增1896万元，小微企业贷款增速达到29.98%，高于全部贷款增速22.59个百分点，实现小微企业贴现3219万元，同比多增3019万元。四是繁荣商贸市场及房地产市场。大力开展信用卡分期业务，发放信用卡分期贷款485万元，为有车客户免费赠送929张“ETC”，实现高速公路“秒过”。开办个人住房按揭贷款、家装消费贷款、个体工商户经营贷款等，满足个人消费金融和个体工商户经营需求。分别为安县区域8个楼盘、298户家庭发放按揭贷款3600万元。全年贷款余额达21400万元，突破2亿元大关。

【服务民生】 继续做好县人社局大厅工行服务专柜工作，积极开展与绵阳市中心医院联合开通的“银医一卡通”服务。针对理财、投资公司非法集资情况突出问题，持续开展金融知识进社区、进乡镇、进学校、进企业、进部队等活动8场，讲解非法集资的危害，提升风险防范意识。自筹资金上万元，关爱资助贫困学生就学。（左　平）

中国农业银行安县支行

【概况】 2015年，农行安县支行有111名员工，5个营业网点。资产总额37.75亿元，各项存款余额26.5亿元，各项贷款余额11.25亿元。设立“金穗惠农通”服务点269个，电子机具368台，行政村覆盖率65%。累积发放惠农卡17.5万张，覆盖全县68%的农户。支持绿色环保型企业发展，环保及节能减排贷款发放额达到3.08亿元。全年客户投诉降低7%，组织“三严三实”专题教育学习12次，党委主要负责人作专题辅导报告4人次。开展反腐倡廉教育2场，参与活动268万余人次。开展合规经营宣讲3场，受益人数达到111人。

【深化“三农”服务】 2015年，农行安县支行以惠农强农富农为基本目标，持续加大“三农”信贷投放，积极创新产品服务，不断强化以“三农金融事业部”为核心的机制保障，大力开展“金穗惠农通”提质增量工程，努力探索城乡一体化发展新模式，为助推“三农”发展、推进城镇化建设、优化城乡结构、实现共同富裕持续注入金融活力。先后研发、推广应用多种城镇化金融产品与服务模式，在服务农业现代化、农民市民化、农村城镇化方面着力发挥银行、基金、投行、互联网等多平台优势。积极配合当地政府，缓解社会普遍关注的“融资难融资贵”问题，帮助解决进城农民及其家属就业、居住和公共服务等难题。截至2015年年底，农行安县支行共推出12款城镇化信贷产品。同时，紧紧围绕农村基础设施需求，积极支持农田水利设施、农村公共服务设施和农村保障体系建设，创新推出多项贷款产品。

【推进现代农业发展】 农行安县支行以新型农业经营主体、农业产业化龙头企业、农业基础设施建设、农业科技发展等领域为支持重点，为集约化、规模化发展的农业经营主体提供强有力金融支持。截至年底，在农业领域的涉农贷款达到8.23亿元。紧紧围绕特色产业、农民增收提供全方位金融服务，支持农业产业化龙头企业3家，贷款余额1.3亿元。改善农村金融结算环境，扩展服务渠道，在重点乡镇设立惠农通服务点，加大智付通、POS等电子机具布放力度，积极探索“流动汽车银行”“手机移动支付”“电子商务”“网络金融”等新型渠道的推广应用，让广大农民足不出村就能享受便捷金融服务。在巩固扩大新农保、新农合代理的基础上，大力拓展涉及农财政补贴和农村公用事业项目，为广大农民提供领取养老金、报销医疗费用，以及交纳水电费结算等服务，为政府支农补贴发放搭建安全便捷渠道，把国家惠农政策送到千家万户。

【银行助力改善民生】 2015年，农行安县支行全力支持医疗、教育、养老、住房和就业等涉及民生的关键领域，不断提供金融服务、保障民生的能力，努力践行“责任银行”使命。

【深化社保金融服务】 截至年底，发行社保金融IC卡17.5万张。积极推进新型农村合作医疗建设，与有关部门和单位合作推出医疗保险卡、银医一卡通等产品，方便患者就医。

【支持实体经济发展】 2015年，农行安县支行高度关注实体经济发展中的重点领域和薄弱环节，发挥金融配置中的杠杆作用。优先支持安县七大优势产业集群及高端制造、新能源等重点产业；优先支持高端客户和优质小微企业等重点客户；优先支持工业园等重点区域；优先支持水电、水利、电网等一大批稳增长重大项目。截至2015年年底，该行出台《关于信贷支持小微企业的实施意见》等一系列配套政策，创新推出了“批量授信”审批模式，简化授信审批流程。截至年底，小微企业信贷客户36户，较年初增加8户，贷款余额7.3亿元，比年初增加1.23亿元，战略性新兴产业贷款余额1.1亿元。 （何勇骏）

中国银行安县支行

【概况】 2015年，个人存款余额63351.47万元，公司存款余额23254.5万元，贷款余额18799万元，实现中间业务收入256万元，拨备前利润1137万元，不良率保持为零。

【支持地方经济发展】 以支持中小企业发展解决融资需求为已任，深入到各个中小企业，现场了解客户资金需求及经营状况，最大限度满足客户需要。全年累计投放中小企业贷款11700万元，票据融资810万元。零售贷款业务积极调整发展方向，以新易贷、信用贷款、抵质押等产品为切入点，做客户营销和服务，全年累计发放个人贷款530万元，信用卡分期950万元。

【做好征信服务业务】 2015年，通过人行审核，中国银行安县支行成为安县金融机构唯一一家对外办理人行征信代理查询点。为保证广大居民查询的及时性，设立专柜、增设专人负责查询工作。全年共受理征信查询服务1700余人次，较好地满足了全县广大居民及有关银行办理业务的需要。

【参与政务服务大厅】 为配套县政府政务服务大厅效能，提高服务质量，打造优质高效服务环境，建树良好服务形象，支行在政府服务大厅设立专柜、增设专人，受理公众、企业、单位办理相关的服务手续，方便公众业务办理。

【开展金融宣传】 为引导社会公众科学合理使用银行产品和服务，向公众广泛宣传银行业金融知识，提升消费者金融投资安全意识和风险管理能力，开展了金融知识进万家的系列宣传活动。精心设计印制了个人贷款、信用卡、借记卡、银行理财、电子银行、自助设备、代销业务、非法集资等金融知识宣传单10000余份，先后走进大型社区、综合市场、学校、企业、乡镇等地，开展“金融知识在您身边”“送金融知识下乡”“金融知识进企业、进社区、进商场宣传服务”“反洗钱宣传”“中国银行反假货币宣传”“防范金融风险知识宣传服务月”和“金融消费者权益保护宣传服务月”等主题活动。将金融知识宣传与党的群众路线教育实践活动开展相结合，深入群众中间。 （霍　静）

中国建设银行安县支行

【概况】 2015年，全口径存款达到31445万元，贷款达到31460万元。争取省市分行及县政府支持，全年累计为全县小企业发放流动资金贷款1.14亿元，行业涉及工业、商业、农业等多方面，其中有工业园区重点工业企业、区内知名农业民营企业。10月，率先与政府合作建立助保贷平台，累计支持企业5户，发放贷款金额1870万元，解决了5户工业企业的抵押率不足而产生的融资难问题。加大对全县地方基础设施建设的支持力度，累计投入成兰铁路1.57亿元基建贷款。积极支持区域内住房贷款需求，有力支持房地产市场的发展。

【加大创新信贷品种，加强小微企业发展】 主要品种有：一是与税务部门签订《战略合作协议》，对年纳税3万元以上的企业提供“税易贷”，成功办理2笔；二是对在银行有稳定结算的客户提供“善融贷”，成功办理2笔；三是对银行稳定代发工资、连续稳定缴纳公积金的客户提供“薪金贷”；四是对使用POS归集资金的客户，若归集资金连续且稳定的提供“POS贷”；五是对拟上市（限定在主板、三板）前后的企业提供“上市贷”。以上五种均为银行提供的信用贷品种，不需客户提供抵押与担保。（黄　丽）

中国农业发展银行安县支行

【概况】 2015年，各项贷款余额53271万元，比年初增加1500万元，增幅2.90%；实现中间业务收入25.25万元，同比增加20.32万元，增幅412%；实现利息收入2634.76万元，同比减少956.92万元，降幅26.64%，利息综合收回率88.21%；实现账面利润318.29万元。

【抓好粮油收购资金供应管理】 严格执行上级行“五个关口”“八个环节”“十条底线”的粮油信贷管理要求，狠抓收购资金供应与管理，收购资金实现良性循环，有效支持地方三农发展。在提前实现粮油收购贷款本息双结零的基础上，全年共发放收购贷款6400万元，支持两户国有粮企收购小麦7080吨、油菜籽10910吨，确保企业敞开收购、农户售粮通畅，维护了种粮农民利益。

【支持地方经济建设】 支行把支持农业开发和农业基础设施建设项目作为发挥政策性金融职能的重要渠道，积极落实政府宏观决策和战略部署，紧盯政府重点建设项目，推动重点项目进程，为区域经济发展筑路铺基。大力支持河东新区建设，全额投放贷款1亿元，支持政府扩展县城发展空间。发挥政策性银行经济逆周期调节作用，积极投放安县睢水白河供水工程、中国天府健康养老城、凯江流域治理等项目重点建设基金资本金1.34亿元，有力支持地方经济发展。支行被县委、县政府评为“银行业金融机构支持县域经济发展先进单位”。

【支持农业产业化龙头企业发展】 持续支持地方特色明显、产业辐射带动能力强的产业化龙头企业发展。全年投放该类贷款4710万元，支持包括食用植物油加工、禽类种养殖、茶叶加工制造、魔芋产品加工、中药材生产5个农业产业项目做大做强、转型升级。绿清香油脂和陈氏油脂投资新厂，实现全自动化生产作业，加工水平和规模上新台阶；天雄药业与业务合作方投产的新公司，在中药材加工水平和能力上升级换代，产业不断做强。在持续支持企业发展的同时，强化贷款风险管控，注重收回到期贷款，顺利收回5户产业化企业流动资金到期贷款2950万元。

【狠抓各项管理】 强化信贷监管，严防信贷风险；强化财会基础，提升管理水平；强化综合管理，提升保障能力；强化企业文化建设，增加团队素质和凝聚力；强化党风行风建设，巩固“四无创建”成果；加强政务工作，推动业务工作与社会事业和谐共建。（李星儒）

绵阳市商业银行安县支行

【概况】 2015年，绵阳市商业银行安县支行在安县境内设有2个营业网点，布有自助设备3台。截至12月31日，支行一般性存款余额90009.23万元，较年初增加2561.23万元，增幅2.8%，其中储蓄存款余额18348.37万元，公司类存款余额71660.86万元。各项贷款余额60133.4万元，较年初增加867.07万元，全年累计发放贷款36068.83万元。办理住房公积金委托贷款255笔，金额5224万元。收回2014年不良贷款共1266.56万元。发放科技城卡3723张。销售理财产品1607笔，金额26309万元。

【主要措施】 一是搞好优质服务，制定《柜面优质服务考核办法》，切实提高整体优质服务水平，加大宣传力度，扩大商业银行的知名度。二是按照上级行的相关信贷政策要求，支持具有地方特色、发展良好的小微企业发展，努力开创企业壮大、银行发展的互利共赢局面。三是围绕业务发展，进一步强化内部管理，为依法合规经营、安全营运创造一个良好有序的内部环境。四是认真抓好安全保卫及案件防控工作，确保全年安全无事故。

（谢　萍）

中国邮政储蓄银行安县支行

【概况】 2015年，各项存款余额共19.9亿元，各项贷款结余2.9亿元。安县片区有19个营业网点，布放ATM存取款机28台，实现与全国3.9万个邮储网点的联网运行，在服务城乡居民生活、支持新农村建设方面发挥作用。

【不断增强自身服务能力】 内强素质，外树形象，注重多样化的金融产品开发，业务种类不断丰富，网络渠道不断拓宽，服务功能不断完善。初步形成了以本外币储蓄存款、公司业务为主要服务项目的负债业务；以国内和国际汇兑、转账、银行卡、代理保险、代理国债、代收代付、代销基金、代销理财产品为主的中间业务；以银行间债券市场业务、协议存款、银团贷款、小额信用贷款、小企业贷款、商务贷款、消费类贷款、票据贴现为主的资产业务。

【积极融入地方经济建设】 以强大的网络功能、遍布城乡的网络优势和多年涉农代理的经验服务社会，承担了全县农村新型养老保险的代收和代发工作，方便广大居民就近办理取款和缴费；为移动、电信、农电等集团客户提供综合资金归集服务，积极促使邮政储蓄资金向地方经济建设的反哺和回流；召开银企对接会，支持全县中小企业发展，在乡镇设立贷款服务中心，推行送贷款下乡等便民活动。2015年，在塔水镇七里村建立全省第一批扶贫惠农服务站，有效解决农村金融服务“最后一公里”问题。与县团委合作推动“青年创业贷款”，与妇联合作落实“妇女创业贴息贷款”，使广大青年和农村妇女享受更多国家鼓励创业政策惠顾。

（魏　荣）

安县农村信用合作联社

【概况】 2015年，全县农村信用社存贷款规模稳占全县8家金融机构之首，存贷规模突破106.8亿元，涉农贷款比年初增加3.47亿元，确保了“四个不低于”的实现。县联社获得省联社颁发的“2015年度目标考核十佳单位”，获得省联社绵阳办事处颁发的“2015年度全市农村信用社先进单位”，获得县委、县政府颁发的“金融支持地方经济发展奖”。

【股权改造】 围绕组建农商行目标添措施、夯基础，扎实做好财务指标优化工作，加强与地方党委政府的汇报沟通，取得地方政府支持，完成了政府背景不良贷款清收、捐赠资产处置及资产办证工作。清产核资工作稳步进行，改革第一阶段工作有序推进。

【电子银行迅猛发展】 2015年，县联社新一代电子银行平台“蜀信e”上线，简洁的操作流程为客户带来了全新体验。通过在繁华街道、社区、商场、个体工商户和农户家中分别布控ATM、POS、“e迅通”（EPOS）等电子银行自助机具，真正做到让老百姓“足不出村社”享受现代金融服务。全年自助设备覆盖率达到100%，POS机新增安装356台，短信银行新增签约14140户，IC卡普卡新增发卡24293张，金融社保IC卡新增发卡25280张。

【普惠金融】 惠农兴村工作：一是深耕细作小额农贷。探索将微贷技术引入到农贷管理中，推行“卡贷通”小额农贷循环贷款产品，建立完善小额信贷信息联络员制度，抓住春节前后农民工返乡探亲大好时机，扎实做好小额农贷评级授信工作，及时补录和更新客户信息，小额农贷评级授信覆盖面提升至95%以上，总体实现“应授尽授”。二是积极做好金融社保卡发行工作，提前在各级政府做好宣传解释，进一步加大网银、手机银行等宣传营销力度。三是推进“农村信用体系”建设，建立健全客户信用档案，深入开展信用户、信用村、信用乡镇和信用企业评定及后续工作。四是深入推进“阳光信贷”工程。全面公开贷款条件、流程、利率、收费标准、办理时限、监督方式、评级授信情况等信息，主动接受客户和社会各界的监督，坚决杜绝吃、拿、卡、要、报等违规违纪现象。扶微助小工程：一是学习借鉴“旌阳模式”小贷经验，在全县招兵买马，并结合实际，经充分筹备，通过层层选拔，文苑路分社建立起小企业贷款中心，创建了小企业金融服务专业渠道体系。二是创新贷款产品，实现土地流转经营权抵押贷款的首次成功破解，完成“土”变“金”的蜕变，提升了农村经济资源中的流通性和效益性，促进资产资本化。三是按照收益覆盖风险原则，根据客户性质、资信状况、产品覆盖率、对农信社贡献度及忠诚度等不同情况，充分考虑资金成本等因素，制定出对不同客户的差异化利率定价机制，发挥贷款利率定价的主动性、灵活性、导向性，为县域小微企业融资提供了渠道。

【网点转型】 2015年，对各经营网点根据地理位置、经济环境、业务规模、营销重点的不同进行了条线化、专业化设置。建立了业务分层营销体系，对客户进行细分，将全县信贷业务划分为公司类客户、个人类客户、小微客户、小额农户四大板块，分别负责数额不等的贷款客户。对业务方向进行了战略定位，立小争优、服务“三农”、服务县域经济。建立了绩效薪酬考核体系和风险控制机制。

【企业文化建设】 一是对全县网点的标志、标牌进行规范，形成统一的企业形象。二是建立文明优质服务，联社邀请培训机构利用下班时间对各分社（部）所有网点员工进行优质服务培训，亲自到各网点指导服务礼仪。三是履行社会责任，开展志愿者活动，联社成立了由相关部室10名员工组成的志愿者服务队，并按月将活动报送政府，其中在关爱界牌镇白血病儿童李宝洁善举中，共募集善款5万元，得到广大群众的赞誉，树立了良好的社会形象。四是送金融知识下乡，保护消费者权益。利用春节前后务工朋友集中返乡时机，结合全省农信存款突破万亿、存款利率上浮等宣传，在全县18个乡镇巡回开展送金融知识下乡文艺巡演，印发“致务工人员的一封信”，开展上门兑换零破钞活动等，集中彰显安县农信新风貌、新形象。

（袁　佳）

中国人民财产保险股份有限公司安县支公司

【概况】 2015年，人保财险安县支公司实现保费总收入5883万元，其中商业险保费4078万元，农险保费1804万元。全年支付各类赔款3269万元，简单赔付率达到55.6%，其中商险业务赔款2052万元，政策性农险赔款1217万元。全年上缴安县地方税金498万元。

【升格农村网络资源建设，提升销售服务能力】 安县支公司升格乡镇的5个农村营销部，充分利用农险资源做好农村商险的发展，带出农村销售队伍，提升农险服务能力，建立乡镇村网络，使农险专营与三农发展相辅相成，加快农村商险业务的发展。

【强化执行力】 安县支公司着力抓好业务清分考核，强化执行能力，促使销售费用落地，保持良好稳健的发展势头，合规经营，加快发展。 （赖晓莉）

中国人寿保险股份有限公司安县支公司

【概况】 2015年，公司实现总保费2056.83万元。其中新单期交保费884.33万元，10年以上期交保费570.47万元，趸交保费752.5万元，短期保费420万元，续期保费5187.25万元，实现了稳中求进、科学增效的良好发展局面。

【主要工作措施】 公司秉承无论是销售队伍还是管理队伍，都是公司的核心资源。个险团队主抓主管队伍、组训队伍，为其搭建公平、公正、公开的平台，对每个主管采取不同策略，进行差异化经营，合理分配资源，充分调动其积极性，做到形合神也合，是一个有机的整体，具有一定的凝聚力，让整个团队招之能来、来之能战。银保团队虽然人数不多，但是能做到少而精，致力于打造一支高产能、高素质、高绩效的团队。 （李　娜）

安州年鉴
AN ZHOU YEARBOOK

财政·税收

区财政局大楼

财政管理

【财政收入】 2015年，全县完成公共财政预算收入52021万元，其中税收收入34878万元，同比下降10.29%；非税收入完成17143万元，同比增长85.49%；完成基金预算收入19491万元，同比减少60.78%。

【财政支出】 全县公共财政支出完成210668万元，同比增长13.91%；基金预算支出完成13484万元，同比下降77.51%；基金调出资金8972万元，专项债券转贷支出6200万元。

【财政收支平衡情况】 全县公共财政预算财力性收入总额为236925万元，公共财政预算支出210668万元，转贷财政部代理发行地方政府债券还本（置换债券类）支出21200万元，上解上级支出3059万元，补充预算稳定调节基金1908万元，结转下年支出90万元，收支综合品迭后，实现公共财政预算收支平衡。全县基金预算财力性收入合计为29088万元，全县基金预算支出13484万元，专项债券转贷收入6200万元全部用于归还专项贷款本金，调出基金8972万元，收支品迭后，基金预算结转结余432万元。

【攻坚克难，组织财政收入】 努力克服经济下行对收入的不利影响，充分发挥财政职能，多次召开财税部门联系会，分析收入形势，强化征管措施，全面完成年初确定的收入任务。一是强化对重点行业、企业、项目的管理和服务，全面强化税源管控；二是强化日常征管，摸清底数，加强部门间协作，推进社会综合治税，加大欠税清缴；三是加强部门间协调，及时解决征管中存在的问题，调动部门征收的积极性；四是加大非税收入征管，依法依规加快闲置国有资产处置步伐，严格执行行政事业性收费项目和收支两条线管理，做到应收尽收。

【加大民生投入，完善社会保障】 坚持以保障民生为重点，民生保障类支出持续增加。一是支持完善医疗卫生和社会保障体系建设。安排资金5379万元，保障城乡低保、五保对象和优抚支出；安排资金15335.52万元，支持城乡居民医疗支出；安排资金300万元，支持公立医院改革；安排资金763万元，支持基本药物制度改革。二是支持教育事业发展。安排资金37400万元，支持“三免一补”“免费午餐”、学前教育、中高职教育等各项政策落实，保障学前教育、农村义务教育、中高职教育等各项工作开展，顺利通过全国义务教育均衡发展验收。三是支持农业农村经济稳定发展和农民持续增收。安排资金907万元，重点支持千佛、沸水、高川、晓坝等乡镇实施精准扶贫；安排资金5418万元，支持兑现耕地地力保护补贴，惠及全县2.2万农户；安排资金3131万元，实施农村“一事一议”财政奖补项目128个，农村公共服务运行维护项目940个，支持塔水龙桥村、乐兴黄桷村等美丽乡村建设，持续改善农村道路、交通、水利等基础设施及生产生活设施条件；争取农业综合开发项目资金4799万元，实施了乐兴镇高标准农田、10万只生态鸡养殖基地扩建、水土保持、区域生态循环农业示范等11个农发项目建设。四是支持保障性安居工程。安排资金5639万元，完成廉租住房、公共租赁住房建设95套，在建284套；安排资金5171万元，支持花荄等乡镇420户棚户区改造，改善群众居住条件，提升城市风貌。

【发挥财政职能，促进经济发展】 一是积极争取上级财政支持。配合做好现代服务业、内外经贸、技改、首套房补助等项目资金申报工作，共完成42个项目申报，共计到位资金5300万元；加强与上级财政部门沟通对接，积极反映安县实际困难，争取上级专项资金115661万元。二是创新投入方式，支持中小企业发展。安排资金721万元，建立县级中小企业发展基金，支持企业技术改造、转型升级、直接融资，促进成长型产业发展。安排资金500万元成立“助保贷”基金，和银行合作推动“助保贷”工作，全年发放贷款1870余万元，着力缓解中小微企业融资难、融资贵问题。三是大力推动PPP模式，增强政府公共产品供给能力。按照“政策引导、规范运作、示范引导、注重实绩”的要求，积极推进界牌、塔水、秀水等污水处理厂实施PPP模式运作，借助社会资本提高政府公共服务能力。四是全面做好地方政府存量债务清理甄别及置换债券项目工作。严格按照“偿债、清欠、解困、搞活”的要求，对全县政府性债务进行清理核实，制定偿还计划，拟定多方协议，更新完善了2015年地方政府债券项目库。

【深化财政改革，规范财政管理】 一是严格支出管理。认真落实中央、省、市政策规定，积极打造阳光财政、民生财政，民生支出134603万元，占全县一般公共财政预算支出的63.91%。截至12月，“三公”经费同比压减37万元，压减率达1.81%。二是积极推进预（决）算信息公开。加大预决算信息公开力度，继续扩大信息公开范围，财政预决算、部门预决算以及各部门“三公”经费预决算全面公开。三是全面推进乡镇国库集中支付改革。按照“积极稳妥、因地制宜、权限不变、成本最小”的原则，在全县18个乡镇全面推行乡镇国库集中支付改革，严格执行国库集中支付制度。四是进一步扩大政府采购规模。全年开展政府采购活动320余次，采购金额8318万元，较采购预算金额9444万元节约资金1126万元，节约率达11.92%。五是加大财经法规宣传力度。组织全县260余名会计人员和行政管理人员进行新修订的《预算法》《行政单位会计制度》等培训。六是强化国有资产管理。建立健全国有资产与预算管理对接机制，构建资产管理信息平台，确保国有资产保值增值。严格公务用车管理，完善制度，测算摸底，稳步推进公务用车改革。七是规范政府性债务管理。进一步完善地方政府性存量债务台账。截至12月底，全县县乡两级政府债务达150015.99万元（县本级144567.16万元、乡镇级5448.83万元）。

【加强财政监督，确保资金安全】 全年安排财政监督检查项目16个，绩效监督项目18个。开展了私设“小金库”及滥发钱物问题专项整治工作，对在党政机关、事业单位检查中发现的问题要求限期予以整改。在全县85个行政事业单位及乡镇财政存量资金专项检查工作中，收回超过两年的结存结转资金4300余万元。

（陈　波）

国家税务

【组织收入】 2015年，全县国税共组织税收收入32342万元，同比增收1380万元，增长4.46%，其中，增值税24531万元（其中“营改增”1496万元），消费税34万元，企业所得税6158万元，车购税1619万元。实现地方财政公共预算收入6295万元，同比增收695万元，增长12.41%，圆满完成了组织收入目标任务。

【依法治税】 县国税局围绕组织保障、规范执法、优化服务和风险防控四大支点，以依法行政为主线，以“四位一体”风险防控为抓手，立足打造风险防控示范基地，多链条推进依法治税工作。构建“一个领导小组+三个中心+多支专业化团队”的组织格局，推进内控机制信息化升级版建设，强化风险防控工作，共发布应对232条风险任务单，有效规避税收业务、财务、政务与事务风险。全面落实税收优惠政策，共计减免退税3878万元，其中减免所得税938万元、增值税2607万元、其他333万元。全县符合条件的131户小型微利企业全部享受所得税优惠政策，受惠面达到100%，减免83万元。民政福利企业退税222万元，汇算清缴结算退税183万元，出口退税2949万元。

【纳税服务】 进一步优化纳税服务，着力提高纳税人的税法遵从度与满意度。立足办税服务厅、政务中心国税窗口与延伸秀水服务窗口3个服务点，围绕纳税服务“四个平台”建设，持续开展“便民办税春风行动”，推行落实首席代表、首问责任、延时服务、预约服务、“免填单”服务等制度，为全县纳税人提供优质高效服务。全面落实《全国税务机关纳税服务规范》，切实做到“一把尺子规范税务人，一个标准服务纳税人”。通过上门访需、电话问需等方式，全面清理核查辖区纳税人基础信息，及时解决纳税人涉税诉求，打通联系服务纳税人“最后一公里”，实现纳税人满意度“升中有进”。在第三方满意度调查中，县局得分位列全市第2名。利用办税服务厅、QQ群、门户网站、微信公众号、县广播电台等载体，统筹开展纳税服务春之曲、税收征管阳光行、税收助力发展、税收惠及民生等重点宣传项目，扩大税务宣传影响力。

【税收征管】 截至年底，全县国税管户共计4240户。强化企业所得税汇算清缴管理，汇算清缴面与准期申报率均达100%，入库税款567万元，同比增长1.34倍。加强税收风险管理工作，及时承接省市局风险核查任务，开展加油站、白酒等行业和重点企业风险核查评估，全年风险应对收入实现1190万元，占总收入的3.68%。全面推行增值税发票系统升级版，一般纳税人推行368户，小规模纳税人推行116户。认真落实《征管规范》《出口退（免）税规范》和《国地税合作规范》，健全完善简政放权后续管理。与工商、地税联合推进“三证合一、一照一码”改革工作，进一步方便纳税人办理登记。全面抓好金税三期优化版上线运行，制定时间表与路线图，在数据清理、数据迁入、技术支撑、宣传培训等方面下功夫，确保系统交换平稳过渡。

【队伍建设】 2015年，县国税局以促进干部全面发展为重点，以各类培训教育活动为载体，全面加强干部队伍建设，提高了干部职工综合素质。全年向市局输送1名人才，累计向省、市局、区局输送8名骨干。一是强化教育培训。采取长期与短期结合、在岗与脱产并举等方式，重点加强干部职工财务会计知识和税收管理技能的培训，全面推行“导师制”，分税收业务与行政综合类别加以传帮带，不定期双向检测教学成效。二是开展“赛比争”竞赛活动。与县委宣传部、县总工会、团县委、县妇联联合组织开展第二届“赛比争”活动，通过业绩亮晒、分类比赛、团体竞赛等活动，做到全员参与、赛比结合、立体联动、务求实效，激励干部职工用创新、创业、创造的实际行动，积极争当能手、标兵与先进，促进队伍素质提高。县国税局“赛比争”总成绩位列全市第2，被市局评为“优秀单位”，2名同志被省局授予“四川国税系统岗位能手”称号。 （莫　迦）

地方税务

【概况】 截至2015年12月31日，实现地税各项收入42682万元，同比下降18.99%，减收10008万元。其中，实现税收收入39929万元，其他收入2753万元。实现省级税收收入8795万元。公共财政预算收入完成30350万元，占县政府下达目标任务29068万元的104.5%。

【税收征管进一步规范】 实现执行政策规范、办理业务标准、管理要求统一、业务流程简约、指导工作实用、具体运用可扩展创新。根据《全国税收征管规范》中所涉及的岗位职责、表证单书、处理环节、办理时限等内容，与现行税收征管业务流程进行逐项比对和梳理。同时，结合《全国县级税务机关纳税服务规范》认真分析比对，进一步完善各项征管制度，实现税收征管和纳税服务无缝对接。

【“金税三期”工程扎实推进】 一是召开专项会议，研究部署具体工作，成立组织机构，抽调专人组建“金三办”，制订工作方案，明晰工作任务，落实职责，确定目标。二是开展多级培训，参加省局直接培训2次，省局视频培训6次；参加市局全员培训75人次，市局视频培训2次；自行组织培训达85人次，提高了工作人员实际操作能力。三是充分利用报刊电视、地税网站、微信、“E信通”及办税服务厅等媒体全面宣传金税三期工程，并主动向当地党委政府做好汇报，争取支持。四是对综软数据进行全面清理，确保导入“金三”系统数据真实、准确、可靠。从8月下旬至12月先后清理虚增欠税2937笔，基础数据补录和修正9700笔。完成省局下达的测试任务314项，全员参与人海压力测试150余人次，发票及网报人海压力测试40余人次。双轨运行期间，在综软系统内办理涉税业务2880余笔，同步到金三系统2327笔。五是召开例会、专题会、碰头会达300余次，时时研究解决准备、测试、运行期间出现的“疑难杂症”，并请求省、市局解决。累计通过运维平台上传与金三上线有关运维单16条，有力解决了县地税局在上线过程中遇到的棘手问题。

【信息化建设进一步加快】 加大信息化建设力度，努力拓展办税渠道，加快建设网上办税服务系统、自开票系统的运用，做好自开票软件系统客户端维护工作，118户自开票软件用户正常运转。继续推进银税库横向联网和网络申报工作，全年税库银联网签约户已达到1452户，通过税库银联网征税共计23217万元，占地税收入总额的54.39%。其中实时扣款16809万元，银行端查询缴款6409万元。

【纳税服务规范上等级】 按照总局要求，从2015年1月1日起试行《全国税务机关纳税服务规范2.0版》，3月1日起启用《规范2.1版》，接下来推行《规范2.2版》。两个规范的落地，给纳税人带来了涉税事项更确定、管理服务更公平、业务办理更便捷、办税成本更经济的新的纳税体验，实现了“一窗受理，内部流转，限时办结，窗口出件”目标，涉税事项办理提速达30%以上。

【办税服务厅建设不断完善】 2015年，重新对办税大厅进行规划建设，自助办税区、办税服务区、咨询辅导区、等候休息区等四大区域设置合理；综合服务窗口、申报纳税窗口、发票管理窗口等三类窗口功能完善；排队叫号系统、服务评价系统、视频监控系统、音频采集系统并行不悖；免费WIFI、电子显示屏、公告栏、资料取阅架、便民服务箱、意见箱、自助办税终端、手机“加油站”、双屏显示器等设施一应俱全，办税服务厅功能不断完善。完善了30项纳税服务制度措施，从办税流程、岗位职责、绩效考核、文明礼仪、服务质量考评、应急处理等方面全方位规范纳税服务，落实星级服务措施，实现工作提速、效率提高、服务提质。

【部门配合协作有力】 为推进简政放权，创新管理、规范征管，按照国务院办公厅和工商总局等六部门关于加强推进“三证合一”登记制度改革的意见要求，2015年10月1日起执行“三证合一”登记制度。为进一步便利纳税人，积极推行《国地税合作规范1.0版》，全力做好国地税合作5大类（纳税服务合作、征收管理合作、税务稽查合作、信息共享合作、其他事项合作）、32项合作项目，已完成部分合作事项，为“进一家门办两家事”，落实“两个减负”进行了有益探索。

【依法治税向前迈进】 一是推进“六五”普法依法治理工作，认真贯彻落实国务院《全面推进依法行政实施纲要》“二五”规划。二是落实“三重一大”决策制度，引入重大决策法律顾问机制。三是开展执法案卷评查，对2014年度已办结的行政处罚类案卷12件、税收减免的核准和备案类案卷22卷进行了评查，评查率达29.27%。四是创建示范单位。2015年被四川省依法治省领导小组命名表彰为“依法行政示范单位”。

【稽查铁拳作用有效发挥】 通过调查分析，筛选出房地产开发、金融行业、矿产品加工等行业的6户企业作为年初计划选案实施稽查。截至12月底，6户计划选案工作已结案5户，共查补税费240万元，滞纳金58.82万元，罚款65.7万元；积极开展专项检查，直接检查4户，查补税滞罚合计43.65万元，自查5户，查补税款487万元。

【税收优惠政策全面落实】 通过税干培训、税政宣传、培训与上门辅导结合，用好用足各项税收优惠政策，加强税收优惠政策的管理执行。做好各类税收优惠事项的审批备案工作，维护纳税人合法权益。全年依法减免地方各税2528.62万元，惠及企业215户，结构性减税政策

得到全面落实。（胡远志）

国有投资工作

【概况】 2015年，县投控公司共完成收入5572.65万元，比年初目标任务2450万元增加733.56万元，指标完成率129.94%。利润总额-357.2万元，比2014年减亏312.7万元。上缴税费426.89万元，比2014年增加102.73万元，增长31.69%。全年完成融资总额2.7150亿元，比2014年增加0.85亿元，增长45.58%。

【项目投资】 2015年，公司落实和开展了一系列的工程和项目。具体有：安县危旧房棚户区改造项目，安县城市生活污水处理厂技改扩容工程，雎水镇白河供水工程，花荄自来水厂技改扩容工程，塔水秀水场镇生活污水治理项目，辽安现代农业科技示范园，安县城区街、路、巷牌项目和安县顺达养护公司道路维护项目等。全年累计完成固定资产投资1.8亿元。

（县国资办）

综合监管

千佛山瀑布

发展改革工作

【概况】 2015年，全年实现地区生产总值110亿元、GDP增幅8%；完成全社会固定资产投资99亿元，同比上升6.5%；单位地区生产总值能耗下降3%；CPI上涨控制指数控制在3.5%以下。

【重点建设项目推进】 制定了《安县县级领导联系“四上”企业、科技型中小企业和重点项目工作实施方案》，进一步明确责任，完善工作机制。各联系县级领导积极带领联系县级部门负责人，深入联系项目和企业的第一线，并多次召开项目推进专题会、协调会，解决项目推进过程中的实际问题。5个省重点项目和12个市重点项目，完成投资13.27亿元，完成计划113.33%。123个重点项目，2015年计划投资40亿元，全年完成投资35.6亿元。

【对上争取工作】 一是资金争取。全年争取到保障性安居工程、产业园区引导资金、宽带乡村、大中型沼气等22个项目，共计争取资金13297.79万元。二是项目融资。认真开展外国贷款项目申报工作，安县河东新区复合型生态建设项目，申请法国开发署贷款3500万欧元；申请国际金融组织贷款四川绵阳农村环境综合整治示范项目，安县部分拟申请资金约3000万美元；成功申报2015年国家专项建设基金项目5个，落实专项资本金12428万元。三是积极开展项目申报。全年共申报中央、省预算内项目19个，总资金10100.79万元；专项建设基金项目71个，总投资239亿元。四是支持企业发展。大力支持军转民企业申报国家专项建设资金，成功申报6个。

【物价工作有序开展】 一是稳定市场物价。搞好市场价格监测，分析上报203个商品市场价格波动信息。二是收费管理。建立网上在线报送年度收费情况制度；全面贯彻落实国家、省、市出台调整的成品油、药品、蚕茧收购价格；公布涉企涉农收费项目，并进行了检查。三是建立居民生活用气阶梯价格制度，拟定安县污水处理收费标准方案，拟定安县深化价格改革实施意见。四是物价检查工作。开展专项检查4次，查处价格和收费违法案件3件，罚款总额10.4万元；受理投诉案件8件，办结率100%。五是价格认证工作。做好涉案财物的鉴定工作，结案率100%。

【招标和能源工作进展有序】 2015年，下达节能目标和考核办法，开展节能宣传周活动及固投项目节能审查。全年完成施工比选27个、代理比选13个、公招1个，完成率100%。

【粮食调控工作】 2015年，完成粮油购销共计4万吨；完成省、市、县三级储备粮轮换和管理1.4万吨；完成托市粮收购和管理2.95万吨；优质专用粮油订单面积达到16.26万亩。

（王　瑶）

审　计

【概况】 2015年，计划审计项目66个，实际完成90个，超额完成24个，占年度计划的136%。共查出违规金额855万元，管理不规范金额18841万元。应上缴财政4370万元，核减政府投资9352万元，认定领导干部承担直接责任5项、领导责任25项。提出审计建议意见40条，提出审计专题、综合性报告和审计工作信息109篇，被批示采用102篇，共计253篇次。

【财政财务收支审计】 以财政资金安全为目标，构建“财政审计+”平台，健全政府预算体系，监督公共资金使用绩效，以推进公共财政体系的健全和完善，维护地方财政安全。完成了2014年财政预算执行审计、安县地税局2014年度税收征收管理情况审计、5个部门决算草案审签、安县河清镇人民政府2013年和2014年财政决算审计等6个项目。查出违规资金794万元，管理不规范资金6331万元，提出审计建议意见8条。

【经济责任审计】 2015年，发挥审计监督“紧箍咒”和反腐倡廉“先行军”作用，突出对权力运行的制约和监督，确保权力运行的安全深化经济责任审计，促进领导干部守法守纪守规尽责。全年被审计领导干部共8人，查出违规资金30万元，管理不规范资金3329万元，发现问题28个，提出审计建议意见12条，认定领导干部承担直接责任5项、领导责任25项，出具移送处理书6份。

【专项资金审计】 以民生政策落实为切入点，积极将专项资金审计与关系群众切身利益的民生热点相结合，创新专项资金审计方式，对民生项目和群众关心的项目实行全过程跟踪审计，变事后审计为事前监督，及时查处问题，挖掘深层次原因，充分发挥国家审计在维护改善民生方面的作用。全年共完成18个专项资金工程项目竣工决算和财政财务收支审计，出具审计报告19份，提出审计建议意见3条，核减专项资金投资767万元，确保各项惠民政策落实到位。

【固定资产投资审计】 以提高建设资金使用效益，防范建设资金损失和浪费为目标，深化固定资产投资审计，规范政府投资项目管理行为，进一步加大固定资产投资审计力度，取得了显著成效。全年共完成固定资产投资竣工决（结）算审计53个，送审金额4.91亿元，审定金额4.05亿元，核减政府投资0.86亿元，审减率17.52%，查出项目管理不规范行为2处并移送相关部门处理。

【跟踪项目审计】 按照国务院的统一部署，2015年积极开展跟踪审计工作，促进政策措施落地见实效。全年完成了对安县稳增长促改革调结构惠民生政策措施落实情况、安县2014年城镇保障性安居工程的跟踪审计，完成了县委、县政府交办的安县幸福美丽新村跟踪审计，发现问题14个，提出7条审计建议。

【重点项目审计】 按照县委、县政府统一安排，2015年完成了塔水七里村2013年新村建设产业发展项目资金使用情况专项审计调查和安县2014年财政扶持养老产业资金专项审计调查，发现问题12个，提出审计建议意见9条。对全县灾毁耕地复垦资金进行了清理和检查，抽派审计业务骨干配合县纪委和相关部门对县级部门和乡镇执行八项规定和专项资金使用情况进行了检查。同时，积极参与洋马路、海珂花郡、文化旅游公司等重点项目的清产核资工作。配合市、县纪委和市目督办检查“三公经费”2次，共计派出4人次，涉及全县16个部门。

【内部审计工作】 全年完成审计项目297个，其中财务审计147个，效益审计12个，经济责任审计47个，基本建设审计69个，内控评审10个，风险评估2个，其他12个。审计总金额546787万元，其中行政事业24166万元，金融审计（农村信用联社）522621万元。审计后增收节支67万元，提出建议意见被采纳183条，建议给予行政处分3人，实际给予行政处分3人。

【审计改革创新成果】 2015年，县审计局创新审计组织实施方式，推动投资审计“三转”，积极实施审计监督全覆盖，切实做好政策跟踪审计，加强“三个平台”建设和队伍管理，总结创新经验和做法，得到了县委、县政府的肯定。在全市年度绩效考核中，荣获“审计业务绩效考核优秀单位”称号；县审计局审计信息中心主任李智被授予“安县首届敬业奉献道德模范”提名奖。 （周宋钰）

统　计

【加强统计基础工作】 2015年，一是加强统计内部基础工作。按照每季度一次的频率，分别在4、7、10月三次开展统计局内部基础工作检查，对在检查中发现的不足进行整改。二是加强“四上”企业统计基础工作。结合上级统计机构“四上”单位督查要求，对全部“四上”单位的统计基础工作进行了一次全面检查，检查单位达到200余家次。

【抓好统计教育】 继续开展统计从业资格和统计继续教育培训。全年共完成87人次的统计从业资格培训，其中73人通过培训并按照要求申报统计从业资格认定，取得统计从业资格证。完成119人次的统计继续教育培训。同时，针对不同专业，积极做好业务知识培训，对“四上”单位报表人员、城乡一体化等抽样调查辅助调查员进行统计业务培训500余人次。

【开展统计信息化建设】 一是维护好统计信息内网，定期发布统计信息和统计资料，全年共在统计信息内网上发布资料共计318篇。二是搞好联网直报工作，按照上级要求，统一要求“三上”企业在网上进行数据填报。根据省统计局反馈数据，2015年统计考核年度，安县综合直报率达到99.05%。三是建立好统计外网，抓好统计外网更新工作，全县统计信息外网共设有栏目12个，全年更新各类统计文章365篇。

【全面完成统计业务工作】 2015年，全面完成了核算统计、民营经济监测、规模以上工业统计、规模以上工业能源统计、投资统计、资质以上建筑业统计、房地产业统计、农业统计、乡镇信息统计、名录库建设、文化产业统计、旅游监测统计、健康服务业统计、限额以上商贸统计、劳动工资统计、科技统计、统计设管、人口统计、综合统计、限额以上服务业统计、两纲监测调查、统计教育、统计法规、统计信息化、统计财务、粮食产量抽样调查、畜禽监测调查、限额以下商贸抽样调查、城乡一体化住户调查、月度劳动力抽样调查、工业产品价格调查、人口变动抽样调查、限额以下工业抽样调查、限额以下服务业抽样调查等34项专业统计工作。

【继续强化统计服务工作】 一是结合全县目标任务，及时整理统计数据，出好统计产品。定期及时编好《统计快报》《统计月报》《统计年鉴》等常规统计产品，并根据实际情况积极丰富统计产品。2015年，出台了《2014年安县县情简介》《2015年各月主要经济指标一览表》《2015年各月全县规上工业企业（分行业）经济指标》等统计产品，得到了领导好评。二是加大统计资源开发力度，提供全面有深度的“分析服务”。紧紧围绕全年目标任务和县委、县政府提出的各项经济社会发展要求，充分发挥统计部门定量分析和定性分析的优势和能力，坚持每季度各专业必须到统计对象的一线进行实地调研，结合调研实际和统计数据情况，进行综合分析研判，再由局里组织力量进行综合评析，形成能接地气、有价值的统计分析文章，全年共形成各类分析文章28篇。三是写好统计信息。全年共计写各类统计信息并被各类网站采用133篇，有效反映了县统计局各类工作。

【搞好普查调查工作】 一是搞好经济普查收尾工作。经济普查各项数据通过公报的形势进行了公布，对经普各类数据的解析还在有条不紊地进行。二是做好1%人口抽样调查工作。结合1%人口抽样调查“总量较普查偏小，但情况较为复杂”的特点，将统计局职工分为5个小组，分别联系1—2个乡镇，对调查进度实行实时跟踪，并在情况较为复杂的花荄镇3个抽中小区增派人员直接进行登记，保证了调查质量，全县1%人口抽样调查工作已圆满结束。三是做好农业普查前期准备工作，认真做好农业普查班子筹备和资金申报进预算等工作，为下一步工作打好基础。 （邓 琪）

食药工商质量监管

【概况】 2015年，县政府机构改革，原县食药监局、县工商局、县质监局三局合一，成立安县食品药品和工商质监管理局。按照县府办“三定”方案完成了人员、机构以及职能职责整合，有正式职工114人，13个股室，3个行政执法稽查大队，8个食药工质所。截至12月底，共有监管对象：个体工商户13648户，公司1348户，分公司256户，农民专业合作社439户，合伙企业38户，集团2户，个人独资446户。其中，涉药单位578家，餐饮单位（含学校和集体食堂）798家，食品生产加工企业89家，食品批发（零售）业及摊贩2450家，化妆品525家，特种设备使用单位200余家，工业生产许可证获证企业33家。

【市场监管】 全年共立案查处各类经济违法违章案件204起，涉案金额560余万元。开展农资、白酒、乳品等19类重点生产商品专项整治31次，抽检建材等产品50余批次。开展打击非法集资工作，检查企业17户，责令整改2户。

【质量投诉和消费维权】 充分发挥“12315”“12365”“12331”等申诉、举报热线作用，畅通消费维权和质量投诉渠道，完善网络维权平台3个，市场投诉站8个，维权服务站4个，处理各类投诉举报107起，立案，帮助消费者挽回经济损失167万元。

【商标品牌兴县战略】 2015年年底，全县有驰名商标2件，省著名商标9件，省名牌产品13个，市知名商标12件；有各类注册商标329件。

【市场诚信体系建设】 深入企业指导服务，开展“守合同重信用”企业复查验收和新申守重企业公示工作。有守重企业32户，其中国家级守重企业1户，省级守重企业2户，市级守重企业13户，县级守重企业16户。新申报市级守重企业1户，县级2户，申报参与复查验收的守重企业29户。

【商标广告合同监管】 加大对合同示范文本使用的宣传和督查力度，全年共审批户外广告157条273幅，其中展示牌186幅，灯箱46幅，交通工具22幅，其他19幅。对房地产、水、电、气等公用企业格式条款合同共备案18份，责令修改违法违规条款28处。

【网络交易监管】 对网络经营主体数据进行梳理，删除无效链接和错误链接39个，通过搜索手动建档10户，网络经营主体60户。加强网站电子链接标志发放，成功发放电子标志49户。对2户企业在其网站内容存在虚假宣传或与登记情况不符行为进行约谈并立案查处。

【食品安全监管】 一是构建县、镇（乡）、村（社区）三级监管网络。全县18个乡镇成立食品安全办公室，261个村（社区）配备食品安全协管员。全省标准化创建现场会将桑枣所作为示范点，以桑枣所为标准打造8个食药工质基层示范所，并在5个基层所建立快速检测室，配备快速检测工作台、仪器设备、检测试剂，重点检测食用油、农残、瘦肉精、亚硝酸盐等项目。强化监管和抽检，检查食品经营企业2772户，实施监督抽样495批次，快速抽检832批次。二是加强重点时段监管。以元旦、春节期间、“五一”期间、高考中考期间、春季开学为重点时间段，组织开展联合检查。共检查食品经营户2700余户，对“傍名牌”“山寨食品”等侵权仿冒及虚假违法广告、滥用食品添加剂、销售过期食品等行为进行有效打击。三是加强重点人群监管。高度重视校园食品安全监管工作，进行“春季、秋季开学食品安全专项整治”，切实做好“高考中考期间食品安全保障”，专门部署执法人员对考点和供餐安排点进行食品安全保障。对全县中、小学校和托幼机构食堂、校内外食品经营户进行全面检查，共检查190余家，发放整改通知书14份。四是加强重点领域监管。深入开展“农村自办群体性宴席专项整治”，打击非法添加非食用物质和滥用食品添加剂、地沟油、调味品整治以及餐厨废弃物等专项整治14次。检查食品生产经营户320余户次，查处违法使用食品添加剂企业1家；对2家生产负责人进行约谈；查处采购食品未查验供货者资格和索要质量合格证明材料案1件；责令13家食品生产经营户进行技术整改和食品生产环境及综合安全整改。切实做好自办群体性宴席的备案管理工作，全年共备案农村自办群体性宴席1500余起，检查农家乐累计126家，下发责令整改通知书8份、监督意见书60份。五是开展重大活动餐饮食品安全保障工作。开展了“春社踩桥”“第六届特殊奥林匹克运动会”“路亚杯白水湖舟钓赛”“安县首届厨艺大赛”等14项重大活动期间食品安全保障工作。六是宣传贯彻新食品安全法。专门组织县局人员，分片区对食品监管人员、企业、农村厨师开展《食品安全法》培训，翻印《食品安全法》单行本1000本、《四川省农村自办群体性宴席管理办法》900本、《学校食堂管理办法》300本、《景区管理办法》200本，共培训食品从业人员14期次1737人。

【药品药械监管】 全力推进好医生（援建药业有限公司）GMP认证前期准备工作，3家药品生产企业完成GMP认证工作，药品批发企业（5家）、连锁公司（2家）通过GSP认证，220家药品零售经营企业GSP认证，完成率达到85.6%；开展“严厉打击药品回收”、医疗器械体外诊断试剂等专项整治10次，检查220家药店、11个诊所、16家医疗机构、6家村卫生室、13家眼镜店，发出整改通知书6份，立案10起，罚没金额3.9万元；实施药品药械监管和抽检抽样78批次，快速检测88批次。加强药品药械不良反应（事件）监测工作，印发《药品和医疗器械安全突发事件应急预案》，明确应急处置的原则、分类分级、组织机构、应急处置、后期处理等内容，强化应急安全管理体系，收到不良反应（事件）监测报告598份。

【标准化工作】 2015年，安县杂交水稻制种省级农业标准化示范项目顺利通过省级验收。截至12月底，全县已有省级农业标准化示范项目4个。

【特种设备安全监察】 对全县200余家企业的1300余台件特种设备实施分类分级监管，建立了特种设备电子档案管理制度，使用单位电子档案建档率更新率达到90%以上。对电梯、游乐设施、锅炉等特种设备加强监察，做好安装、使用、定期检验、新增设备登记注册和专项治理工作，认真落实特种设备的安全管理责任制。排查安全隐患23起，发出监察指令书16份。建立值班及应急机制，开展应急演练2次，处理群众投诉2起。全年未发生特种设备安全事故。

【业务培训】 抓好人才队伍建设，组织干部职工参加省、市特种设备安全监管、食品安全法、工商、质监等业务知识和技能培训，共培训360余人次。强化企业生产经营者诚信守法意识，对食品药品从业人员及特种设备操作人员开展法律法规及业务培训，共培训从业人员3000余人。发放《食品安全法》《四川省农村自办群体性宴席管理办法》等2500余份。 （张丽珠）

国土资源管理

【耕地保护】 2015年，严格落实基本农田保护政策和耕地保护责任目标考核办法，进一步明确了基本农田保护工作任务和保护责任；严格执行和落实建设占用耕地“先补后占、占一补一”制度，确保耕地占补平衡。实施完成1.53万亩高标准基本农田任务，新增耕地273亩全面完成高标准基本农田建设和新增耕地任务。全县耕地保有量和基本农田保护面积分别保持在3.688万公顷和3.289万公顷，保护率达100%。

【用地保障】 主动做好重大建设项目用地预审和规划衔接工作，合理规划用地空间。根据全县经济发展速度和城镇建设的需要，重点对接科技城集中发展区规划，进一步优化“一城三区”格局，科学安排用地空间，积极推进北川通用航空产业园、科技城集中区规划协调和县重点项目黄土草溪河水库建设项目立项申报等工作。积极报批用地指标。根据全县产业发展需要，全年共取回4个批次、总面积1620亩的建设用地指标，确保了安泰消防、湘天建材、新华蓝天等重点项目用地；已组卷上报待审批建设用地指标共13个批次、总面积3902.3685亩。切实加大项目供地力度。共批准供应具体建设项目103宗，面积3014.21亩，其中工业用地649.02亩，商住（商服）用地10.17亩，基础设施等重大项目用地2258.86亩，全面完成96.16亩保障性住房用地（含统建安置用地84.24亩）供应任务，基本实现重点项目和民生项目用地优先保障

【地质灾害防治】 坚持和完善地质灾害防灾机制，加强地质灾害防灾体系建设，坚持不懈做好

汛期地质灾害防灾工作。大力开展地质灾害巡查排查工作，全县共排查出地质灾害隐患点870处并全部落实监测人员、防灾预案。同时深入开展地质灾害防灾知识宣传培训和防灾演练，加强值班值守和地质灾害应急管理工作，全面完成省市下达地质灾害避让搬迁501户的任务。加快省专项投资项目实施进度，其中专职监测人员队伍建设已全面建立；应急避险场所项目经过勘察、设计、评估、审批等程序，已基本完工。全力稳步推进地质灾害防治项目实施，全县新增76处地质灾害应急排危除险项目已全面完工并发挥防灾效果，高川乡黄洞子沟泥石流治理项目已开工建设。全年未出现因地质灾害导致人员伤亡情况。

【矿产资源管理】 严格执行矿产资源总体规划，规范设置和管理矿权，促进合理开发矿产资源。坚持市场化配置资源基本取向，规范矿业权招标拍卖、挂牌出让及矿业权转让行为。全年共办理采矿权延续登记20宗，按规核收采矿权价款383.9491万元，使用费5.65万元，补偿费78.978万元，收取矿山地质环境恢复治理保证金85.273万元。认真执行矿业权年检制度，全面完成全县65宗采矿权、6宗探矿权的年度检查工作，切实强化矿产资源开发利用日常监管工作，维护了正常的矿产资源勘查开发秩序。

【征地拆迁安置】 依法开展2015年度全县重点区域、项目征地拆迁工作。完成了绵阳科技城大道（界牌段）、县城滨河路和文星路以及蓝天项目、纳川管业等重点项目征地拆迁工作；完成了成兰铁路（高川、千佛区域）、西科大城市学院一期等建设项目征地拆迁扫尾工作；共实现征地拆迁总面积1100余亩，涉及花荄、界牌等8个乡镇，拆迁安置农户500余户。

【地籍地政管理】 积极开展日常地籍管理工作，全年共办理农村集体建设用地（宅基地）使用权登记约1.3万宗，国有土地使用权登记2721宗，国有土地使用权抵押登记37宗，实现抵押金额10.43亿元。完成了2014年度土地变更调查相关工作。积极配合、参与安县农村土地承包经营权试点和产权颁证试点工作。全县不动产登记职责和机构整合工作已初步完成。

【国土资源执法监察】 认真组织开展2014年度土地卫片执法检查整改工作，加大土地执法巡查频率和执法监察力度，严肃查处各类违法违规用地行为，国土资源重点巡查实现全覆盖，各类土地、矿产违法案件发案率呈下降趋势。全年共开展土地动态巡查1500余次，现场发现、制止违法用地45宗，查处违法用地12宗，已办结12宗，实现土地复耕113.48亩，收缴罚没款46.85万元，坚决打击违法占用耕地特别是破坏基本农田的行为，有效维护了国土资源管理正常秩序。

（张玉明）

应急管理

【完善应急预案体系】 2015年，完善和修订《地质灾害应急预案》《水务防洪抢险应急预案》《森林防火应急预案》《安县地震应急预案》，制定《罗浮山飞鸣禅院“除夕夜”及正月初一民俗活动安全稳定工作总体方案》《睢水“春社·踩桥”民俗活动安全稳定总体应急预案》等，为牢牢掌握应急管理工作主动权提供了可靠保障。

【积极开展应急演练】 5月20日，在高川乡举行安县自然灾害应急避险暨救灾队伍集结演练，现场观摩了高川乡场镇群众、中铁十九局成兰铁路（安县段）建设施工队员避险疏散转移演练。县防汛抢险应急救援、地质灾害监测、交通运输保障、电力通信保障应急救援、地震现场流动监测、医疗防疫应急救援、公安应急抢险救援队、消防应急抢险救援、民兵应急救援、民政应急救援共10支应急队伍，集结队员148人，有效提高了应急队伍的协调配合和整体联动水平。同时，千佛、睢水、桑枣等乡镇开展地质灾害避险应急演练，举办了2015年食品安全事故Ⅳ级应急演练等。据不完全统计，全年全县开展应急演练的单位（含学校、企业）117个，开展各种应急演练135余场次，调用各种装备400多件台次，参与演练人员29000余人次。通过开展演练，健全整体联动机制，磨炼应急队伍，进一步增强全社会防灾救灾意识，提升了防灾救灾能力。

【推进应急平台建设】 加强县级相关部门和沿山乡镇无线短波电台、手持对讲机等应急通信保障设备的维护、使用和管理，确保汛期正常使用；进一步完善山洪、地质灾害、气象、森林防火等预警信息发布，及时向全县各级各部门发出短信通知，协调做好各项防灾减灾工作；建成集县公安局指挥中心和县政府应急调度中心于一体的复合型、实战型应急指挥调度大厅，全天候向公众提供紧急救助服务。应急调度中心于2015年6月试运行，12月24日开始正式运行，系统运行正常，常设联动部门入驻有效开展工作，工作机制初步建立，取得了明显社会效果。

【妥善处置突发事件】 及时发布重要天气预警消息，由于应对及时、防守有力、措施具体，全县没发生较大的暴雨洪灾和泥石流灾害；元旦、春节、全国“两会”等重要时段以及罗浮山“除夕夜”庙会、睢水“春社·踩桥”等大型民俗活动和第三届环山环湖自行车邀请赛等大型活动安全有序，无一起突发公共事件发生；全力保障卫生防疫的人、财、物资，有效防止了传染病、流行病的滋生和传播；切实加强食品安全、卫生工作，全县无一起重大食品安全事故和突发公共卫生事件发生；坚持快速反应，妥善化解影响社会稳定的苗头性问题，成功处置了群体性事件。

（何奕良）

安全生产监督管理

【指标完成情况】 坚持“安全第一、预防为主、综合治理”的方针，扎实开展“三项行动”，加强各行业（领域）安全监管，有效预防各类安全生产事故发生。2015年，全县共发生各类经营性安全生产伤亡事故8起，死亡4人，其他各类事故1627起，受伤625人，直接经济损失390.4万元。生产经营性质的事故起数、死亡人数和受伤人数继续实现了三个全面下降，控制在市政府下达的目标任务范围内。

【基层基础建设】 切实落实“党政同责、一岗双责、齐抓共管”要求，层层签订责任书，适时调整了县政府安全生产委员会成员，由县委书记、县长共同担任主任，并将成员单位调整为45个，各乡镇、园区都及时增加了专兼职工作人员，确保了“八有”。全县14个乡镇继续保持市级安全社区称号，4个乡镇建成为省级安全社区。

【安全宣传教育】 2015年，集中组织开展了“安全生产月”“职业健康宣传周”等大型专题宣教活动，制作了《与安全同行》警示教育片并进行集中展播和警示教育，接受群众咨询万余人次，发放宣传资料3万余份。积极向上级新闻单位报送信息，被国家级刊物采用5份、省部级刊物采用12份、市级刊物采用131份，撰写调研文章并被采用10篇，社会反响良好。

【专项整治行动】 继续实施金属非金属矿山整顿关闭，严厉排击非法违法开采（勘探）行为，全年关闭矿山12座；对19家矿山进行了专家“会诊”，检查指导整改隐患114条，实施行政处罚11家，并按照要求对6家矿山企业进行了风险分级；开展了57人次的金属非金属谈心对话活动；摸排检查涉及粉尘作业场所和使用场所企业36家，共检查企业66家次，对其中21家涉尘企业作出了限期整改指令，20家已整改完成；烟花爆竹零售经营点数量由年初的142个规范为104个，收缴非法销售的烟花爆竹9845组（饼）；组织专家对危化罐区企业进行专项检查，共检查危化企业76家次，排查隐患141条，实施行政处罚13家，下达限期整改指令书26份，全部完成整改；深化道路交通安全专项行动，扎实开展了建筑工程落实施工方案专项行动和工程机械安全专项整治工作，有序推进了消防、民爆器材、城镇燃气、油气输送管道、涉氨制冷、邮政快递、电梯和游乐设施等安全专项整治行动。

【隐患排查治理】 2015年，率先建立健全了安全隐患举报奖励制度和实施办法，设立了10万元的安全生产举报奖励基金，开通了举报电话；争取专项经费5万元专门用于聘请专家指导安全检查和隐患排查整治；投资22.6万元建设并投入运行了《安县安全隐患排查治理综合信息系统》，已培训系统操作人员317余人次，注册企事业单位154家，监管单位45家，排查隐患543条，已整改517条，26条正在整改中；投资13.8万元启动了《安县化工行业安全发展规划》编制工作；新挂牌督办完成了桑枣镇梓潼大桥等5项市、县级重大事故隐患。

【依法行政】 进一步优化办件程序、缩短承诺时间，调整充实了行政审批服务窗口工作人员。全年共接件132件，办结132件，办结率100%。组织各类检查组229个，参检人员5336人次，查出隐患2995处，整改到位2969处，整改率达到99.1%。按照“四不放过”的原则，依法查处生产安全责任事故和非法违法行为，行政罚款103.8756万元，并对每一起事故调查处理结果及时进行了公开。 （王 强）

住房公积金管理

【主要经济指标超额完成】 2015年，全县住房公积金归集达1.43亿元，同期增长13.02%；发放住房公积金个人贷款9952万元，同比增长105.18%；住房公积金提取11057.98万元，同比增长69.55%，占当年归集额的77.15%。新增缴存职工648人，同比增长60%。实现业务收入1409.88万元，同比增长8.15%；增值收益795.51万元，同比增长56.03%；资金使用率同比增长23.41%，个贷率53.84%，同比增长37.49%，贷款风险准备金充足率6.58%，增值收益率2.04%。逾期贷款率实现零逾期率。

【创新工作方法，提高工作质量】 一是加强部门协调，主动接受群众监督。管理处积极与财政、纪检监察、审计、银监等部门沟通协调，充分发挥相关部门的职能作用，形成监管合力，主动接受各部门的监督检查，广泛听取社会各界对加强和改进住房公积金管理工作的意见和建议。二是创新服务举措。管理处按照“想职工所想，急职工所急”的服务理念，积极开展“预约服务”“绿色服务”“延时服务”等特色服务，发扬“主动协调、主动参与、主动解决、主动反馈”的“四主动作风”和“符合政策的坚决办、手续齐全的立即办、行动不便的登门办、有困难的帮助办”的“四办精神”，充分体现全心全意为人民服务的宗旨。围绕住房公积金服务工作，鼓励每位职工在各自的岗位上充分发挥自身能力，抓典型，促先进。通过每月评颁“流动红旗”，大张旗鼓宣传创先争优服务典型立足本职、奉献岗位的先进事迹，营造比标杆、学榜样、赶先进、帮后进、超一流的浓厚氛围，激发党员干部和全体员工创先争优的内在动力，党员的辐射作用得到了充分发挥，在群众中树立了良好形象。

【强化内部管理，提升服务水平】 一是在服务窗口严格落实首问责任制、按时办结制、一次性告知制、服务承诺制，倡导“三声”服务，推行网银提取，网上审批，开辟绿色通道等，在新政实施以来，各项业务成倍增长，管理处在服务大厅业务窗口增排工作人员，提供政策便民卡，增设资料书写台和业务办理等候区，保证服务大厅正常工作秩序。二是进一步优化业务办理程序，缩短办事时限，在资料齐全的情况下，住房公积金提取业务由3个工作日提速为1个工作日办结完成，住房公积金贷款由10个工作日提速为5个工作日办结完成。三是严格规范文明用语，落实“微笑服务、温馨服务、贴心服务”，规范职工仪容仪表和服务礼仪，做到热心服务、诚心服务、耐心服务，确保管理处职工保持良好服务形象。

【加强政策影响，扩大制度覆盖面】 加强宣传，扩大公积金制度影响力。利用电视台、安州通讯进行新闻宣传、建立安县住房公积金微信微博。开展住房公积金政策宣传月活动，举办缴存单位经办人、房地产开发商、银行业务人员等各类相关培训5次。为全县大学生村干部、“三支一扶”及行政事业单位临聘人员建立了住房公积金制度，将大学生村干部、“三支一扶”人员的缴存比例由5%调整至12%。通过与县工信局、统计局等单位通力配合，对工业园区92家规模企业进行摸底排查，进一步推进非公企业建制工作。全县非公企业建立住房公积金制度27家，806人。

【贯彻文件精神，提高资金使用率】 为进一步提高住房公积金使用效率，促进住房消费，管理处认真贯彻中央、省、市的相关政策，服务大局，服务职工，以提高资金使用率为重点，扎实做好各项工作。管理处在继续严格执行个贷差别化政策的前提下，采取有效措施防范风险规范，严格按照市中心贷款操作细则，发展个贷业务，提高贷款额度、放宽贷款条件、放宽贷款期限，积极稳妥地发放住房公积金委托贷款业务。加强对合作楼盘建设监督，贷前严把贷款人资料的审核，进一步加强贷前贷中贷后的管理。2015年，全县公积金职工个人贷款额突破新高，全年发放住房公积金贷款9952万元，比2014年同期增长105.17%，为职工改善住房条件发挥了积极作用。（汪　洁）

城建·环保

安州年鉴
AN ZHOU YEARBOOK

繁茂的植被

城市建设

【概况】 2015年，全县完成固定资产投资14亿元，建筑总产值10.03亿元。

【城乡规划】 主动融入科技城集中发展区建设，对《安县城市总体规划》进行修编，《安县城市总体规划（2013—2030）》于2015年6月3日获得省住建厅批复并开始实施。积极主动做好科技城集中发展区和综合保税区规划建设前期工作，全力配合做好科技城大道一期工程建设安县区域相关工作。做好《绵阳科技城集中发展区核心区控制性详细规划》对接工作，将科技城核心区全部纳入安县城市总体规划。启动县城控制性详细规划编制。完成睢水镇总体规划及成兰铁路睢水火车站站场片区控制性详细规划编制工作。完成《“十三五”全面深化改革总体思路的研究分析》，启动了《安县“十三五”城镇发展和建设规划》编制，完成白水湖—罗浮山省级风景名胜区总规修编。完成河东新区等重要地块的控制性详细规划及城市设计，编制了县域新村总体规划，完成132个新村聚居点规划。县城建成区面积扩展到10.1平方公里，县城总人口达到8.5万人，全县城镇化率达到44.98%。通过批前公示、听证会、意见反馈等形式，对县城新建项目和各乡镇重要公共项目37个建设方案进行了评审，对44个项目方案进行了批前公示。2015年，办理《施工图审查备案通知书》44份；审查方案37个项目；规划竣工验收38个工程。进一步加强和规范批后管理工作，有效杜绝在建工程在建设过程中的违法行为，提高了批后管理水平。

【城市基础设施建设】 县城河西片区第二条污水管网工程完成全部污水管网安装，淘金大道东外线等三条道路工程项目建设推进顺利，淘金大道东外线开始进行K0+043中桥段路基及桩基施工，文星大道南段、滨江西路南段完成路基施工。民安小区和第三批新建廉租住房配套基础设施竣工投入使用，完成县城银河大道车行道维修工程和文星小区1—8巷人行道改造工程施工。县城道路达到75条、62公里，配套雨水管网85.5公里，污水管网82.3公里。元旦、春节、国庆等重要节日期间，在入城口及城区主干道路摆放鲜花73万余盆，修剪草坪130万平方米，整治绵安快速通道绿化带10.6万平方米，新建安县创业园绿化工程2500平方米。

【住房建设】 2015年，“以低碳节能、绿色环保”为方向，高起点建设现代化高档小区。加强商品房预售资金监管，严格按规定发放预售许可证；规范商品房维修资金使用程序；抓好物业服务行业专项整治活动，提高物业服务水平，促进“大小社区”和谐共建。全年，办理商品房预售许可8个，面积26.18万平方米；办理房屋产权证4684个，面积52.6万平方米；办理商品房备案7877套，面积81.56万平方米。农房确权颁证工作扎实推进，完成农房确权登记55000户，颁证14000户。为推动全县房地产市场走出低谷，县住建局拟定的《安县促进房地产市场健康发展十一条措施》，经县人大常委会审议通过后，于6月2日县政府发文正式实施。成功举办的安县首届房交会，在全国房产销售市场持续低迷的情况下，有力拉动了商品房销售。1—12月，全县商品房销售32.7万平方米，同比增长44.05%。

【保障性安居工程】 全面完成市上下达的保障性住房目标任务。开展摸底调查，建立健全保障对象数据库。廉租和公租房并轨运行开始实施，发放廉租住房补贴188户、18.71万元，向农民工定向供应公租房42套。启动“民安小区·五期”公租房项目建设，完成投资935万元。为全县6个乡镇廉租住房小区近1300户住户安装了天然气。“民安小区·四期”95套公共租赁住房完成抽签分配。棚户区改造项目顺利实施。花荄镇城镇危旧房棚户区改造项目到位国开行贷款资金2.4亿元，签订补偿征收协议248户，全部为货币化补偿安置。

【建筑业管理】 2015年，引导本土建筑企业壮大发展，新入库建筑企业3家，完成建筑业总产值10.03亿元。严格执行民工工资保证金管理制度，缴存民工工资保证金2415万元，协助解决拖欠农民工工资10余起，涉及300余人、600余万元。时刻保持高压势态抓安全监管，对全县34个约170万平方米在建工程项目开展施工现场季度综合检查和专项安全检查，消除安全隐患800余处，查处违法建设行为43宗，收缴罚款33.9万元。实施工程质量监督房建工程86个，竣工验收33个，建筑工程受监率和质量合格率均达100%。（刘年刚）

城市管理

【概况】 2015年，累计排查出违法建设156宗，总建筑面积8.70万平方米；共整改违法建设131宗，占总宗数的84%；整改面积7.67万平方米，占总面积的88%，提前并超额完成了整治违法建设面积70%的任务。累计清理“牛皮癣”14000余处，清理张贴栏等立面墙体90余个，清理建渣60余处。清理和规范流动摊贩及越门占道经营18000余处。规范机动车、非机动车违规停放18000余辆，处罚机动车违规停放2600余辆；对启明星大道、滨河路、好医生大道等处施划临时停车泊位线19525米，共计新增临时停车泊位1467个。与城区内1236户商户和103家企事业单位签订了“门前五包”责任书。对城区排查出的800余只犬只进行登记，对370余只未进行狂犬病免疫的犬只进行集中免疫。对城区各施工工地排水、硬化等设施进行了严格规范，并加大查处力度，从源头上查处“抛、冒、滴、漏”。积极开展“城管进社区”活动，选派5名城管队员分别到花荄镇5个社区兼任副书记，进一步加大与社区的合作力度，联合社区力量全面做好城市管理相关工作。全年参与大小迎检执勤25次，受理群众信访170余起，回复率100%。

【环境综合治理】 顺利通过国家农村生活垃圾治理验收，塔水镇油坊村经验在全市得到推广；圆满完成“两镇九村”创建省级环境优美示范城镇乡村目标任务；新增城镇绿化景观19.52万平方米；新建城市绿道3公里；县城区主干道摆放鲜花58.5万盆；城市绿化面积达79.5万平方米，绿化率为37%；实施县城污水管网改造6.28公里。

【环境卫生】 2015年8月1日，环卫作业市场化正式运行，清扫面积83.49万平方米，占总面积的44.6%。共组织150余次集中整治活动，出动环卫工人3200余人次，清理卫生死角生活垃圾180余吨；城区添设塑料垃圾桶共计200余只，机械化作业面积达33万平方米，日清运县城和转运乡镇生活垃圾100余吨。对全县17个乡镇开展生活垃圾转运工作（高川乡因交通不便暂未实施），全年无害化处理垃圾约3.6万吨，全县生活垃圾无害化处理率指标不断提高，县城达90%，乡镇达85%。

【路灯建设】 全年累计完成路灯抢、维修478班次，维修路灯3000余盏，更换各类光源电器1300套，维修箱变、配电箱87台次，处理维修路灯电缆130处，更换电缆1350余米。为花兴路西延长段、创业路、永丰路安装箱变3台、铺设电缆730米。在友谊桥对称安装12柱6米高玉兰灯，在绵安大道（友谊桥徐家大院至绵安大道与江秀路交会口加油站地段）对称安装路灯159柱、变压器1台，保证了安县通往绵阳、江油路段的亮化。路灯设施完好率达到95%以上，主要道路亮灯率达到98%以上。（摆　雪）

环境保护

【概况】 2015年，认真落实环保法律、法规和相关管理制度，坚持以执法为民、促进经济发展为宗旨，以生态文明建设为指导，以污染减排和环境综合整治为抓手，改善环境质量保障群众身体健康为目标，以服务经济和服务民生为主线，切实改善环境质量，以强化环境执法为保障，实行监督与整治并举，不断深化工业污染治理，提高污染治理水平，加强城市环境综合整治和生态建设。污染源总量减排工作取得较大进展，全县环境质量状况得到明显改善。

【总量减排】 2015年，主要污染物总量减排目标任务为：在2014年基础上，化学需氧量削减8.45%，氨氮排放量削减16.1%，氮氧化合物排放量削减20%。重点减排项目：一是塔水镇、秀水镇两家污水处理厂，已经完成招标，正在进行地勘；城镇污水处理厂1.5万吨扩容项目已完成招标。二是工业源方面，督促安县中联水泥有限公司和四川女娲建材有限公司每月按时上报月报及电子台账，确保降氮脱硝设施的正常运行；与工信局衔接，共同督促企业降低能耗，为减排作出贡献。三是与农业局畜牧部门做了衔接，共同前往畜禽养殖场查看现场，对工作进行指导。全面完成了2015年的减排任务。

【建设项目管理】 依法对辖区内新、改扩建项目执行环境影响评价制度，重点对未办理环评手续的企业限时补办环保相关手续。为配合县政府的招商引资工作，县环保局实行政务公开，并简化政务大厅的办事程序，加快办事速度，提高办事效率，为企业提供了优质服务。在具体操作过程中坚持公开、公正、公平的原则，做到环保审批从简、从快、不重复，为招商引资的企业做好服务工作。

【环境质量指标监测】 全年县城空气质量二氧化硫、二氧化氮、城区可吸入颗粒物年均值为0.095毫克/立方米，空气优良率为92%，指标达到国家环境空气质量二级标准。五条河流中市控出境断面2个，县控断面6个，出境断面达到地表水Ⅲ类标准要求。县城建成区及部分规划区域环境噪声≤55dB（A）达到规定标准。全年共出据监测报告110份，监测数据3547个。

【大气污染防治】 结合产业发展实际和环境空气质量状况，鼓励企业淘汰或置换燃煤小锅炉。淘汰绵阳启明星磷化工有限公司燃煤锅炉3台共14蒸吨，绵阳市广吉油脂有限公司1台共2蒸吨。

【农村环保和生态建设】 2015年，按照国家级和省级生态县建设的各项指标要求，结合城市环境综合整治定量考核和农村环保工作，加强对饮用水源地一级保护区、二级保护区的环境监管力度，确保在一级保护区内无排污口，二级保护区内无违法违规排污口，饮用水水质达标率100%。一是开展生态细胞创建工作，按照省级生态乡镇创建的考核标准，不断完善农村基础设施，加快现代生态农业发展，强化生态植被保护，加强城乡环境综合治理，花荄、晓坝两个乡镇获省级生态乡镇命名；界牌、千佛、河清、黄土4个镇也在积极创建“省级生态乡镇”，完成技术核查A类、B类资料。二是加强农村环境综合整治，迎新乡、乐兴镇青龙村“清洁四源”示范点建设项目于10月竣工验收，完成政府财政绩效评估。被列为全市清洁四源建设项目示范观摩点。三是按照生态保护红线划定技术指南要求，在国家通过卫星遥感划定的生态红线的基础上，联系16个职能部门、乡镇成立了工作组，明确职责分工，共同协商划定了全县生态保护红线。

【环境法制宣教】 坚持宣传教育先行，积极营造“保护环境、人人有责”的社会氛围。利用“6·5”世界环境日、科普宣传月为契机，以广播、电视、标语、横幅等多种形式加强宣传；积极参加县委、县政府组织的“科技三下乡”、纪委书记下基层等活动。参加了18个乡镇的宣传活动，发放宣传资料1万余份，环保挂图2000余张。6月5日，在花荄镇文星社区30米大道开展了有奖知识问答、环保工作成果展览，并在电视台播放专题节目，现场接受群众的投诉和政策、法律法规、环保知识等方面的咨询，现场解答群众提出的各种环保问题，进一步增强了群众的环境保护意识，取得了良好的宣传效果。创建了秀水民兴小学、清泉初级中学为环境友好学校及中小学校环境教育社会实践基地。全面落实依法治理工作，及时妥善处理群众反映强烈的环境热点、难点问题，为民办实事。

【核与辐射管理】 对辖区内的辐射工作单位和电磁技术利用单位进行了全面监管，全年无辐射安全事故发生。每个季度县环保局对全县涉源单位进行检查并填写检查记录，对涉源企业存在的不规范行为提出整改要求。对全县2家废旧金属熔炼企业提出了开展入炉前和出炉后放射性水平监测工作。

【民生工程】 一是完成沸水、清泉、睢水、秀水4个镇的农村集中式饮用水水源地整治。二是实施中央农村环境连征整治项目选址于塔水镇七里村，已进入施工阶段。三是小流域水环境综合整治。投入资金52万元，修复加固水毁堤防5处650米；投入资金16万元，疏浚河道2公里，清运河道垃圾近百吨；对成兰铁路建设单位和沿河违法违规直排污水废水的行为下达整改通知书；打击河道偷采、盗采砂石行为，查处违规采砂制砂场1处；对2家“三无”塑料厂实施断电停产措施；取缔河道养殖户3户。四是全年秸秆综合利用量31.42万吨，综合利用率95.5%。各级层层签订责任书，印发宣传资料22万份，出动宣传车40余台，通过2万多学生开展“小手牵大手”活动，和10万余户群众签订秸秆禁烧告知书。

【环保专项行动】 2015年，按照全国环保专项行动联席会议的统一部署，继续开展了整治违法排污企业保障群众健康环保专项行动。县政府印发了《安县环境保护大检查工作方案》，成立全县环保大检查领导小组，对相关工作进行统筹协调，通过召开全县环保会议，做了统一宣传动员，将检查任务细化分配到各牵头部门和责任部门，通过各部门通力协作，切实推进全县环保大检查工作。对全县排污企业应急预案修订和污染治理设施、在线监测设施运行情况进行细致全面排查，切实维护群众环境权益，保障全县环境安全，推动全县经济社会全面发展。（张　毅）

安州年鉴
AN ZHOU YEARBOOK

信息化建设

月刊《安州通讯》

电　信

【概况】　2015年，公司紧紧围绕深入推进“012”战略，积极转变发展方式，奋力开创4G全面竞争时代新局面，业务收入同比增幅10.06%，完成年计划99.76%。移动用户市场份额达到24.16%，排名全市第二，较2014年年末提升3.94%；宽带用户达到3.7万户，FTTH用户达到3.5万户，FTTH在宽带用户的渗透率达到96.62%，较2014年末提升19.34%；ITV用户达到3.5万户，ITV在FTTH用户的渗透率达到99.12%，较2014年年末提升19.22%。运营分局排名稳步保持在全省前三。2015年度，公司荣获中国电信绵阳分公司授予“012突破奖”“天翼先锋奖”等奖项；荣获县委、县政府授予的“2015年度工作要素保障先进单位”称号。

【全力突破三大市场】　一是公司针对各项营销活动拟定了阶段性的执行过程管控办法及阶段性营销激励办法。二是以电信电视为抓手，坚持走出去营销，加快扫村营销工作，努力抢收。三是加大天翼团购的发展力度，聚焦网格E通、计生E通、农技宝等信息化产品应用增强客户的粘黏度。通过努力，商客渠道、校园市场实现实质性突破。

【拓展聚焦翼支付】　有序进行开放渠道销售组织工作，实现开放卖场促销工作常态化，做到“月月有活动、周周有促销”，确保节假日天翼销量不下降。高度重视开放渠道的量质并重，借助终端优势，将酬金、一线激励的政策优势宣传到柜台，尤其是终端品牌柜台和综合导柜的促销员，以翼支付、想家等应用为卖点，加大号卡的销售力度。

【重视和改善基础性管理】　切实深化打造作为一线基层“不折不扣抓执行”的经营理念，针对支分局长定期进行各类管理工具使用技术的培训和考试，对渠道和小区经理定期进行实战演练，在演练中发现问题并帮助分析改进。继续加强人才队伍建设，把基于人性的正面假设运用到公司的管理实践中去，让员工感受到自身和部门发展的密切关系和重要性，营造部门积极向上的工作理念。

【推进光纤网络建设】　2015年，积极落实市委、市政府“宽带绵阳”战略和“智慧城市”建设要求，务实推进全县城乡光纤网络接入建设，光纤网络100%覆盖安县城区、场镇，全县范围内高达92%的用户是采用直接光纤接入到户方式上网，超过了县域“全光网络”光纤接入上网用户占比90%的标准。标志着安县在全市率先建成“全光网县”，实现通信基础网络质的飞跃，为全县经济发展奠定良好的信息化基础，进一步提高了老百姓的生活品质。

【重视企业文化建设】　将企业文化建设与落实公司各项重大工作举措结合起来，使广大员工认知和认同，并自觉渗透到企业日常生产和经营的各项工作中去，从而让企业文化落地有根，进一步统一员工队伍的思想，提升企业品牌形象，增强企业核心竞争力，使全局上下保持心齐、气顺、劲足的良好局面，推动公司整体工作实现新的突破。　（罗　乐）

移动通信

【概况】　截至2015年年底，安县移动分公司共计21万用户，年累计收入1.133亿元，收入份额65%，日均上网份额76.47%，渠道占有率62%，4G渗透率29.36%，流量收入达到805.1万元，占比达29.72%。宽带端口3.6万线，端口利用率29.44%，宽带用户18275户，农村宽带7828户，同比增幅43.25%，互联网电视渗透率62.80%，集团规模增长为40100人，ABC类集团市场份额为80.21%。

【网络能力】　全县行政辖区内移动2G基站226个，3G基站99个，4G基站201个，管道112.37皮长公里，光缆传输线路1319.46KM；全县2G覆盖率达到97%，3G城镇覆盖率达到90%，4G城镇覆盖率达到97.6%。4G基站建设上累计建设LTE基站198个，完成投资2600余万元，实现全区城镇4G覆盖率达到了98.5%。

【宽带能力】 “宽带乡村”建设工程于2015年3月成功签约，工程总投资1795万元，规划建设213个行政村，其中OLT设备45万元、主干光缆575万元、配线网络1175万元，截至11月已覆盖行政村151个，行政村覆盖率70.8%。2015年，国家发改委和工信部联合发文，批准了中西部地区中小城市基础网络完善工程实施方案，安县被批准为试点区县，将实现试点区域家庭100%的全光网络覆盖，家庭用户宽带接入能力达到20Mbps以上并可平滑升级至100Mbps，为实施“宽带中国”“互联网+”战略奠定坚实的网络基础。安县规划建设1.2万线端口，实现县城所有小区、17个乡镇街道100%覆盖，累计投资960万元，截至11月全县已完成建设10000余线，带来新增宽带用户6800余户。

【信息化建设】 2015年，县移动分公司迈步行业信息化建设，服务全县数字化城市建设，共计投入2000余万元，协力天网、卫生、金融、水务等单位实现办公信息化，降本增效，提升管理水平。

【助力社会公益事业】 县移动分公司对口扶贫塔水镇白俺村，一对一帮扶白俺村困难户，全年投入3万余元在睢水踩桥活动中出动应急车辆8次，保障人员58人；出动环山环湖应急车辆4台，保障人员38人；汛期抢险出动车辆60台，抢险人员210人次，处理汛期故障55次。

（马莉华）

广播电影电视

【直播卫星户户通工程建设】 2015年，投入资金6万余元，推进直播卫星户户通工程建设。5—11月，组织广电网络公司技术人员，为高川乡、千佛镇10个村210户山区群众安装了中央直播卫星户户通设备，解决了山区部分群众收听收看广播电视节目难的问题。

【广播村村响工程建设】 继续推进广播村村响工程建设，投入省级公共文化服务体系资金14万元，为全县10个行政村安装村村响广播主机3台、分机39台、高音喇叭234只。

【农村电影公益放映】 县文广新局积极采取人工督促检查、农村电影放映工程监管平台等方式，做好农村电影公益放映工作。按照“企业经营、市场运作、政府购买、群众受益”的原则，全年投入财政资金61万元，共放映农村公益电影2808场次，观影人数35万人次。

【固定放映点建设】 投入省级公共文化服务体系资金39万元，建设花荄镇、桑枣镇、迎新乡、永河镇、塔水镇、秀水镇、睢水镇7个乡镇固定放映点和河清镇富乐社区、黄土镇明月村2个村（社区）级固定电影放映点，配置消防安全设备及相关宣传（公告）标志及环境卫生用具等，较好地改善了7万农村人口观影条件。

【广播影视执法】 11月20日，县文广新局牵头县网信办、公安局、商旅局、工商质监局等部门，组成联合执法检查组，对县城、秀水场镇的电视机、计算机、手机等电器销售维修点开展境外电视网络接收设备专项整治，重点查处电视棒、地面卫星接收设施、网络机顶盒等非法销售行为，查处没收非法销售地面卫星接收天线12面、高频头10个。12月17日，县联合执法检查组到广电网络公司、电信公司、移动公司、绵州温泉酒店、启明星职业培训公司、罗浮山会议中心、万生御福堂公司的机房、营业厅、客房开展境外电视节目传输播放秩序执法检查。

【广播电视安全播出】 2015年，投入2万元对前端机房进行改造，购置CCTV1解扰大卡机，完成了中央转星任务，确保CCTV1信号正常传输。投入65万余元对花荄镇马安山、秀水镇桥楼、桑枣镇谢家大坡发射台进行设备更新改造，购置40千伏安发电机1台、30千伏安UPS1台，完成全县地面数字电视单频网组建，确保无线发射台24小时正常工作。新添置发射机3台、高清摄像头20余个和监控设备1套，对全县3个无线台站进行24小时无缝监控，全县广播电视安全播出水平进一步提升。（蒋　东）

广电网络

【概况】 2015年，安县广电分公司坚持“稳用户、求增长”的经营思路，抓管理、强效益，广电网络发展再上新台阶。

【抓基础用户保市场】 县广电分公司始终坚持让群众看好有线电视节目的发展服务理念，在全面完成有线电视数字化整转的基础上，进一步优化网络，提高传输质量，加强内部管理，提升客服水平，全面推广高清互动电视，让群众能够收看到优质的广播电视节目。

【抓集团用户拓市场】 县广电分公司强化对地方政府的服务职能，与县委组织部合作实施党员远程教育项目一、二期工程全面完成，建成261个乡镇、村、社区服务点位。与县公安局合作实施公安四级网项目全面完成，建成36个乡镇派出所、社区警务室服务点位。与塔水镇、黄土镇、永河镇等乡镇合作实施平安乡村视频监控系统项目，建成200余个服务点位。（王朝军）

安州通讯

【队伍建设】 2015年，狠抓干部政治思想和业务知识培训，不仅增强了办公室和采编工作制度的执行力，制定了《安州通讯社办公设备管理制度》，而且还组织干部认真学习中央、省、市、县关于“三严三实”、创建省级文明城市知识等有关精神，全年学习达230学时以上，其中组织干部外出学习达40余天。

【新闻采访】 严守采访纪律，严把审稿、发稿关，高质量完成每一次采访任务。通讯社记者稿件未出现一次政治性错误，没发生一次失实报道，错字失误率小于0.03%。同时，向政务网上传新闻稿件达600篇以上，居全县第一。

【办好《安州通讯》杂志】 2015年，抓牢《安州通讯》阵地建设，精心策划每月宣传要点，并在每次编前会上积极讨论商定选题；发扬“走转改”精神，学习《廉政瞭望》《今日绵竹》的办刊经验，积极对《安州通讯》杂志改版；全年保质保量出刊12期，稿件和版面未出现一次政治性错误；办好精品栏目的同时，通过要闻·综合新闻、通讯、理论与实际等版块，开辟了“创建省级文明城市、建设‘川西北最秀美县城’”“发展电子商务，打造县域经济发展重要增长极”“探索与实践”“曝光台”等专栏；充分发挥网络平台作用，每月初《安州通讯》电子版与纸质杂志同步更新宣传内容，安州在线栏目做到实时动态更新。

【发行工作】 《安州通讯》每月一刊，均赠送全县党政机关、企事业单位副科级以上领导干部和中小学、村（居）委会、社区。

【宣传工作】 在全县创建省级文明城市工作期间，及时宣传报道各部门、乡镇有关创建工作的动态消息10余篇，刊登通讯稿件4篇、评论1篇、理论文章2篇，宣传知识问答7期，对城市不文明现象进行曝光，刊登了安县创建省级文明城市宣传口号和《致全体市民的一封信》。（刘　蓉）

教育·体育

学校大课间

教育

【概况】 2015年，全县教育体育系统从业人员3786人，较2014年增长22.2%；劳动报酬达到2.3278亿元，较2014年增长1.87%；教育服务业比2014年同期稳步增长。因县城新建小学项目招投标滞后，尚未完成既定投资，全年完成固定投资506万元。

【义务教育均衡发展】 大力实施学校教育软硬件提升和薄弱学校帮扶工程，巩固提升“普九”工作。全县1055名农民工子女依法享受教育权利，落实对7427名留守儿童关爱工作，114名三类残疾儿童入学，入学率达91.2%。县特教学校招收义务教育学生64人，设置聋生班1个，培智班4个，发挥了全县特教中心作用。9月，国家对全县义务教育均衡发展的评估认定得到良好评价。稳妥推进免费午餐惠民工程，10月在全县农村义务教育学校推进学生“免费午餐”计划，惠及学生2.1万人，得到社会各界广泛好评。

【素质教育成效显著】 丰富和拓展“教学管理公开课”活动，加强教学质量过程监测，全面实施素质教育。安县第八届中小学生艺术节共举办5个专场比赛，计113个节目、3000人次参赛。美术书法摄影类获得省一等奖1个，市级一等奖8个、二等奖8个、三等奖7个；艺术表演类获得省二等奖1个、三等奖1个，市级一等奖5个、二等奖8个、三等奖4个；艺术节论文获得省二等奖1个；“阳光下成长”征文获省三等奖2个，市级一等奖2个、二等奖3个、三等奖8个；县教体局被省教厅评为四川省第八届中小学生艺术节优秀组织奖。各学校少年宫不断创新活动形式，逐步实现了多样化、特色化、个性化发展，塔水一小和宝林小学成功创建为绵阳市特色少年宫，全县市级特色少年宫已达到10所。

【其他各类教育生机蓬勃】 职业教育加强“双师型”教师队伍建设，加强实习实训基地建设，促进课堂教学和实践操作水平提高。开展各类实用技术培训8000人次，培训农民工600多人，劳动力转移培训1500人次。规范民办教育，共审批民办非学历培训学校3所，同意筹设民办幼儿园2所，清理非法举办的非学历培训学校7所。制定了普惠性民办幼儿园的认定办法，认定44所普惠性民办幼儿园，全县幼儿园入园率稳步提高。

【德育工作持续深化】 以校园广播、展板橱窗、校刊校报为载体，广泛宣传社会主义核心价值观。切实加强校园文化特色建设，组织收看央视《开学第一课》，开展绵阳市“少年向上真善美伴我行”演讲比赛、纪念抗战胜利70周年征文比赛、“中华经典诵读”比赛以及传统节日纪念等活动。全年开展全县性大型综合活动3次，公益活动8次。积极开展“道德模范”评选活动，共推选出“道德模范”74人，其中8人报送参加县级“道德模范”评选。全年评出市级三好学生38名，优秀学生干部20名，优秀班集体23个；县级三好学生386名，优秀学生干部205名，优秀班集体205个。

【安全工作保障有力】 加强学校安全日常管理，开展学校安全检查与隐患排查，建立隐患台账。开展师生的安全教育培训，举办安全教育讲座135场，全县中小学安全知识暨技能大赛取得良好成绩。加强安全信息平台建设，增加投入改造网络，建设视频平台。投入20万元新购置更换了安保设备和保安制服，全县学校增加视频监控头108个。严格执行校车使用许可审批、驾驶员资格审查制度和学校使用公交、客运车辆集中接送学生（幼儿）备案审查制度。积极协调有关部门做好校园及周边治安秩序综合治理工作。落实《中小学校幼儿园应急疏散演练指南》要求，5月12日举办了“防空知识与应急演练”活动。建立健全学校食品安全工作责任体系，消除食堂及食品卫生安全隐患，全年无安全责任事故。

【教师队伍素质提升】 全面加强教师队伍建

设，全年选派254名中小学教师参加市级以上培训。积极开展县级培训，培训骨干教师、学科教师及班主任1296人次，聘请知名教育专家对全县2800余名中小学教师进行全员培训，接受外援项目“真爱梦想”基金会课程培训和赛课参培教师181人次，送教下乡举办专题讲座92次，听课教师达5520人次。全县中小学教师继续教育参培率、参登率均达到100%。公招新教师36人，优化农村教师的学科和年龄结构。选拔后备校长（副校长）84人，加大对校长和学校管理干部的培训力度。委托西南大学举办后备校长（副校长）培训班1期，参培84人；委托华中师范大学举办学校管理干部培训班2期，参培干部120人。

【民生工作全面落实】 2015年，下拨义务教育阶段学校公用经费2463.6万元，发放免费教科书折合资金378.72万元、贫困住校生生活补助8902人计996.6万元。免除作业本费30186人计100.29万元，减免普通高中家庭困难生学费1132人计96.22万元，资助普通高中家庭困难生3470人次计347万元。发放中等职业学校享受免学费学生779人计151.91万元、国家助学金1270人次计19.05万元。资助普惠性幼儿园家庭经济困难儿童1217人计121.7万元。10月在全县农村义务教育学校启动“免费午餐”计划，2.1万名农村中小学生受益。

【高中教育】 深入推进高中课程改革工作，大力强化制度建设，不断规范高中管理。着力丰富全县高中内涵，安县中学“高入优出、低入高出”的办学特色逐步彰显，“普职实验班”探索取得明显成效。2015年，全县高考在参考人数减少146人情况下，实现本科硬上线超千人目标，本科硬上线1017人，净增5.5%。其中重本上线272人，重本任务完成率为212.5%；总上线（含加分，不含艺体）1058人，净增4.5%。

【信息技术】 积极推进“互联网+”教育，加快本地资源建设的共建共享。“一师一优课”活动成绩卓著。全县“优课”活动注册人数达2702人，注册率100%，推荐“优课”100节。全县共建学科教研工作室42个，优课获市一等奖38名、二等奖61名；获省一等奖1名、二等奖5名；5部作品获得国家部级优课奖，安县被市上评为优秀组织奖。推进实施教育“三通”工程建设，依托教育城域网，积极推进“班班通”建设，全县“班班通”达标率已达到79%。11月正式启动“人人通”个人空间注册工作，成功注册教师个人空间比例为69%，学生个人空间注册比例为18%。加强网络管理，各校成立教育技术中心（组），落实教育网络管理人员，推进带宽扩容工程，全县所有学校按规模对网络带宽有序扩容，最小带宽为50M，最大带宽150M，基本实现“班班通”。

【教育督导工作】 积极推进《教育督导条例》贯彻实施，建立和完善中小学督导评估机制，签订督导工作目标管理责任书，落实督导员的督导工作责任区范围。加强督导责任区建设，建立督导工作例会制度和督导员分片责任制度，全面落实责任督学挂牌督导制度等。组织专门评估组对桑枣中学、界牌初中、睢水学校、迎新学校、秀水二小、秀水三小、塔水一小、乐兴小学、桑枣镇中、黄土小学等学校进行素质教育督导评估。9月，安县顺利通过了义务教育基本均衡县国家认定。 （刘兴国）

体　育

【学校体育】 2015年，严格执行国家课程计划，加强学校体育工作。积极开展阳光体育及大课间活动，保证中小学生校园1小时体育锻炼。深化教育体制改革，大力发展校园“三大球”。制定《安县推进校园“三大球”实施方案》和《安县足球改革发展方案》，成立县青少年校园足球工作领导小组和县校园“三大球”推进工作领导小组，下发《校园“三大球”绩效考评工作实施方案及考评指标细则（试行）》，举办第三届中学生、第十届小学生足球比赛。全县各学校开展校园“三大球”比赛累计超过200场。安县中学被评为省阳光体育示范学校，沙汀中学被评为市阳光体育示范学校。

【社会体育】 贯彻落实《全民健身计划纲要》，举行全民健身日启动仪式，认真开展全民健身月活动，组织各类体育比赛竞赛活动，巩固体育先进县成果。县体育馆每周一、三、五上午9点到12点，向社会免费开放，全年累计向社会免费开放5万余人次。加强农民健身工程和全民健身路径建设，建成农民体育健身工程20个和全民健身路径2条。认真做好安县职业中专学校和秀水中学校等学校体育设施对群众开放工作。抓好品牌赛事，举行第三届环山环湖自行车公开赛，有28个省117个地市州608名运动员报名参赛，央视等20多家新闻媒体进行宣传报道，使赛事成为西南地区著名的公开赛之一。组织全国第九届残疾人运动会暨第六届特奥会滚球项目比赛，21个省直辖市22支代表队84名运动员参赛，得到中残联和省、市高度评价。举办“久瑞冠军杯”乒乓球邀请赛，全省40支队伍200余名运动员参赛。协办2015年度中国舟钓路亚公开赛（COB–四川安县站），承办4次省、市桥牌比赛及县级象棋比赛等。（刘兴国）

安州年鉴
AN ZHOU YEARBOOK

文化·科技·旅游

姊妹桥漂流

文 化

【公共文化服务体系建设】 2015年，共投入资金160万元，对河清、黄土、桑枣三个乡镇的文化设施进行改善，对全县118个行政村的文化氛围进行打造和提升，全县农村文化阵地建设得到进一步完善。

【大型文化活动有序开展】 成功举办了《2015年群众迎新春文艺晚会》《绵州大舞台文化惠民季——安县专场》《安县第四届山歌（民歌）会》《“文明安州、幸福家园”安县庆“七一”暨创建省级文明城市——安州大舞台惠民戏剧周演出活动》等大型文艺演出10多场次。

【文艺创作】 在“首届四川艺术节·第十五届戏剧小品（小戏）比赛”中，安县创作的话剧小品《石榴树下》获优秀剧目奖。版画《昨夜一场雪》被评为“大山大水大美四川美术创作工程”优秀作品，该作品已被四川省美术界联合会、四川省美术家协会、四川省美术馆收藏。

【文物管理和非遗保护工作】 2015年，对太平桥、姊妹桥等省级文保单位进行了修缮，完善了天主教堂、观音寺等木质结构文保单位的消防设施和安全警示。组织张包蛋、红酥、木雕等非遗名录参加了中国成都第五届国际非遗和绵阳惠民演出季期间的展览和展销工作。年内新申报市级非遗名录2项（西蜀木艺和张包蛋制作技艺），公布县级第三批非遗名录8项。

（刘定文）

科 技

【科技项目申报】 2015年，精心组织《电化学法处理含铬废水技术开发及工业化应用》《高性能镍钴铝三元正极材料关键技术的开发及产业化》《桑姜感冒制剂系列品种开发转化》等13个项目申报重点研发资金项目，被省科技厅立项7项，资金402万元。推荐塔水镇七里村科普走廊、电子阅览室、农村科普带头人和科普基地等三个项目获省科协批准实施，获资金42万元。

【科博会工作】 9月17日至20日，科博会取得圆满成功，顺利完成攀西经济片区参会嘉宾接待服务和安县科博会工作。

【科普宣传和培训】 一是充分利用3月“四下乡”和5月科普周以及9月科普月，组织开展“科技、文化、卫生、法律”四下乡、“科技活动周”“大众创业万众创新活动周‘金桥活动’”“中国流动科技馆四川安县巡展”等活动，编印大众创业、万众创新和支持科技型中小企业发展相关政策资料汇编以及宣传画册，在全社会营造大众创业、万众创新氛围。二是配合省级文明城市创建，衔接省科协，开展“服务群众走基层、科普行动在安县”中国流动科技馆四川巡展走进安县活动。10000余人到场参观体验，培养了公众对科学技术的兴趣和爱好。三是继续实施乡村科普宣传栏项目，新建科普宣传栏65个，加大科普覆盖率。四是积极组织全县中小学生参加国家、省、市青少年科技创新大赛。

【工业科技】 县科知局成立工作领导小组，深入18个乡镇和相关企业调研，鼓励企业开展创新，指导申报各类专利，积极扶持培育高新技术企业。绵阳朗迪新材料有限公司、绵阳市蓝奥重型机械制造有限公司被新认定为省级高新技术企业。科技型中小企业量、质继续提升，帮扶7家完成升规。

【农村科技】 在全县50个村建立科普宣传栏，在七里村建设科普宣传走廊，结合与成都中医药大学合作的《川产道地药材山茱萸的规范化种植及加工技术集成与产业化示范》等项目，加强紧密联系，大力引进和推广科研成果，采用设施栽培、引进名优品种并配套无公

附表　科技成果自主创新与成果转化等目标完成情况统计表（1—12月）

高新技术产业发展		专利创造、应用和保护						中小微企业培育发展	
高新技术产业工业总产值（亿元）		专利申请量（件）		发明专利申请量（件）		专利授权量（件）		科技型中小企业展（家）	
工作目标	完成情况	工作目标	完成情况	工作目标	完成情况	工作目标	完成情况	工作目标	完成情况
86	86	240	240	40	45	80	120	95	126

害栽培等先进生产技术，提高产量、品质和档次，增强市场竞争能力，促进农民增收和农村经济发展。

【知识产权】 2015年，全县专利申请量达到240项，发明专利45项，专利授权120项。

【其他工作成效显著】 银河化学股份有限公司“一种红矾钠的生产方法”荣获四川省专利一等奖；重楼标准化种植项目获得国家创新创业大赛一等奖；状源农业、九渊医药两家获得四川创新创业大赛一等奖的项目落户安县。县科知局在做好各项本职工作的同时，制定全县科技扶贫攻坚规划。2015年，县科协被评为第三十届青少年科技创新大赛“基层优秀组织奖”、四川省第六届“争当小实验家”先进单位。

【牵头完成市目督办下达的目标任务】 科技成果自主创新与成果转化等目标完成良好（见附表）。　　（区科技局）

旅　游

【重点工作全面完成】 2015年，罗浮山登山游步道全部完工，罗浮山漂流一期项目于6月投入使用，县城城区主干道旅游标志牌进一步完善。全年旅游收入达到38.23亿元，同比增长23.08%（市上下达增长率21.51%）；旅游总人数达到500万人次，同比增长35.7%。

【着力构建乡村旅游格局】 五大乡村旅游示范片建设加快推进，其中“花城果乡”创建AAAA级景区已进入论证阶段，并启动A级景区智慧旅游信息化建设工作；“幸福七里及猕猴桃走廊”乡村旅游配套设施建设加快推进，七里幼儿园已开工，旅游环线风貌打造及出入口建设二期工程正在推进；桑枣“温泉花海”已完成前期规划，“小农水”项目已选出施工单位；睢水“环湖碧荷园”2个停车场和1个旅游厕所已投入使用，荷塘田间观光及生产便道硬化工程基本完工，并顺利启动“碧荷园”杯乡村旅游摄影大赛；“晓坝环山旅游带”建设有序推进，正在对环山道路进行规划设计。

【精心打造品牌】 紧紧抓住温泉资源优势，着力打造以罗浮山温泉度假区为核心的“休闲养生养老”“滨水安县”特色旅游品牌，有力拓展了旅游发展空间。地管处因势利导，加大招商引资力度，推动了重大旅游招商项目全面落地。2015年的在建项目有：浮生御度假村启动二期建设；四川蓝澳岛国际酒店进入后期装修和水疗中心、海滨浴场建设阶段；投资总额达15亿元的“中国院子”项目已完成一期“安徽院子”工程。景区的硬件设施从步道建设到区内交通指示牌设置和防洪沟渠整修、规范了景区通信电力设施、环卫保障，都有了新的变化。

【开展特色旅游活动】 特色旅游活动按照计划全面完成。开展了第三届“罗浮山温泉杯”环山环湖自行车公开赛、“中国春社—睢水踩桥”大型民俗活动、微信摄影比赛、中国舟钓路亚公开赛、安县首届厨艺大赛等有影响力的重大活动。

【加大旅游项目包装及资金争取力度】 2015年，分别向市旅游局和县发改局申报旅游开发和乡村旅游建设项目6个，将6个项目纳入国家、省级“十三五”规划重点项目；将“花城果乡综合提升项目”分别向国家旅游局、四川省旅游局申报2016年补助地方旅游发展资金；千佛山国家森林公园项目已经成功申报第四批国债基金1.68亿元；在绵阳旅发大会上，将睢水镇白水湖作为重点推介招商项目向外推介招商。

（陈　茜）

社会生活

农家小院舞狮灯

民 政

【概况】 2015年，全县城镇低保对象累计月人均补助达248元，农村低保对象累计月人均补助达121元，建立区域性养老服务中心1个，完成新增民办养老床位160张，维修改造公办养老机构床位220张，建成城乡社区日间照料中心28个，完成为6440名困难家庭失能老人和80周岁以上老人提供居家养老服务，完成金秋助学31人，完成河清镇敬老院改扩建工程。

【社会救助工作】 一是建立社会救助管理部门协调机制，社会救助一步完善。二是城乡低保工作进一步规范。全县从1月开始城乡低保户每人每月增加低保金20元，截至12月底，全县共有城市低保对象3890户、5138人，累计发放低保资金1538.37万元，累计人均补差248元；共有农村低保对象6746户、9385人，累计发放低保资金1309.45万元，累计人均补差121元。三是城乡医疗救助快速推进。截至12月底，医疗救助受益21314人，发放金额702.8万元。其中，全面资助全县城乡困难群众17818人参加新农合、城镇医保，资助资金178.27万元；共发放医疗救助金3496人、524.53万元（事后医疗救助427.73万元、重特大疾病医疗救助96.8万元），符合医疗救助条件的贫困患者在政策范围内住院自付费用救助比例平均达到了70%。四是五保供养全面落实。全县共有农村五保对象1886户、1903人，1—12月累计发放农村五保金586.02万元，其中分散供养对象476人，集中供养对象1427人（含协议供养），集中供养率达到75%，实现了五保对象的应保尽保。五是出台安县“救急难”工作实施意见。开展“救急难”工作，对遭遇突发事件、意外伤害、重大疾病或其他特殊原因导致生活陷入困境的居民，因其他社会救助制度暂时无法覆盖或救助之后仍有困难的人员给予应急性救助，保障其基本生活。

【救灾救济福利和慈善工作】 一是强力推进养老服务体系建设。全年新建民办养老机构4家，包括投资2000万元的界牌镇敬老院、投资5000万元的桑枣镇敬老院以及河清镇敬老院建成区域性养老服务中心。新建城乡日间照料中心28个，新建农村幸福院15个，每千名老人拥有床位数32.85张，养老护理员持证上岗率达到80%。二是完善救灾应急管理工作预案，做好应急处突准备。对全县15个救灾物资储备库（站、点）进行清理，完善各种规章制度，建立健全台账，及时采购补充了菜油20吨、棉被3060床、矿泉水350余件等救灾物资，调拨大米60吨，确保灾情发生时，能保障受灾群众的基本生活。全县共储备物资：棉被9700床、大米51吨、食用油4900桶、矿泉水8256瓶、彩条布500捆、大衣3030件、棉（绒）衣裤463套，并于5月对全县150名灾害信息员就“灾害信息员职业技能、自然灾害救助条例、救灾物资和资金管理”等知识进行了培训。及时下拨了冬春生活救助资金。共下拨中央及地方自然灾害生活补助资金762.7万元。精心筹划了2015年元旦、春节期间困难群众走访慰问“送温暖”活动，全县走访慰问8476户，发放大米90吨、菜油30吨、棉被4031床、保暖内衣3148件、猪肉4339千克，发放救助金70.2万元。三是儿童福利事业稳步实施。实施了“明天计划”“疝气行动”“晚情行动”，实施救助20人。保障事实孤儿的合法权益，共为98名事实孤儿发放基本生活费32.13万元。全县孤儿共51人，按照国家孤儿生活费发放标准（散居孤儿每人每月678元，集中供养孤儿每人每月1130元），共发放孤儿基本生活费35.21万元。四是慈善工作持续发展。全年开展“奉献爱心、快乐自己”捐款活动，募集资金1.7万元；春节期间救助困难群众36名，救助资金1.8万元；开展“关爱奉献者”捐款活动，募集资金37.6万元；接受绵阳市“富临爱心儿童基金”资助全县贫困儿童30名，资助资金1.5万元；开展“福彩助学”和“金秋助学”活动，资助贫困大学生31名，救助资金11.1万元；接受浙江万向集团“四个一万”资助全县困难学生和孤寡老人30名，救助金额5.58万元；开展“手牵手·跟党走”党内关爱基金募捐工作，募集资金49.2万元；开展临时救助，救助困难群众12名，救助资金4.1万元；开展慈善劝募工作，共募集捐款资金145.4万元，累计支出120.1万元。全年共计救助289人，救助资金24.08万元；改建“慈善爱心超市”2个。

【双拥优抚工作】 一是实施“关爱奉献者”工程。建立“关爱奉献者兰辉基金”，县财政注资40万元，民政优抚结余资金注资60万元，社会各界捐资37万余元；制定《安县“关爱奉献者兰辉基金”使用管理办法》，县慈善总会实行专账管理。开展了以“两参”人员为主的困难退役士兵帮扶工作，特困退役军人有238人，确定市级部门帮扶32人，每人发放帮扶资金6000元，县级首批确定帮扶59人，每人发放帮扶资金4000元。二是深入开展双拥工作。元旦、春节、“八一”双拥活动期间，县上领导带队对驻县部队以及各类优抚对象进行走访慰问，各乡镇也开展了慰问和庆祝活动，各级共发放慰问金78.6万元。加强烈士褒扬工作，在9月30日第二个烈士纪念日，县委、县政府在烈士陵园举行“安县烈士纪念活动”；为加强烈士陵园的管理，对陈列室进行改造和更新，组织编纂了《安县爱国主义教育基地及英烈史料汇编》，将烈士陵园建设成为安县爱国主义教育基地、国防教育基地、党风廉政建设教育基地。加强光荣院管理，投资50余万元对光荣院的基础设施进行改造和完善，光荣院床位入住率达100%。三是全面落实各项优抚政策。规范和完善优抚政务公开，公开面达到100%，更新优抚对象数据库，对优抚对象抚恤补助标准进行调标，做到按时由银行直发到人，全年共发放抚恤补助1543.65万余元；发放义务兵家庭优待金390人、352万余元，67名现役军人立功受奖，发放奖励金1.21万元；为2014年夏秋季入伍的24名大学生发放一次性奖励资金5.7万元；建立了“优抚对象医疗补助一站式”系统，出资54万余元为重点优抚对象参加了职工医保、居民医保和新农合，为重点优抚对象补助医疗费88.4万余元；为2名调升残疾等级，申报新评残3名，伤残评审材料报送合格率达到100%；发放见义勇为公民奖励金和一次性死亡抚恤64.9万余元；积极开展争创军队离退休干部休养所“规范化建设”单位活动，建立“军休人员系统”，完善系统的各项资料。四是认真做好安置工作。共接收冬季退役士兵169人，退役士兵接受安置率达100%。发放自主就业退役士兵地方经济补助和自谋职业经济补助资金539.44万元，发放待安置期间生活补助0.45万元，为6名符合政府安排工作的退役士兵安置了工作；为行政事业单位和企业推荐退伍军人就业89人；退役士兵技能培训知晓率达100%，委托中介培训机构开展电工、厨师技能培训班，对有培训意愿的100名退役士兵进行免费技能培训，培训费32万余元，职业资格证书或毕业证书获取100%；就业率达到100%。五是扎实抓好涉军维稳。会同公安、信访、维稳办等部门对涉军群体实行“一对一”结对帮扶，认真做好协调解释工作，确保全县涉军群体稳定。

【基层民主和社区建设】 一是加强基层政权建设。进一步建立完善全县村、社区的村民会议和村民代表会议制度、村（居）民议事、民情恳谈、社区听证、社区论证、社区评议、村民自治章程、村规民约、居民公约等群众自治的10项制度；进一步规范村（居）三务公开；加强法治建设，创建市级法治示范村2个，社区2个。二是加强城乡社区建设，创新社区管理。大力推进社区网格化管理，创新社区服务管理，提升社区服务管理能力，全面建立城乡社区台账，抓好城乡社区规范化建设，完成农村社区标准化建设2个；开展全省、全市和谐社区建设和全国农村社区建设示范单位创建活动，新建农村社区20个。

【社会事务管理工作】 优化行政层级和行政区划设置，稳妥推进撤县设区工作，积极做好撤乡建镇、建街道办事处和撤村设立社区的工作。民间组织管理：加强社会组织党建工作，组织单建率达到25%，党的工作覆盖率达到95%以上，委派党建指导员达95%以上，党支部书记培训达100%；切实依法做好社会组织管理工作，支持社会组织发展，完善社会组织年检制度，年检率达100%，非法社会组织取缔率达100%；全县共有社会组织109个，其中社团38个、民办非企业71个，积极组织社会组织评估工作，全部建立了社会组织管理网络和社会组织基础信息库；开展社会工作人才队伍建设，加强培训，积极组织职业水平考试。婚姻登记管理：深入开展婚姻登记档案规范化建设和婚姻登记网络预约服务，全年共办理结婚登记4689对，离婚登记1461对，出具（无）婚姻登记记录状况证明1989份，股室审批和登记合格率均为100%。收养救助管理：严格执行收养政策，办理收养登记4件，配合教育部门开展"流浪孩子回校园"专项行动，加强流浪乞讨人员救助管理，全年共救助流浪乞讨人员518人次，自愿救助率达到100%。殡葬管理：加强春节、清明节期间文明祭扫服务管理工作，确保群众祭祀安全有序，在全县开展殡葬宣传活动，并对全县11所公益性公墓进行年检；全年共火化遗体3415具，火化率达100%。区划地名管理：规范地名命名更名管理，更新地名和区划数据库数据，认真做好安县新城区新建道路的命名工作，新建命名街、道、路、巷共64条；认真做好第二次全国地名普查工作，印发《关于成立安县第二次全国地名普查领导小组的通知》加大工作实施进度。（赵顺强）

民生工程

【全面完成工作任务】 2015年，安县十项民生工程目标共141项，包括省级80项、市级45项、县委、县政府自定16项。截至12月底，141个省、市、县级民生工程全面完成，其中完成110%及以上有38个项目。20件民生大事12项全面完成，其中完成110%及以上有3项。

【落实责任】 根据市委、市政府关于民生工程目标任务分解通知及县级民生工程项目的要求，及时召开工作会议，将全年的目标任务分解落实到基层，明确项目实施单位、分管领导和具体责任人。适时召开项目推进会，分析研究存在的突出问题，努力解决好影响项目推进的矛盾和问题，特别是抓好滞后项目的推进措施。

【保障资金】 狠抓上级主管部门资金的跟踪落实，争取民生工程项目资金足额拨付到位，按照项目实施进度，与县财政衔接，将县级配套资金及时拨付，为民生工程实施提供有力的资金保障。加强对民生工程项目资金的监管和使用，按工程进度拨付项目资金，完善资金拨付和使用管理办法，严格资金使用审批制度，确保资金安全、完整，规范管理，提高资金使用效率。县财政、审计部门，加强对民生工程项目资金使用的监督和审计，确保民生资金的安全、有效使用。1—12月，全县民生工程总计投入资金5.91亿元，其中县本级投入1.699亿元。

【规范数据和档案管理】 完善工作措施，强化部门协调，加强信息和数据的沟通共享，确保统计数据真实可靠。民生工程责任部门重视和加强对上（主管部门）对外（县区）的沟通衔接，了解和掌握上级对民生数据统计的具体要求，以确保民生工程统计数据的统一性、可信度。全县继续实行各相关部门数据报送须经部门分管领导签字并加盖单位印章，在规定时间内向民生办报送纸质和电子数据表册，切实做好民生工程的档案归档和管理，规范建立好汇总台账和明细台账。

【加大宣传】 落实宣传责任，强化宣传措施，营造宣传氛围。加大《绵阳民生工程》专栏的信息报送工作，在县政务网开设《民生工程》专栏，在安县手机报开设《民生看台》栏目，着力反映民生工程实施的动态、特色和亮点，反映季度民生工程的推进情况以及历年"关注民生、改善民生"取得的成效。2015

年，安县在市以上媒体、网络、《绵阳民生工程》专栏等，宣传民生方面稿件达410篇，其中国家级22篇、省级109篇、市级222篇、绵阳民生工程网57篇。

【深化督查】 深入基层，深入民生工程现场，了解情况，调查研究，对民生工程的实施进行督促和检查，了解和掌握民生工程项目的推进情况、存在的问题，及时反馈有关部门，采取有力措施，予以整改和推进。加大对项目进度、资金使用、统计台账、信息宣传等方面的督查，跟踪督办，强力推进民生工程有力、有序、有效实施。同时，为了强化部门和乡镇民生工程的责任意识，根据县委、县政府的要求，在已制定民生工程绩效考核的基础上，县委宣传部、县督查办，民生办又制定和完善了民生宣传工作考核办法，对乡镇和部门民生宣传实施目标管理和量化考核。

【齐抓共管，整体推进】 各乡镇、民生工程实施部门、县级有关部门，在民生工程实施过程中，相互支持，密切配合，齐抓共管，全面实施好安县2015年民生工程目标任务。一是县级民生项目实施部门，主动与相关乡镇加强沟通和联系，协调需解决和配合的事宜；乡镇积极配合和有力支持，为民生工程开展和实施创造良好条件，营造宽松氛围。二是县督查办、民生办切实做好民生项目的实施进度、资金使用和宣传信息等方面的督查、督办工作。三是县财政切实做好民生工程资金的调度和及时拨付，检查民生资金的使用情况，确保民生工程的顺利推进。四是住建局强化了对民生工程项目质量监管力度，严把建设质量关，确保民生工程建设成人民满意工程、放心工程。

【强化民生工程的管理和使用】 为了使已建成的民生工程发挥最大的社会效益，实施民生工程的各责任部门，结合各行业的特点，按照"建、管、养、用"的原则，制定了《民生工程管理和使用办法》。落实专门部门和人员，加强监督和检查，强化管理、养护和使用，从而从制度上保障民生工程建好，更能用好，持续改善民生。 （黄　敏）

惠民帮扶

【强化中心阵地建设】 2015年，突出"惠民济困、帮扶救急"主题，以"传递温暖、汇集民意、扶贫济困、有感发展"为工作目的，按照"党委政府主导、部门积极参与、社会各界支持"的方式整合惠民帮扶资源，逐步把中心建成了党委政府掌握民意的重要渠道，成为整合各类帮扶资源的重要载体，实施惠民帮扶工作的重要平台。中心大厅内民政、计生、教育、法律援助、工会、团委、妇联、残联等服务窗口运行正常有序，18个乡镇惠民帮扶站有效开展工作，快捷方便群众办事，建起了多渠道、全方位的惠民帮扶平台。

【完善困难群众数据库】 开展对困难群众数据库信息的维护整理，实现对困难群众信息的动态管理，推进惠民帮扶工作的信息化建设，及时补充录入、删除、整理维护困难群众信息，同时加强"惠民帮扶证"的发放、管理工作，为准确快捷实施应急救助掌握好第一手资料。全县困难群众数据库城镇和农村共计有19806户、31055人。

【开展中心行政效能建设】 中心制发了年度工作安排意见，加强领导，精心组织，统一思想，深化认识，规范机关干部行为，搞好行政监察，推行效能问责，完善长效管理机制。结合惠民、民生工作特点，深入学习实践科学发展观，扎实开展"三严三实"活动，强化学习，牢固树立宗旨意识和服务意识，通过五查五看，提高整体行政素质；结合城乡环境综合治理工作，规范服务行为，搞好督查，提升中心服务形象；结合正风肃纪建设，落实责任，立足教育，提升党员干部廉洁从政的形象。对中心工作人员实行挂牌上岗，自觉接受群众监督。

【开展"双星创建"】 中心工作人员为了方便

群众办事，克服诸多困难，立足岗位，勤奋敬业，积极帮助办事群众解决提出的疑难问题，提高了办事效率。通过“双星创建”活动的不断完善以及“十佳机关服务品牌”和“文明细胞”创建活动的开展，加强了中心服务窗口间的衔接和协调，增强了团队的凝聚力，机关工作作风进一步转变，服务能力明显增强，惠民帮扶形象得到进一步提升，全年评定“星级窗口”12个/次，“星级人员”17人/次。

【开展应急救助】 2015年，市中心下达全县困难群众应急救助目标45万元、450人。截至12月底，中心为全县528人次城乡困难群众解决应急救助资金共计51.61万元，同时积极争取市上应急救助资金7.36万余元。

【开展“金秋助学”活动】 7月，由县惠民帮扶中心牵头，组织县教体局、总工会、团委、妇联、民政局、残联、红十字会、扶贫与移民局等部门，针对城乡困难家庭考上大学的新生及在校家庭特困的大学生进行资助。积极整合资源，按照“着力保障和改善民生”的工作要求，报名、审查、复查、公示、上报每一个环节都做到及时、准确。为全县的231名困难家庭大学新生发放近57.5万元的助学金，同时县级相关部门还积极筹集资金37.2万元，对全县270名家庭困难的大中小学生实施了教育救助。

【推进乡镇惠民网络建设】 为进一步扩大惠民帮扶工作覆盖面，为办事群众提供高效、便捷的服务，提高惠民帮扶时效性，中心着力推进和完善了乡镇惠民帮扶站建设。全县各乡镇均已建成较为规范的惠民帮扶工作站，达到有组织领导、有职责、有人员、有房子、有牌子、有位置的“六有”要求。乡镇还明确了村（社区）惠民帮扶点的职责和要求，落实工作人员，基本达到了横向到边、纵向到底的惠民帮扶工作格局。

【开展法律援助工作】 中心法律援助窗口本着以加强保障为前提，以改善民生为核心，以应援尽援为目标，不断强化法律援助中心的网络体系建设，切实为群众困难提供便捷、高效的法律援助服务，努力构建社会和谐。全年受理各类法律援助案件共计646件，其中民事559件，刑事37件，公证援助50件，咨询录入4223人次，办理各类法律援助事项2700件，挽回经济损失780余万元。参加政府信访等各类纠纷调处58次。新建规范化法律援助工作站3个，法律援助联络点2个。（黄　敏）

社会保障

【概况】 2015年，全县各项社会保险参保38.84万人次，社会保险费征缴总额7.76亿元（包含财政补助），待遇支付总额5.35亿元。全面超额完成各项保险的参保和征集，待遇支付率达到100%。其中，职工养老保险参保人数3.7万人，征集基金4.9亿元。城镇职工和居民基本医疗保险参保人数6.26万人（其中职工医疗保险参保参保人数2.61万人，居民医疗参保人数3.65万人），征集城镇职工基本医疗保险基金1.31亿元，征集居民医疗保险基金个人部分1675万元，各级财政补助到位1054万元。工伤保险参保2.14万人，征集基金724万元。生育保险参保1.75万人，征集基金453万元。失业保险参保9648人，征缴基金1116万元。城乡居民养老保险参保覆盖达24.02万人，参保缴费14.8万人，征收养老保险基金2374万元，各级财政补助到位7596万元。

【加强基金监督管理】 修订完善《内部控制制度》，健全基金监管体制。加强社保基金稽核工作，通过现场监管和AB岗监管结合的形式稽核，对少、漏报基数进行纠正，对因少报基数而漏缴的社会保险基金进行追收，确保基金应收尽收。

【加强待遇享受人员数据比对工作】 建立定期数据比对机制。定期对城乡居民养老保险待遇发放人员与城镇职工退休发放人员进行比对核查，发现有重复领待情况，及时追回，发现一起，追回一起，确保基金安全完整。

【加快社会保险基础数据清理】 由信息股负责牵头制定了安县社会保险数据清理方案，明确数据清理的原则、目标和范围，督促考核各责任股室按清理方案承担的数据清理工作完成情况，并积极与市人社局信息中心、市社保局信息科进行沟通衔接，提供必要的技术支持。截至12月底，共清理数据34797条。

【机关事业单位养老保险】 召开全县机关事业单位养老保险数据采集工作会议，安排部署人员数据采集工作、审核工作，落实专人负责制，层层把关。到年底，全县296个机关事业单位申报资料全部审核通过。

【企业职工养老保险】 4月2日，增加和补发的1032万元基本养老金全部划拨到了每位退休人员的银行账户上。2015年，安县企业退休人员养老金调整涉及21897人，人均月增资157元，由调整前的月平均1135元增加到1292元，月增加养老金支出约344万元。

【城乡居民养老保险】 安县城乡居民基本养老保险基础养老金最低标准提高至每人每月75元，即在原每人每月60元的基础上增加15元。于2月4日，全面完成全县6.89万名待遇享受人员的调待工作，月补发基础养老金103.31万元。2014年7月至2015年1月，全县共计补发723.18万元。

【搭建医疗保险异地就医省级平台】 严格执行异地就医申报备案制，申报备案211人。8月，县人民医院异地就医结算联网测试通过省市评审验收，顺利接入异地就医省级平台，实现了全省异地就医联网即时结算安县区域目标。

【“两定点”医疗机构监督检查】 2015年，县局对全县42家定点医疗机构和153家定点零售药店执行服务协议进行监督检查，对违反协议的药店予以责令限期整改或停网处罚。

【企业职工认证核查】 3月至5月，组织各社区利用省级“退管软件系统”，对全县领取企业（个体）基本养老金的离退休人员、享受1—4级伤残津贴和供养亲属抚恤金人员共计2.13万名认证对象进行待遇领取资格认证，并及时对没有参加认证的退休人员进行待遇停发。

【城乡居民认证核查】 3月至5月，依托18个乡镇劳保中心，深入全县230个村和27个社区，对全县领取待遇的7.05万人进行认证。清理核查死亡和不符合待遇领取条件人员240人，并对3600人未按时认证人员进行待遇停发，认证率达100%。

【社保转移有序开展】 2015年，共办理转移1708人次。其中办理转入865人，转入资金802万元；办理转出192人，转出资金404万元；办理城乡居保转入615人，转入资金105万元。

【社保制卡发卡工作】 安县完成社保卡制卡数据申报26.83万张，持卡人数22万人。制卡发卡达100%。

【业务经办下延工作】 全县有9个乡镇顺利开通业务下延工作，确保社会保险业务延伸基层覆盖面达50%。 （曾国锋）

创业就业

【创新创业工作再创佳绩】 2015年，在“中国创翼”青年创业创新大赛中，安县选送辅导的高校毕业生陈飞宇代表绵阳市天岭中药材开发有限公司勇夺全国总冠军，受到国务院总理李克强的亲自接见和鼓励，大大激发了全县人民的创业激情。

【推进农民工返乡创业】 一是强化信息、项目、典型“三个引领”，下好返乡创业“先手棋”。编印返乡创业政策汇编5万余份，编发微信4期；在上海、广东邀请外出务工成功人士召开返乡创业座谈会；建立“返乡农民工动态信息库”“创业人才台账”；利用各类新型媒体，宣传报道先进典型，分享创业经验，展示创业项目，交流创业信息，坚定外出人员返乡创业的信心。二是统筹整合全县各级各部门合力，整合各类政策、项目和资金资源，以政策、技术、服务“三个支撑”不断强化“保障力”。及时出台《支持农民工和农民企业家返乡创业实施意见》《建立县、乡镇、社区三级就业创业服务指导体制机制》等文件；建立健全创业指导制度，扎实开展职业技能培训、实用技能培训、创业培训；落实乡镇和社会创业服务机制与体制，为返乡人员提供“点对点”全程跟踪服务。三是充分发挥创业服务、创业示范、电子商务“三个平台”作用，打造返乡创业的一流环境。创业服务中心为返乡人员提供“保姆式”服务和从企业注册到项目落地的“一站式”服务，全县建设好23个返乡创业示范基地或点；建成县电商产业园1个、县级淘宝服务站1个、村级淘宝服务站47个，并在互联网上筹建“特色中国·安县馆”，引导涉农企业在线推广“安县造”品牌。四是创新工作措施。通过实施巩固、扶持、提升“三个一批”工程，对各创业阶段人员实施分类指导和服务，统筹推动全县农民工和农民企业家由外出“打工潮”向返乡“创业潮”转变。全县农民工返乡创业工作受到省市领导好评，省人社厅在第6期《简报》对安县的做法予以表扬。

【强化职业培训，提升技能促就业】 根据用工需求开展各类培训。为适应安县旅游发展需求，开展旅游配套服务培训，为晓坝镇“罗浮山漂流”开展前厅服务员培训，提升接待服务能力；开展中式烹调培训，大力促进全县各类农家乐和小餐饮业发展；为促进安县园区企业发展，开展家用电子产品维修培训，为企业输送和储备劳动技能人才；为促进大众创业和万众创新，开展创业培训，提升创业技能，提高创业成活率；为促进服务业发展，开展服装裁剪缝纫工、家政服务、育婴师等培训，切实发挥服务业吸纳就业的主渠道作用。落实开班申请、过程检查、结业审核三项培训制度，确保培训工作的效率性、实效性和真实性。全年青年劳动者技能培训1242人，岗位技能提升培训2000人，创业培训478人，品牌培训150人。

【抓公共就业服务，搭建平台促就业】 为帮助劳动者找工作，切实搞好“就业援助月活动”“春风行动”、企业招聘会等一系列公共就业活动。在秀水镇的“春风送岗位——四项承诺”现场招聘会中，提供就业岗位近万个，涉及装备机械、电子、计算机信息、纺织、服务、服装、食品、加工等产业，共有20000余人次参加活动，发放招工简章宣传资料30000余份，达成求职意愿2350人，达成培训愿望510人，为农村富余劳动力和用工企业双方搭建了就业桥梁。在文化广场举行的县内企业招聘会中，参会人员达2000余人，达成求职意愿220人。

【全面落实帮扶政策，做好就业困难援助】 2015年，为1181名城镇就业困难灵活就业人员发放社会保险补贴238.8万元；指导全县27个社区、18个乡镇政府及其他单位大力开发公益性岗位，49个用人单位中有546人享受补贴，拨付公益性岗位补贴及社保补贴1141.4万元，对就业困难人员进行托底安置；做好失业保险费率调减工作，减轻单位和个人的负担；落实企业稳岗补贴，减少企业裁员或不裁员，稳定就业，全县有2家企业申报核定2014年度稳岗补贴，补贴资金75万余元，有70家企业申报核定2015年度稳岗补贴，补贴资金331万余元，切实减轻企业负担，促进单位按时参保缴费。

（赵　涌）

民族宗教

【民族工作】 2015年，争取少数民族发展资金项目15万元，用于扶持塔水回民肉牛养殖；争取省散杂居少数民族发展资金10万元，用于塔水白塔村沟渠整治。春节期间集中慰问70户困难少数民族家庭户。全年为90名少数民族群众办理民族身份更改、证明。开展民族团结进步创建活动进机关、企业、学校、社区、寺庙活动，塔水镇政府和王森分别被市委、市政府表彰为民族团结进步先进集体和先进个人。

【宗教工作】 在全县宗教场所开展普法教育和“法律七进”活动，开展“宗教文明和谐寺庙创建”“宗教政策法规学习月”“法律进寺庙”活动。县委统战部、县民宗局组织宗教界人士开展了宗教法规政策集中培训。春节期间，组织全县各宗教场所捐资5万元慰问贫困户15户。安县石安寺、皇帽山宝藏禅院被市民宗局批准为佛教活动固定处所；顺利举办睢水“民俗踩桥”、罗浮山飞鸣禅院观音庙会、高川玉皇观法会、宝林东佛寺和石安寺的开放仪式等大型宗教活动。开展宗教场所分布调研，制定安县宗教场所“十三五”规划方案。协调处理花荄雍峙寺、千佛镇莲花寺违规建设行为，化解河清普济寺修建寺庙发生的债务纠纷。开展宗教领域专项治理工作，对乱建小庙、私设功德箱、寺庙内烧高香、抽签算卦等非法和不文明行为进行打击。加强基督教、伊斯兰教非法传教工作的监管，确保宗教领域的和谐稳定。（任中秋）

老龄工作

【保障老年人合法权益】 2015年，调整老人生活补贴：百岁老人300元／人·月，90—99岁老人每人50元/月；为全县65周岁老人免费搭乘公交车办理老年卡4800张；落实为贫困老人维护权益与法律援助行动，提供法律援助35人次以上，办理老年优待证1050余个。

【开展丰富多彩的老年活动】 全县各乡镇、各部门都建有老龄工会组织，经常性组织老年人开展形式多样的活动。县文化广场常年向老人开放，老年舞协、门球协会、网球协会、乒乓球协会、象棋协会经常组织会员参加训练以及表演、比赛活动。在“九九”重阳节和国庆节期间，县老龄委按照省、市要求作了安排部署，各部门、各乡镇、各协会以不同形式开展丰富多彩的“敬老月”活动。（唐加明）

扶贫开发

【扶贫开发项目建设】 2015年，共争取各级财政专项扶贫项目资金877万元，实行“一事一议、民办公助、先建后补”方式，主要用于基础设施和产业发展建设，项目村贫困户受益全覆盖。安排省级资金607万元，在千佛镇、沸水镇、晓坝镇共7个省级贫困村实施；安排省级资金100万元作为产业扶持周转金，探索贫困户生猪委托经营（代养）机制，支持建卡贫困户通过养殖产业发展增收；安排县级资金170万元，在千佛镇、乐兴镇、晓坝镇、高川乡共4个省级贫困村实施。全年硬化水泥路21.8公里，新建泥碎路18.08公里，整治塘堰2口，新建产业便道1.13公里，新建沟渠2.52公里，修建漫水桥3座，发展中药材1400亩、魔芋430亩、黑芋子628亩。

【扶贫攻坚措施】 制定“五个一批”扶贫攻坚行动计划。即：享受扶持生产和就业发展一批5898户、10606人，移民搬迁安置一批16户、39人，低保政策兜底一批698户、1892人，医疗救助扶持一批3308户、4022人。完成41个贫困村“十三五扶贫规划”；组织完成县级10个扶贫专项方案编制工作；出台《关于集中力量打赢扶贫开发攻坚战确保同步全面建成小康社会的实施意见》（安委发〔2015〕11号）等县级文件。

【超额完成扶贫解困任务】 坚持以人为本的核心理念和开发式扶贫方针，深入贯彻落实“扶贫六个精准”，扎实开展扶贫解困工作。完成减少农村贫困人口4516人，占省、市目标任务4088人的110.4%。

【动态管理建档立卡】 对扶贫对象实行精准化识别、动态化管理，做到底数清、任务清、责任清。完成5953户、16115人扶贫对象建档立卡数据采集录入更新工作；完成扶贫对象的

"五个一批"统计分析工作；完成清退不符合要求的贫困对象和新进贫困对象识别工作。

【扶贫攻坚结对帮扶】 落实41个贫困村（其中省级贫困村24个、县级贫困村17个）驻村帮扶工作组，确保每个贫困村有1名县级领导联系、1个驻村帮扶工作组、1名工作组组长、1名第一书记、1个联系单位、每个贫困户至少有1名具体帮扶责任人，实现驻村帮扶"六个一"全覆盖。其他有扶贫任务的村，除没有落实1名县级领导联系外，也全部实现了驻村帮扶"五个一"全覆盖。 （荣　林）

移民工作

【狠抓移民信访接待】 2015年，建立了移民信访接待办公室，并落实专门人员负责接待处理移民群众反映的问题，严格按照《信访条例》接待和处理移民问题，做到"件件有落实，事事有回音"。全年共接待信访群众13起21人次，办结率、息访率达到100%，有效维护了移民社会稳定。

【核发移民后扶资金】 严格按照国发〔2006〕17号文件，组织17个移民接安乡镇，全力做好宝珠寺、瀑布沟、三峡电站、蟒塘溪、狮子滩、以礼河、白水湖水库等大型水利水电工程移民的后扶核实核发工作。全年共核发移民后期扶持资金272.07万元，核发准确率达100%。

【移民技能培训】 进一步拓展移民群众致富奔小康的发展思路，完成移民技能培训60人，就业率达90%以上。

【改善移民生产生活条件】 全年共争取并实施移民项目资金213万元，分别在沸水镇沸泉村、大同村和睢水镇白河村、金华村实施，主要用于农田水利配套设施、产业道路、产业发展、文化教育设施建设等，有力促进移民安置区社会和谐发展与稳定。

【"瀑电"移民调概工作】 按照安府函〔2015〕41号文件精神，有序推进"瀑电"移民调概（调整和概算）工作。认真开展遗留问题处理，规划和设计新增项目。

【草溪河水库前期工作】 按照县委、县政府的安排部署，全力配合县水务局，完成了草溪河水库建设《移民规划安置大纲》和《移民规划安置报告》的审批工作。 （黄　俊）

残疾人事业

【概况】 2015年全县紧紧围绕"一个中心、两个体系、三大保障"，以残疾人民生工程为主线，以量体裁衣式个性化服务为依托，在残疾人康复、教育、就业、扶贫、社会保障、信访维权、文化体育等方面，共投入资金650万元，为1.74万残疾人提供17.79万项次的个性化服务，完成省、市下达的年度目标任务。县残联被绵阳市政府残疾人工作委员会评为"2015年全市残疾人工作特等奖"和"2015年残疾人民生工作先进单位"。

【康复工作】 完成白内障复明手术300例，其中贫困白内障免费手术180例，精神病人住院救助10人次，精神病服药救助100人次，低视力康复10人，盲人定向行走训练36人，聋儿语训5人，聋儿家长培训6人，成人听力助听器验配3人，肢体残疾人社区康复训练50人，智力残疾儿童社区康复训练25人，在职培训1人，社区康复协调员培训10人。

【教育就业】 征收残疾人就业保障金350万元；春节慰问了特校全体师生，送去慰问金3万元；积极开展"金秋助学"活动，为11名考取大学的贫困残疾考生和残疾人家庭子女发放助学金3.3万元和助学大礼包；积极组织残疾人参加"春风送岗位"招聘会，其中40名残疾人与用人单位签订意向协议；开展城乡残疾人技能实用技术培训，6824人次残疾人参加了县、乡镇组织的各类培训。

【量服工作】 全县“量服”平台录入持证残疾人总数12090人，为16483名残疾人制定个性化服务方案和落实方案，提供各项个性化服务落实177876项次，人均得到服务10.79项次；持证残疾人落实覆盖率达100%；手机录入率达100%。根据省、市要求，将民生工程和残疾人工作目标任务规范录入量服平台。

【民生工程】 全年共投入资金540.22万元，完成城乡残疾人居家灵活就业4640人，居家灵活就业直补416人，其中省级150人、市级19人、县级247人；扶持农村贫困残疾人发展生产5300人；为贫困残疾人适配亟须的辅助器具500件；救助贫困家庭脑瘫儿童25人；居家托养智力、精神残疾人134人，资助残疾人托养服务机构1家；资助重度残疾人护理费用人数4613人；残疾人家庭无障碍改造60户；救助贫困家庭重度听力残疾儿童5人，救助智力残疾儿童康复训练9人。

【扶贫工作】 为全县68名残疾人发放残疾人机动轮椅车燃油补贴2.482万元；1月开展了“温暖万家行”活动，走访慰问残疾人800户，送去大米、菜油、棉被、电热毯等物资，总价值28万元；11月8日至12月27日开展了“创维惠民工程——公益万里行”活动，7100户残疾人家庭参加，每户1张优惠卡，单张优惠金额500元，共优惠355万元；按照“六个精准”的要求，为1417名残疾人纳入农村贫困户建档立卡。

（李 彬）

园区工作

产业发展研讨会

安县工业园区

【概况】 2015年，园区着重在项目建设、要素保障、盘活存量、企业服务上下功夫，开发建设有序推进，经济指标平稳增长，各项工作推进顺利。园区核心区入驻工业项目149个，投产企业108户，规模企业达到56户；规模以上企业工业总产值实现105.15亿元，同比增长25.2%；规模以上企业营业收入实现97.24亿元，同比增长15%；固定资产投资（含技改）完成33.7亿元，实现税收1.18亿元；新增规模以上企业9户，新发展科技型企业30户。

【项目建设】 2015年，新广鑫粮机、新一美生物、成州量具、金润特机械、鑫丰电器、佳仕达机电、联合传动等8个项目已建成投产或试生产。新开工建设的纳川管材、九州通医药、久信科技、利泰来味业、绿源米业、安洲集团、杰兴机械、宏宇汽车、佳能达医药等项目进展顺利。年底，园区共有在建项目21个，用地面积1150.84亩，按协议总投资15.73亿元。

【配套设施】 园区核心区建成道路近35公里，形成了以辽宁大道、辽安路、快速物流通道、一环路为主干和花兴路西延段、园区创业路、科兴路、永丰路等支路的便捷交通物流体系。建成汽车配件产业园、中小企业创业园共8.7万平方米标准厂房及其配套设施。110千伏的专用变电站、供气管网及供气站、供水厂、排洪沟、建筑面积达20万平方米的“安馨公寓”等要素配套设施日益完善。

【闲置资产盘活】 按照以用为先、分类指导、依法处置、集约利用的总体要求，坚持“一地一策、一企一议”，通过“服务促进、联合引入、转嫁盘活、依法处置”等方式，分别促成了天雄药业引入天江药业1500吨中药材项目、瑞晨汽车和华元航升合作年产30万套柴油车尾气净化器生产线技改项目、久远智能收购力瑞新能源闲置厂房、安洲集团租赁环通电动车闲置办公用房及厂房、钎秋科技司法拍卖等一系列清理盘活园区闲置资产工作。截至年底，园区以二次招商方式共引入21个项目收购或租赁闲置厂房生产，累计盘活闲置厂房或办公用房逾13万平方米，实现土地集约化、合理化利用。

【创业孵化】 创业服务中心继续优化对中小微企业、大学生从企业注册到项目落地的“一站式”服务，新建创业食堂和创业咖啡，筑巢引凤，着力引进科技型人才和团队入驻，中心被省科技厅认定为省级创业孵化器。截至年底，中心共入驻企业90户，其中科技型企业39户、大学生创业12户、中介服务机构6户，企业拥有知识产权57件，并聚集各类企业、创业人才556人，共吸纳就业人员859人。

【规划编制】 高水平推进园区“十三五”整体规划和四川绵阳汽车产业园战略规划及空间规划编制工作，积极配合规划编制单位组织专家论证和研讨会，开展前期实地调研。2015年底，完成了四川绵阳汽车产业园概念规划示意图，并抓紧推进其他规划编制工作。

【四川绵阳汽车产业园建设】 2015年，市委、市政府将安县确定为全市发展汽车及新能源汽车产业的基地，市政府批复在四川安县工业园区设立四川绵阳汽车产业园（绵府函〔2015〕264号），和安县工业园区实行“两块牌子，一套人马”，奋力打造全省第二大汽车产业基地。园区重点对接华晨25万辆整车，一汽、比亚迪新能源汽车整车，中汽零汽车零部件产业园、中能东道“新能源汽车三电”项目等。注重产业研判，组织汽车产业园产业发展研讨会，来自中汽协、中汽零等机构的专家学者为绵阳汽车产业的发展和建设建言献策。成立了县汽车产业发展领导小组，在县投促局新成立汽车产业暨项目包装股、产业推进股，高效推进各项工作。全年，全县汽车产业实现规上企业工业总产值25亿元，其中整车生产2.75万辆，实现产值13.6亿元。

【深化改革】 园区牵头，协调相关县级部门，以规范和优化工业园区管理运行模式、发展投入机制、人员选用及激励考核机制等为主要内容深化工业园区改革工作。县委、县政府出台《关于进一步理顺和优化四川安县工业园区体制机制的实施意见》。通过改革，完善“一区多园”的管理体制，突出园区的主要职能和主体责任，提升园区在项目推进、保障和服务支持企业发展上的水平。

【团队建设】 以人才优先发展试验区建设为契机，强化人才引进和培养，制定并印发园区2015年干部职工素质提升活动计划，定期开展园区讲坛，提高干部职工素质，提升服务企业质量和水平。完善园区机构设置，细化人员交流、补充方式，加强园区领导干部与县级部门和镇乡的任职交流，面向社会公开招聘工作人员，促进新鲜血液流入，保持活力。设立单独目标考核体系，制定完善个性化考核方案，根据每个岗位职责确定考核分值，调动干部职工积极性，激励干部职工创新实干。 （赵 磊）

安县生物礁国家地质公园管理处

【概况】 安县生物礁国家地质公园总面积508平方公里，核心区面积97.9平方公里，以睢水海绵生物礁群遗址为基础，富藏砾岩岩溶地热温泉、龙门山地质构造等地质遗迹，由安县园区（罗浮山景区、白水湖景区、千佛山景区、睢水景区）组成的综合型国家级地质公园。公园的地质遗迹核心是睢水海绵生物礁群，属世界极其罕见稀有的晚三叠世硅质六射海绵动物化石以及其营造的深水海绵生物礁群。公园另一富有特色的地质遗迹砾岩岩溶是龙门山地区特有的地貌现象，它构成了罗浮山、睡美人、虎头岩等奇特景观。地质公园内还有名胜古迹“姊妹桥”“太平桥”以及闻名全国的民俗活动“睢水踩桥”。

【工作成果】 2015年5月，县委发文明确了安县生物礁国家地质公园管理处的管理区域为罗浮山温泉旅游度假区。通过努力，罗浮山温泉旅游度假区呈现健康稳步发展势头。旅游产品体系进一步丰富，旅游接待基础设施进一步完善，旅游市场空间进一步拓展，旅游市场运行健康有序，旅游接待服务水平整体提升，休闲旅游目的地形象愈加鲜明，度假区发展的后劲进一步增强。全年共接待游客100万人次，实现旅游收入2亿元，区域内税收实现800万元。 （魏建蓉）

安州年鉴
AN ZHOU YEARBOOK

乡镇简况

沿山乡镇一隅

花荄镇

【概况】 花荄镇，旧称花街场。因“街”字欠雅，民国37年（1948）更名为花荄镇。2002年4月安县县府驻地迁址花荄，花荄正式成为安县政治、经济、文化中心。位于四川西北部，东北与江油连界，西南与界牌镇接壤，北接黄土镇，西靠兴仁乡。距绵阳市科技城10公里。地理坐标为：北纬30° 32′，东经104° 33′。全镇辖区面积97平方公里，城区面积13.8平方公里，辖18个行政村180个村民小组，5个社区42个居民小组，总人口82571人，农业人口23968人。乡村旅游胜地“花城果乡”远近闻名，花荄镇先后被评为省级生态乡镇、省级旅游示范乡镇、省级法治示范乡镇。

【主要经济指标】 2015年，全镇实现工业总产值15.55亿元，规模以上工业总产值1.55亿元，规模以上工业利润总额317.6万元；社会固定资产投资3.9亿元；社会消费品零售总额5.41亿元，增长31.71%；公共财政预算收入2084.48万元；国税年初下达任务1000万元，实际完成1395万元，比2014年增长6%；地税年初下达任务2600万元，实际完成2683万元，比2014年增长5%；农民人均纯收入达到15372元，增长13.2%；乡村旅游收入1.3亿元。

【农村经济】 花荄有60个农村经营专业合作组织，其中有国家级示范社2个（圣康和森泰），省级示范社4个（圣康、森泰、仙灵、益昌薯业），特色农产品重点合作社5个，联合社1个。随着合作社的增多，花荄镇积极调整思路，用现代工业理念发展现代农业，通过“公司+合作社+基地+农户”等方式，推动农业由粗放型增长向集约型增长的转变。建成1200多亩的中药材科技园，500多亩的红心猕猴桃园和百亩大棚草莓园。建成以养香醇雁开办农家乐为主的退伍军人返乡创业示范点1个，以金佛手种植和“聚联水乡”农家乐为主的农民工返乡创业示范点2个，以壮源生态农业公司为主的大学生创业示范点1个。形成了养殖业以圣康和森泰蛋鸡为主，年养殖蛋鸡120万只，肉鸡40万只，生猪出栏6万头；种植业以益昌薯业和好农果蔬为主，种植优质果蔬23000余亩，薯类种植15000亩；中药材种植以德培源和金佛手为主，种植柴胡1200亩，川佛手500亩的产业格局。

【工业企业】 为推动工业企业发展，花荄镇一是组织成立协税护税队伍，确保辖区内税务应收净收；二是盘活镇域闲置资源，在原有3家规上企业基础上，引进西科种业、康辉石材等工业企业，扶持培育12家中小型科技企业，培育壮大税源；三是加大招商引资力度，引进德培源公司投资0.8亿元的花城本草中药文化产业园项目，建立1200亩柴胡种源、示范和科研基地；引进川蜀老灶房投资0.3亿元的饮食文化园项目；推动竹影清风体验等4个旅游项目落地建设；持续跟进服务西科大城市学院、好农国际等市、县重大项目建设。

【三产经济】 探索实施“互联网”+“三农”模式，加快培育以返乡大学毕业生、大学生村干部、农村青年致富带头人、返乡创业青年等为重点的电商带头人，建立村级电子商务店，通过“互联网+”将农村电商与大学生创业、返乡农民工创业相结合，激活社会消费新的增长点，促进农民增收、加快农业现代化发展。目前，位于红武村，总投资11.5亿元，占地面积800余亩，以“自营、配送、第三方物流、电子商务”四大经营模式为主的好农国际物流中心正式开园，该项目将带动周边5000户农户增收致富，新增就业岗位1500个。联丰、马安、西桥、雍峙、红武、红花等6个村建立的农村淘宝服务站，仅联丰淘宝服务站一天营业额就达104万元。创业实验园中，由4名大学生建立的绵阳壮源生态农业公司已成功创建“壮源贡呈”品牌产品，与“田田园”合作实现线上线下订单供应，已通过互联网销售土鸡1000余只；圣康禽业有限公司生产的圣吉康鸡蛋也即将实现线上销售。

【乡村旅游】 以打造"一廊三园"（乡村风情景观走廊和花城本草中药文化产业园、农耕文化传习园、川蜀美食文化园）为重点，启动创AAAA级景区智慧旅游信息化建设，做好"花城果乡"创AAAA级景区的提升规划工作。成立商旅办公室，具体负责"花城果乡"乡村旅游管理工作，引导区域内经营业主成立乡村旅游协会，落实规章制度、岗位职责，促进乡村旅游规范化发展。扩建、新增停车场、公共厕所等基础设施，新建了水上游乐中心和儿童乐园，增设了卡丁车、攀爬、旱冰等亲子娱乐设施，举办厨艺大比拼、啤酒音乐节等娱乐活动。

【民生工程】 失地农民参保338人，资助1833户2099人农村困难群众参加"新农合"，新型农村养保实现全覆盖。96名农村五保户纳入分散供养范围，40人纳入集中供养。城乡医疗救助58人，农村医疗救助"一站式服务"救助534人。在西岩社区，联丰村建立了日间照料中心。举办各类培训班7期，新增返乡农民工创业21人，失地农民创业138人，复原退伍军人创业36人，大学生创业10人，成功创建返乡农民工创业示范点2个。（冷　黎）

桑枣镇

【概况】 桑枣位于安县北部，与安县秀水、乐兴、沸水、晓坝、千佛及北川县永安、安昌、擂鼓等8个乡镇接壤。距安县县城23公里。区域面积101平方公里。总人口4.1万，男女比例为54：46。辖19个村1个社区。城镇建成区面积2平方公里，城区人口1.1万人。2015年桑枣镇年度综合考核位居全县前列，先后荣获四川省卫生镇、四川省档案工作规范化管理二级标准、市级森林防火"六有"先进乡镇、安县争创"四好"班子先进集体等荣誉称号。

【主要经济指标】 见下表。

【稳步发展现代农业】 新增农村专业合作经

2015年桑枣镇主要经济指标社会指标完成情况统计表

指标	单位	数量	比上年（%）
地区生产总值	万元	103011	8
乡镇财政总收入	万元	1898	117.16
农业总产值	万元	26410	4
粮食总产值	吨	19100	6.09
工业总产值	万元	78164	18
工业销售收入	万元	76447	9.00
固定资产投资总额	万元	10760	2.48
招商引资到位资金	万元	3840	8.02
第一产业增加值	万元	18534	3.8
第二产业增加值	万元	37392	3.6
第三产业增加值	万元	47085	12
国税收入	万元	120	19.38
地税收入	万元	270.6	4.08
农民人均纯收入	元	12224	11.49

济组织1个，规范完善农村专业合作经济组织1个；强化农业科技和信息服务，加强农业实用技术培训，扎实做好重大动物疫情防控和农产品质量安全监管。

【大力发展农业产业】 2015年，在原有农业产业的基础上，新发展莲藕种植1000亩，葡萄20亩，大棚蔬菜500亩，羊肚菌380亩，养殖阳澄湖大闸蟹120亩，中药材80亩，跑山鸡1000只，小龙虾170亩，种植中药材前胡700亩，黄连1000亩，山木药材200亩，种植魔芋116亩，黄连200亩。在干柏村新建黄秋葵、绞股蓝茶加工厂一处。

【持续推进扩权强镇试点工作】 全面启动扩权强镇试点工作，积极与县级14个部门衔接，下放102项权限事项，充实完善便民服务中心，开设12个便民服务窗口，抽调22名工作人员，实行AB岗制度，实行“一站式服务”。2015年，桑枣镇扩权强镇试点工作累计接办件18650件，群众满意率达98%以上。

【实施“互联网+”进农村战略】 大力推进“全企上网，全民触网”，在红牌、上清、云丰、飞龙、高峰新建村级淘宝服务站5个，实现电子商务交易额3100万元，网络销售1300万元。

【成立桑枣镇文学艺术界联合会】 积极发展镇村（社区）两级文化艺术人才队伍，在全县率先申请注册成立规范的民间文学艺术团体——罗浮山文学艺术协会，成立了全省第二家全市第一家乡镇文学艺术界联合会，并扶持罗浮山文学艺术协会积极开展工作，出版乡土文学《枣园文艺》第八、九两期，刊登辖区内文学艺术作品120多篇幅。印刷1600余册，分发全县各机关和各乡镇。

【新建应急避险暨群众文化活动广场】 积极争取配套项目支持，投资150万元完成桑枣镇应急避险场所暨群众文化活动场所修建，同时创新镇村文化站点的管理。全力做好了镇文化站、农家书屋免费开放工作，使省特级文化站——桑枣镇综合文化站充分发挥其作为全镇文化发展、文化活动主阵地作用；各村（社区）完善公共文化服务设施。

【开展系列主题文化活动】 在元旦、春节、元宵、清明、中秋、重阳等传统节日开展系列文化主题活动，2015年共举办镇村两级大型文艺演出23场。“山歌王子”杨守贵在安县举行的第四届山歌（民歌）比赛中获得全县第一名的好成绩。

【进一步挖掘历史文化资源】 进一步挖掘提升桑枣镇历史文化资源优势，努力打造具有较高知名度和影响力的文化品牌，焦鸭子、焦小妹在安县首届厨艺大赛中获得“安县名小吃”的称号。

【实施市政天网工程】 投资61万元，实施城镇市政天网工程项目，在城镇16处主要卡口安装23个高清摄像头，实现城镇重点部门、重要区域的全天候24小时视频监控，最大限度地压缩违法犯罪空间。通过与县综治天网视频系统互联互通，共享信息数据，进一步提升场镇社会治理和管理服务水平。

【扎实推进城乡建设】 完成桑枣镇总体规划（2014—2030）编制工作，实施黄金堰街—浮山路段的枣园中街市政基础设施建设，新铺设雨污排水管网、地埋通信综合管网、人行道、黑色沥青路面，新安装路灯118盏，改造场镇400余户天然气、投资200余万元，改造自来水厂，彻底解决城镇生产生活用水、用气困难的“老大难”问题，完成桑枣城镇应急避险场所（群众文化活动场所）项目建设，完成桥楼街市政基础设施建设项目；积极规划枣园上街至黄金堰街市政基础设施建设，实施城镇市政照明路灯维修改造项目，对场镇446盏路灯进行检修、铺设电缆、更换灯具等，确保城镇照明，切实完善城镇基础设施，提升镇容镇貌。

【不断完善农村基础条件】 2015年，中央财政小型农田水利重点县建设项目投资1400余万元对桑枣镇六个村61座山坪塘、8处石河堰、7口蓄水池、44公里沟渠进行集中整治，实施了基本口粮田改造项目，投资400余万元对干柏、跳石实施水土保持项目，协调资金80余万元实施大竹至铜钱水毁道路修复工程，通过“一事一议”和群众筹资筹劳，共新建通组道路20公里，整治沟渠28000余米，茶坪河堤防5公里，投资100余万元，实施城乡一体化供水，解决了红牌、立志、海水、松林、浴溪、石佛、跳石、干柏等村1.5万人饮水安全问题，在上清、香溪、云丰等村新安装天然气1500余户，全镇达到6000户2万余人用上了天然气，修建人饮工程集中供水站3个，铺设主管道50千米；新建提灌站5座，改建15座；改建水渠40公里；维修塘堰150口，新建蓄水池22口。

【加强城乡环境综合治理】 落实城乡环境和农村生活垃圾治理“五有”机制，新建垃圾收集房15个，垃圾收集池129个，投放垃圾桶219个，新增垃圾收集车33台，果皮箱135个，配备了216名保洁人员进行清扫保洁，2辆垃圾清运车对垃圾集中清运，实现垃圾日产日清，投入20余万元购买10吨型洒水车1辆，隔天对场镇进行洒水作业，2辆巡逻车每天对环境进行督促巡逻，河道、堰塘、沟渠等公共环境没有生活垃圾、建筑废渣，生活垃圾无害化处理率达到90%以上。2015年5月，代表安县接受全国农村生活垃圾治理第三方评估现场检查并顺利通过验收。

【加强城镇管理】 不断完善镇、村、企业、单位辖区环境卫生秩序责任机制，落实商家店铺“门前五包”，完善管理机制，形成齐抓共管的合力，使城镇管理常态化，建立健全场镇各单位综合考核制度，对场镇的摊点规范到市场经营，对场镇五条主要街道设置了减速带和专门的停车位，添置交通标示标牌、限速标志；对全镇城乡建设实行联审审批制度，规范合法建设，整治违法建设。全年共查处违法建设4宗，拆除违建278平方米。

【全面强化民生保障】 实施中联矿山安评区涉及骑牛26户的搬迁补偿安置工作；实施地质灾害隐患治理10处，开展防灾减灾综合演练，强化地质灾害和汛期安全防范，避免人员伤亡和财产损失；开展集中办理老失地农民参加养老保险工作，共办理2240人；发放城乡低保金44万元，五保供养金47万元，临时救助650人次55000元；建立浴溪村养老服务日间照料服务中心，优化老年人的生活环境；全镇新农合参合率达到99%，城乡居民养老保险参保率102.5%；全面推行农村0—18岁独生子女大病、死亡保险，开展计生特殊家庭探索帮扶项目，计划生育“三金”发放1564380元，全面落实“奖励扶助”政策，孕前优生健康免费检查超额完成任务目标，计划生育率达到88.89%。认真落实粮食直补、综合补贴、良种补贴、农机购置补贴、退耕还林补贴等惠农政策；大力实施宽带通信网络全覆盖，促进农村信息化建设。实施梓潼大桥灾后重建，并于2015年7月6日正式建成通车，解决13000余名群众出行难的问题，集资3.5万元，对梓潼大桥两边路灯进行了安装。全力做好困难群众安全过冬和扶贫解困工作。

【积极支持创新创业】 积极发展现代物流、现代金融、科技服务等新兴先导服务业，推进农村现代流通体系建设。新增科技型小型微型企业6家，成功举办创新创业培训80次，提供就业岗位1000余个，新增就业800余人，涌现出龙俊杰、林建等优秀农民工和农民企业家返乡创业。

【加快发展社会事业】 农村义务教育学生“免费午餐”惠及学生3500人，桑枣中学与东辰国际学校开展联合办学，并在绵阳市纪念“一二·九”运动80周年合唱比赛中夺得初中组特等奖。连心小学对男生公寓楼进行了全面加固改造。在派出所、文化站、畜牧站等场镇7处主要街道口安装应急喇叭21个，全面提升了场镇应急避险能力。

【全力做好财税金融工作】 桑枣信用社、农行营业所、邮政储蓄银行三家金融机构，积极支持地方经济，助推了全镇经济社会的发展。2015年，信用社存贷规模达3.7亿元（其中存款2.4亿元，贷款1.3亿元）；农行营业所存贷规模达4.52亿元（其中存款3.02亿元，贷款1.5亿元）；邮政储蓄银行存款1.5亿元；全镇收回农房重建贷款508万元。

（李　婷）

秀水镇

【概况】 秀水镇，位于安县中部，地理坐标为：北纬31° 30′，东经104° 20′。面积96平方公里，城镇建成区面积3.2平方公里，北连桑枣镇，东邻乐兴镇、塔水镇，东南接河清镇，西连沸水、睢水、迎新三乡镇。距县城24公里，全镇辖35个村、3个社区，343个村（居）民小组。2015年年底，全镇户籍总人口7.4万人，其中农业人口4.9万人，非农业人口2.5万人，城镇化率33.78%。

【主要经济指标】 见下表。

【农业经济】 按照“坝区发展优质粮油特色蔬菜观光产业，丘区发展有机种养殖”的发展思路，调整农业产业结构、发展农民专业合作组织，强化农业产业化服务体系建设。主抓龙腾农机服务专业合作社、万勇蔬菜专业合作社、平友食用菌种植专业合作社、辽安粮经种植专业合作社，初步建成以龙泉、牌坊等10余个村为核心的辽安路新农村示范片区。建立核心示范区，进行连片重点打造，提升中低产田改造效果，在长春1组、柏林6组、龙泉3组、牌坊4组建立示范片，完成全镇175户科技示范户的物质发放和技术指导工作。

【农村基础设施建设】 经过县水务局的具体指导，秀水镇青松、蟠龙、石马、红光、金山五村涉及共11686亩耕地、8567人的“小农水”项目于10月1日顺利进场，共投资1611.27万元新建沟渠16.10公里、泵站4处，整治沟渠24.97公里、山坪塘70座、河石堰8处，改善了区域内的灌溉条件，解决偏远丘区“靠天吃饭”灌溉难等问题。通过村级公益事业“一事一议”财政奖补项目争取奖补资金153万元，完成组道建设0.8公里、村道建设11.2公里，沟渠修建5.5公里，整治双泉村塘埝1口，在高山村新建提灌站1处，在珍珠村新建1100平方米群众文化休闲广场，有效改善群众生产生活条件。为切实解决“最后一公里”的问题，全镇在农联、大泉、火光三个村，实施分散供水项目，切实解决了1100户，3100人吃水困难。

【生态农业建设工程】 积极抓好农村新能源建设，秸秆禁烧等工作，积极构建生态农业。

2015年秀水镇主要经济指标社会指标完成情况统计表

指标	单位	数量	比上年（±%）
地区生产总值	万元	264470	8
公共财政预算收入	万元	2465.31	24.81
农业总产值	万元	61139	6.41
粮食总产量	吨	38666	2.31
工业总产值	万元	120945	8.45
工业销售收入	万元	111027	4.47
固定资产投资总额	万元	20266	36.47
招商引资到位资金	万元	10500	1.94
第一产业增加值	万元	38494	6.41
第二产业增加值	万元	14976	-4.44
第三产业增加值	万元	8832	3.58
国税收入	万元	158	30.15
地税收入	万元	180	12.50
农民人均纯收入	元	11093	23.81

完成半玻钢农村户用沼气池15口；春季四旁植树10万株，“3·12”义务植树9万株，栽植一般造林500亩，中幼林抚育3500亩。加强退耕还林管护1870.81亩，通过国家验收全部合格。

【工业经济】 创优投资和发展环境，支持神龙公司、茂森化工等企业，加大技改，做大增量存量。2015年全镇工业企业完成技改与扩建投资12000万元。完成招商引资10500万元，新增规模工业1户、申报科技型中小企业4家。投资1400余万元的贵荣贸易有限公司扩建工程正在建设中。新建年产20000吨磷酸二氢钾生产线等项目建成投产。

【扩权强镇】 2015年1月，秀水镇正式启动扩权强镇试点工作，镇党委、政府积极与县级放权部门加强沟通联系，确保下放事项承接到位。投资10万元扩建便民服务大厅，增设办事窗口，为实现下放事项一站式办理创造了条件。同时与县级各放权部门全部签订下放权限委托授权书，全权接受下放事项的办理工作。

【精准扶贫】 按照“精准识别、针对扶持、动态管理”的原则，落实牵头领导和机关办公室负责具体帮联，因村因户而异制定了有效的帮扶措施。全年累计投资270余万元对朝阳、水井等6个省级贫困村的道路、沟渠、山坪塘和日间照料中心等基础设施项目进行了修建。引进“公司+基地+农户+保险公司”的“零风险”“代养”模式的川藏黑猪生态养殖项目带动大泉、珍珠2村100余户贫困户养殖川藏黑猪300余头，预计养殖户户均可增收1000元。按照县委、县政府沿山乡镇发展战略布局，秀水镇完成沿山七村规划，以现有村道为基础，打通村域间断头路，建成一条成青路金埝段→立志水库溢洪沟→顺江村→朝阳村→青松村→水井村→大泉村→珍珠村→农联村→睢水镇白河村的快捷通道，形成村域产业发展环线道路，将秀水的省级贫困村同沸水、睢水等乡镇的贫困村整体连片开发。

【农村电子商务】 认真做好电子商务工作，以拓宽农特产品网络销售渠道为目标，培育和壮大农村电子商务经营主体。2015年，秀水镇共确定农村淘宝点8个，目前已开业8个，印制墙体标语、横幅300余条，印制各种宣传海报、日历画、小标语等20000余份，农村淘宝报名人数达300余人，9月25日农村淘宝开业当日成交65万余元。

【文明村镇创建】 重点把文明村镇创建与城乡环境综合治理、农村垃圾治理和加快城镇建设相结合，统筹推进。一是加强舆论监督，建立了“定期检查、平时抽查、定期通报”的督查机制。二是场镇环境整治迈入制度化。健全“门前三包”、定时定点投放垃圾等制度，并积极争取县上支持，新增清扫保洁人员40人，清运三轮车15辆，实现了垃圾日产日清。三是全面推行农村生活垃圾“户集村收镇转运县处理”模式。35个村因地制宜配备了清扫转运人员382人、垃圾清运车59辆、垃圾桶120个、修建垃圾池150个，消除了农村生活垃圾随意倾倒、简单掩埋的情况。

【城镇建设】 2015年《秀水镇总体规划》（2015—2030）《秀水镇滨河区控制性详细规划》《秀水镇土地规划》报批完毕。占地15.8亩、建筑面积1.8万余平方米、投资5000万元的锅厂街旧城改造项目“锦绣天街”一期项目正在加紧建设中，如意小区改造项目的规划工作已经报批。投资530余万元的幸福小区（三王庙街、法庭道路）管网改造、道路硬化工程全部完成。引入民间资金350万元对人民台市场进行扩建。城镇一体化污水处理设施和垃圾中转设备均已投入使用。投资500余万元的新怡路建设项目全面完工，有效解决了7个村、2所学校、3个驻镇单位涉及2万余人的出行难问题。

【民生工作】 继续开展城乡低保全面核查和规范化管理工作，年底，全镇共有低保户1580户，共计2213人，其中农村低保810户1317人，城镇低保770户896人，每月共计发放保障金35.45万元。农村五保供养更加规范，全镇共有五保对象344户346人，每月发放保障金9万余元。低保户、五保户、重点优抚对象及孤儿共计1754人，由民政帮扶购买了新型农村合作医疗保险。全年共计为五保户发放御寒衣物346

套、食用油1730升、大米3460千克。为切实落实残疾人生活救助工作，全镇对8名残疾人进行了机动轮椅车燃油补助，为33名精神、智力残疾人落实了居家托养，为65位重度残疾人提供了残疾人生活辅助器具——轮椅，为41位残疾人提供了残疾人居家灵活就业直补，10月组织18位视力残疾人及家属到县残疾康复中心进行盲人定向行走训练，为556位重度残疾人申请了残疾人重度护理补贴。开展对困难群众数据库信息的维护更新，今年共新增录入困难群众133户167人，核减504户、618人，截至年底，秀水镇共有困难群众3867户，4741人。做好“惠民帮扶证”的发放、管理和使用工作，全年共发放惠民帮扶证133个。

【社会事业全面发展】 深化“平安和谐三连创”活动，全面推进平安村、平安家庭、平安交通、无邪教创建示范村、无毒村等基层平安创建活动。在村（社区），建立了38支群防群治联防组织、队伍400余人，重点进行夜间巡逻。全镇38个村、社区配备法律顾问38人、村、组义务普选宣传员495人、法律明白人343人，形成了镇、村（社区）、组、农户四级普法依法治理网络，代表安县顺利通过市“六五普法”终期验收。利用“综治宣传月”“12·4”法治宣传日等宣传活动为载体，发放分类宣传资料1万余份，接受宣传咨询2000余人次，全镇悬挂禁毒宣传横幅18条，张贴书写标语100多条，通过“6·26”禁毒宣传日开展禁毒宣传，发放传单2000余份，张贴宣传图片100多张，使禁毒宣传深入社区、深入村组、深入家庭。

【文化体育工程】 为提高村、社区居民文化和身体素质，2015年，秀水镇共开展文艺会演9场，免费放映农村公益电影420余场，组织镇老年舞蹈队、驻镇单位和中小学校开展形式多样的文体活动170余场，为35个村统一建设农家书屋，在朝阳、柏林村新建2处体育健身设施，提升民众精神生活质量和农村文明程度，为建设社会主义新农村发挥积极作用。

【血防工作】 秀水镇属血吸虫病流行区，经多年整治仍有少量钉螺分布，镇党委、政府高度重视灭螺工作，为各村卫生站制作血防知识宣传专栏，组建查、灭螺专业队开展春秋两季查灭螺工作，两季共计灭螺190万平方米，确保群众身体健康。

（肖寒月）

塔水镇

【概况】 塔水镇地处安县腹地，东与兴仁乡，清泉镇接壤。南与宝林，永河西镇毗邻，西与秀水、河清、永河镇相接，北与乐兴镇交界。地理坐标为：北纬31°27′，东经104°25′，距成绵高速30公里，成绵高速复线10公里，县城13公里，是川西北最大的食用油加工基地和全县最大的回民聚居区。全镇辖26个行政村（10个坝区村，16个丘区村），2个社区，总人口5.5万人，辖区面积68平方公里。2015年，全镇完成地区生产总值92515万元，比2014年增加19.04%；农业总产值50435万元，比2014年增加7.26%；工业总产值76773万元；财政总收入2190.56万元；固定资产投资20000万元；完成国税收入131万元；地税收入160万元。农民人均可支配收入达到12744元。计划生育政策生育率达到90.5%，人口自然增长率为2.88‰。

【主要经济指标】 见下表。

【农业经济】 加大结构调整力度，强化基础设施建设，着力壮大农村经济，增加农民收入。“黑猪、山羊、肉兔、肉鸡”四大特色养殖产业稳步推进；“水稻制种、核桃、绞股蓝、黄秋葵、葡萄、猕猴桃”六大特色种植产业规模凸显；现代农业多元发展，新增羊肚菌种植500亩、树形金银花种植300亩、青花椒种植300亩，葡萄种植3000亩，大蒜鱼腥草种植5000亩，发展孔雀养殖基地1处、龙虾养殖基地300余亩。“五小”水利工程、国家千亿斤粮食项目、现代农业生产发展项目等一批重点农

2015年塔水镇主要经济指标社会指标完成情况统计表

指标	单位	数量	比上年（±%）
地区生产总值	万元	92515	19.04
财政总收入	万元	2190.56	-16.93
农业总产值	万元	50435	7.26
粮食总产值	吨	33290	4.67
工业总产值	万元	76773	-0.29
工业销售收入	万元	76636	11.81
固定资产投资总额	万元	20000	10.53
招商引资到位资金	万元	2200	46.67
第一产业增加值			
第二产业增加值			
第三产业增加值			
国税收入	万元	131	9.17
地税收入	万元	160	5.26
农民人均纯收入	万元	12744	14.78

业项目顺利实施，油房、联盟等6个村被列为农业综合开发项目村，正觉、幸福等4个村被列为水利重点县项目村，新建人饮水工程，有效地解决了4741人的安全饮水问题，农业基础设施进一步改善。农业产业电商化迅猛发展，依托“农村淘宝”平台，着力推进农副产品“产销一条龙”。

【城镇管理】 加强场镇配套设施建设，完善场镇服务功能，推进“城乡一体、两化互动”。加强城乡环境综合治理，强化“户集、村收、镇转运、县处理”生活垃圾处理模式，实现垃圾转运处理全覆盖。2015年，新建场镇垃圾集中转运站3处，农村垃圾中转站200余处，生活垃圾收集转运率达到95%。不断完善综合配套。进一步做好场镇道路养护工作，完善公厕、路灯、绿化等配套设施，加大城镇美化、绿化、亮化投入，新改建太阳能路灯200余盏，购置新型垃圾处理设备50余套，洒水车1辆。大力提升场镇品味。重新调整场镇规划，完成新一轮修编工作，完成自来水厂、商业街、解放街、和平街、朝兴街、新马巷、五条支街综合整治项目；投资500万元的污水处理厂项目正在进行施工工作，该项目可具备日处理600吨生活污水的能力；扩建自来水厂，铺设供水管网18公里，城镇供水普及率达到90%以上，同时对场镇周边6个村实现集中供水；百镇试点项目建设有序推进，棚户区改造、已完成招商、设计等前期工作，国开行资本金1410万元已落实到位，现正进行入户评估扫尾工作。

【工业经济】 立足塔水镇实际，突出科技引领，创新发展，全面推进工业发展，农产品深加工、精加工企业，食用油加工行业和特色农产品加工行业稳步发展。强化规模企业效应。发挥陈氏、辉达油脂公司等规模企业的主体作用，鼓励和支持企业做好技术改造，扩大生产规模，提升产品档次，立足传统粮油加工产业，加大对本土特色的品牌包装扶持，“菜籽王”等粮油产品远销省内外。招商引资成效显著。采取内引外联、走出去请进来等方式，鼓励和支持有发展潜力的农产品企业落户塔水，大团结陶瓷厂以商招商，完成技术改造，实现节能减排，绿色生产；引进秸秆生物碳化厂，淘汰落后产能，关停小纸厂1家，新增中小型科技企业5家，实现国内省外到位资金2200万元、新引进项目协议资金2亿元。

【农村电商】 认真贯彻落实全县电子商务项目推进工作会议精神，扎实推进电子商务工作，成效明显。2015年，全镇新发展农村淘宝站点8处，农业宝掌上平台站点18处，确定8名村淘合伙人，其中6名村淘合伙人众筹组团成立了惠农电子商务公司，把实体店与电商有机结合，使实体经济与互联网产生叠加效应，扎实推进“互联网+农村”工作的开展，各村服务站每个站点每月交易能达到300单左右，交易额达到2万元左右。2015年，农村电商实现交易额7184万元、零售额3106万元。

【文明村镇创建】 明确目标，制定长远规划和阶段目标，分级负责，层层落实责任，形成了齐抓共管、上下联动、协调一致的创建四川省文明村镇体制和工作机制。召开专题会议，发放《塔水镇“文明村镇”知识问答（20问）宣传折页》《塔水是我家环境靠大家——致全镇人民群众的一封信》及《安县创建四川省文明城市宣传手册》等资料千余份，加强宣传，提高群众知晓率。开展文明细胞创建活动，举办“创建文明村镇、构建美丽塔水”为主题的作品展2次，作品涉及剪纸、书法、摄影、绘画等共40余件；通过申报、走访、投票等形式评选出“文明新村”“文明楼院”“道德模范”等51个；开展“文明村镇”创建征集签名活动，现场征集到签名300余个，有力的推进“文明村镇”创建活动。

【全域旅游】 积极打造集休闲观光、农事体验、科普教育、生态康养等多种功能为一体，一、三产业融合发展的乡村旅游目的地。以七里示范片为核心，制定完成《塔水镇七里示范片创AAA级景区规划策划方案》《七里示范片农旅结合提升方案》，新改建农家乐5家，开展庭院美化、农房整治200余处，新建3000米的观光步行道，观景台、游客接待中心、旅游公厕、停车场，文化长廊，农耕文化广场，社会主义核心价值观广场，标志标牌、垃圾桶等旅游要素逐步完善，全域旅游初具雏形。

【精准扶贫】 通过广泛宣传，明确精准扶贫的要求和任务，书写固定标语1200余幅，填写扶贫手册864册，扶贫联系卡864户。探索“组格管理、精准滴灌”机制，为贫困户量身定制脱贫致富帮扶计划，建立由联系部门单位、镇、村组相关人员组成的驻村帮扶工作组26个，一个村一个帮扶工作组，每个工作组负责本辖区扶贫开发工作，对每个贫困户实行“一对一”帮扶的精准扶贫模式。同时通过产业支部带动贫困户增收致富，发挥大户示范引领作用，采取生猪和肉兔寄养或贫困人口到企业务工的方式，增加贫困户收益。2015年全镇计划脱贫181户460人，实际脱贫203户500人，全面完成扶贫民生工程目标任务。

【社会事业】 完成1516户、1856人的低保户入户走访复查，全年共计发放低保金360余万元，开展大病医疗救助69户，发放救助资金20多万元，切实保障了困难群体的基本生活。按照“一点一策”灭螺，做到血吸虫病防控阻断。加大新农合的宣传和收缴力度，参合人数40911人，参合率达100.72%，有效解决农民就医难、看病贵问题。不断完善城镇居民医疗保险、新型农村养老保险等工作。广泛开展群众性文化活动，成功举办“欢欢喜喜过新年”、庆祝建党94周年暨文明评选表彰大会等文艺会。塔水镇国学基地招收学员近200名，辐射塔水28个村（社区）、秀水、绵阳等地，荣获2015年度“全国关心下一代工作先进集体”称号；涌现出一批安县公民道德模范郭顺会、陈其斌、张郁、谢兴才等先进典型人物，进一步弘扬了社会主义核心价值观。

【和谐社会建设】 完善矛盾纠纷排查调处机制，严格落实重点信访案件包案责任制，扎实开展领导干部接访活动，加大积案化解力度，不断创新社会管理。加强社会治安综合治理，坚持排查、调解、防范、综治相结合，强化群防群治长效机制，及时解决群众反映的热点难点问题，确保社会大局稳定。持续深入开展“六五”普法，全面提升社会法治化管理水平，坚定不移地推进依法治镇，切实做到有法必依，执法必严，违法必究。切实解决回族同胞实际问题，民族宗教工作不断推进，顺利完成清真寺“圣纪”活动。全面推进依法行政工作，严格执法程序，规范执法行为，推行政务公开，建设服务型政府。同时，大力抓好安全生产工作。落实安全生产责任制，加大安全生产监管力度，加强企业生产安全、消防安全、道路交通安全、食品卫生安全的检查整治力度，认真开展“安全生产月”活动和“六打六治”打非治违专项行动，确保安全生产形势持续稳定，无重大安全事故发生。

（唐承华　黄燕珺）

河清镇

【概况】 河清镇始称石碑镇，又名河坝场。地处安县，绵竹、罗江两市三县交界处，距县城32公里，成青路穿境而过。地理坐标为：北纬31° 35′，东经104° 19′。于宋代建镇（境内龙王井为古彰明县的县治所在），是全市唯一保留古代城墙的非县治镇。辖区面积28.4平方公里，人口2.12万人。有8村1社区，基层党支部21个，党员906名。河清镇经济以化工工业为主，有企业13家（规模以上9家）。被评为省级生态乡镇、省级卫生乡镇，省级安全社区备案成功。荣获市、县级多项先进单位达48项。

【主要经济指标】 见下表。

【工业经济】 2015年，河清镇加大了以干河子工业园化工为龙头的招商引资力度。成功引进企业13家（规模以上9家），其中川磷化工投资5000万元，对陷入经营困境的原泰圆化工企业进行了收购改造盘活，产值达9200万元；安珑碳化硅投资1.2亿元，收购技改原森泰化工企业，预计2016年产值超过亿元；新一美公司收购原干河子纸厂草料场，投资3000余万元建车间，预计2016年6月投产；利用黄磷尾气作燃料的龙安玻陶，投资3000余万元，占地23亩，产值达4000余万元；明生纸业公司投资4000余万元，占地20亩，产值达3000余万元；积极协调安珑碳化硅公司并联络其产品上下游企业投资9500万元；引进森泰新材料科技公司。

【第三产业繁荣活跃】 第三产业的发展是农

2015年河清镇主要经济指标社会指标完成情况统计表

指标	单位	数量	比上年（±%）
地区生产总值	亿元	3.59	7.8
财政收入	万元	857	10
农业总产值	万元	18522	6.8
粮食总产量	吨	16553	0.68
工业总产值	亿元	8.69	8
工业销售收入	亿元	7.85	6.5
固定资产投资总额	亿元	2.3	7
招商引资到位资金	亿元	1.2	6.5
第一产业增加值	亿元	1.15	6.5
第二产业增加值	亿元	1.72	8.4
第三产业增加值	亿元	0.72	8.1
国税收入	万元	80	10
地税收入	万元	3300	9.8
农民人均纯收入	元	11468	12.5

民增收致富商贸繁荣活跃的途径，在河清场镇有全县最大规模的华联超市占地3300平方米，万家乐超市占地2300平方米，2015年销售额均在上千万元以上，还有民兴药业，诚懋药业公司年销售额均在6000万元以上，广红村、金光村两个淘宝站已上架产品10余种，前锋村的“熊包蛋”年销包蛋千万个，年产值1000万元，桂花村的“附子”种植基地，前锋村肉牛养殖基地，王牛肉餐馆、贵源酒家，以及上百家商店餐饮等。第三产业的蓬勃发展，不仅解决了全镇就业186人，同时为城乡居民增收致富带来了真正的实惠，有力地促进了河清经济的不断活跃和发展。

【农业经济】 2015年，先后投资2200余万元，田型调整6000余亩，砌筑地埂7200米，培肥6000亩，新建灌溉沟渠72770米，培修山坪塘4座，硬化河堤2处，新建提灌站6处；维修加固周家堰水渠500米，流转土地1500亩，连片种植700亩，推广绵麦367品种13000亩，水稻制种600亩，广红村国家级小麦高产示范片860亩。荣华村依托丘陵优势建起民生源养猪场，前锋村益民肉牛养殖场，年出栏肉牛1000余头。

【城乡环境综合治理】 文明城镇和新农村建设投资10万余元。一是对城乡破损垃圾池进行了修复，新建垃圾站7处，增设垃圾投放标示110个。二是对全县标准日均处理污水800吨的“公园式”地下污水处理厂进行了完善。三是对场镇设置路灯212盏，花台250个，垃圾箱（桶）200个进行规范。四是组织政府机关企事业单位，村、社区200余人，组建了16个文明志愿者队伍，除平时每天坚持清扫垃圾外，每月不定期对全镇街道、农村道路进行全面清理。五是社区建立了扶志助残，治安巡逻、文化娱乐、医疗服务、法律咨询、垃圾清运等11支群众志愿服务队。六是投资175万元新建1200平方米两楼一底的养老中心、金光村、年丰村“老人日间照料中心”，使全镇城乡环境面貌有了很大变化。养老服务得到很大改善，进一步推动了文明城镇和新农村建设的不断进步，养老服务和全民文明素质城镇管理水平的不断提高。

【社会事业全面发展】 2015年，镇党委政府不断提高各级领导管理水平，加大工作，作风改变和务实求真的宣传教育力度，使全镇的党建、人大、武装、群团工作有了很大提升。工业企业、招商引资、农业产业结构调整，城镇管理、社会治安综合治理、文化教育、卫生防疫、经济发展等各项社会事业有了很大的进步。全镇分别获省、市、县先进集体（单位）个人表彰奖励48项，其中获省级4项、市级6项、县级38项；个人获市级奖1人。

（黄福太）

黄土镇

【概况】 黄土镇地处安县西北部的安昌江流域，于清嘉庆七年（1802）建场设市。距县城10公里，位于北纬30° 35′，东经104° 28′。东邻县城花荄镇，西接北川新县城永昌镇，南连乐兴镇、兴仁乡，北靠江油市八一乡。全镇南北长16.32公里，东西宽11.2公里，辖区面积86.5平方公里，丘坝兼有，一江中流。其中坝区占40%，丘区占60%。全年无霜期为300天，日照时数2900小时，年平均气温16.7℃，年降雨量900—1300毫米。全镇共辖18个行政村188个村民小组，2个社区7个居民小组，总人口38673人，其中农业人口33127人。辖区内耕地保有量50220亩，基本农田保护面积44550亩。

【主要经济指标】 见下表。

【工业经济快速发展】 2015年，黄土镇始终把发展工业经济放在各项工作的首位。年初召开工业发展和安全生产形势分析会，邀请专家和企业主对黄土镇的工业发展和安全生产形势进行分析和规划。制定了《黄土镇认真做好工业社会管理工作方案》。对中小企业融资需求进行调查摸底，对资金和项目的招商引资进行研判，引进国普科技有限公司投资1000万元；引进四川众智保温节能材料有限公司的玻化微

2015年黄土镇主要经济指标社会指标完成情况统计表

指标	单位	数量	比上年（±%）
地区生产总值			
公共财政预算收入	万元	1240.04	+6.63
农业总产值	万元	42182	+6.5
粮食总产值	吨	22608	+2.2
工业总产值	亿元	5.06	+10.1
工业销售收入	亿元	5.5	+11.1
固定资产投资总额	亿元	1.92	+20
招商引资到位资金	万元	5000	+8
第一产业增加值			
第二产业增加值			
第三产业增加值			
国税收入	万元	122	+22
地税收入	万元	113	+41
农民人均纯收入	元	14316	+11.68

珠保温耐火材料及工艺废料利用产业化生产线项目。

【农业产业彰显成效】 围绕建设“美丽乡村”的目标，黄土镇以示范片区建设为重点，以农业产业化为支撑，进一步推动农业发展再上新台阶。“阳光菜地”，无花果基地，江池、人民芋子产业，菩提蛋鸡和特种水产养殖进一步拓展；佳禾生态园、明月休闲庄农家乐规模和档次进一步提升。推进基础设施建设。新建机井5口、人饮工程3处、排灌沟渠2.3万米、塘堰2口、作业便道2591米、桥涵2座，改造高标准农田720亩。扎实做好土地确权、草溪河水库前期建设、秸秆禁烧、农技、畜牧、林政等工作。

【城镇管理开展有序】 旧城改造。完成前期工作，方案经县规委会审查，即将挂网招标。开展文明劝导和志愿者服务行动、整治“六到位”。坚持做好大小春两季的禁烧秸秆工作，确保镇生态文明建设的顺利推进。加强村镇建设的规划和管理，严肃治理乱搭乱建。

【民生建设扎实推进】 全力实施社会保障工程；圆满完成新农合、新农保参保任务；全面落实各项优抚对象抚恤补助及各类补贴；全面开展维稳、信访、人民调解、社会治安综合治理等社会管理工作；加强人口和计划生育工作，解决了群众生产生活等方面的突出难题。全年，发放各类粮食及综合补贴382.4万元；发放计生三金25余万元；发放民政低保、优抚、救济、殡葬资金470余万元。全面完成“血吸虫病防治阻断达标”任务。

【社会治理成绩斐然】 扎实推进网格化和信息平台建设，全面开展维稳、信访、调解、防邪、社会治安综合治理工作；切实开展社会主义核心价值观教育，启动志愿者服务和文明劝导工作；省级安全社区建设达标通过验收。

（舒　恒）

睢水镇

【概况】 睢水镇旧名睢水关。位于县城西南31公里。东南与秀水、沸水、迎新等镇乡连界，西靠绵竹拱星镇、清平乡，北与高川乡接壤。地理坐标：北纬31° 30′，东经104° 14′。2015年，睢水镇实现辖区内规模以上工业总产值48.68亿元；完成本级“两税”收入2228万元，其中国税1169万元，地税1059万元；完成固定资产投资3.23亿元，完成招商引资到位资金8500万元，完成社会消费品零售总额5242万元，完成电子商务零售额4107万元；农民人均纯收入实现12592元，圆满完成县委、县政府下达的绩效考评目标任务。

【主要经济指标】 见下表。

【工业经济】 坚持“工业为先、工业为重、工业为大”的发展理念，坚持工业引领发展，支持现有企业转型升级、做大做强，积极引进新的企业落户睢水。2015年，辖区内规模以上企业共有6个。博媛公司不断发展壮大，年产值突破两亿元，位列全县十大企业；洪发车辆公司顺利投产，成为睢水工业转型的突破口；恒安公司10万吨饲料级碳酸钙项目正在建设中；睢水酒厂系列酒成功外销。

【重点工程项目】 成（都）兰（州）铁路工程（睢水段）建设推进顺利，隧洞掘进施工8000余米，睢水河双线大桥、白溪河三线大桥完成桥墩浇筑，火车客站和货站正在进行场地平整，正在论证围绕客站、货站发展的配套规划。

【农业产业】 以现代观光、休闲旅游、生态农业为目标，通过农村土地流转，实施大户带动、家庭农场、农民专业合作社集中发展道路，大力发展农业产业，大规模发展药材、魔芋、藤椒、莲藕等经济作物，着力实现“一村一品、产旅同步、一三互动”的良好格局。2015年，完成金华村魔芋—藤椒基地650亩、红石村金佛手种植500亩、葡萄采摘基地50亩、高产玉米示范片1000余亩、白河村莲藕种植1000余亩、道喜等山区村种植中药材（重楼、黄连）2000余亩。宝华养猪专业合作社运转良好，已被正式命名为省级示范合作社、省级重点合作社、省级标准示范场。

【乡村旅游】 圆满完成安县第三届环山环湖自行车赛和一年一度的“中国睢水·春社踩桥”活动，成功举办“碧荷园杯”乡村旅游摄影大赛启动仪式。以白河村为核心的“环湖碧荷园”蓬勃发展，辐射红石、金华、青云村，

2015年睢水镇主要经济指标社会指标完成情况统计表

指标	单位	数量	比上年（±%）	备注
地区生产总值	亿元	48.68	+10.7	
财政收入	万元	950.44	-9.08	
农业总产值	亿元	1.45	+4.31	
粮食总产量	吨	10110	+1	
工业总产值	万元	486800	+10.7	
工业销售收入	万元	463181	+11.51	
固定资产投资总额	亿元	3.23	+4.19	
招商引资到位资金	万元	8500	+4.62	
第一产业增加值				
第二产业增加值	亿元	4.7	+3.19	
第三产业增加值				
国税收入	万元	1169	+6.17	年初目标：950 万元
地税收入	万元	1059（不含附加 200）	+16.9	年初目标：1200 万元
农民人均纯收入	元	12592	+15.49	

带动周边区域协同发展乡村旅游产业，实现景区错位发展，逐步完善景区道路交通、休闲娱乐、餐饮住宿等设施，新建的河畔人家、碧荷苑两个农家乐先后投入使用，“生态美、产业兴、农民富”的幸福美丽新村已见雏形。

【城镇管理】 以省级文明村镇创建为核心，突出城乡环境综合治理工作，年投入50万元实施城镇保洁服务专业外包，突出群众监督和参与，添置专门洒水车，购买了30辆手推垃圾收运车和近200个垃圾桶，积极营造干净、整洁、有序的镇域环境。启动墩秀路（睢水场镇段）常态整治工作，采取增设限速标志、安装监控、增派洒水车、加强保洁等措施，有效改善粉尘大、环境差的现状。全面完成睢拱路路面维修。东林村、白河村为代表的日常保洁模式成效明显，东林村荣获“五十百千工程”示范村称号。

【基础设施建设】 通过争取国家项目和镇财政补助的方式，引导群众投资投劳，努力改善生产生活条件，硬化道路7.8公里，沟渠建设16000米，整治塘堰1处，启动白溪河宝元村段8.5公里河堤整治项目。

【社会管理】 强化和完善厂社关系协调平台，长期与企业之间建立互动联系机制，提前介入、动态掌握、及时处理，厂社矛盾和纠纷得到有效遏制。构建场镇及农村重要路段“小天网”建设，安装监控探头12处，初步形成立体化、全方位的安全防护网。结合“一标三实”，完成场镇、村组及企事业单位1.7万户门牌安装。扎实开展“公开大接访”，大力开展社会治安大整治活动，健全完善矛盾纠纷排查化解机制，全年共接待群众咨询、来访130人次，化解处理群众纠纷66件；强化流动人口的登记和管理，落实网络化管理服务工作。利用逢场日开展禁毒、法律宣传活动，发放宣传资料4000余份，提升群众知法、守法意识。

【干部队伍建设】 睢水镇以“三联三结对”“编印廉政履职手册”等举措，严格落实党风廉政建设“一岗双责”责任制，突出制度约束，坚持依法行政，做到勤政廉政；强化作风建设，积极推进政务公开和村务公开，严格执行“八项规定”，规范和细化“三公”经费管理，确保资金安全；坚持“骑车下村”和“工作日住读制”，构建“全天候”服务群众机制；进一步规范“开放式”“一站式”便民服务中心建设，打造服务型干部队伍。

【灾害防控】 建立地质灾害群测群防预报预警体系，认真开展防灾演练，在地质灾害易发点设立警示牌、警示语、撤离路线牌，落实监测人员46人、避灾场所32处，发放“两卡一案”600份，成立了50余人的防洪抢险队，通过爆破对罐滩3组龙石包隐患点进行排除，实现平安度汛。

【安全生产】 构建和完善大安全工作责任体系建设，全年开展两、三轮车非法载客、非煤矿山、地质灾害、烟花爆竹、建筑工地专项整治行动5次。投资8万余元对农村道路安装200余处警示标志，落实农村交通安全劝导员22人、11处固定劝导点，提醒群众重视安全、珍惜生命。加强对各企业、矿山从业人员的安全宣传教育，督促生产型企业进行安全达标建设，保证企业的安全稳定。严格矿山操作规程，从源头加强治理超载超限行为。对全镇天然气、煤气用户进行拉网式安全检查，普及安全用气常识。

【教卫文化】 适龄儿童入学率达100%。争取资金近100万元完成睢水学校塑胶跑道建设。加强血吸虫病防治工作，全年完成血吸虫病传播阻断达标。充分发挥镇文化站、电影院和农家书屋作用，积极组织丰富多彩的迎新春、庆国庆、暖重阳等群众活动；白河村爱心人士李道友荣获安县首届“助人为乐”道德模范荣誉称号。

【扶贫攻坚】 通过发展产业、强化培训、就业帮扶、政策帮扶、医疗救助、改善设施等举措，完成年度脱贫解困89户221人。金华养猪合作社推行的寄代养帮扶贫困户模式和白河村产业扶贫、基础设施扶贫取得的成效得到各级肯定和推广。

【计划生育】 全年共出生191人，政策生育率

90%，人口自然增长率2.62‰，680人符合计划生育奖励扶助条件，享受独生子女父母奖励金1019人，审核发放单独二孩准生证61本，开展免费孕前优生健康检查94人次。

【民政保障】 完成新农保参合人员5390人，实现全覆盖。加强敬老院管理，集中供养22人，发展院办经济，改善生活生产条件；全面开展低保核查工作，234户、355人符合低保条件，筹资3.7万元为417名困难群众统一购买新农合，农村五保供养65人，为750名残疾人提供“量体裁衣”服务，为精神病人、低保户提供医疗救助；成立11个服务小组为260名老人做好日间照料，投资40余万元建设东林村、金华村老人日间照料中心；冬季慰问困难群众293户，临时救济36户，发放救济金慰问金6.66万元，发放救助大米550千克、菜油732.5千克。 （沈平州）

永河镇

【概况】 永河镇位于安县最南端，地处安县、罗江、绵竹三县市交界处。地理坐标：北纬31° 23′，东经104° 23′。总面积约32平方公里，共有耕地面积23254亩。全镇共有12个行政村，1个社区，97个村（居）民小组，20个党支部。总户数6918户，总人口18896人。其中农业户6613户，农业人口17991人。

【主要经济指标】 见下表。

【基础设施不断完善】 2015年，重点推进了和平、海泉、观庄、永兴等4个村的一事一议村道建设5.2公里，修建、修缮沟渠2300米，修建塘堰5口，新建硬化防洪堤3400米；修建人饮工程供水站4处，河道疏浚2500米。

【现代农业彰显特色】 镇党委、政府以“一带多园，一基四区”为产业布局，以“抓党建、促产业、带民富”为思路，依托万亩无公害蔬菜基地和十里凯江特种养殖带形成的“种养循环经济走廊”，发展现代生态农业，不断提升永河农业规模化、产业化、品牌化水平。截至2015年已建成蔬菜大棚4600亩，流转土地4427亩，流转率达18.7%。2015年，全镇共出产各类蔬果0.45万吨，共出栏生猪53737头，肉牛528头，肉羊323只，家禽出栏313320只，产业发展势头喜人。

【民生事业长足进步】 坚持“教育优先”的理念，把教育事业放在优先发展的位置，将教育经费优先规划、优先安排，保障经费投入，

2015年永河镇主要经济指标社会指标完成情况统计表

指标	单位	数量	比上年（±%）
地区生产总值	万元	23957.8	+16.2
公共财政预算收入	万元	549	+18.1
农业总产值	万元	10622.6	+10.1
粮食总产量	吨	13941	+10
工业总产值	万元	760.2	+35.1
工业销售收入	万元	760.2	+35.1
固定资产投资总额	万元	12000	+50
招商引资到位资金	万元	4870	+95
国税收入	万元	15	0
地税收入	万元	20	0
农民人均纯收入	元	12531	+13

全力改善办学条件。全镇适龄儿童入学率达100%，初中阶段入学率达100%。重视校内外学生安全工作，全面加强对全镇中小学校园及周边环境整治，每月开展校车安全隐患排查，切实提高了广大师生的交通安全保障。

【文化事业持续繁荣】 镇党委政府始终坚持将文化事业发展纳入重要议事日程。利用镇文化站和各村活动中心、农家书屋、健身广场，为群众健身娱乐、开展文化活动创造便利条件。日趋健全的文化设施建设带来文化活动的发展与繁荣，呈现出了村村有队伍、人人有喜好的文化发展新气象。与此同时，各村充分利用公示栏、宣传栏，定期宣传国家的大事、要事、身边的好人好事，点亮了村民思想文化生活的航标灯，打造了村民思想文化精神高地。

【人口和计划生育工作】 认真落实计划生育综合治理责任制，强化对流动人口的管理和服务，严格控制早婚早育，坚持现行计划生育政策，稳定低生育水平。2015年全镇年均政策生育率90.9%，人口自然增长率2.1‰，农村计划生育家庭奖励扶助发放1098人，全面完成了县上下达的目标任务。

【社会保障体系逐步健全】 全镇城乡居民社会养老保险实际参保人数7751人，参保任务完成率达到102.34%，基础养老金发放率达到100%；足额发放优抚金、救助金、五保对象集中供养120户，复、退、转军人的定补发放和安抚214人。抓好了新农合工作，新农合医疗目标任务完成率达100%以上。

【稳控工作不断加强】 通过强化“依法行政、依法治镇”的理念，社会大局和谐稳定。全年共调解疑难纠纷161件，化解不稳定苗头5件，接访群众132人，解惑答疑、政策咨询93人。全年没有发生一起重大的群体性事件和群体越级上访事件，没有重大刑事案件发生，没有出现社区矫正对象脱管现象，成功调处一批积压多年的信访旧案，得到了上级部门的高度肯定和广大群众的充分认可。

【立足精准搞好脱贫攻坚】 经过市、县帮扶，镇本级努力，多方采取措施，2015年全镇脱贫49户135人，占镇贫困人口的27.2%。其中通过水稻制种、蔬果种植等一系列产业发展脱贫42户116人（含低保兜底脱贫6户17人），通过自身务工脱贫7户19人。

【抓生产抗旱自救】 从1月开始，降雨量持续偏少，连续干旱使全镇12275亩水稻、2100亩玉米，4000余亩蔬菜受到不同程度干旱。由于6、7月份正值大秋作物抽穗扬花的关键时期，干旱少雨使永河镇农作物普遍授粉不良，水稻、玉米缺粒无粒现象十分普遍。面对严重旱情，永河镇不等不靠，在镇党委、政府的坚强领导下，全镇上下迅速展开抗旱保苗，及时组织驻村党员干部对全镇的人畜饮水进行摸底调查，积极组织群众做好小水窖蓄水及寻找新水源点工作，并建立驻村工作组分区挂片责任制。各村利用小水窖、土井蓄水等抗旱设施，进行有效抗旱灌溉保苗，同时积极开展生产救灾，通过大力开展多种经营，发展养殖业生产，开展劳务输出等生产自救活动，实现夏灾秋补、农灾牧补、一灾多补，力争把损失降至最低程度。

【城乡环境整治得力】 在城乡环境综合治理方面，永河镇建立健全了环境整治长效机制，努力实现环境整治常态化。全镇动员全体机关干部、13个村（社区）、场镇单位深入开展城乡环境综合整治工作，并多次开展了环境卫生突击，组织机关干部深入场镇街道，参与环境治理，从源头上遏止脏乱差。同时，全面清理关停干河子沿线违规采沙，有效保障河道安全。

（李山川）

界牌镇

【概况】 界牌镇位于安县东南面，素有安县“东大门”之称，东南与德阳流域永弓镇连界，西北与花荄镇毗邻。地理坐标为：北纬31°30′，东经104°35′。区域面积31.8平方公里，地貌丘坝兼有，以平坝为主。有8个村2

个社区2.4万人，男女人口比例为119：122。其中大专以上文化523人，占总人口的2.2%，城镇化率达33%。安县工业园2/3以上区域在界牌。镇域规模以上工业企业已发展至86家。2015年荣获绵阳市市级卫生城镇。

【主要经济指标】 2015年，全镇工业总产值实现8.68亿元，利润总额实现3620万元，产销率达到98%。工业产业增加值27139万元，较2014年增长5.5%。财政税收完成390万元[国税收入120万元，地税（含附加）收入270万元]，固定资产总额达到16100万元，社会消费品零售总额2.86亿元，粮食总产量4925吨，招商引资0.35亿元，农民人纯均收入达15419元。

【重点项目】 科技城大道界牌段全线贯通；市重点项目110千伏高压线架设在石岭村、金凤村顺利完成；淘金大道、文星大道南段、滨河路等市政重点工程进展迅速；纳川管材在竹林村正式开工进场；白鹤林小区二期电梯公寓竣工移交分配。

【脱贫攻坚】 完成129户、290名贫困人口基础信息采集入库工作。实现了扶贫对象知根知底，扶贫方案精准到位；探索引导社会资本有序参与扶贫攻坚工作，增强贫困户自身造血功能，从工业园区引进天名味业在五显村种植青花椒100亩，吸纳20名扶贫对象参与种植；全年共计实现26户、57人脱贫。

【惠民帮困】 兑现各种惠农补助资184.5万元，其中，耕地地力补贴148万元；农机购置补贴资金36.5万元。做好民政困难群众新农合资助工作，共资助28户贫困对象参加新农合，参合农民年人均筹资标准120元。城镇低保37户42人，月均补差12651元；农村低保290户376人，月均补差48584元；农村“五保”对象49人。每月发放五保户救济金13570元、优抚金46434元；救助困难农户200余户，发放临时救助资金518万余元。

【计划生育】 巩固计生工作，继续执行独生子女“奖优免补”政策，享受国扶383人，省扶46人，特扶26人，独生子女奖励2256人、发放奖励金245940元。落实单独二胎政策，共计为141对夫妇办理二胎服务手续，114人体验免费孕检项目。

【医疗卫生工程】 农村孕产妇住院分娩率100%。扎实推进新农合参保工作，全年新型农村合作医疗共参合16321人，参合率达100%。

【完善农产品生产安全监管】 落实农产品生产经营单位主体责任，与本地范围内从事农产品生产销售的12家种植业合作社和养殖大户签订质量安全责任书，全年完成对20个品种，245次农产品质量安全抽样；开展以粮食、蔬菜、水果和猪牛羊为重点内容的农产品质量安全培训；开展农产品质量安全宣传活动，汇聚质量安全监管社会力量。

【农村基础设施工程】 青安大桥完成重建，有效解决西明、农集、石岭村村民出行问题；五显村建成提灌站一处，新增水沟4000米，初步解决了困扰村民多年的饮水难题；落实城乡环境综合治理专项经费6万元。加强环卫队伍建设。

【文化惠民建设】 新增1800平方米文体综合广场，夯实文化发展基础。自发成立14支文艺活动队伍，推动文化繁荣发展。涌现出《界牌是个好地方》为代表的具有地域特色的文化艺术作品，展现了界牌儿女昂扬向上精神风貌。

【服务园区发展】 紧抓安县撤县设区和绵阳科技城建设两大历史机遇，支持县工业园区基础设施建设和项目引进及落地投产。协调支持纳川管业、兴安金属材料、广都仓储等21家规模企业进场开工建设。解决各类矛盾纠纷30多起；培育壮大镇创业就业示范基地，楠得乌木缘、新源葡萄、三棵松农家乐等三家返乡农民工创业示范企业在界牌落地生根，不断完善失地农民就业创业培训机制，着力破解保障失地农民长远生计的问题。今年新增就业岗位86个，实现新增就业128人；深入开展安全生产大检查和“六打六治”专项整治工作。下发整改指令书6份，查处各类隐患31条。

【科技城建设】 加强违法建设打击力度。完善镇村组三级土地巡查机制，继续深入开展土地动态巡回检查工作，通过对划片包干、责任到人、严格考核的方式，重点巡查基本农田保护区、城镇新区、县城河东新区、绵阳科技城核心区及四川汽车工业园涉及的征地拆迁范围以及城乡建房用地等。共发放限期拆除通知书44份，完成违建拆除4980平方米。推进新型城镇化建设，完成青安路道路改扩建工程；启动场镇拓展区域朝阳新城道路等基础配套项目工作；科技城大道、淘金大道、文星大道、滨河路、蓝天项目、纳川管业等项目完成征地1773亩，完成拆迁农房389户。安置拆迁群众1523户，保障了市县重点项目的顺利推进。

【精神文明建设】 开展同创文明城市系列活动，深入农村、街道、社区、工厂宣传文明新风尚，提升文明素质；成立了志愿者服务队为留守儿童、孤残老人等社会弱势群体开展志愿服务；开展道德讲堂6期，广泛对群众进行爱国主义、集体主义、社会主义、职业道德、社会公德、家庭美德和感恩教育；培育和建立石岭村社会主义核心价值观示范点，示范带动农村精神文明建设。唐开容荣获安县首届诚实守信道德模范。

【市级卫生城镇创建】 推动爱国卫生运动常态开展，结合城乡环境综合治理工作，开展“垃圾乱扔、广告乱贴、车辆乱停、摊位乱摆、工地乱象”行为整治，强力消除“脏、乱、差”现象。开展宣传卫生防疫知识宣传月活动，发放宣传单6000份，提高群众自我保健能力，形成健康、文明、科学的生活方式。

（詹文仲）

宝林镇

【概况】 宝林镇地处安县南大门，区位优势凸显，东邻清泉镇，南踞罗江县文星镇，西连永河镇，北接塔水镇，安罗路和成绵高速复线贯穿全境，有安县唯一的高速路出入口。地理坐标为：北纬31° 25′，东经104° 26′。距县城花荄23.5公里，距成都74公里，距绵阳及机场20余公里，距睢水火车货站22公里。全镇总面积27.8平方公里，辖10村1社区97个村（居）民小组，15396人。

【主要经济指标】 2015年，公共财政预算收入825.3万元，比2014年增长18.82%；工业总产值1.33亿元，比2014年增长10.83%；固定资产投资总额1.12亿元，比2014年增长52.8%，招商引资到位资金6000万元，完成任务的100%；国税收入25万元，比2014年增长2.88%；地税收入28万元，比2014年增长40%；社会消费品零售总额680万元，增长15.8%，农民人均纯收入达到10719元，增长9.8%。

【农业产业发展有效提升】 加大项目投入夯实农业基础。宝林镇先后推进实施了“小农水”“千亿粮食”、血防田间工程、种业提升等重大项目，累计投入达3500余万元，全镇10个村1个社区实现项目投入全覆盖，全年新建沟渠120.68公里、山坪塘80口、石河堰1处、蓄水池8口，修建村组道路10.2公里，集中整理土地3300余亩，通过项目建设，全镇农村生产生活条件得到极大改善和提升。抓产业升级，促进群众增收致富。做强特色农业，大力推进折耳根种植提质扩面，全镇折耳根种植基地面积达到近5000亩。积极探索“公司+农户”的发展模式，与四川欣福康药业合作种植药栀子15万株。发挥农头引领作用，以鑫源渔业、蓝溪养鱼为龙头推进凯江水产养殖基地建设，全镇特色水产养殖面积达2041亩，年产商品鱼153万千克。积极加大土地流转推进适度规模经营，在大沙村发展甘蔗种植350亩，在龙溪村发展金银花种植120亩。做牢优势产业，全力发展水稻制种产业种植面积达到1500亩，以大蒜、青菜、辣椒、生姜、芋子为主的蔬菜种植面积达2500亩。2015年宝林镇农民纯收入突破万元达到10780元。

【扎实推进城乡一体化发展】 加强宝林物流工业园区规划和对接，配合县上总体布局做好物流园区建设筹备和项目规划推介工作，全力做好成绵复线宝林出口至睢水火车站道路建设规划工作，加大成绵复线、安罗路沿线、睢宝路三条道路沿线乡村规划，积极推进物流宝林的建设。大力打造“调元故里”文化名片，结合全县全域旅游规划完成宝林镇旅游集镇项目总规，编撰完成调元文化丛书《宝林故事》，大沙村传统文化村落正在申报。积极开展群众性文化活动，先后举办了春节联欢会、首届广场舞比赛等活动。加大镇村文化阵地建设，完成桂林、赤林、龙溪、印盒、乌龙等村级文化活动阵地打造和提升。新建妇女儿童之家2处、老年日间照料中心1处和农民健身场地2处。电子商务工作顺利推进，在调元社区、印盒村、涌泉村建立农村淘宝服务站3个，网上购物、农产品上网交易平台延伸到村。

【社会事业成效显著】 强力推进扶贫攻坚工作，全年实现脱贫42户、130人；农产品质量安全国创工作顺利验收；病虫害统防社会化服务工作积极推进，全年完成4个村5000亩统防统治；新型农村合作医疗和居民基本医疗保险实现100%覆盖；积极开展农民就业培训，全年开办技能培训班7个，培训农民工达350人；困难群众保障面不断扩大，全镇纳入五保74户75人、优抚138人、农村低保264户484人、城镇低保50户72人，年发放困难群众保障资金183.36万元。抓社会稳定，全力化解社会矛盾，全镇共排查农业生产用水矛盾、历史遗留问题等突出信访问题和不稳定因素20件，共化解18件，确保了全年无群体性上访事件和无重大安全事故。投资4万余元在全镇安装摄像头29个，实现了“小天网”监控全覆盖，社会治安秩序持续良好。

【打造秀美宝林】 推进文明村镇创建。大力推进城乡环境整治和提升，全年投资20余万元，完成了8项重点绿化工程，栽植各种树木2万株，花卉灌木1万多株，打造完成了宝林入口、成绵复线入口两个景观形象，完成了安罗路、永清路等主要道路的绿化提升，加强场镇管理，规范车辆停放秩序。深入开展“文明细胞”建设，在机关、企（事）业单位、城乡广泛深入开展文明创建活动，组建各类文明创建志愿队12支，开展义务帮扶活动132次。设置文明宣传专栏12块，发放《公开信》5700份，宣传标语145幅，营造了浓厚的创建氛围。狠抓农村生活垃圾治理，在全镇开展农村生活垃圾集中整治攻坚战，建立完善“户集、村收、镇转运、县处理”的农村垃圾治理机制，全镇各村新建垃圾池58个，再生资源回收点20个，聘请保洁员82人，垃圾车10辆，卫生监督员20名，建立了农村生活垃圾长效治理机制，农村生活环境得到全面改善。大力推进以“两河”流域为重点的环境整治。对秀水河、干河子等重要河道和周边乱堆乱放的垃圾及时进行清理和整治，强力查处河道乱采砂行为，规范清理沿河地区养殖产业布局和污水排放。抓秸秆禁烧工作。推进秸秆综合利用，明确责任，从严、从重处罚秸秆焚烧行为，秸秆禁烧成效明显，获得绵阳市秸秆禁烧和综合利用先进工作单位。淘汰落后产能，推行节能技术改革，关闭设备和工艺水平落后的宝林机砖厂，利用闲置存量土地引进投资4000万元新建安县宇恒建材纳米碳酸钙项目。

【推进廉洁宝林建设】 狠抓重大项目监督监管。围绕小农水、千亿粮食、种业提升等重大项目集中开工建设，狠抓项目建设日常监管，创新建立的“四早”机制，被称为“宝林模式”在全县推广，并在人民日报刊载报道，实现了项目建设全程监督，建成了群众满意的廉洁工程。全面规范镇村财务管理管理堵漏洞，针对村组财务不规范问题，2015年对全镇11个村（社区）、97个村民小组财务进行了全面清理，共清查发现问题6类21个，规范建立“三资”管理中心，实现所有村组财务由中心集中规范管理，让村组财务成为真正的明白账、公开账。

（简右军）

沸水镇

【概况】 沸水镇位于安县西北边缘，龙门山脉中段，属古西充国治所地，距今已有1600多年历史，从古人聚沸泉而居开始，一直就是茶马古道的重要驿站，沉淀着浓郁的巴蜀文明。东南与晓坝、桑枣镇连界，西北与雎水镇高川乡、千佛镇相邻。区域面积66平方公里。地理坐标为：北纬31° 33′，东经104° 16′。紧邻国家级水利风景区——白水湖，境内有“西南第一泉”——沸泉，距离县城34公里。境内山、丘、坝均有。全镇辖10个行政村1个社区，98个村民小组（其中山区组6个），4个居民小组。全镇总人口1.5万余人，其中党员617名。每月逢1、4、7逢场。

【主要经济指标】 2015年，全镇实现地区生产总值29317万元，增长7.2%。其中：工业总产值达到22623万元，同比增长10.7%；工业销售收入达18098万元，同比增长9.6%；农业总产值为14929万元，同比增长6.5%；农民人均纯收入实现11324元，同比增长11.6%；粮食总产量达7120吨，同比增长1.25%；固定资产投资达1.22亿元，同比增长66.4%；招商引资到位资金1960万元，同比增长96%；实现社会消费品零售总额达1375万元；国税收入实现15万元，地税收入实现106万元。

【农业经济】 继续抓好特色中药材及经济作物种植，促进农民增产增收。2015年种植川芎、葛根、附子、牛蒡子、车前子等中药材8000余亩，建成魔芋标准化良种繁育基地300亩，全镇魔芋种植面积达600余亩、黑芋子种植面积达2000余亩。顺利实施国家产油大县项目5500亩，省级玉米高产创建7500亩，省级基本口粮田建设项目全面完成。积极培育农民科技示范户，培育新型职业农民，2015年沸水镇三合村农民刘中富被评为全国科教致富带头人。全镇以整村连片开发为载体，不断增加脱贫开发工作力度，将脱贫攻坚作为夯实全镇经济发展的核心。2015年全镇贫困户393户1037人（已脱贫户137户422人）全部纳入“五个一批”扶持对象。完成了《安县沸水镇暨省级贫困村脱贫攻坚总体规划》编制，确定了特色种养殖业+乡村旅游的产业扶贫道路。全年整合群众自筹和财政专项扶贫资金310.89万元，在三合、桥木、枫香等贫困村硬化水泥道路9.32公里，硬化作业便道1.13公里，修建泥碎路1.08公里，修建排灌沟渠2.52公里，修建漫水桥3处；整合群众筹和财政专项扶贫资金262.07万元，以中药材种植和经济作物种植为主导，在贫困村发展川芎、葛根、牛蒡子、前胡等中药材和经济作物种植共计1784.1亩。

【工业经济】 进一步整合产业资源，壮大工业基础，大力培育和发展龙头骨干企业，在益圣堂水业的带动下，全镇食品加工行业蓬勃兴起，企业呈现良好的发展态势，初步构建起以“沸水系列”为主导的食品加工业新格局。全年招商引资到位资金1960万元，同比增长96%。

【三产经济】 塑造沸水文化品牌，扎实做好历史传承和发展。8月启动了沸水口头非物质文化遗产·民间文学采集项目，搜集整理沸水镇地域内特有的寓言、故事、风俗、民谣、民谚，并进行适当文学加工，形成具有大众审美情趣和承载典型中华传统文化的民间文学和民俗文化作品《沸水庙传奇》。积极规划筹建枫香村至晓坝镇齐心村旅游通道，建设“千佛山—晓坝—沸水乡村旅游走廊”，融入安县旅游“金三角”的格局。大力发展电子商务，年内成立3个农村淘宝网点，交易额达到1510万元，零售额达到420万元。

【民生工程】 引进中凯天然气公司投资近5000万元新建沸水镇天然气工程，社区已于2015年10月通气，惠及群众500余户，各村天然气安装工程现正有序推进。投入30万元修建农村供水工程，解决了枫香村12组、红星村1组严重缺水的问题，受益农户66户，200余人。新建两所老年人日间照料中心。投入近10万元解决了5户农村困难户建房。做好场镇危旧房排危工作，为社区6户无房户落实建房。投入资金5万余元，新建城建公用厕所1处。

【社会事业】 投入10万元新建“六岗合一”及“民兵应急分队”训练场地，落实“六岗合一”队伍经费保障，探索建立社会管理长效机制，将模式延伸至各村，由各村选派4名人员，建立民兵应急处突队伍，无缝对接镇上“六岗合一”队伍，在强化社会管理的过程中服务群众。加强农村“小天网”建设，提升治安防控新能力，投入2万余元新建“农村小天网”，共安装28处视频监控，实现人防、物防和技防有效结合、互为依托和支持的社会治安防范网络。

【转变作风】 深入践行“我们都是一家人”理念，积极营造“同饮沸泉水，干群一家亲”的良好社会氛围。全年共发出民情民意联系卡1750份，共化解各类群众矛盾、历史遗留问题等20余件，让群众感受到党组织和党员干部工作方式方法更加贴切，干群关系更加贴近。进一步规范“三资”管理工作，2015年在充分征求各村（社区）干部、党员意见的基础上，将《沸水镇村级公共服务运行维护经费使用方案》纳入沸水镇第十八届人民代表大会第五次会议上讨论，并获得通知。确保了村级账务管理规范。2015年通过镇人代会讨论修改制定了《沸水镇村（社区）干部管理制度》，重点规定沸水镇农村公共服务运行维护经费的使用及管理办法、沸水镇村（社区）工程建设项目申报制度。进一步规范村（社区）干部工作行为，转变工作作风，增强担当意识，树立为民、务实、清廉的干部形象。（严　强）

清泉镇

【概况】 清泉镇位于安县西南边沿，地处绵阳、德阳二市，安县、高新区、罗江县三县交界处，地理坐标为：北纬31° 26′，东经104° 28′。子汉路（108国道段）穿镇而过，距绵阳市中心30公里，距成什绵高速公路金山入口1公里，全镇辖区面积34平方公里，辖区8个行政村和1个社区，114个村民小组，总人口18057人，其中农业人口15098人。全镇共有16个党支部，72个党小组，507名党员，有中、小学、信用社等驻镇单位8个。

【主要经济指标】 2015年，全镇共实现企业固定资产投资8410万元，完成任务8000万元，增长105%；工业投资（含技改投资）3550万元，增长177.5%；财政收入38万元，占任务25万的152%（其中国税完成13万元，地税完成25万元）；招商引资到位2700万元，增长180%；全年农民人均纯收入为12250元，比2014年增加12.6%；粮食总产量实现13053吨，占目标的100%；生猪出栏21538头，能繁母猪存栏1234头；新增农民专业合作组织2个；生态文化建设农业面源污染防治率达到63%，城镇生活垃圾无害化处理达21%，城镇人均公共绿地面积达到4.6平方米，秸秆综合利用率达到85%；年度脱贫解困人数达到115人。全年无任何重大安全生产事故发生，安全生产实现零死亡目标。

【农业经济】 一是以旺门农业泡菜加工产业为龙头，加快新产业培植和结构调整，年内新签订青菜种植订单3000余亩，可实现农民增收300余万元；二是沪川牧业6月正式投产，实现产量1.44万吨，销售收入3000万元，并带动周边农户新增杂粮种植1000余亩；三是建设新型粮油种植示范基地1000亩，实现新品种、新技术研发使用示范带动；四是稳定粮食产量，实现粮食安全和农产品质量安全工作成效明显。制种、蚕桑、畜牧养殖等产业发展规模和质量不断提升。

【现代农业特色突出】 进一步发展清泉镇现代农业示范园、种养循环示范片。核心示范区规模扩大至5500亩，形成中药材产业园3000余亩，生态养殖园5家，林木基地上千亩，并安装排污管道7000余米，新建发酵池10个；通过实施循环农业项目，沼渣沼液实现还田施肥，川芎、丹参、青菜与水稻、小麦轮种，金银花与中药材、林木套种，“种养循环、粮经复合”的产业特色进一步突显。

【招商引资有效推进】 一是与德阳香之湖公司洽谈古井村彭家坝水库农业生态、旅游观光及养身养老开发项目，已签订意向性招商协议，总投资预计过亿元，土地流转、苗木栽种等前期工作已在顺利推进中；二是与安县德培元公司意向性洽谈，建立柴胡种植实验基地；三是与天雄药业公司洽谈将川芎、丹参种植基地列为26个中药材基地建设名录。

【基础设施改善有力】 全年通过向上争取和发动群众，实施了投资近900万元的双星村、白果村高标准农田建设项目；完成了金泉村、白果村小农水项目2个；“一事一议”修建道路、沟渠近5公里；通过挂包帮及镇“百姓提案”活动，总投资100余万元，实施了部分村组塘堰、水沟修补建设。全镇农业基础设施、生产生活条件进一步改善。

【三产发展加快起步】 农村商务流通特别是农村电商逐步起步，全年分两批新开业村淘站点4家，首批开业2家当天网上交易额达50余万元，群众参与积极性较高，企业对发展电子商务兴趣浓厚。全镇电子商务交易额突破1500万元；旺门农业提出建设“花园式”工厂，实现农旅结合的理念，将逐步迈出清泉乡村旅游第一步。

【精准扶贫工作扎实推进】 一是通过多项农田水利建设改善各村致富条件；二是安排包村部门人员、全体职工、两代表一委员实现一对一精准帮扶，制定具体计划，张贴明白卡，以介绍务工、送技术、送农资、动员参与订单农业、专合组织等方式助推农户脱贫致富；三是发动社会力量参与扶贫帮困工作；四是积极为贫困农户提供医疗救助、低保政策等支持。全镇建档立卡贫困人员共512人，全年脱贫解困50户、115人。

【文明创建初见成效】 成立10个工作小组，扎实开展创建活动，突出治理城乡环境和公共秩序，全镇环境面貌、百姓精神风貌得到明显改善。加强污染治理力度，全年新建垃圾池95口、新购垃圾箱287个、新建绿化地500平方米。

【信访综治维稳工作】 健全信访工作领导包案、联合调处、引访咨询、第三方评价等六项机制，建立健全镇村（社区）、社三级人民调解网络，明确“大联防”观念，全年无重大刑事案件和治安案件发生，无进京、进省上访。

（严万康）

乐兴镇

【概况】 乐兴镇位于安县中部，与黄土、兴仁、桑枣、秀水、塔水、北川县永昌镇相邻，属典型的丘陵地貌。地理坐标为：北纬31° 32′，东经104° 25′。镇内交通四通八达，安（昌）罗（江）路横贯全境，辽安大道、桑（枣）河（边）路穿境而过。镇政府距县城花荄镇20公里，距北川县永昌镇、黄土镇、秀水镇、塔水镇10公里。镇辖11个村、106个村民小组、1个社区。总户数6629户，其中农业6457户，场镇1723户；总人口21437人，其中农业20960人，城镇479人。全镇总面积41平方公里，耕地20395亩，耕地8000余亩，属农业乡镇。

【主要经济指标】 2015年，全镇地区生产总值达64705万元，比2014年增长9%，粮食总产量达到15090吨；完成国税5万元，完成地税30万元，完成率均达到100%；农民人均纯收入实现12955元，较上年增加1581元；新增农村专业合作经济组织1个；招商引资任务完成1500万元，新引进项目协议资金1500万元，完成率分别达到100%和150%，完成固定资产投资9800万元，完成率达103%。

【基础设施日趋完善】 “猕猴桃走廊”二期产业道路及配套工程顺利竣工；在八角、团心村大力实施“小农水”建设项目，投资566.11万元，新建灌溉渠道1.5公里、整治渠道14.768公里、整治山坪塘11口；在先锋、新光、民生、团心、八角、文明等六个村稳步实施高标准农田建设项目，共整治渠道49.75公里、新建和改造提灌站7处、整治山坪塘7座、改良土壤7500亩、建设田间道路2000米；精心组织实施“一事一议”等支农项目，争取资金48.5万元，建设道路3470米，塘埝2口，提灌站1处。民生村基本口粮田建设项目有序推进。莲花拆迁安置工作全面完成，831.4万元补偿安置费已全部发放到位，投资421万元的安置小区基础设施建设项目已进入送审阶段。

【特色产业巩固提升】 全镇特色产业发展势头良好。猕猴桃种植面积达到6000余亩，发展优质葡萄1200余亩，大棚蔬菜3000亩，特色水产养殖200余亩。2015年，猕猴桃已挂果投产2600余亩，产量达到2000吨、产值达2800万元，种植户人均收入约20000元。新光优质猕猴桃示范园园区改造全面完成，大学生创业园建设稳步推进，产业示范引领作用进一步凸显。工业和乡村旅游业取得长足发展。樽熊木业保持平稳快速发展，尚农、铁木等科技型农业小微企业运行良好；“云水轩”“青龙湾”“仁民公社”等农家乐接待能力不断提高，年接待客流量达到5万人次，乡村旅游得到快速发展。

【脱贫攻坚精准发力】 把精准扶贫、精准脱贫摆在突出位置，精心组织机关干部、驻镇单位和部门参与扶贫攻坚工作，落实帮扶责任，细化帮扶措施，不断改善群众脱贫条件，增强群众脱贫能力。投入财政专项资金和行业部门整合资金75.07万元，硬化道路2.12公里，整治塆塘2口，新建沟渠3公里；举办各种培训20多次，培训农民1200余人次；以发展壮大猕猴桃产业为动力，促进全镇土地有序流转，进一步探索完善“一地二主”返租倒包种植管理模式，不断打造增收脱贫“新引擎”。同时，深化“网格化联系服务群众”机制，广泛动员组织全体党员干部主动与贫困户结对“认亲”，帮助解决实际困难，2015年全镇贫困户人均增收增长比例超过15%，完成脱贫91户305人，脱贫对象人均增收3500元以上。

【民生工作扎实推进】 新农合参合18323人，参合率达到99.3%，新农保参保8814人，城镇居民医疗保险参保362人，实现了新农合、城乡居民养老保险“应保尽保”，发放“4050”灵活就业人员补贴资金11167元。助农惠农政策得到全面落实。全年发放耕地地力保护补贴274.41，发放种粮大户补贴1.64万元，落实农机购置补贴26.39万元。完成森林保险12000亩。土地确权颁证工作全面完成，农房确权颁证工作有序推进。认真开展低保、五保审核评议工作，全镇新增五保户5人，全年累计发放低保金99.86万元，五保金23.85万元、优抚金67.33万元。社区、团心村两座日间照料中心投入运行，残疾人培训工作得到有力推进。

【社会治理成效显著】 “六五”普法圆满完成。按照“管理见长效”的要求，不断完善城镇网格化管理机制，成立城管执法、卫生保洁、农村道路养护、交通整治、治安巡防等专职队伍，促进社会管理规范。严格落实安全生产责任制，强化道路交通、建设施工、地质灾害、森林防火、食品药品安全等监管工作，全年没有发生安全生产责任事故，确保了人民群众生命财产安全。加强社会治安综合治理，严厉打击各类违法犯罪活动，投资4.5万元，建设场镇全覆盖“小天网”工程并投入使用，场镇治安秩序得到明显好转。创新社会管理，建立健全了镇、村、组三级安全防范和社会矛盾调解网络，成功化解莲花垃圾场拆迁安置等信访案件。在加大对老上访户和缠访户反映问题化解力度的同时，加强重点人群稳控工作，确保两会、科博会和十八届五中全会召开期间等重点时段“零上访”，较好地维护了社会和谐稳定。

【社会事业加快发展】 进一步规范农村“三资”管理，全面推进村级党务、村务、财务、依法治理“四务公开”工作。进一步规范公益性岗位使用和管理，促进“4050”等就业困难群体再就业29人。秸秆禁烧和综合利用工作逐步实现常态化，生态环境保护效果良好。积极争取项目资金，实施桑枣至乐兴自来水管网建设项目，彻底解决了场镇饮用水困难的问题，先锋商住小区建设前期工作稳步推进，城镇化建设进程进一步加快。教育体育事业成绩斐然，中小学教育教学成绩均位列全县同类学校前茅，中学运动场建设征地拆迁工作全面启动。大力发展卫生事业，8个村级卫生站建设全面完成，公共疾病防疫力度进一步加大。建设并投入运行农村“淘宝”服务站3个。大力宣传贯彻“单独”二孩生育政策，“三金”“免费孕前优生健康检查”等计生惠民政策得到全面落实，为乐兴镇全面建设小康社会营造了良好的人口环境。武装、民族宗教、防邪工作、防震减灾、地方志、科普、气象、统计、档案等工作水平实现新提升，工青妇、红十字会、老年人和关心下一代工作取得新进步，国土、工商、农经、小额信贷、供电、质检、消防等各项工作扎实开展，成效明显。（刘小军）

晓坝镇

【概况】 晓坝镇位于安县西北部，东北与桑枣镇相邻，南连沸水镇，西北接茶坪乡，西南接高川乡。地理坐标为：北纬31° 35′，东经104° 19′。地处千佛山、罗浮山、白水湖黄金旅游三角区枢纽位置，距绵阳市区48公里、安县县城30公里，全镇区域面积56平方公里，辖7个行政村和1个社区，9472人，男女人口性别比为1.09∶1。大专以上文化281人，占总人口的2.97%。2015年6月11日，绵阳市委、市政府授予晓坝镇“文明乡镇”称号；6月18日，经四川省环境保护厅验收认定，晓坝镇为“2014年度省级生态乡镇”；10月20日，经四川省档案局验收认定，晓坝镇人民政府档案室达到四川省档案工作规范化管理二级标准。

【主要经济指标】 2015年，全镇完成地区生产总值8606万元，比2014年增加7.99%；财政总收入759.49万元；粮食总产量达1606吨，同比增加0.12%；固定资产投资总额1.13亿元，同比增加32.9%；招商引资到位资金2422万元，同比增加61.4%。完成国税收入47万元，同比增加17.5%；完成地税收入135万元，同比增加10%。农民人均纯收入9530元，增长12.5%。

【现代农业】 发展山区无花果、反季节枇杷等特色水果种植约1000亩。发展林下种植中药材重楼、黄连、细辛等3000亩。发展水产养殖，新增1家特色水产养殖基地，年产成品鱼10吨。发展林下跑山土鸡10万只，生猪出栏达4200头。新增专合组织1家，参与群众达140余户。兴办2家银杏叶加工企业，带动农户人均增收600余元。开展农民实用技术、就业创业技能培训会16场，发放技术资料3500余份，培训4000人次。

【基础设施】 使用财政专项扶贫项目资金及农户投劳筹资271万元，在五福、钟福、齐心村新建水泥路10.24公里、泥碎路5公里、硬化道路1.5公里；投资1100万元，修建晓坝大桥、罗圆坪大桥，惠及千佛镇、晓坝镇群众约2万人。

【旅游开发】 成功引入罗浮山五福自助漂流项目，累计接待绵阳、德阳、成都等地游客60000余人次，实现旅游产值800万元。景区周边农家乐由1家发展到现在的5家，摊点35处，提供就业岗位约100个。

【扶贫攻坚】 全镇4个省级贫困村、2个县级贫困村共158户，贫困人口480人。党委班子成员每人联系1—3户贫困户，中层干部每人联系1—2户，一般干部每人联系1户，村干部每人联系1—2户。各帮扶部门走访贫困户达2100余人次，累计提供帮扶资金（含物资折合）达20万元。脱贫77户220人，占县上下达任务的100%，脱贫户人均纯收入超3500元。

【民生工作】 对“4050”灵活就业社保补贴208人进行严格审核，实现新增就业人员120人，再就业56人；新农保参保缴费人数3504人，完成任务目标数102.4%，失地农民购买社保达1720人，完成任务目标数443.2%；居民养老保险认证工作更新农村劳动力入库数据4570人，转移劳动力2321人，发放社保卡5747张。现有城镇低保64户104人，农村低保83户164人；重点优抚对象32人，享受农村籍60岁退役士兵共67人，99名重度残疾人享受护理补贴。网上救助，“一站式”服务共计救助低保和五保对象149人次，大病医疗救助39人，救助资金达23余万元。

【科教文卫】 五福村、齐心村成功通过“省级卫生村”验收，新打造了2个文化氛围村，新增科技型中小企业1家，全面落实农村义务教育学校学生“免费午餐”计划。通信、有线电视等覆盖面达到98%以上。完成新农合8658人个人筹资74.763万元，农村妇女“两癌”筛查600人。政策生育率93.33%，计划生育“三金”兑付率100%，发放独生子女父母奖励金277户。

【社会管理】 投入资金6.5万元，在镇内主要交通要道安装高清摄像头56个，对突出的治安问题开展2至3次专项整治活动。解决矛盾纠纷25起，其中排查解决重大纠纷8起，涉及金额40万元以上的纠纷2起，接待群众来信来访55起，处理信访件6件。

【社会事业】 完成对全镇农村1847户、城镇485户的房屋测量，土地使用证和房屋产权证办理工作有序推进。辖区内成立淘宝服务站3个，交易额达70余万元，获全县电子商务工作“一等奖”。增设、更换垃圾桶120余个，建立再生资源回收网点7个，生活垃圾无害化处理率达到90%以上；规划停车线约800米，对场镇168盏路灯进行了全面检修，亮灯率达90%以上。场镇绿地覆盖率达48%，全镇森林覆盖率达90%以上。 （邱光伟）

千佛镇

【概况】 千佛镇（原茶坪乡）位于龙门山脉断裂带中段，毗邻北川、与茂县接壤，北纬31° 41′ 19.90″ 、东经104° 16′ 50.03″ ，总面积156平方公里，平均海拔在1200米以上，通公路。全镇森林覆盖率达85%以上，风景怡人、四季分明。镇辖10个村及茶坪社区，89个村民小组、8891人。

【主要经济指标】 2015年，地区生产总值1.49亿元，同比增长13%；人均纯收入10900元，同比增长21.8%；固定资产投资8100万元，同比增长31.9%；招商引资1500万元，同比增长36.4%；国税入库15.8万元，超任务5.3%；地税入库70万元，同比增长42%；农民人均纯收入增加1340元，同比增长16%。

【镇域经济】 以千佛山中药材专业合作社为龙头，引进四川天濠药业有限公司，加大技术支持和指导，通过专业合作社和示范户的带动，按照“公司+合作社+农户”的发展模式，初步形成药材种植规模化、标准化。建立GAP（中药材生产质量规范）示范基地，提高中药材产业种植效益。在千佛村、双电村、川心村、万佛村等村扩大种植高山有机蔬菜10000亩、魔芋5000亩；大力发展冷水鱼养殖，扩大大鲵育苗养殖规模，有繁育和驯养13户；茶叶、魔芋、腊肉和豆腐等加工业不断壮大，产品附加值进一步提升。农村消费网络体系逐步建立，招募农村淘宝合伙人1人，建立“农村淘宝茶坪社区服务站”1家，年营业额达55万元。

【基础设施建设】 “成兰铁路”千佛镇境内工程顺利推进。建成茶北路28公里路面硬化和防护栏安装。东益大桥和姜家沟拱桥竣工通车，村道建设完成路面硬化22.7公里，新建碎石路28.4公里。东益至擂鼓、金溪至高川道路前期勘测规划初步完成，项目实施有序推进。

【社会事业】 2015年，取消4户7人不符合条件的低保户，新纳入符合条件的低保户30户42人。全年对285户因灾困难户发放冬春生活救助金23.75万元，对41户困难家庭进行临时生活救助共计4.81万元。建设完成社区、川心村日间照料中心2个，初步完成对敬老院硬件设施改造，老年人福利服务体系进一步完善。巩固“普九”义务教育成果，落实“两免一补”，中小学适龄儿童入学率100%。抓牢新型农村合作医疗和城镇居民医疗保险工作，新增新型农村合作医疗保险购买283人。全面落实农村医疗救助“一站式”服务，为27名因病困难群众申请办理医疗救助。深化计生宣传教育，加大宣传《二孩新政》《流动人口管理办法》等计生法律法规。同步抓实11个村（社区）妇女主任的计生业务指导，提高干部业务水平和服务能力。

【环境治理】 加强农村生活垃圾治理，投入资金20万元对全镇10个村1个社区的垃圾处理设施的维护更新，统筹规划垃圾桶放置点89个，新建垃圾房14个，新建垃圾填埋处55个、添置垃圾桶60个，落实保洁员20人，新规划停车位200个，车辆停放进一步规范。

【生态保护】 以创建“省级生态文明乡镇”为目标，坚持实施退耕还林、天然林抚育管理，抓好巩固天保重点公益林28622亩、退耕还林20777.6亩、丰产措施5600亩和生态功能区建设“四大工程”。结合旅游业发展观光林业1200亩，引导群众选择有经济价值和观赏价值的树种，并按规划分层次栽种800余亩，逐步形成现代观光林业。加强水源地环境保护，对河道污水排放、违法捕杀鱼类、乱采乱挖乱堆等行为进行专项整治。实施水土保持及地质灾害治理等工程，今年完成谢家院子、土桥沟、廖家沟、秦家大沟等4个重大地质灾害隐患点的项目治理。

【防汛防灾】 牢固树立“防大汛、抗大灾”的思想，全面落实防汛防灾各项措施，研究制定《千佛镇防汛防灾应急预案》，完善镇、村、组、监测员“四级预警”机制，强化24小时值班制度，确保群众生命财产安全。组织党员干部和监测员开展防灾度汛知识专题讲座，普及灾害安全防范和自救知识，利用逢场日在集贸市场、学校开展防汛防灾宣传15次，发放防洪度汛明白卡等宣传资料4500余份。组织党员干部150余人，分片区开展防洪演练现场会122次，明确汛期转移路线26条、避险安置点13个，演练覆盖率100%。

【旅游发展】 充分利用川师大联系帮扶优势，制定《千佛镇2016—2020年旅游及产业未来五年发展规划》，着力搭建全域旅游发展新构架。强化全域旅游发展理念，以规范乡村旅游接待秩序为目的，筹建旅游协会1个，规范场镇个体旅店、农家客栈等管理；新建明珠等农家乐4家以及农家客栈23户，燕波休闲山庄在2015年成功晋升为三星级农家乐。结合本地特色，完善“食住行游购娱”要素配套，开发特色餐饮、土特商品和旅游产品，将中药材、生态茶叶、高山有机蔬菜、魔芋、野菜及高山腊肉、豆腐乳等产品转化为旅游产品，统筹做优乡村养身休闲旅游品牌。

【文化建设】 深度挖掘千佛红色文化，编撰《千佛山战役——细细的红线》和《千佛民间传说故事集》两部作品。完成红四方面军千佛山阻击战陈列馆的建设，进一步改造和完善千佛山战役指挥部配套设施。积极开展群众文化活动，积极参与“安县第四届山歌（民歌）会”，举行庆“三八”“魅力新女性”、千佛镇第二次全民运动会、“千佛镇迎国庆暨纪念红四方面军千佛山战役——红色记忆红歌会”“家庭教育系列之金色种子活动”等重大活动4次，公共文化服务体系逐步完善。

【脱贫攻坚】 累计发展中药材种植达到6400余亩，农民经济收入不断提升。在东益村、白果村、德胜三个村利用财政专项扶贫资金累计硬化水泥路1.4公里，新建泥碎路7.2公里。整治德胜村十组、七组、王家店三处群众居住相对集中区环境。累计硬化千佛村、川心村、万佛村、双电村四个村道路10.2公里，新建泥碎路6公里。通过扶贫项目实施，实现97户340人脱贫。2015年启动实施的宝藏村、金溪村、老望沟村3个省级扶贫村项目，贫困农户93户、240人实现脱贫，脱贫率占整个脱贫人数的55.1%。

（胡宇奇）

迎新乡

【概况】 迎新乡地处安县西南边沿，西与绵竹市拱星镇连界，北与睢水镇相邻，东南与秀水镇、河清镇接壤，距县城35公里，东北有干河子，西南有白溪河，地形由北向南呈长方形。地理坐标为：北纬31°28′，东经104°17′。辖区面积22平方公里，辖7村（卧龙、皇觉、大溪、七一、铜锣、月峰、马灵）和1个社区（红牌楼社区），总人口14126人。

【历史沿革】 新中国成立前分属白溪、睢水两乡管辖。1953年从白溪、睢水两乡划出部分村，建立迎新乡，以去旧迎新之意命名。乡驻地在太平庵（现七一村驻地）。1958年合并建立秀水人民公社，1959年归属睢水公社，1962年因水利矛盾纠纷，由睢水公社划出4个村，白溪公社划出3个村，建立红旗公社，公社驻地设在红牌楼。1981年更名为迎新公社，1983年恢复迎新乡。1987年拆乡合镇，并入河清镇。1989年又恢复迎新乡。

【工业建设】 2015年，创新发展思路和方式，抓住发展中突出矛盾和结构性问题，积极服务重点项目建设，促使企业发展更具活力；秉用“政府引导，企业主导”的思路，鼓励和支持现有企业路林、康隆、天捷能源等企业开展技术创新，提高产能。总投资2.3亿元的天捷能源公司，7600万元的一期工程全部建成，并于2015年5月底进行试投产，并持续加强技术升级，仁智油服公司进行了项目规划调整，拟投资1.4亿元的绵阳市联创化工有限公司项目也正在积极洽谈中；探索培育以商招商、产业招商、资源招商等新型招商渠道，盘活现有产能，优化投资环境。

【农业发展】 规范土地流转2500亩，打破传统种植模式，引进新品种，提升产品竞争力；积极发展壮大全乡10个农村专业合作社和家庭农场，发挥其示范带头作用。其中，大溪村种植面积达到1000余亩，带动周边七一、月峰、皇觉、马灵、铜锣、卧龙六个村共同发展蔬菜种植面积约3000余亩；发展以法国青刀豆、羊肚菌为主的特色种植，整体流转土地400亩，建立核心示范区350亩；推广秸秆还田面积达90%，约10000余亩；全面落实好各种惠农政策和项目，共接受购机户申请补贴27台，涉及资金43.75万元。

【社会事业】 做好农村养老保障政策宣传工作，进一步扩大新农合入合、新农保入保的范围，做到应保尽保；完善特困户治病一站式、大病医疗等救助服务体系，解决大病医疗救助金122954.6元，惠民帮扶救助金34500元；做好困难、孤寡、老弱病残人员的救助工作，对农村特困灾民因灾、因病、因残等107户家庭，发放临时救助48910元；五保供养率达100%，五保直发481200元；动员散居42名五保老人入住敬老院，两处日间照料中心已进入使用阶段；实施人才“回引”工程，建立农民工返乡创业示范基地1个，引导外出务工经商人员返乡创业。

【城乡协调】 大力提升场镇服务能力，完善辖区内交通标志牌，规范群众乱放乱停行为；深化城乡环境综合治理，出动宣传车200余次，书写悬挂标语60幅，办专栏4期、层层召开会议40次，宣传展板10个，利用广播宣传200余次，建成1个乡垃圾中转站，新建垃圾池11个，设置垃圾桶460余个，全乡组建劝导员队伍16人，保洁员队伍107人；城乡环境综合治理成效明显，秸秆禁烧综合利用率达95%以上；督促指导路林磷化工有限公司磷石膏综合利用生产线的建设和使用，并进行扩建和完善，年处理能力达5万吨，逐步减轻磷石膏堆积对环境带来的压力；投资70万元建立的污水处理站已进入试运行阶段；严格落实“门前五包”责任制，不断提升城乡管理水平。

【综合管理】 结合“五个一批”和“六个精准”要求，举办6期贫困户劳动技能培训，外输劳务230余人，以订单农业的方式发展贫困户种植青菜600亩，种植白菜1500亩，种植大头菜500亩，种植莲藕150亩，水稻制种400亩，所生产的蔬菜和产品全部按合同要求进行全额回收，产值达1100万元，实现76户235名农村扶贫对象脱贫解困；严格落实安全生产责任制，创新安全举措，坚持重大节日期间安全生产隐患排查和大检查及每月一次安全生产例行检查。持续改进安全社区建设，顺利通过四川省安全社区现场评定，全乡各项安全指标均控制在“红线”以内，再创“零事故”平安年；完善社区网格化服务管理、群体性事件预警、矛盾纠纷排查调处、社会稳定风险评估和大调解等工作机制，进一步强化社会网格化服务管理机制，提高社会管理水平。全年办结18件信访案件和化解58起矛盾纠纷。

【民生实事】 对迎拱路迎新段道路进行修

建，切实解决老百姓出行不便问题，确保出行安全；落实乡村天然气入户工程，进一步解决老百姓用气难问题；做好院落文化、环境、治安建设，扎实推进社会主义新农村建设；开展村组财务体系化建设，全面规范村组财务。

（刘　娜）

兴仁乡

【概况】 兴仁乡地处安县县城（花荄）西南面，东与花荄镇、东和南与涪城区河边镇连界，西与乐兴镇、塔水镇接壤，南与清泉镇相邻，北与黄土镇交界。地理坐标为：北纬31° 30′，东经104° 25′。距县城8公里，距绵阳市高新区12公里。总面积33.5平方公里，辖6个村，1个社区，74个村民小组，人口11932人。

【主要经济指标】 见下表。

【基础设施不断完善】 以争取项目资金为抓手，加快农村道路、农田、水利等基础设施建设，农村发展基础更加巩固。完成村组道路硬化7.5公里、整治沟渠8千米、整治塘堰15口、新改建提灌站5处。

【城乡产业加快发展】 巩固长沟村、上游村、金龙村养殖产业片经济效益，山地土鸡、渔业、蛋鸡、蛋鸭等养殖效益趋于稳定，蛋鸭养殖基地新建成皮蛋加工基地、蛋鸡养殖基地完成绿色有机认证。扩大石庙村、茶园村、五郎村种植产业片产业规模，无公害水稻、核桃、葡萄、蜜桃等种植基地效益良好；火龙果种植基地完成大棚建设，已栽植苗木；新建150亩不知火（丑柑）种植基地，已栽植苗木；新建60亩莲藕种植基地，莲藕已上市销售；新建100亩返乡农民工创业基地，开展牡丹等花卉种植；新引进200亩无公害蔬菜种植基地项目、80亩葡萄种植基地项目、100亩无花果种植基地项目。

【民生事业长足进步】 巩固完善城乡社保体系，完成城乡低保复查，加大对教育的关心和支持。加强计生奖扶和人口管理，推进乡村卫生服务一体化管理。开展残疾人“精准式”服务，被省残联通报表扬为2014年度“量体裁衣”式残疾人服务示范乡镇称号。拓展群众业余活动面，新建老年人日间照料中心2处，新建4处农村道德文化宣传走廊，3处道德法治广场。利用文化站、影剧院等设施，广泛开展群众性文化活动，成立3支广场舞舞蹈队、1支农村节目采编队，开展2次全乡文艺节目汇演。启动场镇居民生活用水饮水工程，铺设乐兴至兴仁饮水管线8公里，保证场镇及周边约4000人用水安全。加强社会治安综合治理，深入开

2015年兴仁乡主要经济指标社会指标完成情况统计表

指标	单位	数量	比上年（±%）	备注
地区生产总值	亿元	1.98	9	
公共财政预算收入	万元	741.8	59.8	
农业总产值	万元	30642	8.3	
粮食总产量	吨	9604	1	
工业总产值	万元	6350		2014 年无规上企业
工业销售收入	万元	6350		2014 年无规上企业
固定资产投资总额	万元	11200	-21.7	
招商引资到位资金	万元	11600	18.9	
国税收入	万元	5.2	4.2	
地税收入	万元	44.9	-1.3	
农民人均纯收入	元	11755	7	

展“平安建设”，建设兴仁乡法治文化广场和“小天网”工程。全面落实安全生产责任制，积极开展安全生产检查，组织开展2次消防安全演练。加快推进扶贫攻坚，针对农村贫困户实际，采取技术、资金、劳力、物资等手段帮扶，在册贫困人口336人，全年实现脱贫95人。

【城乡面貌显著改善】 2015年，投入资金150余万元，实施场镇区域五郎河生态环境整治，改造河道800米，修建便桥1座。积极美化农村环境，在茶园村村道沿线栽植三角梅800株，对辽安路口至场镇街道沿线、法治广场等区域2400平方米，进行草坪绿化改造升级。加强全乡生活垃圾收集、处理，新改建垃圾房27座，投放“村收”垃圾桶400余个，“户集”垃圾桶3000余个，组建农村保洁员队伍84人。加大秸秆禁烧与综合利用工作力度，通过宣传教育，引导广大农民群众增强环保意识，提高秸秆禁烧自觉性。城乡环境更加优美，人居环境得到显著改善。

【电子商务工作快速推进】 积极宣传动员，层层宣传农村淘宝项目，通过安装户外广告、张贴宣传画面、发放宣传单等多种形式提高群众知晓率。积极发动村组干部、致富能手、回乡创业青年参与到农村淘宝店铺经营中，精选6名能人到6个村成为合伙人。将店铺选在人流密集、交通便利的村委会周围，第一时间进行装修打造。全乡6个行政村均建设了淘宝服务站点，第一批三个站点开业当天完成交易额120.9万元，最大单一订单达到60万元；第二批三个站点开业当天完成订单297个。在全县率先实现所有行政村服务站点全覆盖。 （袁　龙）

高川乡

【概况】 高川乡原名大石坝，位于安县西北部，地处龙门山中段，距县城花荄53公里，西与绵竹市清平乡相连，北与茂县土门乡接壤。地理坐标为：北纬31° 36′，东经104° 11′。全乡总面积173平方公里，辖7个村，1个社区，共2435户、6035人。

【主要经济指标】 见下表。

【安全生产】 按照“五级五覆盖”和“三个必须”的要求，建立健全安全生产监管责任体系，采取会议、谈心对话、印发宣传资料、出

2015年高川乡主要经济指标社会指标完成情况统计表

指标	单位	数量	比上年（±%）
地区生产总值	亿元	1.39	12.4
乡镇财政总收入	万元	388.11	19
农业总产值	万元	2532	13.1
粮食总产量	吨	381	11.7
工业总产值	亿元	3.5683	18.5
工业销售收入	亿元	3.4278	25.6
固定资产投资总额	亿元	2.01	18.2
招商引资到位资金	万元	2100	23.5
第一产业增加值	万元	721.7	40.2
第二产业增加值	万元	1507	12
第三产业增加值	万元	914	41.3
国税收入	万元	50	0
地税收入	万元	159.66	6.4
农民人均纯收入	元	10481	16.7

动宣传车、安全咨询日活动、专栏板报、标语等多种形式开展好安全生产宣传教育。全年，组织新《安全生产法》和习近平总书记安全生产重要论述及安全生产新要求宣讲专题会议1次，开展谈心对话活动3次，为企业职工进行安全宣讲2次，参训企业达20余家，培训各类人员400余人次；开展安全生产咨询日活动1次、发放宣传资料600余份、办专栏板报2期、悬挂、张贴标语35幅。

【灾害防治】 提早排查安全隐患，对全乡167处隐患点进行拉网式排查，逐一设立警示标志，张贴明白卡，完善应急预案，编制《高川乡2015年地质灾害防灾预案》《高川乡2015年突发性地质灾害应急预案》；进一步优化乡、村、组三级党组织应急机制，落实监测人员130名，成立10支应急抢险队236人；加强工程治理，河道疏浚11公里，疏浚40万余立方米，新建和维修堤防5.7公里，治理地质灾害点53处；提前做好物资盘点，全乡建立救灾物资仓库1个，生活物资临时储备点1个、抢险物资库1个、受灾群众安置点1个；4月底前，对全乡6部电台、40部对讲机进行调试，5月在全乡进行防汛演练，圆满完成2015年的安全度汛工作。

【产业发展】 加强对现有23家工业企业的管理，将发展重心向环保、附加值高的矿产品深加工产业转移，提高资源利用率，优化工业经济结构，整体促进传统产业提档升级；特色农业发展取得新成效，大力发展山区特色种养殖业，深入推进“万亩中药材”基地建设，实行示范带动典型引路培养大户、大户带动周边群众模式，实现黄连种植面积达到1万亩。重楼种植面积达到6000亩，养蜂1000余箱，高山淡水养殖500余亩；山区生态旅游发展开创新局面，在全乡通行条件极大改善的基础上，借助成兰铁路的良好机遇，充分发挥“天然氧吧、夏凉冬雪、地震遗址”的特色，以天池村新农村建设为试点，科学规划，合理布局，努力打造感受天然山村风光的现代观光农业，年接待游客6000余人次，实现了农旅相融、互动发展的新局面。

【社会治理】 全面推进“依法治乡”工作，强化法治宣传教育，利用横幅展板、普法漫画等多种载体，开展好“国家宪法日”“法律七进”等活动，让更多的干部、群众知法守法用法；改进社会治理，落实“一线工作法”，组织乡、村干部进村入户与群众零距离接触，切实做好“大排查、大接访、大调解”及网格化工作，全年共收集问题135个，努力化解矛盾纠纷113起，切实维护了高川的和谐稳定大环境。

【文明村镇建设】 积极开展城乡环境综合治理，加强对货车行驶、停放、运输的全程监管，强化城镇、公路沿线的绿化管理，开展经常性路况巡查和检查，确保了道路交通安全，有效改善了农村人居环境；完善各项文体设施，在乡农业服务站、二郎村委会、感恩桥空地为群众提供场地和电力设备，方便群众开展“广场舞”“唱山歌”等文娱活动，提高全乡人民的生活幸福指数。2015年天池村荣获绵阳市文明村称号。

【民生保障】 深入推进社会救助工作，全年资助困难群众参加新农合212户、345人，大病医疗救助4户4人、1.2万元，农村医疗网上救助36户、36人，惠民帮扶应急救助11人，救助金额8500元。

【脱贫攻坚】 立足乡情，明确提出脱贫攻坚战略，抓住国家、省、市、县扶贫脱贫重要机遇，对全乡3个省级贫困村、2个县级贫困村的扶贫工作制定详细的规划，对全乡254户贫困户分类，落实牵头领导和机关办公室，因村因户制定有效帮扶措施。鼓励贫困户参加合作社从事产业发展和就业，天池中药材种植合作社等社吸纳贫困农户50余户，从事养殖的贫困户达到40余户，组织培训人员1200余人次，新增就业150余人，解决贫困人口就业1000余人次，实现农民人均纯收入增加1371元，农民人均纯收入达到10481元。产业道路建设推进有力，新建泥碎石产业道路2条，全长3公里，配套整合项目的1.2公里水泥硬化路面1条，解决了泉水、高川两个贫困村560余户群众的水泥道路入户问题。

【成兰铁路拆迁】 以统筹协调为基础，严格按照拆迁、征地、安置工作的相关要求，认真做好群众的思想工作，积极在安全防范等方面给予力所能及的支持；围绕工程建设，进一步强化了属地责任意识，加大工作统筹协调力度，做好秀水安置点工作。完成红线征地任务80余亩，临时征占用地110亩，共拆除征地范围内房屋5幢，涉及拆迁征地63户已全部拆除，60户被征地群众的异地安置住房主体工程在秀水镇完工，其余90户全部实现自主安置。

【黄洞子沟泥石流治理】 黄洞子沟泥石流治理工程作为全县最大的地质灾害治理工程，由湖北地矿建设工程承包集团有限公司中标承建，计划工期为9个月。乡党委政府积极做好协调工作，努力化解各类矛盾纠纷，项目自2015年10月进场以来，进展顺利，年底已完成14间施工临时板房、600米临时道路、拌和站及人畜饮水取水口上移建设；谷防坝主体工程完成400立方米，2、3号坝进行基础施工。（张　璇）

安州年鉴
AN ZHOU YEARBOOK

领导名录和先进

县政府大楼夜景

2015年安县组织机构与领导名录

中国共产党安县委员会

廖雪梅　书记
李昊天　副书记、县长（4月任）
向　赟　副书记（11月任）
王喜梅　副书记（12月任）
钟思亮　副书记（7月离）
党海燕　常委、常务副县长（11月离）
胡　斌　常委、常务副县长（11月任）
陈本志　常委、县总工会主席（1月任）
赵　奎　常委、纪委书记
胡　斌　常委、组织部部长（11月离）
唐兴万　常委、组织部部长（11月任）
刘胜军　常委、县政法委书记（1月任）
任晓军　常委、工业园党工委副书记、管委会常务副主任
王　刚　常委、宣传部部长
吴秦川　常委、人武部部长
朱元光　常委、县政法委书记（1月离）

安县人民代表大会常务委员会

梁　建　主任、党组书记
王勇军　副主任、党组副书记
唐　坚　副主任、党组成员
彭明礼　副主任、党组成员
于功春　副主任、工商联主席

安县人民政府

李昊天　县长（4月任）
党海燕　常务副县长（11月离）
胡　斌　常务副县长（11月任）
詹勇为　副县长（2月离）
徐长法　副县长（2月任）
衡国钰　副县长
岳　兵　副县长
任文治　副县长
许　红　副县长
邓金华　副县长（11月离）
邓章军　副县长（2月任）
杨建新　党组成员（7月任）

中国人民政治协商会议安县委员会

张忠贵　主席
李　凯　副主席、统战部部长
金　红　副主席
唐　虎　副主席
邓德元　副主席

安县纪委、监察局

赵　奎　县委常委、纪委书记
胡志辉　县纪委副书记、监察局局长
余　建　县纪委副书记
吴明明　县纪委常委、监察局副局长（5月离）
杨　柳　县纪委常委、监察局副局长
王兴贵　县纪委常委、信访室主任
高建勇　县纪委常委、办公室主任
向元平　县纪委常委、纪检监察室主任（12月任）
何　萍　党风政风监督室主任（4月离）
龙凌云　执法效能监督室主任
陈　军　审理法规室主任
周　丹　宣教和预防腐败室主任
张小平　监察局副局长（12月任）
伍建蓉　干部室主任

安县人民武装部

吴秦川　县委常委、部长

刘海平　政治委员
谢　锐　副部长兼军事科长
伍亚军　政工科长
钟铁军　后勤科长

安县人民法院

陶　毅　院长
尹　伟　副院长
骆志军　副院长
李　强　副院长
廖锡斌　纪检组长
张洪国　政治处主任
廖小东　执行局局长
李涛涛　司调中心专职副主任
王　从　党总支专职副书记
欧　建　审委会专职委员、刑事审判庭庭长
李锐锋　审委会专职委员、民事审判第二庭庭长
杨雪波　桑枣法庭庭长
杨　宁　秀水法庭庭长
贺春辉　塔水法庭庭长（8月任）

安县人民检察院

张　涛　党组书记、检察长
张绍平　党组副书记、副检察长
向　皓　党组成员、副检察长
余海荣　党组成员、副检察长
黄　尧　政治处主任
严　华　纪检组长
颜登勇　县反贪局局长
唐成剑　县反渎职局局长
杨晓冬　专职检查委员会委员
向　理　专职检查委员会委员
陈　俊　县反贪局教导员
曾　军　党组成员、机关党总支专职副书记

安县工业园区

廖雪梅　县委常委、园区党工委书记
任晓军　县委常委、园区党工委副书记、管委会常务副主任
蔡晓玲　园区党工委副书记（1月任）
杜礼尧　园区纪工委书记
王　森　管委会副主任
杨　旭　园区经发局局长（5月离）
张　力　园区财政局局长（8月离）
龙廷川　园区经发局局长（5月任、12月离）、财政局局长（12月任）
邓　诚　园区经发局局长（12月任）
刘知先　园区建设和环境保护局局长
雷光平　纪工委副书记（10月任）、监察室主任（12月任）
涂　江　园区综合办副主任
敬　刚　园区经发局副局长（12月离）
陈文娟　园区财政局副局长（8月离）
冯凡娣　园区财政局副局长（12月任）
夏　娟　园区建设和环境保护局副局长
杨　军　园区综合管理办公室主任（5月任）

安县地质公园管理处

杨建新　党工委书记（8月离）
薛远超　主任（11月任）
姜　蓉　副主任
陈泽军　副主任（6月离，领办科技型企业）
王　鲲　副主任（12月任）
冯广明　建设科科长
宋　玲　招商科科长
江　磊　旅游科科长
刘　斌　党委委员
韩忠辉　党委委员

县委办公室

刘云相　县委办主任
谢流贵　县委办副主任（10月离）
朱国建　县委办副主任、县防邪办主任
杨　丹　县委办副主任、接待办主任
李　笛　县委办副主任、县督查办主任
杨　军　县委办副主任（4月离）
陈世勇　县委办副主任（4月离）
朱　玲　县委办副主任
李　军　县委办副主任（10月任）
徐　红　县委办纪检员

林　涛　县委办党总支专职副书记
刘江涛　县委政策研究室主任
张益宽　机要局局长、信息办主任
王国辉　保密局局长
夏桂林　督查办副主任
王春云　信息办副主任（5月离）
唐华文　防邪办副主任
席加强　密码管理局总工程师
唐海东　信息办副主任（5月任）

县委组织部

胡　斌　县委常委、组织部部长（11月离）
唐兴万　县委常委、组织部部长（11月任）
唐京生　组织部常务副部长
陈小平　组织部副部长、人社局局长
陈　华　组织部副部长、编办主任
廖　容　组织部副部长、老干局局长
范鹏林　组织部副部长（保留正科级）（4月任）
姜　伟　组织部副部长
唐　宾　党建办主任
汪朝义　两新工委书记
罗　宇　组织部副部长、办公室主任
贾　伟　组织部部务委员、干部股股长（4月离）
刘　放　组织部纪检员、人才工作股股长（3月离）
侯炎学　党建办副主任、组织股股长
邓　莉　党员教育中心主任
王　勇　两新工委副书记（11月离）
唐　溢　纪检员、干部监督（培训）股股长（12月离）
刘　流　两新工委副书记、人才工作股副股长（10月任）

县委宣传部

王　刚　县委常委、宣传部部长
席珍奎　宣传部常务副部长、社科联主席
崔　强　宣传部副部长（兼）
何　超　宣传部副部长（10月任）、文联主席（7月任）
王　娟　宣传部副部长（7月离）
林建国　宣传部副部长
周　丽　宣传部纪检员
张祖强　新闻宣传中心主任
钟卫东　社科联专职副主席
张　涛　互联网信息办公室主任
钟述强　新闻宣传中心副主任

县委统战部

李　凯　县政协副主席、统战部部长
李坤堂　统战部常务副部长、民宗局局长
易显林　统战部副部长、县台办主任
罗　义　民宗局副局长
刘芙蓉　统战部纪检员

县委政法委

朱元光　县委常委、政法委书记（1月离）
刘胜军　县委常委、政法委书记（1月任）
李永根　政法委副书记
王略锋　政法委副书记
林　彬　政法委副书记
谢　冰　县维稳办主任
杨　浩　县综治办主任
苏仕全　纪工委书记
刘云中　政治处主任
薛祯祥　大调解中心主任
李道春　大调解中心副主任

县人民政府办公室

姜永斌　主　任
马　勇　副主任（12月离）
杨　勇　副主任（12月离）
李　勇　副主任
谢　丽　副主任
蒋　勇　副主任
汪　平　副主任（12月离）
宋　军　副主任（5月离）
陈　丽　纪检组长
尹星强　党总支专职副书记（4月离）
曾　勇　党总支书记（10月任）
黄蓉琴　法制办主任
魏曙兰　法制办副主任

李远强　法制办副主任
胡声志　金融办主任
何志高　金融办副主任（5月离）
刘维兵　金融办副主任（5月任）
李　贺　应急办主任
张加林　党组成员
庞　军　党组成员（4月任）

县人大常委会办公室

李广荣　秘书长
詹世勇　办公室主任
黄上剑　法工委主任
严功伟　教科文卫委主任
任德俊　财经委主任
马琼瑶　代联处主任
伍朝霞　农工委主任
陈毅铧　代工委主任（6月离）
杨　旭　代工委主任（6月任）
余致强　办公室副主任
饶　辉　办公室纪检员
林　中　法工委副主任
李　西　代工委副主任
李成培　教科文卫委副主任
王景艳　财经委副主任
朱孝军　代联处副主任
蒋　斌　农工委副主任

县政协办公室

董　键　秘书长
唐建平　政协委员工作委主任（9月任）、办公室主任（9月离）
王　勇　办公室主任（12月任）
肖　礼　办公室副主任
易晓玲　经贸委主任
蒋和国　经贸委副主任
易吉果　提案委主任（9月离）
钟思友　提案委副主任（12月离）
尚贵洪　提案委副主任（12月任）
吴德明　学习文史委主任（7月任）
雷世全　学习文史委副主任
许　萍　教科文卫体委主任
杨恩权　教科文卫体委副主任
游志强　社法联谊委主任（9月离）
马　勇　社法联谊委主任（12月任）
李　萍　社法联谊委副主任
王玉兰　政协办纪检员

县总工会

刘胜军　主席（2月离）
陈本志　主席（1月任）
张　平　党组书记、常务副主席（7月离）
范琼强　党组书记、常务副主席（7月任）
刘　强　副主席
黄昌云　纪检组长

县直机关工委

宋　军　工委书记（4月任）
夏兰平　工委副书记
唐　骏　纪工委书记（4月离）
谢成刚　纪工委书记（3月任）
王　芳　工委专职委员

县精神文明办公室

李大勇　主任
崔恩义　副主任

县保密局

王国辉　局长

县委机构编制委员会办公室

陈　华　组织部副部长、编办主任
李昌鸿　副主任
黄小辉　副主任（4月任）
倪薇薇　纪检员
白若飞　县事业单位登记管理局局长

县委党史研究室、地方志办公室

张加林　主任（4月任）
田世荣　副主任
郭　娟　纪检员

县老干部局

廖　容　组织部副部长、老干部局局长
杨奥枫　副局长

县委党校

胡　斌　校长（兼）
王乐正　常务副校长
李祖全　副校长
夏丽鹏　纪检组长（3月离）
周永鑫　纪检组长（3月任）
张开荣　校务委员
杨　籼　校务委员
胡　斌　校务委员

县人社局

陈小平　组织部副部长，人社局党组书记、局长、机关党委书记
金　红　县政协副主席，人社局副局长、社保局局长（5月离）
张兴玉　党组成员、常务副局长
赵安辉　党组成员、副局长、社保局局长（5月任）
张朝容　党组成员、副局长、就业局局长
林启斌　党组副书记
付　强　党组成员、副局长
敬　丰　党组成员、副局长
潘林林　党组成员、纪检组长
刘　怡　社保局党组成员、副局长
张　宁　就业局党组成员、副局长
张能静　军转办主任
陈先芳　人事劳动监察大队大队长
杨建平　机关党委专职副书记
周　斌　人才服务中心主任
刘华成　社保局副局长
周佑斌　城乡居民养老保险服务中心主任
蔡加全　劳动人事争议仲裁院院长

县信访和群众工作局

谢流贵　县委办副主任（10月离）、局长
薛祯祥　副局长、县“大调解”中心主任
胡长群　副局长
王兴军　纪检员
陈继旭　群众来访接待中心主任

县档案局

顾德军　局长
李英蓉　副局长
张　平　副局长
张　蓉　纪检员

县投资促进服务局

彭茂华　党组书记、局长，招商引资服务中心主任（兼）
贺　松　党组成员、副局长，招商引资服务中心常务副主任（兼）
雷　刚　副局长
陶　桃　招商引资服务中心副主任
李灵芝　招商引资服务中心副主任
廖　亮　驻成渝招商引资办事处主任
李　宇　驻上海招商引资办事处主任
王　浩　驻辽宁招商引资办事处主任
周　超　驻广州招商引资办事处主任

县政务服务中心

胥晓勇　主任
董健波　副主任
贺　伦　纪检员

县公共资源交易服务中心

尹　彬　主任

县防震减灾局

何廷超　局长
赵刚福　副局长（12月离）
高　炯　总工程师

县气象局

向国彪　局长
刘宇峰　副局长

县妇联

成蛟龙　主席（7月离）
张琳琳　主席（7月任）
唐全英　副主席
卿　瑜　纪检员

县红十字会

许　红　会长（兼，5月任）
陈晓红　常务副会长
高　强　副会长

安州通讯社

赵漫春　社长
尹全鸿　副社长、党支部书记

县工商联

陈　浩　党组书记、常务副主席（7月离）
李晓强　党组书记、常务副主席（7月任）
于功春　主席
朱述全　副主席
许启剑　纪检组长

县司法局

冯德强　党组书记、局长，县人民调解指导中心主任（兼）
陈　玲　党组成员、副局长
蒋岷江　副局长（12月病逝）
窦　勇　党组成员、纪检组长
洪　菠　党组成员、县人民调解指导中心副主任
刘　斌　党组成员、县法建办副主任

县公安局

岳　兵　副县长、局长
张良聪　政委
张小良　常务副局长
李　文　副局长
曾维平　副局长
李　勇　党委副书记、政治处主任
古大军　纪委书记
李玉蓉　治安大队大队长
马　俊　刑事侦查大队大队长
林　剑　刑事侦查大队教导员
林　勇　国保大队大队长
王　伦　国保大队教导员
王晓宏　治安大队教导员
邹建新　交警大队大队长
杨德刚　交警大队教导员
杨清勇　巡特警大队大队长
刘期军　巡特警大队教导员
肖友荣　情报信息大队大队长
杨兴国　情报信息大队教导员
任　涌　指挥中心主任
罗　岗　指挥中心教导员
王凯斌　网安大队大队长
王　媛　出入境大队大队长
杨　丽　法制大队大队长
李小燕　警务督察大队大队长
罗　义　禁毒缉毒大队大队长
佘映斌　禁毒缉毒大队教导员
王孝均　经济犯罪侦查大队大队长
杨胜强　经济犯罪侦查大队教导员
杨建波　花荄派出所所长
陈普兴　花荄派出所教导员
谢志建　塔水派出所所长
梁　林　塔水派出所教导员
林　安　秀水派出所所长
陈天全　秀水派出所教导员
易　伟　黄土派出所所长
赵　平　黄土派出所教导员
杨金高　工业园区派出所所长
胡　勇　工业园区派出所教导员
谢　军　县看守所所长
孙晓东　县看守所教导员

县消防大队

杨周通　政治教导员
吴晓洪　大队长（6月离）
匡培元　大队长（7月任）
郑　帅　参谋（7月离）
雷广伟　参谋

范辉明　参谋（7月任）
赵　鹏　参谋（7月任）

县工业和信息化局

蒋志勇　局长、企业工委书记
卢　敏　副局长
黄定拥　副局长
高　峰　副局长
史正义　副局长
刘　怡　纪检组长
张万密　企业工委副书记（3月任）

县委农办

刘昌军　主任
李长青　副主任
刘海洋　副主任（4月离）
刘运平　副主任（4月任）
雷光平　纪检员（10月离）
周黎阳　纪检员（10月任）

县农业局

柳跃才　党委书记、局长
王定友　党委副书记、副局长（5月任）
童学军　党委委员、副局长
崔建恩　党委委员、党委副书记、机关党总支书记（3月任）
蒋万明　党委委员、副局长（5月任）
孙祖德　党委委员、总经济师（3月任）
刘维翠　纪委书记
张万林　党委委员、监理站长
周　林　党委委员（1月任）、农能办主任
朱明春　党委委员、动物卫生监督所所长（3月任）
张德华　党委委员、农畜产品质量检验检测站站长（3月任）
陈　锐　党委委员、总农艺师
唐永辉　党委委员、农技推广中心主任

县林业局

何　超　党委书记、局长（8月离）
刘　辉　党委书记、局长（7月任）
罗玉涛　党委副书记
唐华东　党委委员、副局长
马传荣　党委委员、纪委书记
刘　刚　党委委员、副局长
吴明富　党委委员、副局长
李　轶　总工程师
颜永碧　千佛山自然保护区管理处主任
唐　波　天保与退耕还林中心主任
傅道成　森林防火指挥部办公室主任
陈　斌　森林公安局局长
尹　平　森林公安局教导员

县水务局

唐　鸿　党委书记、局长
冯华云　党委副书记
陈毅铧　党委副书记（6月任）
梁　泽　党委委员、副局长
邓武建　党委委员、副局长
孙雄昌　党委委员、副局长
刘胜辉　党委委员、白水湖管理局局长
林正勇　党委委员、防汛办主任
赵琳娜　党委委员、纪委书记
胡良喜　党委委员、总工程师
陈祥全　党委委员、城区河道管理中心主任

县白水湖管理局

刘胜辉　局长
张燕平　副局长
佘小红　纪检员（10月离）
唐　龙　纪检员（10月任）

县交通运输局

向云刚　党委书记、局长
高　劲　党委副书记
淳　涛　党委委员、副局长
吴　芳　党委委员、副局长
杨兆光　党委委员、纪委书记
李　敏　总工程师
张　华　党委委员、运管所所长
巩　军　党委委员、路政大队大队长

廖　斌　党委委员、公管所所长
温进忠　农村公路建设管理领导小组办公室主任

县邮政局
吴　强　党支部书记、局长
杜　毅　副局长、工会主席

县商务局
范琼强　党组书记、局长（8月离）
成蛟龙　党组书记、局长（8月任）
陶明刚　党组成员、副局长
王艳霞　党组成员、副局长
任长江　党组成员、纪检组长

盐业总公司安县支公司
刘　清　经理、书记
赵晓红　副经理

县烟草专卖局（分公司）
陈　军　局长、经理
雷　波　副经理
杨　宇　副局长（6月离）

县供销社联合社
赵刚友　党委书记、理事会主任
蒋　林　党委副书记、副主任
龚　强　副主任
王　芳　副主任
刘继才　纪委书记

工商银行安县支行
陈　蓉　行长
韩小红　副行长
文竹清　副行长（8月任）

农业银行股份有限公司安县支行
梅远鸿　党委书记、行长

中国银行股份有限公司安县支行
汪永波　行长
张治林　副行长
马跃兵　副行长

农业发展银行安县支行
蒋德铭　行长（1月任）

绵阳市商业银行安县支行
苗　旺　行长
王　平　副行长

中国邮政储蓄银行安县支行
王　博　行长（1月任）

安县农村信用合作联社
张宗冠　党委书记、理事长
廖显江　党委委员、主任
何春平　党委委员、纪委书记、监事长
刘洪坤　党委委员、副主任
史健康　党委委员、副主任

中国人民财产保险股份有限公司安县支公司
王　健　经理
谢竹华　副经理

中国电信股份有限公司安县分公司
李佳倩　总经理
朱　涛　副总经理
文　辉　副总经理

中国移动通信集团四川有限公司安县分公司
邓晓蓉　总经理
张婷婷　总经理助理
何智勇　总经理助理（6月任）

县财政局
邓德元　县政协副主席，局长、党组书记、国有资产监督管理办公室主任（11月离）

齐桂芳　党组成员、常务副局长
金志荣　党组成员、副局长
赵昌万　党组成员、副局长
谌晓红　党组成员、纪检组长
邹建明　党组成员、农业开发办公室主任
林献明　总会计师
肖　锋　党组成员、国有资产监督管理办公室副主任
吴怀林　党组成员、非税财政收入管理办公室主任
阳　丽　党组成员、财政监督局局长
尹　恒　党组成员、国有资产监督管理办公室副主任（12月离）
张　涛　党组成员、机关党委副书记
熊兴明　国库支付中心主任（12月任）

县投控公司

肖　棱　董事长
阳　辉　副总经理
陈晓东　副总经理
周学东　副总经理
赖园园　副总经理
刘朝彬　副总经理

县国税局

阚　仪　党组书记、局长
杨远斌　党组成员、副局长
李华锐　党组成员、副局长
张健国　党组成员、副局长
高　翱　党组成员、副局长
罗　辉　党组成员、纪检组长
张　勇　机关党委书记

县地税局

赵晓明　党组书记、局长
薛　彪　党组成员、副局长
徐　兴　党组成员、副局长
唐德安　党组成员、机关党委书记
雷　磊　党组成员、纪检组长

县审计局

傅　军　党组书记、局长
魏世奎　党组成员、副局长
林基胜　党组成员、副局长
魏　艳　党组成员、副局长
李晓东　党组成员、纪检组长
杨　平　党组成员、总审计师
李　智　审计信息中心主任

县国土资源局

杨　鳌　党组书记、局长
贾　平　党组副书记、副局长
阮　涛　党组成员、副局长
蒋学军　党组成员、副局长
苟运军　党组成员、纪检组长
刘　荣　党组成员、局党总支书记（8月任）
吴　刚　党组成员

县统计局

张志勇　局长
许　敏　副局长
王华章　副局长
范琼蓉　纪检组长
高　霞　总统计师
王正泉　调查队长

县食药工质局

杨　敏　局长
赵丽君　副局长
邱　平　党总支书记
刘昌平　纪委书记
蒋世辉　副局长
罗文斌　副局长
张新明　副局长
谢忠彦　副局长
陈迎清　党委委员、县食品药品稽查大队大队长（4月任）
唐　鲲　经检大队队长

县环保局

杨　斌　局长
冯素蓉　副局长
蒋治忠　副局长
陈俊华　纪检组长
何金国　总工程师

县住建局

邓文平　党委书记、局长、防空办主任
姚旭川　党委副书记
阳邵富　党委委员、副局长
鲜青松　副局长（7月离，领办科技型企业）
严　昆　副局长
史建军　党委委员、副局长（1月任）
胡志敏　纪委书记（3月任）
康　妍　总工程师
刘清华　人防办专职副主任
姜如英　党委委员、机关党总支书记
周　建　党委委员
李　波　党委委员
卢　强　党委委员

县城市管理局

宋　军　局长（4月离）
庞　军　党组书记、局长（4月任）
周　建　副局长
李　文　副局长（4月去世）
李　波　副局长
佘小红　党总支书记（10月任）
王虹琳　纪检组长（10月任）
蒋永建　城市联合管理大队大队长

县科学技术局

李晓强　局长（8月离）
张　力　局长（8月任）
蒙　一　副局长
唐　茜　副局长
毛世美　纪检组长

县科学技术协会

张　力　主席（7月任）
陈昌彬　副主席
张志强　纪检员

县教体局

张旭辉　党委书记、局长
张盛明　党委副书记、纪委书记（4月离）
张春文　党委委员、副局长
黄清龙　党委委员、副局长
邓　诚　党委委员、副局长（12月离）
何　萍　党委委员、纪委书记（4月任）
叶昌银　招生办主任

县文广新旅局

崔　强　党组书记、局长
唐　虎　县政协副主席、副局长
马婷婷　党组成员、副局长
江云全　党组成员、副局长
赵　伟　党组成员、纪检组长
张　玉　副局长
王　剑　党组成员、副局长
张　淼　党组成员、博物馆馆长
刘圣泽　党组成员

县卫计局

李建强　党委书记、局长
黄　英　党委副书记、局长
王　涛　副局长（8月离）
黄丁丁　副局长、疾控中心主任（兼，12月任）
付作举　副局长
孙福敬　党委成员、副局长
胡志敏　党委成员、副局长
杨　明　党委成员、纪委书记
黄华伦　党委成员、计生协会专职副会长
季咏梅　党委副书记
何　阳　农合中心主任
何健修　爱卫办主任
刘　庚　纪委书记（4月离）
郑　翔　卫生执法大队大队长

钟小兵　疾控中心主任（8月离）

县惠民帮扶中心

易吉伟　主任
代　娟　副主任

县民政局

杨宝童　党组书记、局长
毛世永　党组成员、副局长
廖朝安　党组成员、副局长
陈　峰　党组成员、纪检组长
王　林　党组成员、老龄委副主任
卢春华　党组成员、社团工委副书记
张发洪　县慈善总会办公室主任
莫代军　敬老院和福利院服务中心主任
杨贵萍　局党总支专职副书记

县住房公积金管理处

谷德军　主任
何　春　纪检员

县民宗局

李坤堂　统战部常务副部长、局长
罗　义　副局长

县扶贫和移民局

汪　平　县政府办副主任、局长
黄　俊　副局长
荣　林　副局长
周福兰　纪检员

县残联

何荣斌　理事长（7月离）
张　平　理事长（7月任）
张登泉　支部书记、纪检员
夏丽鹏　副理事长（3月任）

县发改局

曾　淘　局长、粮食局局长
巩　政　副局长
董　林　副局长
王　冬　副局长
李举友　副局长
钟思齐　副局长
周　江　党总支专职副书记
付　刚　纪检组长

团县委

江　涛　书记（10月离）
黄楷俊　书记（10月任）
李　蕾　副书记（7月离）
吴维维　纪委书记（10月任）

县安监局

朱东平　局长
张福茂　副局长
李　纲　副局长
刘　芳　纪检组长
覃晓安　安全执法大队副大队长

县土地统征办

杨　鳌　主任
杨光荣　副主任

花茇镇

王　森　党委书记
李玉琼　党委副书记、镇长（4月任）
杨天智　党委委员、人大主席
林世贵　党委副书记（4月离）
陈　翔　党委副书记、政协工委主任（12月任）
黄楷俊　党委副书记、纪委书记（10月离）
肖　霄　党委委员、副镇长
冯　斌　党委委员、副镇长
何志高　党委委员、副镇长（4月任）
刘朝彬　党委委员
杨建波　党委委员、派出所所长

黄土镇

刘　辉　党委书记（11月离）
蒋　波　党委书记（10月任）

刘贵兵　党委副书记、镇长（10月任）
贾　凡　党委委员、人大主席
李贵伦　党委副书记
安　旭　党委委员、副镇长
姜家宝　党委委员、武装部长、副镇长
陈小琴　党委委员、副镇长（4月任）
邓定平　党委委员、纪委副书记
易　伟　党委委员、派出所所长

桑枣镇

刘　斌　党委书记
何江军　党委副书记、镇长
陈天富　党委委员、人大主席
邱春平　党委副书记、纪委书记
巩映奎　党委副书记
张德华　党委委员、武装部长、副镇长（3月离）
唐　俊　党委委员、武装部长、副镇长（3月任）
夏　平　党委委员、副镇长
唐桂平　党委委员、副镇长
李明聪　党委委员、组织员
刘胜武　党委委员、派出所所长

秀水镇

王庭洪　党委书记
文　川　党委副书记、镇长（4月离）
谢　刚　党委副书记、镇长（4月任）
杨启荣　党委委员、人大主席
魏广明　党委副书记、纪委书记（4月离）
赵伦福　党委副书记、纪委书记（4月任）
谭冬梅　党委委员、副镇长
陈道彬　党委委员、副镇长、武装部长
李　超　党委委员、副镇长（4月离）
李　超　党委副书记（4月任）
夏　春　党委委员、副镇长
林　安　党委委员、派出所所长

河清镇

庞　军　党委书记（4月离）
赵九州　党委书记（4月任）
陈　刚　党委副书记、镇长
曹良洪　党委委员、人大主席
刘益俊　党委副书记
钟媛媛　党委副书记、纪委书记
韩代碧　党委委员、武装部长、副镇长
肖　磊　党委委员、副镇长（4月任）
邓　松　党委委员、组织员
刘中奇　党委委员
田　勇　党委委员
谭　刚　党委委员、派出所所长

睢水镇

杨小海　党委书记
李天成　党委副书记、镇长（4月离）
严　明　党委副书记、镇长（4月任）
唐国春　党委委员、人大主席
邓　忠　党委副书记、纪委书记
杨　兵　党委副书记
杨道勋　党委委员、武装部长、副镇长
赵述国　党委委员、副镇长
罗　锋　党委委员
邓绍明　党委委员
袁彦平　党委委员、派出所所长

塔水镇

陈　刚　党委书记
万　强　党委副书记、镇长
陈发亮　党委委员、人大主席
王晓芹　党委副书记、纪委书记
崔行富　党委副书记
王青龙　党委委员、副镇长
林小兰　党委委员、副镇长
康　潇　党委委员、武装部长、副镇长
刘子彬　党委委员、组织员（1月任）
谢志建　党委委员、派出所所长

永河镇

蒋　波　党委书记（10月离）
廖　波　党委书记（10月任）
蔡　玮　党委副书记、镇长（4月离）
陈建春　党委副书记、镇长（4月任）

殷　华　党委副书记、纪委书记
刘海洋　党委副书记（4月任）
罗诗涵　党委委员、副镇长
尹　恒　党委委员、副镇长（12月任）
吴　坪　党委委员、纪委副书记
杨　杰　党委委员、派出所所长

界牌镇

张　兵　党委书记（12月离）
李　强　党委书记（10月任）、镇长
刘　智　党委副书记、纪委书记（4月离），人大主席（4月任）
刘运平　人大主席（4月离）
张　驰　党委副书记、纪委书记（4月任）
杨　林　党委副书记（4月任）
邓山鹰　党委委员、副镇长
刘　庚　党委委员、副镇长（3月任）
张春茂　党委委员、组织员
魏世红　党委委员
刘小林　党委委员、派出所所长

沸水镇

高银兵　党委书记
吴明明　党委副书记、镇长（4月任）
王　健　党委委员、人大主席
陈建春　党委副书记、纪委书记（4月离）
尹星强　党委副书记、纪委书记（4月任）
李　凌　党委副书记
刘运洲　武装部长、副镇长
谢　飞　副镇长
李　虎　党委委员、派出所所长

宝林镇

姜　伟　党委书记
陈志辉　镇长
张正龙　人大主席（10月离）
龙尧华　人大主席（10月任）
宁小刚　党委副书记、纪委书记
张　雯　党委副书记
凌周伦　党委委员、纪委副书记

李加成　党委委员、武装部长、副镇长（10月离）
冯胜国　党委委员、副镇长
张世虎　副镇长（10月任）
彭小艳　党委委员、组织员
易碧飞　党委委员、派出所所长

清泉镇

董正红　党委书记
严　明　党委副书记、镇长（5月离）
王　煦　党委委员、人大主席（4月任）
陈　旸　党委副书记、纪委书记
李光涛　党委副书记、政协工委主任（12月任）
侯建中　党委委员、副镇长
涂　萍　党委委员、副镇长
彭翔毅　党委委员
刘　强　党委委员、派出所所长

乐兴镇

刘　军　党委书记
李玉琼　党委副书记、镇长（4月离）
林世贵　党委副书记、镇长（4月任）
石　军　党委委员、人大主席
赵明媚　党委副书记、纪委书记
李　军　党委副书记（10月离）
胡亿宾　党委副书记（10月任）
尚贵洪　党委委员、副镇长（11月离）
任　永　党委委员、武装部长、副镇长（11月任）
黄森云　副镇长（11月任）
李之亮　党委委员、派出所所长

晓坝镇

韩忠辉　党委书记
张琳琳　党委副书记、镇长（7月离）
李茂友　党委委员、人大主席
江　涛　党委副书记、镇长（10月任）
龙尧华　党委副书记、纪委书记（11月离）
周立新　党委副书记、纪委书记
陈　杨　党委委员、武装部长、副镇长
李晓玲　党委委员、副镇长（1月任）

尹晓锋　党委委员、组织员
陈利蓉　党委委员
王　潇　党委委员、派出所所长

千佛镇

薛远超　党委书记
田　原　党委副书记、镇长
王友强　人大主席
肖　洪　党委副书记、纪委书记
刘　杰　党委副书记
庞　锐　党委委员、武装部长、副镇长
王燕青　副镇长
马会容　党委委员
李思克　党委委员、组织员
钟　勇　党委委员、派出所所长

迎新乡

范鹏林　党委书记（4月离）
李天成　党委书记（4月任）
汪　敏　党委副书记、乡长
邹章保　人大主席
陈　东　党委副书记、纪委书记
李太和　党委副书记
周志国　党委委员、武装部长、副乡长
罗　明　党委委员、副乡长
马　军　党委委员、派出所所长

兴仁乡

潘　军　党委书记
谢　刚　党委副书记、乡长（4月离）
蔡　玮　党委副书记、乡长（4月任）
王　成　党委委员、人大主席
吴开银　党委副书记
张家贵　党委副书记、纪委书记
蒋　青　党委委员、副乡长
周煜恩　党委委员、武装部长、副乡长
李晓玲　党委委员、副乡长
文　凯　党委委员、派出所所长

高川乡

赵安辉　党委书记（4月离）
文　川　党委书记（4月任）
代廷超　党委副书记、乡长
肖代军　人大主席（5月任）
左　强　党委副书记、纪委书记
梁　军　党委委员、武装部长、副乡长
周黎阳　党委委员、副乡长（10月离）
秦正军　党委委员、副乡长（10月任）
谢运明　党委委员
陈　建　党委委员
张　晟　党委委员（8月任）

先进集体和先进个人

安县荣获国家、省、市表彰的先进集体

获奖单位	获奖名称	授奖单位
安县	国家农产品质量安全县	农业部
安县	2015 年度全国禁毒社区康复工作示范单位	国家禁毒委员会
安县	中国舟钓路亚公开赛优秀组织奖	中国钓鱼运动协会
安县	四川省农产品质量安全监管示范县	四川省人民政府
安县	省级“平安农机”示范县	四川省农业厅、四川省安全生产监督管理局
安县	小型农田水利重点县	四川省财政厅、四川省水利厅
安县	国家林业经济示范基地	四川省林业厅
安县人民政府	2014 年度全市秸秆禁烧和综合利用工作先进单位	中共绵阳市委办公室、绵阳市人民政府办公室
安县司法局	人民调解宣传工作先进集体	中华全国人民调解员协会
安县农业局	2015 年度全国农机科普先进单位	中国农业机械学会普及工作委员
安县农业局	《农民日报》中获神内基金推广奖	中华农业科教基金会
安县司法局	人民调解宣传工作先进集体	中华全国人民调解协会
安县高川乡天池中药材种植专业合作社	国家林下经济示范基地	国家林业局
安县花荄镇联丰村	全国文明村镇	中央精神文明建设指导委员会
安县防震减灾局	2015 年度全国县级防震减灾工作综合考核先进单位	中国地震局
安县水务局	全国养殖渔情信息采集优秀单位	农业部
安县农业局	全国休闲农业创意精品推介活动—景观创意优秀奖	农业部农产品加工局
安县财政局	2015 年度财政绩效评价工作考核良好单位	四川省财政厅
安县驻上海招商引资办事处	2015 年度投资促进协作优秀单位	四川省人民政府驻上海办事处

续表

获奖单位	获奖名称	授奖单位
安县驻沈阳招商引资办事处	2015年度四川驻环渤海地区投资促进工作先进单位	四川省人民政府驻天津办事处
安县水务局	2015年水土保持补偿费征收工作先进集体	四川省水保局
安县人大常委会	2015年度宣传民主法治建设特等奖	四川省人大常委会民主法制建设杂志社
安县人大常委会	2015年度宣传人民代表大会制度特等奖	四川省人大常委会人民权利报社
安县安全生产监督管理局	2015年川西北片区安全生产监察执法案卷管理竞赛暨实地训练活动三等奖	四川省安监局
安县安全生产监督管理局	“赛思特杯”第二届防震减灾知识暨四川省第四届中小学校安全知识网络有奖竞赛活动先进集体	四川省教育厅
安县工商联	目标考核十佳单位	四川省农村信用社联合社
安县宝林镇	档案规范化管理二级	四川省档案局
安县迎新乡	四川省安全社区	四川省人民政府安委会
安县档案局	四川省规范化管理一级标准	四川省档案局
安县妇联	推进男女平等基本国策二十周年特别贡献奖	四川省妇儿工委 四川省妇联
安县高川乡	四川省基层森林防火能力建设显著单位	四川省林业厅
安县禁毒大队	全省禁毒工作先进集体	四川省禁毒委员会
安县睢水镇派出所	全省公安机关“一标三实”工作成绩突出单位	四川省公安厅
安县公安局	四川省公安系统先进单位	四川省人社厅、四川省公安厅
安县国土资源局	四川省地质灾害防治工作先进集体	四川省人社厅、四川省国土资源厅
安县国土资源局	四川省第二次全国土地调查先进集体	四川省人社厅、四川省国土资源厅
安县国土资源局	开展“走基层、解忧难、化积案、维权益”主题活动成效突出单位	四川省国土资源厅
安县国土资源局	全省国土资源管理系统“六五”普法先进单位	四川省国土资源厅
安县国土资源局	2015年度“厅长信箱”来信办理通报表扬	四川省国土资源厅
安县国土资源局	2015年“走基层、解忧难、化积案、维权益”主题活动优秀组织单位	四川省国土资源厅
安县花荄镇	四川省乡村旅游示范镇	四川省旅游标准评定委员会
安县花荄镇	省级生态乡镇	四川省环境保护厅
安县花荄镇	推进依法行政示范创建单位	四川省依法治省领导小组办公室、四川省人民政府法制办公室
安县环境保护局	通报表扬2014年度环境污染责任保险试点工作先进单位	四川省环境保护厅
安县环境保护局	2015年度环境行政处罚案卷评查优秀案卷	四川省环境保护厅

续表

获奖单位	获奖名称	授奖单位
安县黄土镇	保护超特高电压平安乡镇	四川省综治委
安县交通运输局公路运输管理所	2014年四川交通运输行政执法评议考核优秀单位	四川省交通运输厅
安县教育和体育局	“赛思特杯”第二届防震减灾知识暨四川省第四届中小学校安全知识网络有奖竞赛先进集体奖	四川省教育厅、四川省地震局、四川省应急办、四川省安委办
安县教育和体育局	2014—2015年度四川教育宣传先进单位	四川省教育厅、四川教育报刊社
安县教育和体育局	第八届中小学艺术展演优秀组织奖	四川省教育厅
安县教育和体育局	“三门模式”解决农村学生上放学乘车难的问题（一等奖）	四川省综治委学校及周边治安综合治理工作领导小组
安县教育和体育局	2015年全省社会体育指导员健身技能交流展示活动体育道德风尚奖	四川省体育局
安县教育和体育局	2015年全省社会体育指导员健身技能交流展示活动优秀组织奖	四川省体育局
安县教育和体育局	2015年全省社会体育指导员健身技能交流展示活动最佳创意奖	四川省体育局
安县教育和体育局	2015年全省社会体育指导员健身技能交流展示活动最佳推广奖	四川省体育局
安县教育和体育局	2015年全省社会体育指导员健身技能交流展示活动集体项目一等奖	四川省体育局
安县科学技术协会	2014年度生产力促进中心先进集体	四川省生产力促进中心
安县科学技术协会	四川省第六届“争当小实验家”先进单位	四川省科学技术协会、四川省教育厅
安县科学技术协会	第30届四川省青少年科技创新大赛基层优秀组织奖	四川省科学技术协会、四川省教育厅、四川省科学技术厅
安县林业局	四川省林业产业工作先进集体	四川省人社厅、四川省林业厅
安县清泉镇	“平安农机”示范乡镇	四川省农业厅、四川省安监局
安县清泉镇	保护超特高压平安乡镇	四川省综治委三电设施安全保护工作领导小组
安县人民检察院	全省检察宣传先进单位	四川省人民检察院
安县检察院控申举报接待室	全省检察机关省级“文明接待室”	四川省人民检察院
安县人民检察院驻县看守所检察室	全省检察机关二级规范化检察室	四川省人民检察院
安县卫生局	四川省推进依法行政示范创建单位	四川省依法治省领导小组办公室、四川省人民政府法制办公室

续表

获奖单位	获奖名称	授奖单位
安县晓坝镇	四川省档案工作规范化管理二级标准	四川省档案局
安县兴仁乡	全省2014年度“量体裁衣”式残疾人服务示范单位	四川省残联
安县晓坝镇	省级生态乡镇	四川省环境保护厅
安县防震减灾局	2015年度全省市（县）防震减灾工作先进单位	四川省地震局
安县防震减灾局	2014年度四川省区域台资料分析第一名	四川省地震局
安县防震减灾局	2014年度四川省区域台台站运行第一名	四川省地震局
安县供销社	2015年度新型业务工作先进单位	四川省供销合作社联合社
安县河清镇	四川省示范性基层老年协会	四川省老龄委
安县河清镇富乐社区	四川省养老服务社会示范社区	四川省民政厅
安县黄土镇	保护超特高电压平安乡镇	四川省综治委
安县乐兴镇	2014年度“保护特超高压平安乡镇”	四川省综治委三电设施安全保护工作领导小组
安县农业局	农业统计基点调查工作突出单位	四川省农业厅
安县农业局	农村经营管理全面工作突出单位	四川省农业厅
安县桑枣镇	四川省档案工作规范化管理二级标准	四川省档案局
安县工商联	全市农村信用社先进单位	四川省农村信用社联合社绵阳办事处
团县委	全国第六届特殊奥林匹克运动会（绵阳赛区）志愿服务组织先进集体	中共绵阳市委、绵阳市人民政府
安县宝林镇	2014年度秸秆禁烧和综合利用工作先进单位	中共绵阳市委办公室、绵阳市人民政府办公室
安县高川乡天池村	绵阳市文明村（社区）	中共绵阳市委
安县公安局	2014年度征兵工作先进单位	绵阳市人民政府、绵阳军分区
安县花荄镇	绵阳市先进基层党组织	中共绵阳市委
安县花荄镇益昌社区	文明村（社区）	中共绵阳市委、绵阳市人民政府
安县花荄镇益昌社区	市级文明社区	中共绵阳市委、绵阳市人民政府
安县环境保护局	2014年度全市秸秆禁烧和综合利用工作先进单位	中共绵阳市委办公室、绵阳市人民政府办公室
安县民生办	2014年度绵阳（县市区、园区）优秀民生项目	中共绵阳市委、绵阳市人民政府
安县民生办	2015年民生工作在全市目标绩效考核中超额完成任务，予以通报表扬	中共绵阳市委、绵阳市人民政府

续表

获奖单位	获奖名称	授奖单位
安县科学技术和知识产权局	第三届中国（绵阳）科技城国际科技博览会和2015（绵阳）电子商务博览会暨第三届“绵阳造”精品展销会先进集体	中共绵阳市委
安县科学技术和知识产权局	2014年度发展科技型中小企业工作先进集体	中共绵阳市委
安县晓坝镇	文明乡镇	中共绵阳市委、绵阳市人民政府
安县兴仁乡	2014年度全市秸秆禁烧和综合利用工作先进单位	中共绵阳市委、绵阳市人民政府
安县网信办	绵阳市青年文明号	中共绵阳市委、绵阳市人民政府
安县河清镇富乐社区	绵阳和谐社区建设化示范社区	中共绵阳市委、绵阳市人民政府
安县河清镇富乐社区	文明社区	中共绵阳市委、绵阳市人民政府
安县农业局	绵阳市2014年“大禹杯”二等奖	绵阳市人民政府
安县塔水镇	绵阳市民族团结进步模范集体	绵阳市人民政府
安县花荄镇	全市老干部工作先进集体	中共绵阳市委组织部、中共绵阳市委老干部局
安县花荄镇联丰村	绵阳首批最美乡村	中共绵阳市委宣传部、中共绵阳市委农办、绵阳市旅游局、绵阳市广播电视台
安县千佛镇小学校	绵阳市第十届青少年书信文化活动优秀组织奖	中共绵阳市委宣传部、绵阳市教育和体育局、共青团绵阳市委、绵阳市少工委、中国邮政集团公司绵阳市分公司
安县河清小学	绵阳市第十届少儿书信大赛优秀组织奖	中共绵阳市委宣传部、绵阳市教育和体育局
安县中医院	药品不良反应监测报表填报先进集体	绵阳市食品药品监督管理局、绵阳市卫生局、绵阳市禁毒办
安县沸水镇卫生院	药品不良反应监测报表填报先进集体	绵阳市食品药品监督管理局、绵阳市卫生局、绵阳市禁毒办
安县乐兴镇中医骨伤医院柏杨分院	药品不良反应监测报表填报先进集体	绵阳市食品药品监督管理局、绵阳市卫生局、绵阳市禁毒办
安县疾控中心	药品不良反应监测报表填报先进集体	绵阳市食品药品监督管理局、绵阳市卫生局、绵阳市禁毒办
安县乐兴镇中医骨伤医院柏杨分院	医疗器械不良反应监测报表填报先进集体	绵阳市食品药品监督管理局、绵阳市卫生局、绵阳市禁毒办
安县卫生执法大队	2015年绵阳市卫生计生监督技能竞赛优秀团体一等奖	绵阳市卫生和计划生育局委员会、绵阳市总工会
安县卫计局志愿服务大队	2015年绵阳市优秀志愿服务组织	绵阳市精神文明建设委员会、绵阳市志愿服务总队

安县荣获国家、省、市表彰的先进个人

姓　名	工作单位	获奖名称	授奖单位
贺　涛	安县兴仁乡长沟村	全国向上向善好青年	共青团中央
陈飞宇	绵阳市天岭中药材开发有限公司	全国“中国创翼”创新创业大赛冠军	宋庆龄基金会和人社部
成贻勇	安县司法局	全国模范司法所长	司法部
董正红	安县清泉镇	优秀共产党员	中共四川省委
魏世楷	安县交通运输局公路管理所	四川省第七届劳动模范	四川省人民政府
杨建波	安县花荄派出所	四川省政法系统先进个人	四川省委政法委、四川省人社厅
李　虎	安县沸水派出所	四川省公安系统先进个人	四川省人社厅、四川省公安厅
杨城新	安县花荄派出所	全省公安机关“一标三实”工作成绩突出个人	四川省公安厅
李伟伟	安县秀水派出所	全省公安机关“一标三实”工作成绩突出个人	四川省公安厅
唐海林	警务保障室	全省公安队伍思想政治工作成绩突出个人	四川省公安厅
杨　鳌	安县国土资源局	四川省地质灾害防治工作先进个人	四川省人社厅、四川省国土资源厅
吴硕刚	安县国土资源局	四川省国土资源管理工作先进个人	四川省人社厅、四川省国土资源厅
张文刚	安县环境保护局	2014年度环境污染责任保险试点工作先进个人	四川省环境保护厅
李　力	安县七一实验小学	看四川诗书创作工程优秀书法作品展优秀奖	四川省委宣传部、四川省文联
李　力	安县七一实验小学	四川省第二届群星璀璨书画展获优秀奖	四川省文化厅、四川省文化馆
李　力	安县七一实验小学	四川省第八届中小学生艺术节优秀指导教师	四川省教育厅
杨维维	安县七一实验小学	四川省第八届中小学生艺术节优秀指导教师	四川省教育厅
邓雪莲	安县七一实验小学	四川省第八届中小学生艺术节优秀指导教师	四川省教育厅
何　玲	安县七一实验小学	四川省第八届中小学生艺术节优秀指导教师	四川省教育厅
古　娟	安县七一实验小学	四川省第八届中小学生艺术节优秀指导教师	四川省教育厅
王红瑛	安县清泉初中	四川省优秀教师	四川省教育厅
白　雪	安县特殊教育学校	执教《土豆》一课荣获一等奖	四川省教科所
黄春兰	安县林业局	四川省林业产业工作先进个人	四川省人社厅　四川省林业厅
傅道成	安县林业局	四川省森林防火先进个人	四川省人社厅　四川省林业厅
唐华东	安县林业局	四川省森林病虫害防治工作先进个人	四川省人社厅　四川省林业厅
颜登勇	安县人民检察院	省纪委抽调办案通报表扬	四川省纪委
赵明东	安县人民检察院	省纪委抽调办案通报表扬	四川省纪委
王　锐	安县人民检察院	省纪委抽调办案通报表扬	四川省纪委

续表

姓　名	工作单位	获奖名称	授奖单位
谢宇豪	安县人民检察院	省纪委抽调办案通报表扬	四川省纪委
汪　平	安县人民检察院	省纪委抽调办案通报表扬	四川省纪委
李　宇	安县投资促进服务局	2015 年度驻浙皖投资促进工作先进个人	四川省人民政府驻杭州办事处
王　浩	安县投资促进服务局	2015 年度四川驻环渤海投资促进机构联席会优秀个人	四川省人民政府驻天津办事处
潘　军	兴仁乡党委	践行“三严三实”优秀党员干部	中共绵阳市委
陈　刚	安县河清镇党委副书记、镇长	优秀共产党员	中共绵阳市委
肖　洪	千佛镇人民政府	优秀党务工作者	中共绵阳市委
晏友川	安县投资促进服务局	2015 年度投资促进工作先进个人	绵阳市人民政府
李加林	安县投资促进服务局	2015 年度投资促进工作先进个人	绵阳市人民政府
曾一健	团县委	2015 年度投资促进工作先进个人	绵阳市人民政府
王　森	安县财政局	绵阳市第三次民族团结进步模范个人奖	绵阳市人民政府
廖雪梅	县委	三等功	中共绵阳市委组织部
林　涛	县委办	《中办通讯》《秘书工作》通联工作先进个人	中共绵阳市委办公室
吴小东	县委办	向市委报送信息先进个人	中共绵阳市委办公室
肖　鹏	安县卫生执法大队	2015 年绵阳市卫生计生监督技能竞赛优秀个人一等奖	绵阳市卫生和计划生育局委员会、绵阳市总工会
严　静	安县卫生执法大队	2015 年绵阳市卫生计生监督技能竞赛优秀个人二等奖	绵阳市卫生和计划生育局委员会、绵阳市总工会

补录2014年先进集体

获奖单位	获奖名称	授奖单位
桑枣镇	2014 年四川省卫生乡镇	四川省爱国卫生运动委员会
安县人民政府	投资促进工作先进单位	绵阳市人民政府

补录2014年先进个人

姓　名	工作单位	获奖名称	授奖单位
吴羽淇	安县投资促进服务局	2014 年度投资促进工作先进个人	绵阳市人民政府

中共安县县委表扬2015年先进基层党组织、优秀共产党员、优秀党务工作者和践行“三严三实”优秀党员干部

（排名顺序不分先后）

一、先进基层党组织100个

中共安县桑枣镇委员会	中共安县河清镇委员会
中共安县清泉镇委员会	中共安县沸水镇委员会
中共安县兴仁乡委员会	中共安县直属机关工作委员会
中共安县社团工作委员会	中共安县政务服务中心工作委员会
中共安县人民医院委员会	中共安县发展和改革局总支部委员会
中共安县城市管理局总支部委员会	中共安县人民法院总支部委员会
中共安县国土资源局总支部委员会	中共安县中联水泥有限公司总支部委员会
中共安县司法局总支部委员会	中共安县纪委、监察局支部委员会
中共安县县委组织部支部委员会	中共安县县委宣传部支部委员会
中共安县总工会支部委员会	中共安县政协机关支部委员会
中共安县财政局机关委员会	中共安县地方税务局机关委员会
中共安县审计局支部委员会	中共安县安全生产监督管理局支部委员会
中共安县安州通讯社支部委员会	中共安县工业和信息化局支部委员会
中共安县县委编办支部委员会	中共安县妇女联合会支部委员会
中共安县投资控股有限公司支部委员会	中共安县信访和群众工作局支部委员会
中共安县档案局支部委员会	中共安县商务和旅游局支部委员会
中共安县金鸿实业有限公司支部委员会	中共安县七一实验小学支部委员会
中共安县业余体校支部委员会	中共安县公安局法制纪检支部委员会
中共安县雎水高川派出所联合支部委员会	中共安县水务局机关支部委员会
中共安县交通运输局公路管理所支部委员会	中共安县卫生执法监督大队支部委员会
中共安县日杂废旧棉麻公司支部委员会	中共安县住建局城建监察大队支部委员会
中共四川安县工业园区机关支部委员会	中共四川好医生药业集团有限公司支部委员会
中共绵阳国强门业有限公司支部委员会	中共四川省银河化学股份有限公司机械制造有限责任公司支部委员会

续表

中共安县农业局农业技术推广中心支部委员会	中共安县林业局机关支部委员会
中共安县花荄工商所支部委员会	中共安县花荄镇柏杨村支部委员会
中共安县花荄镇先林村支部委员会	中共安县花荄镇红花村支部委员会
中共安县花荄镇西桥村支部委员会	中共安县花荄镇文星社区支部委员会
中共安县桑枣镇千柏村支部委员会	中共安县桑枣镇松林村支部委员会
中共安县桑枣镇枣园社区支部委员会	中共安县黄土镇长生村支部委员会
中共安县黄土镇马村支部委员会	中共安县黄土镇东城社区支部委员会
中共安县黄土镇仁济医院支部委员会	中共安县塔水镇油房村支部委员会
中共安县塔水镇幸福村支部委员会	中共安县塔水镇峨眉村支部委员会
中共安县塔水镇浮萍村支部委员会	中共安县塔水镇云塔社区支部委员会
中共安县塔水一小支部委员会	中共安县秀水镇东风村支部委员会
中共安县秀水镇龙泉村支部委员会	中共安县秀水镇顺江村支部委员会
中共安县秀水镇方林村支部委员会	中共安县秀水镇石马村支部委员会
中共安县秀水镇潼桥村支部委员会	中共安县秀水镇民兴中学支部委员会
中共安县河清镇前锋村支部委员会	中共安县河清镇富乐社区支部委员会
中共安县睢水镇东林村支部委员会	中共安县睢水镇教场村支部委员会
中共安县睢水镇宝元村支部委员会	中共安县晓坝镇中心村支部委员会
中共安县晓坝镇钟福村支部委员会	中共安县界牌镇金凤村支部委员会
中共安县界牌镇竹林村支部委员会	中共安县界牌镇青安社区支部委员会
中共安县乐兴镇机关支部委员会	中共安县乐兴镇民生村支部委员会
中共安县清泉镇双石村支部委员会	中共安县宝林镇调元社区支部委员会
中共安县宝林镇涌泉村支部委员会	中共安县永河镇梓潼村支部委员会
中共安县永河镇金花村支部委员会	中共安县永河镇安罗村支部委员会
中共安县沸水镇红星村支部委员会	中共安县千佛镇机关支部委员会
中共安县千佛镇东益村支部委员会	中共安县高川乡电管站支部委员会
中共安县高川乡高川村支部委员会	中共安县迎新乡皇觉村支部委员会
中共安县迎新乡铜锣村支部委员会	中共安县兴仁乡茶园村支部委员会

二、优秀共产党员199个

胡　平（县委党校办公室主任）	任悍韬（县委老干部局办公室副主任）
李长青（县委农办副主任）	曾一健（团县委干部）
邓　琪（县统计局办公室主任）	廖　华（县工商联副主任科员）
段杭杭（县委政法委办公室主任）	韩　艳（县委宣传部群众宣传文化股股长）
王　勇（县委“两新”工委副书记）	蒋　东（县文化广电新闻出版局广播电视电影管理股股长）
宋晓娟（县人民检察院案管办主任）	曾　勇（县政府办公室政务调研科科长）
肖　礼（县政协办公室副主任）	熊兴明（县财政局预算股股长）
刘　斌（县国家税务局纳税服务科科长）	周　明（县科协学会普及部部长）
刘　军（县司法局总支部委员会副书记）	李　萍（县住房公积金管理处归集股股长）
唐海东（县信息化工作办公室副主任）	李海燕（县发展和改革局投资股股长）
何　颖（县人民法院法警队大队长）	刘　佳（县民政局办公室副主任）
杨　燕（县纪委监察局党风政风监督室副主任）	马　军（县环境保护局监测站副站长）
雷古强（县人大办公室干部）	覃　琴（花荄劳动保障中心主任）
张正春(安县中联水泥有限公司生产技术处处长）	冯刘友（绵阳聚安民用爆破器材有限公司安县分公司安保业务部部长）
郑亚兰（安县天诚医药有限公司党支部委员）	易　斌（县进修校校长助理）
赵秀珍（县教育和体育局教研室教师）	李　梅（安县沙汀实验中学教师）
吴永红（安县实验幼儿园保育主任）	李　虎（县公安局沸水派出所所长）
刘道军（县公安局花荄派出所副所长）	刘春阳（县公安局治安管理大队民警）
廖　宁（县公安局国保大队副大队长）	田尚金（安县顺达公路养护有限责任公司副经理）
贺　敏（县交通运输局公路运输管理所党支部委员）	段业光（县一大渠党支部书记）
林国柱（县人民医院医生）	陈先玖（县中医院医生）
崔元富（县疾控中心医生）	朱志先（县供销联社办公室主任）
蔡　昆（县城乡规划建设和住房保障局退休党支部书记）	叶　军（县城市建设管理监察大队副大队长）
王　政（绵阳远景包装有限公司党支部书记）	王　智（绵阳阳晨汽车零部件有限公司党支部委员、工会主席）
杜正鑫（安县生物礁国家地质公园管理处办公室主任）	刘清华（四川省银河化学股份有限公司行政第三党支部书记）

续表

徐安平（四川省银河化学股份有限公司物资供应部党支部书记）	李洪文（四川省银河化学股份有限公司铬盐化工产业事业部第二党支部书记）
邱　敏（县农业局工会主席）	周全华（县林业局造林绿化股股长）
邱　平（县食品药品和工商质监管理局党委副书记、总支部书记）	王　建（花荄镇纪委副书记）
谭　欣（花荄镇党政办主任）	钟　斌（花荄镇环保办主任）
谷志红（花荄镇财政所所长）	黄　全（花荄镇安全办主任）
李　利（花荄镇农技站站长）	何莉蓉（花荄镇益昌社区党支部书记）
杜少友（花荄镇联丰村党支部书记）	卿发富（花荄镇六合村党支部书记）
李　明（花荄镇白鹤林社区党支部书记）	纪廷虎（花荄镇前进村党支部书记）
陈修海（花荄镇马安村党支部书记）	胡亿富（花荄镇斩龙村党支部书记）
钟世杰（花荄镇龙兴村党支部书记）	刁华明（四川圣康蛋鸡养殖专业合作社党支部书记）
王安军（桑枣镇铜钱村党支部书记）	曹学文（桑枣镇花庙村党支部书记）
袁世东（桑枣镇连心小学党支部书记）	周　勇（桑枣镇立志村党支部书记）
陈　宁（桑枣镇高峰村党支部书记）	金永福（桑枣镇云丰村党支部书记）
赵阳国（桑枣镇大竹村党支部书记）	邓建平（桑枣镇飞龙村党支部书记）
杜乐云（桑枣镇三清村党支部书记）	钟光昊 [县委组织员（驻黄土镇）]
刘晓勇（黄土镇城建办主任）	刘　平（黄土镇仁和中学年级组长）
刘远平（黄土镇石鸭村党支部书记）	杨武明（黄土镇北真村党支部书记）
黄邦志（黄土镇永福社区党支部书记）	谢孝贵（黄土镇明月村党支部书记）
王永华（黄土镇喇叭村党支部书记）	肖　洪（黄土镇卫生党支部书记、副院长）
黄　辉（黄土镇小学副校长）	官婷婷（塔水镇纪委副书记、党政办主任）
唐承华（塔水镇人大办主任、党政办副主任）	彭　娟（塔水镇妇联主席、群工办主任）
刘学军（塔水中学校长）	魏广兵（塔水镇高观村党支部书记）
钟桂斌（塔水镇柑子村党支部书记）	梁再华（塔水镇新征村党支部书记）
黎隆贵（塔水镇双埝村党支部书记）	曾安云（塔水镇安塘村党支部书记）
雷国洪（塔水镇正觉村党支部书记）	张应贵（塔水镇白塔村主任）
赵　波（塔水镇三泉村主任）	唐　斌（塔水镇七里村主任）
刘洪述（塔水镇七里村治保办主任）	杨官兴（塔水镇青安村会计）
黄　浩（秀水镇党委办副主任、纪检办主任）	贾志刚（秀水镇红桂村党支部书记）

续表

蒋　辉（秀水镇大泉村党支部书记）	赵育福（秀水镇九一村党支部书记）
孙定安（秀水镇柏林村党支部书记）	孙祥华（秀水镇锦龙社区主任）
黄绍富（秀水镇南苑社区党支部书记）	龙绍勇（秀水镇农口党支部书记）
颜登泽（秀水镇金埝村党支部书记）	李　军（秀水镇长春村党支部书记）
刘运辉（秀水镇金山村党支部书记）	刘　刚（秀水镇桥楼村党支部书记）
罗孝平（秀水镇新春村党支部书记）	赵学友（秀水镇秀安村党支部书记）
李福贵（秀水镇青松村党支部书记）	陈善全（秀水镇红光村党支部书记）
谢远全（秀水镇珍珠村文书）	夏万俊（秀水镇中心卫生院院长）
方远洪（安县第二人民医院院长助理、内科主任）	蒋　成（秀水镇纪委副书记、政府办主任）
刘益俊（河清镇党委副书记）	李尚潇（河清镇党政办副主任）
米运德（河清镇明升纸业党支部书记）	刘忠奇（河清镇党委委员、财政所所长）
李长江（河清镇荣华村党支部书记）	唐纪能（河清镇年丰村党支部书记）
彭德军（河清镇富乐社区党支部副书记）	曹云祥（河清镇广红村主任）
李应强（睢水镇人大办主任、纪委委员）	刘　强（睢水镇农业办主任）
刘云伟（睢水镇白河村党支部书记）	杨廷芬（睢水镇青云村党支部书记）
彭红梅（睢水镇红石村主任）	刘显明（睢水镇光明村主任）
李　英（睢水镇金华村党员）	尹晓峰［县委组织员（驻晓坝镇）］
姜　静（晓坝镇党政办主任、纪委委员）	吴邦燕（晓坝镇五福村党支部书记）
陈世安（晓坝镇中心村文书）	王洪斌（界牌镇纪委副书记）
张春茂［县委组织员（驻界牌镇）］	杨小兵（界牌镇党政办主任）
刘德亮（界牌镇石岭村党支部书记）	李勇均（界牌镇西明村党支部书记）
吕正荣（界牌镇龙集村党支部书记）	胡　斌（界牌镇石安村党支部书记）
范眉眉（界牌镇竹林村党支部副书记、大学生村官）	石　军（乐兴镇党委委员、人大主席）
朱　阳（乐兴镇村建环卫中心主任、武装部副部长）	王文军（乐兴镇新光村党支部书记）
张兴成（乐兴镇白云村党支部书记）	张文洪（乐兴镇小学党支部书记、校长）
王　煦（清泉镇党委副书记、镇长）	彭翔毅（清泉镇党委委员）
曾文强（清泉镇双星村党支部书记）	邓　强（清泉镇古井村党支部书记）
陈　谦（清泉镇白果村党支部书记）	张克顺（宝林镇社会事务和计划生育办公室主任）
李见廷（宝林镇调元社区党支部书记）	邓国强（宝林学校党支部书记）

续表

薛永红（宝林镇印盒村党支部书记）	夏祥金（宝林镇砖厂党支部书记）
张忠富（永河镇供电所党支部书记）	陈长春（永河镇皇塔村党支部书记）
陈启兵（永河镇永兴村党支部书记）	张华旺（永河镇插山村党支部第一书记）
简泽廷（永河镇观庄村党支部书记）	李　卫（永河镇海泉村党支部书记）
易吉军（永河镇同心村主任）	王　健（沸水镇人大主席）
蒋欢欢（沸水镇水晶村党支部书记、大学生村官）	邱大才（沸水镇枫香村党支部书记）
李代飞（沸水镇沸泉村党支部书记）	刘宗富（沸水镇三合村党支部书记）
张余科（沸水镇胜利村主任）	蒋　宁（千佛镇武装部副部长、社会事务办主任）
杜宗海（千佛镇千佛社区主任）	赵伦凯（千佛镇白果坪村主任）
薛灵芝（安县千佛镇小学校教师）	周黎阳（高川乡党委委员、副乡长）
陈　建（高川乡党委委员）	唐德辉（高川乡村建环卫中心主任）
黄官友（高川乡二郎村主任）	龙顺光（高川乡新桥村党支部书记）
曹远东（迎新乡卧龙村党支部书记）	陈正军（迎新乡铜锣村主任）
陈正坤（迎新乡皇党村主任）	李选万（迎新乡大溪村主任）
尚国强（迎新乡月峰村主任）	张忠碧（迎新乡卧龙村妇女主任）
陈福武（迎新乡马灵村党员）	袁　龙（兴仁乡党政办主任）
戴　刚(兴仁乡社会事务和计划生育办公室主任）	石　勇（兴仁乡茶园村党支部书记）
王国强（兴仁乡石庙村主任）	

三、优秀党务工作者45名

罗玉涛（县林业局党委副书记）	杨　明（县卫生和计划生育局党委委员、纪委书记）
赵丽君（县食品药品和工商质监管理局党委副书记、副局长）	李洪武（四川省银河化学股份有限公司党委副书记、纪委书记、工会主席）
侯炎学（县委党建办副主任）	王　芳（县直机关工委专职委员）
詹世勇（县人大机关党总支书记）	唐德安（县地方税务局机关党委书记）
林　涛（县委办党总支部专职副书记）	杨贵萍（县民政局党总支部专职副书记）
王虹琳（县城市管理局总部支部专职副书记）	成劲松（安县中学党总支副书记、办公室主任）
苏仕全（县委政法委党支部书记）	李卓玲（县农业局机关党支部书记）

续表

马文超（县国土资源局机关二党支部书记）	蔡　琴（县财政局机关二党支部书记）
沈兴国（县文化馆党支部书记）	唐其林（县交通运输局纪委副书记、办公室主任）
樊丽萍（县公安局政治处副主任）	黄　荻（县城乡规划建设和住房保障局纪委委员、党政办副主任）
邓　清（县人力资源和社会保障局党委办主任）	黄　玢（县水务局党政办副主任、人事股股长）
李光普（安县纸业公司党委书记）	任海涛（四川汇利纸业有限公司党支部书记）
姜　伟（宝林镇党委书记）	刘　智（界牌镇党委委员、人大主席）
刘贵兵（黄土镇党委副书记、纪委书记）	邱春平（桑枣镇党委副书记、纪委书记）
王晓芹（塔水镇党委副书记、纪委书记）	钟媛媛（河清镇党委副书记、纪委书记）
邓　忠（雎水镇党委副书记、纪委书记）	赵明媚（乐兴镇党委副书记、纪委书记）
龙尧华（晓坝镇党委副书记、纪委书记）	左　强（高川乡党委副书记、纪委书记）
罗诗涵（永河镇党委委员、副镇长）	刘　杰（千佛镇党委副书记）
吴兴玉［县委组织员（驻花荄镇）］	王春虎［县委组织员（驻秀水镇）］
刘子彬［县委组织员（驻塔水镇）］	罗　斌［县委组织员（驻沸水镇）］
尹经波［县委组织员（驻清泉镇）］	钟　兵［县委组织员（驻兴仁乡）］
姜乾芳（花荄镇团委书记）	曾统秋（秀水镇第一小学校党支部委员、副校长）
刘汉军（迎新乡皇觉村党支部书记）	

四、践行“三严三实”优秀党员干部25名

姜永斌（县政府办公室主任）	邓文平(县城乡规划建设和住房保障局党委书记、局长）
谢流贵（县信访和群众工作局局长）	杨宝童（县民政局局长）
席珍奎（县委宣传部常务副部长、社科联主席）	淳　涛（县交通运输局党委委员、副局长）
王定友（县农业局党委副书记、副局长）	朱　玲（县委办公室副主任）
贾　伟（县委组织部部务委员）	林　勇（县公安局国保大队大队长）
张　力（四川安县工业园财政局局长）	何　阳（县卫生和计划生育局党委委员、新农合中心主任）
刘　辉（黄土镇党委书记）	王庭洪（秀水镇党委书记）
杨小海（雎水镇党委书记）	陈　刚（塔水镇党委书记）
蒋　波（永河镇党委书记）	刘　军（乐兴镇党委书记）
韩忠辉（晓坝镇党委书记）	李玉琼（花荄镇党委副书记、镇长）

续表

何江军（桑枣镇党委副书记、镇长）	汪　敏（迎新乡党委副书记、乡长）
邓山鹰（界牌镇党委委员、副镇长、武装部部长）	庞　锐（千佛镇党委委员、副镇长、武装部部长）
李　凌（沸水镇党委副书记）	

五、离退休干部先进集体2个

中共安县人民政府办公室退休支部委员会	中共安县河清镇机关退休支部委员会

六、离退休干部先进个人4名

何子辉（县人大退休干部）	陈祖钧（县政协退休干部）
李代春（县发展和改革局退休干部）	赵伦全（千佛镇退休干部）

安州年鉴
AN ZHOU YEARBOOK

附　录

千佛山雪景

安县统计局
2015年全县经济和社会发展统计公报

2015年，在县委、县政府的领导下，安县深入贯彻落实党的十八大和十八届三中全会精神，围绕县委、县政府按照“坚定一个目标，把握两个机遇，突出三个重点，加快四化同步”的工作思路，紧密结合全县实际情况，进一步解放思想、真抓实干，夯实基础，扎实推进经济发展建设，人民生活持续改善。

一、国民经济核算

国民经济平稳发展。2015年，全县地区生产总值达到109.74亿元，按可比价计算，比上年增长8.9%。其中，第一产业实现增加值26.59亿元，同比增长3.8%；第二产业实现增加值56.76亿元，增长10.9%，工业化率达到43.8%；第三产业实现增加值26.39亿元，增长9.4%。三次产业结构进一步优化为24.2 ∶ 51.7 ∶ 24.1。全县人均GDP达到28357元，比上年增长8.8%。

二、农业

农业生产稳步上升。全年实现农业总产值45.32亿元，同比增长4.5%。其中，种植业产值23.15亿元，增长3.20%；林业产值1.16亿元，增长3.50%；牧业产值18.72亿元，增长6.80%，渔业产值1.45亿元，下降2.80%；农林牧渔服务业产值0.83亿元，增长6.0%。

全年农作物播种面积96.10万亩，与2014年持平。粮食作物播种面积60.05万亩，同比下降0.10%，其中稻谷种植面积31.26万亩，增长0.01%；小麦种植面积12.02万亩，增长0.02%。经济作物种植面积36.05万亩，增长1.21%。

全年粮食总产量25.22万吨，增长2.0%，其中稻谷产量16.97万吨，增长0.10%；小麦产量3.58万吨，增长8.0%。全年肉类总产量2.9万吨。生猪出栏39.6万头，生猪存栏24.50万头，家禽出栏874万只，水产品产量20970吨。

三、工业和建筑业

工业生产稳步发展。2015年年末共有规模以上工业企业102户，实现规模以上工业总产值194.85亿元，同比增长11.62%；实现规模以上工业销售产值191.40亿元，同比增长12.81%，产销率达到98.23%。全年累计实现规模以上工业增加值增速13%。

2015年，全部建筑业增加值达到8.70亿元，同比增长7.7%。其中共有资质以上建筑业企业13户，实现总产值10.21亿元，同比增长16.1%。

四、固定资产投资和房地产业

2015年，全县完成全社会固定资产投资101.03亿元，同比增长8.5%。分产业看，第一产业完成投资10.2亿元，同比增长22.2%；第二产业完成投资40.96亿元，同比增长8.7%；第三产业完成投资49.87亿元，同比增长5.9%。按性质看，基本建设投资完成54.86亿元，同比增长23.87%；更新改造投资完成32.63亿元，同比增长0.5%；房地产开发投资完成11.44亿元，同比下降13.6%，完成商品房销售17.70万平方米，同比下降18.2%。

五、国内贸易

城乡市场繁荣活跃。全县实现社会消费品零售总额59.07亿元，同比增长12.1%。按销售地区分，城镇消费品零售总额28.9亿元，同比增长13.4%；农村消费品零售总额30.17亿元，同比增长10.9%。按行业分，批发业零售额4.93亿元，同比增长25.2%；零售业零售额44.37亿元，同比增长10.2%；住宿业零售额2.06亿元，同比增长11.7%；餐饮业零售额7.71亿元，同比增长15.7%。

六、招商引资和对外贸易

招商引资工作成效明显。2015年，全县共计国内省外项目50个，协议资金123.19亿元，到位资金28.08亿元，进出口总额达到7031万美元。

七、交通、邮电和旅游

交通基础设施建设不断完善，邮电、旅游产业快速发展。2015年年末境内公路里程2207.1公里，同比增长3.0%。全年公路货物运输量达到365.95万吨，同比增长11.7%；公路货运周转量45206.88万吨公里，同比增长11.2%；公路客运量达到258万人，同比下降17.0%；公路客运周转量13814.11万人公里，同比下降16.0%。

全县邮电主营业务收入达到2.28亿元。年末本地固定电话用户48490户；移动电话用户279110户，计算机互联网用户61246户。

全县共有星级饭店2个，星级饭店总房数为286间。全年共有旅游者人数500万人次，比2014年增长35.7%。旅游总收入38.23亿元，增长23.08%。

八、财政、金融和保险

财政收入低位运行。全县实现财政总收入10.50亿元，同比下降25.11%。其中，地方公共预算收入5.20亿元，同比增长8.10%，地方公共预算收入中，税收收入3.49亿元，同比下降10.29%。全年财政总支出23.02亿元，同比下降6.01%。其中，地方公共预算支出21.06亿元，同比增长13.89%。

金融业发展稳健。2015年年末，全县金融机构各项存款余额146.8亿元，比年初增长10.69%。其中，城乡居民储蓄存款余额108.8亿元，比年初增长14.75%。全县金融机构各项贷款余额81.2亿元，比年初增长1.55%。

2015年，县内具有支公司资格的6家保险公司（中国人寿保险安县支公司、中国人保财险安县支公司、泰康人寿保险安县支公司、中国人保寿险安县支公司、太平洋保险安县支公司、安盟财险安县支公司）共计收入各种保费19195万元，比上年同期下降8.49%。理赔金额达9029万元。

九、教育、文化和卫生事业

教育事业保持较快发展。年末拥有各类学校49所，其中，中等职业技术学校1所，普通中学17所（含九年一贯制学校4所），小学30所，特殊教育学校1所。全县有教职工2586人。在校学生共有37003人，其中小学21063人，初中8812人，普通高中6163人，职业学校901人，特殊教育学校64人。

全面推动文化事业发展。全县有图书馆、博物馆、文化馆各1个，其中县文化馆为国家一级馆，县图书馆为国家一级馆。图书馆藏书13万余册，电子图书18万余册。有线电视实现了全覆盖，村通率达到96.0%，农村广播实现了县、乡、村三级联控联播，100%覆盖全县地区和人群。

卫生事业健康发展。至年末，拥有医疗卫生机构320个，其中等级医院3个，实有床位1913张，各类卫生技术人员1698人，其中执业（含执业助理）医师809人，注册护士531人。

十、人口、人民生活

据公安年报统计，2015年年末，安县总户数为191827户，户籍总人口为447500人，其中农业人口366426人，非农业人口81074人。

在总人口中，男性人口227111人，女性人口220389人，分别占总人口的50.75%和49.25%。全县人口出生率为9.83‰；人口死亡率为7.02‰；全年人口自然增长率为2.81‰。全县常住人口达到38.7万人，城镇化率达到44.98%。

2015年，城镇居民人均可支配收入25500元，同比增长8.6%，农村人均可支配收入12945元，同比增长9.7%。

截至2015年年末，企业养老保险参保37028人，城乡居民养老保险参保240237人；城镇职工医疗保险参保职工26112人，城镇居民医疗保险参保人数36499人；城镇登记失业率为3.88%，失业保险参保人数9648人；全县新农合参保农民达372935人。

备注：

1.地区生产总值和各产业增加值指标按当年价格计算，增长速度按可比价格计算。

2.总人口为公安部门年报数据，出生人口、死亡人口、自然增长率按人口计生局提供的统计年报数据。

安县好人事迹材料

一、爱岗敬业类

危急关头小村官彰显大责任
——记安县2011年公民道德奖先进个人　马丽

马丽，地震极重灾区安县高川乡二郎村一位普通的农村妇女干部。从19岁到现在，她在高川乡二郎村担任村妇女主任一职，一干就是24年。

临危受命　担当险情监测员

2012年“7·17”山洪泥石流，高川乡二郎村是地震中受灾极其严重的一个村，因此，也是震后每年安县防汛中重点监测的一个村。村妇女主任马丽在此时临危受命，成了村上四个监测员当中的一员。其中二郎村三组茶园沟等5处险段成了马丽的定点监测地段。

做事从来不打折扣的马丽，一看见天气变化，风吹草动就会警惕起来，马上就会想到她负责的几个险段监测点。她随时都会爬坡上坎，去看看这些地方有没有发生变化，出现新的险情没有，并及时与乡上联系，反馈监测的情况。

暴雨来袭　紧急转移疏散群众

7月17日晚，连续闷热几天的高川下起了大雨。马丽的心里异常不安。“妈，今天的雨下得大，你要多注意，电筒放在手边，有情况就往高处安全地方跑。”晚上12点过，看大雨没有停的趋势，马丽仔细嘱咐了63岁的母亲，就急匆匆地出了门。

深夜的大山，暴雨冲刷的哗哗声让人心惊胆战，焦急的马丽马上与另一个监测员进行了联系，冒雨去几个险段查看情况。电闪雷鸣，大雨倾盆，拿着手电筒和用来发出紧急信号的铜锣，马丽奔跑在坑洼的山道上。

雷声、雨声、山洪的咆哮声混杂在一起，敲打铜锣根本起不到多大的作用。必须让村民尽快知道危险，马上撤离，马丽立刻和另一名监测员分头行动，挨家挨户去通知村民做好随时撤离的准备。

马丽发现茶园沟的水位异常，上涨得很快。而茶园沟的沿线，分散住着40户村民，险情逼近，得分秒必争。马丽赶紧往下游跑，由于深夜，睡熟的村民并不知道危险已经到来。有几户村民敲不开门，马丽急得手脚并用，不停地叫喊，让大家赶紧起床。仅用了10分钟，她就通知完了沿河下游的村民。被叫醒的村民赶紧按照撤离方案，全部转移撤离到了地势高的安全地带。

黑夜的山路又烂又滑，马丽来不及休息又匆忙赶往上游，因为那里除了部分村民，还有搞建筑的几十名工人。而这时，大雨像天空在倾倒一样，越下越大，河里的水位也迅猛上涨。往上游走，必须得经过一座在地震中严重受损的桥。迅速上涨的山洪夹杂着石头把用于桥墩加固的铁罐子冲得砰砰作想。桥，随时可能被冲毁和垮塌。此时的马丽，内心的焦急胜过了害怕，她快速地从桥上飞奔过去，路上跌倒又爬起。赶到上游，通知疏散的群众。

此时得到情况，河的另一边，还剩三户群众没有撤离，情况万分危急。而要去对面，必须又得从刚才那座桥过倒回去，马丽没有犹豫，折转身就往桥边跑。沿途电线杆被冲倒，电火花和闪电一起，似乎在向马丽示威。而桥，也快要被急剧上涨的山洪淹没，马丽三步并做一步，从危桥上飞奔过去。在她冲过桥的一瞬间，肆虐的洪水已经咆哮着过了桥面，滚石开始撞击桥墩。如果马丽当时哪怕稍有一丝犹豫，她就再也无法越过桥叫醒另外三户群众了。

“砰砰砰”急促的敲门声，一户、两户……时间就是生命，此时，泥石流滚滚而下的巨大声响已经惊醒了最后一户村民，马丽刚敲开门，这户村民已经爬了起来。“快！快跑，赶快跑！”刚刚跑出房门，一股泥石流就冲进了房屋，才建好的新房顷刻被冲毁掩埋。马丽和最后一户村民在惊魂之间幸免于难，逃到了安全的地方。

刚带领村民跑到安全地带，马丽一下子瘫坐在了地上，此时她才感到已经没有一点力气。浑身上下全是泥浆和伤痕，声音也已经嘶哑。许多村民围了过来，不停地感谢马丽。还有一些村民开始哭了起来，马丽不停地安慰他们，内心却无比的焦虑。村民们不知道，此刻马丽最担心的是自己63岁的母亲，究竟安全撤离没有。时间已经指向凌晨三点，上游自己刚才过来的那座桥已经被山洪、泥石流淹没。此时马丽望着山洪对面，内心焦急的为家人祈祷。

由于通知及时、撤离迅速，住在二郎村三组茶园沟的40户村民142人全部安全转移，有20户村民的农房被泥石流掩埋，但没有一人伤亡。幸免于难的二郎村村民李英元动情地说，危难时刻，马丽不顾家人和自己的安危，冒死来通知我们，这份情这份义，我这辈子都忘不了。而面对被救村民的感激，马丽却只有朴实的几个字：“这些都是我应该做的。”

平凡岗位　她做出了不平凡的业绩

今年43岁的马丽，她的家在地震中全毁，震后村上繁忙的事务，让她无暇顾及家中的重建。丈夫和老母亲成了家中的顶梁柱。“忙不过来，灾难后，面临选择，我只有舍小家顾大家。”对马丽的忘我工作，家人由最初的埋怨变得理解，“干到这个工作就要尽心尽力干，我们全力支持她”。丈夫杨永太担当起了家中的所有事务，包括今年5月份刚刚修好的新房，一砖一瓦都是杨永太在操心。但是辛苦建立的新家还是没有逃过7月17日凌晨泥石流的侵害，几乎被全部掩埋，面对这些，马丽来不及忧伤，因为统计灾情的工作正在等着她，这些情况必须快速准确的统计出来。地震后村上的财务和她经手的钱款无一出错，群众相当满意。村支部书记邓海军说：“我们村上只要分给马丽的工作任务，我们就不需要操太多的心，因为她在村上有很好的群众基础，群众信任，办事公道。”

好人寄语：只要心存责任和爱心就会生出无穷力量，无论苦难，只要想到尽一份自己的责任，就会无所畏惧。

道德点评：爱岗敬业是平凡的，我们每个人都可以做到；爱岗敬业又是伟大的，只有甘于奉献的人才能做到。平凡中折射出一种理想信念，爱岗敬业中展示出甘于奉献的崇高精神。马丽，在平凡的岗位上干了24年，仍始终坚持在二郎村的每一寸土地上播下自己的辛劳和贡献，她以身作则，说到做到，求真务实，踏踏实实干好每件事，用勤奋和敬业的精神书写自己的人生。

爱心永驻　青春无悔

——记安县2011年公民道德奖先进个人　李天武

李天武，男，汉族，现年41岁，中共党员。该同志坚持以“奉献、友爱、互助、进步”为服务精神，以“撒播爱心、传承文明、奉献社会、完善自我”为行动口号。2008年5月12日汶川大地震发生，听闻茶坪、高川等山区灾情严重，他心里焦急万分，没来得及抢救自家的财物，没顾及回老家看望自己年事已高的父母，在处理好学校安排的各项工作后，从2008年5月13日上午11点过直至2008年5月23日，他就一直抗战在抗灾抢险帮救的工作中。从5月13日大约14点过到5月14日，李天武一次又一次地用他的摩托车把受伤的、体弱的、年龄大的、妇女儿童等冒险翻山出来的重灾区茶坪的灾民送到晓坝救助站，他花钱为他们买吃的喝的，可是他自己却没吃没喝，连续两天直到晚上10点过他才回到花荄的家中吃点东西。后来，他自己说："真奇怪，那个时候咋个不知道饿喃。"5月15日在团县委统一安排下，他带队到全县各地装卸救灾物资。5月16日随队到晓坝安置点帮助装卸物资，当天下午在他组织的青年突击队的带动下迅速拔掉一块块油菜地，搭建好一顶顶帐篷，挖排水沟、组织人协助安排灾民，汗水湿透了他的头发，衣服。因运送药品到茶坪需要向导，大约下午17点过，他组织的青壮年向导队来到长青桥附近的山下待命。在那里，他们协助解放军战士和医生在半山腰接背伤员和大爷太婆、帮着抱小孩、搀扶体弱的灾民。18点过，因飞机运送药物就取消向导队。李天武就组织队员在长青桥头协助安排下山的灾民上接送灾民的大巴车，先伤员、老人、儿童、体弱者，再妇女，最后其他灾民上车。就那样一直到晚上22点过他才随部队一辆指挥车回到花荄。5月17日到23日他在团县委安排下，又到全县各地装卸救灾物资、搭建帐篷安置灾民、安慰灾民、接待外地志愿者。他的举动感染了他身边的街坊邻居，同院的杨大爷、杨大爷的女儿（当时就读某所大学），以及他所在学校的老师、他所在学校的学生和他教过的在绵阳、安中就读的学生、外地打工回家的学生、他的亲朋好友在他的感召下也纷纷加入到抗震救灾的志愿者工作中。在他的影响下，他所在学校涌现一大批优秀志愿者，他们深入社区、企事业单位、街头巷尾开展重建自救、生产自救的宣教工作，还深入田间地头在群众中开展科技、文化、教育等各类社会公益服务活动。在县委县政府倡导的各种"小手拉大手"活动中总能见到他和他的同事、他所在学校学生忙碌的身影。他和他的同事们、学生们的义举得到社会各界的一致好评。他爱说："与人玫瑰，手有余香。"

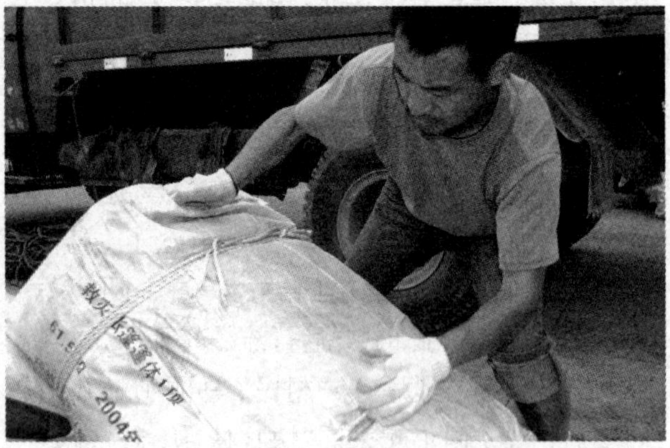

2010年8月，当他得知县教育局在招募到阿坝州支教的教师时，他就苦口婆心地做通年事已高的父母、妻子，以及亲朋好友的思想工作，于2010年9月13日来到阿坝州壤塘县教育局报到，之后被分派到阿坝州壤塘县上寨依里中小学任教。在那里，他克服了高原反应、缺电少水、语言障碍等气候、生活上的诸多困难，把本职工作开展得十分出色，在他的带动下，当地教学工作有了显著变化。他在课余与藏族老师谈心交流，宣传党的方针政策，不仅融洽了民族关系，而且从思想上帮助民族地区的教职员工，他的工作得到当地校领导、教职工、学生的一致好评。在2010秋—2011春学年度支教期满时被壤塘县教育局评为"优秀支教教师"，他自愿支教的举动和工作实绩也得到所在学校、县教育局、县委的认可，于2010—2011学年度被评为县级"优秀教师"。

好人寄语：一个能帮助别人的人才是永久拥有幸福的人。

道德点评：德在人先，舍己利人，这是一种品格，一种心境。李天武在用他的一举一动诠释爱心，他希望自己的爱心永葆青春，这样他就有更多机会拓展生命的宽度与厚度。"无论一个人从事什么领域的工作，真正能分出高下的是人的心——爱心、善心、信心、责任心、恒心；是人的美德——善良、真诚、宽容、豁达、面对灾难困苦不自私自利。"

永远留在高川的基层干部

——记绵阳市2012年感动绵阳十大人物 杨洁

杨洁，男，汉族，生于1980年9月，大学文化，中共党员，四川省安县花荄镇人。该同志2000年7月参加工作。曾任安县高川乡团委书记、农办主任、高川农技站站长乡纪委专职副书记。该同志在“5·12”特大地震、“8·12”泥石流灾害中充分发挥党员的先进带头作用，在乡党委、政府的坚强领导下不怕困难、勇挑重担，一次又一次出色地完成了上级交派的任务。

默默奉献，长期扎根大山深处

杨洁是在2000年7月到高川乡的，当时，他刚中专毕业。高川乡是安县最偏远的山区乡，距安县县城53公里，平均海拔2000多米。还差2个月才满20岁的杨洁从踏上这片土地的那一天起，便以高川为家，扎根山区，一干就是12年，直到生命离去……

12年来，杨洁坚持驻守在高川，将每天从花荄到高川来回路上耽误的时间省出来，处理乡上的事务，学习业务知识；12年来，杨洁坚持努力学习，扩充知识面，提升工作能力。他结合工作实际，先后自学了各项法律法规、农村财务管理、公文写作等方面的知识，大量阅读了矛盾调解、种植养殖方面的书籍。从乡综治办副主任、团委书记、农技站站长、农办主任、党政办主任，到担任专职纪委副书记，杨洁把每个岗位都当成一个新的起点，在每一个岗位都自学了大量的相关知识，每一个岗位都做了大量的工作。全省人口普查优秀普查员、安县优秀共产党员、县农业局优秀共产党员、高川乡优秀共产党员，杨洁在12年来的每一个脚步，都留下了闪亮的足迹。

爱岗敬业，在平凡的工作中恪尽职守

杨洁的笔记本里面记载有一句话：工作“零误差”，既是自我的道德实现，也是工作价值的体现。12年来，无论在哪一个岗位上，他都恪尽职守、兢兢业业、踏踏实实，赢得了群众的信任与尊敬。

在负责企业安全工作时，杨洁随时深入生产作业一线，上山、下井、进车间，查问题、纠违章，务求把各项工作落到实处。每周，他都要分别到所负责的矿山、电站、加工厂等生产作业单位去检查，对发现的问题和隐患，第一时间予以纠正，并及时完善各种安全监管文书。在安全生产监管工作中他做到了隐患发现及时、方案制定得当、整治实施得力。他所提出的分行业安全培训、控制作业面操作人数等建议被采纳并规范施行，为进一步确保企业生产安全起到了很大作用。

2006年夏天，高川乡磷矿外运道路被洪水冲毁，被迫停产。虽然停产，但工人的工资还得照发，为避免安全隐患产生，日常的维护还得照常进行。汛期过后，乡磷矿抓紧时间着手重建道路，因路基受到损伤，需重新征地。在个别人的挑唆下，道路周边群众坐地起价。当时任综治办副主任的杨洁得知情况后，一周之内连上大坪三次，全力协调乡磷矿与周边群众之间的矛盾。乡磷矿大坪区域海拔2750米，从场镇步行上去顺利的话也要6个多小时。杨洁总是打着电筒天还没亮就早早出发了，天黑了才摸索着下山。他一家一户地走，一家一户地了解情况，与村民聊天、谈心、讲道理。通过耐心细致的工作，村民们被他的诚意所打动，陆续接受了补偿方式。一周后，年产值过千万元的乡磷矿顺利恢复生产。

执纪为民，时刻把群众的利益放在首位

2011年6月26日，高川乡换届选举，杨洁当选为乡纪委专职副书记。接手纪检工作后，杨洁把“学习”摆在了首位。他抓紧各种机会加强纪检监察业务学习，网上查阅了中央、省、市各级召开纪委全会的资料，主动到县纪委各业务科室拜访交流。在加强理论学习的同时，他多次到雎水、花荄等乡镇参观学习，结合群众意见，对高川乡村级“三务公开”统一作了规范，让群众看得清、看得懂；在他的指导督促下，高川乡七村一社区均成立了村务监督委员会，实实在在发挥了监督作用，有效保证群众利益不受到侵犯。2011年，高川乡被县委表彰为党风廉政建设先进集体。

2012年年初，杨洁协助乡纪委书记对全乡党风廉政建设工作作了全面部署。同时，针对部分群众房屋重建完成，但心灵空虚、价值观念取向出现偏差、等靠要思想严重的现状，他提出了把廉政文化同感恩文化、乡土文化相结合，共同融入城镇基础设施建设中的建议。这个建议经乡党委会讨论研究采纳后，杨洁忙活开来。设计方案改了一次又改一次，跟建筑方一次又一次确认细节，督查质量、督促工期……三个月多后，长达350米“高川山水文化长廊”在杨洁忙前忙后地努力中顺利完工。这成为了我们高川乡今年的亮点工程，提升了场镇整体形象，也为老百姓搭建了精神家园，让老百姓在休闲中得到熏陶。

秉承大义，最后时刻把生的希望留给群众

8月17日20时许，高川乡下起了零星小雨。怕出意外，乡党委书记赵安辉和乡长代廷超分别带领1个检查组，到高川乡辖区干河子沿岸检查村民避险转移和村组干部、地质监测员工作情况。“人命关天！必须全部转移，不能抱任何侥幸心理。”每到一个地方，杨洁都十分着急。在把公路沿线的茅香村最后一批22名群众转移到安全地点后，杨洁一行准备返回乡政府，行至石钟滩路段时，发现道路已被泥石流截断，不得不回到三道河检查站。

22时左右，高川的雨势转为特大暴雨，形势越来越危险！23时许，高川通信、电力全部中断。此时，检查站内，除了巡查组9人外，还有7名群众。零时左右，众人突然听到“轰轰轰……”的响声，凭借经验，赵安辉脱口而出：“山体垮塌了，快跑！”在所有人本能的起身向外跑的时候，门口的杨洁喊了一声：“你们快跑，我断后！”并向门旁边让了半步，为里面的人留出了逃生路线。等屋内避险的茅香村村民杨永叶撤离后，杨洁最后一个冲出房门。就在这一瞬间，伴随着阵阵巨响，后山上倾泻而下的泥石流像一群张牙舞爪的恶魔，向检查站直扑下来。屋外已辨不清方向。清点人数，只有14个，杨洁和电站职工杨永叶不知踪影。此刻是18日零时12分。

生死一刻，他把生的希望让给了群众。

好人寄语：爱岗敬业是本分。

道德点评：我们身边的一个衣着朴素、本质朴实的普通人，一个有血有肉、有情有义的平凡人。这就是杨洁，他善良热情，他真情为民，他用年轻的生命践行了“争当群众贴心人”的庄严承诺。平凡之中见伟大，危难之际显英雄。在杨洁的身上，集中体现了新时期纪检监察干部真情为民的精神风貌和优秀品质，体现了新时期共产党员的先进性，他是新时代最可爱、最可敬的人。

宣扬农村国学教育　敬业奉献好村干部

——记安县2012年公民道德奖先进个人　李治林

李治林为了回报家乡的养育之恩，反哺父老乡亲，毅然放弃大都市优越的都市生活，放弃在荷花池大成市场的服装批发生意，放弃小家庭的温暖，义无反顾地回到家乡——塔水镇白塔村。一名正团职、上校警官退役下来，甘愿当一名干部的基石——村干部！

在风景秀丽，如诗如画的白塔村，他以一名共产党员的赤胆忠心，谱写人生价值的合格答卷。在他担任村支书700多个日日夜夜里，白塔村发生了天翻地覆的变化，村道宽了，小路通了，民心纯了……

李治林带领的白塔村党支部在治村中，建立“国学教育基地”，2011年在暑假期间，李治林率先在村上开展“留守未来、留守老人”学国学的长期义务教育，对33名本村和邻村85少年儿童进行中华传统文化的启蒙教育，先后系统学习《弟子规》《三字经》《孝经》《朱治治家格言》《德育启蒙》以及《大学》《中庸》《论语》等部分内容。春风细雨滋润万物，国学经典教育逐渐成为治村之本，执政之基、强村之魂。在净化村民的心灵，提升村民的素质，巩固农村基层党组织的执政地位，为白塔村又快又好的发展提供了坚强的保障。

李治林深知少年强则国强，儿童强则村强。他在国学教育传播中，带领娃娃学，带动父母学，带动家庭学，带动全村学，并积极开展“四书五经”国学经典义务教育，在全县、全市、全省乃至全国农村都是首次。教育“留守未来、留守老人”承担社会责任，传递孝悌爱心。成都国学教师杨玲，从网上得知白塔村义务办国学的消息后，主动放弃暑期高薪聘请在都市上课，欣慰地来到白塔村义务授课。她说：“白塔村抓国学教育有声有色，富有成效。二十一世纪是白塔人的未来，到时候白塔村除了富强之外，是一个真正的礼乐之村，人人享有崇高的文化教育，人人都能背诵古圣先贤的国学经典。白塔村必将引领未来，我为白塔人骄傲！”2013年暑假，西南财经大学天府学院10名大学生主动到白塔村协助义教，增长视野。

李治林在抓支部建设、抓干部培养的思想教中积极抓好国学教育，现在的白塔村的夜晚，歌舞升平，祥和安宁。白塔村村民写入党申请书的多了，打架斗殴的少了；唱红歌、跳健身舞的多了，打麻将的少了；提合理化建议的多了，酗酒滋事的少了。白塔村处处呈现出蒸蒸日上的新气象。

李治林数十次受到部队各级的嘉奖，10次荣获三等功，一次被共青团四川省委评为“四川省新长征突击手”，还分别被评为“四川省民族团结进步先进个人”和“全国民族团结进步先进个人”。

2011年被安县县委评为“争先创优十佳先进个人”，2012年被评为全县优秀共产党员。

好人寄语：我的力量还很微薄，我希望全社会都行动起来，将国学教育推广到家家户户。

道德点评：把国学当事业做，这种敬业精神让人感动。

战胜病魔 心系百姓

——记安县2012年公民道德奖先进个人 刘清华

刘清华，58岁，男，于1993年当选迎新乡马灵村村委委员，担任村会计职务，1998年加入中国共产党。会计工作精打细算、复杂细致，同时还要完成村两委交代的其他工作，由于用脑过度，他常常感到头痛，后来经医院检查确诊为脑血管萎缩顽症。得知此情，妻子儿女都苦苦规劝其退职修养，认为身体才是革命的本钱。面对家人的担忧和嘱咐，他也曾想到退下来，养好身体，可转念一想，村上工作繁多琐碎，一时也找不到合适人选，各项工作还要继续开展，于是他不顾一切，又扎进了工作中。

马灵村距乡政府3公里，9个村民小组，全村耕地2223亩，人口约1600多人。1993年，刘清华上任后，针对村上财务管理不规范，各种规章制度不健全，个别财务项目不清不楚，导致群众和村干部之间出现些许意见。他与村两委密切配合，相互协作，对村组财务进行一次重新清理。制定了相关制度和规定，采取一系列措施和整改办法，规范了财务管理程序，让村组干部做到有章可循，有理可依，使村组干部做到收支日清月结，有效遏制了坐收坐支的不良现象，按时公布村组财务，提高工作透明度，群众满意度大大提高。同时将他的手提电话、办公室电话设为意见反映电话，任何群众任何时间对村组财务有任何疑问，都可向他查询或反映情况。尤其是“5·12”汶川特大地震发生后，面对突如其来的灾害，他一面投入抗震救灾工作，另一方面安慰鼓励灾民要坚强。因长期的身心劳苦，脑血管疾病再次复发，可他仍然不顾自身安危，救灾救人，安抚灾民，搭建过渡房，发送救灾物资，事无巨细，事必躬亲，与村两委一起把党的温暖和关怀送到每个家庭。正是他甘为人民付出的无畏精神，重塑和激发了群众的信心和斗志，马灵村重建步伐快速超前，实现了中央提出的三年重建任务两年基本完成的目标任务。为了让老百姓过上更好的日子，村两委引进了四川绵阳志坤水稻制种有限公司，连续三年种植水稻制种2000多亩，全村收入增加了300多万元，在不太宽裕的经济条件下，刘清华和全村百姓坚持奋战半年，在乡党委、政府的关心和支持下，贯通并硬化了9个村民小组共计7.8公里的村组道路，现在马灵村的村貌已焕然一新。

同村村民杨开胜、罗世勇目睹了刘清华一心为公、无私无畏为民的工作态度，看到了在大灾面前，忘我工作的精神和舍己为人的品格。他们动情地说：刘清华真不愧是一名好党员，无愧于老百姓对他的信任！

好人寄语：做人要做到无愧于心是最好！

道德点评：道德之石，敲出希望之火；道德之火，点燃希望之灯；道德之灯，照亮人生之路；道德之路，引导人们走向灿烂辉煌。

视病人为亲人

——记安县2012年公民道德奖先进个人 任勇

在安县黄土镇提到任勇医生，无人不知。任勇医生1974年出生于安昌镇北山村，2010年加入中国共产党。小时候的他就有着当医生的梦想，从事医疗工作17年以来，任勇医生在自己平凡的岗位上兢兢业业、任劳任怨、全心全意热情为患者服务。始终坚持“医者父母心”的原则，对待患者不分家庭境况是富是贫、社会地位是高是低，把患者的生命安全放在第一位，视病人为亲人。

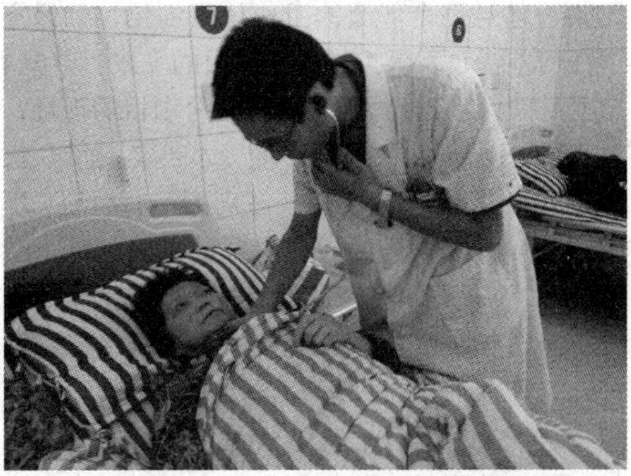

他在肩负着医生的责任的时候，经常忘记自己已经是一个丈夫和父亲。儿子刚出生，迎接孩子来到这个世界的应该是孩子的母亲和父亲，然而此时此刻他守着的是自己的病人而不是自己的妻子和孩子，身为护士长的妻子看到别的孩子出生时能时刻被父亲宠爱，看到同是妈妈的别人被丈夫如此的呵护着，看着眼前属于别人的温馨画面，妻子只能偷偷地掉眼泪。同为医务人员，她理解也支持丈夫的工作。她知道，此时此刻丈夫一定正在耐心倾听患者的讲述，认真分析病情，尽力为患者减轻痛苦。

任勇医生爱自己的妻子和孩子，但是他知道，身为医生，更需要他的是患者。任勇对每个经他治疗的患者医生都视为亲人，出院后也时常关心着。

胡德体是一位孤寡老人，患阻塞性肺疾病多年，他一直是任勇医生的一个牵挂。

2011年12月，任勇医生知道天气冷的时候胡得体老人的病就容易发作，但是近几个月又联系不上老人，他一直担心。向领导汇报了胡得体老人的情况后，他带上冬天的日用品和两位护士来到老人的住处看望老人。开门的是老人自己，当任勇医生看面色苍白的老人，拄着拐杖艰难的一步一步地挪到前来开门时，他哭了，都说男儿有泪不轻弹，但此刻的他怎能忍得住。他知道老人病情又加重了，他埋怨自己为什么没能早点来看望老人。放下礼物后，任勇医生和两位护士将老人接到医院，老人身边没有亲人照顾，任勇医生既是医生又充当家人。每天看完病人后已经精疲力竭的他还会强打精神照顾胡德体老人，在医院食堂打好饭菜给老人送去，陪老人说说话，进行心理疏导，教老人释放心理压力。晚上，当别人已进入梦乡的时候，病房总会出现任勇医生的身影，他放心不下他的病人，他要时刻关注老人的病情，即使老人的病情在他的治疗和关心下已经好转。终于，老人出院了，但是老人仍是任勇医生的牵挂，他会经常和老人的村主任联系，了解老人的近况。

任勇医生勤勤恳恳、兢兢业业、无私奉献，对待患者和蔼可亲、热情周到。以一颗善良的心和亲人般的爱深深地温暖着病人，以高尚的人格魅力感染着身边的人，被同事们所敬慕，深受病人的高度赞扬。

好人寄语：从我们医生和病人的关系来说，病人就是我们的衣食父母，不把病人当亲人，何谈我们如何生存。

道德点评：其实，在仁济医院里面，还有许多诚实守信、助人为乐、遵纪守法、宽容正直、医者仁心等各个方面的道德模范，一个单位有了像任勇医生这样一群有着强烈责任感的模范，团队就有了力量，单位就有了发展，社会同样如此。

让“道德之光”为职业生涯导航

——记安县2012年公民道德奖先进个人　谢友才

2000年9月，刚加盟银河的谢友才做梦也没想到13年后的自己会荣膺“公司劳模”这份称号，这份荣光是他对热爱的事业勤学苦练、潜心钻研的结晶。在银河工作的13年来，他主持完成研发课题6项，开发有机铬、铬明矾等新产品7种，发表核心期刊论文3篇，已受理发明专利4项。主导、参与制（修）订《工业重铬酸钾国家标准的制订》《工业重铬酸钠国家标准的修订》等国家和行业标准9项。完成《离子色谱法测定重铬酸钠中的阴离子》等相关检测方法的制定，为公司创造了显著效益。

潜心钻研　踏实苦干

谈起工作，无论是化验室三班倒的岁月，还是负责一个个项目的酸甜苦辣，谢友才都记忆犹新。

2008年5月12日，地震后，他积极参与公司的生产自救工作，搭帐篷、发食物，监测厂区内环境变化。5月19日，跟随绵阳市环保局相关负责同志一起到平武南坝镇进行环保检测工作，由于地震后交通中断，一路走的军区开辟的应急山路，路上经常有塌方、落石，应急通道几度中断，山路较窄，坡多弯多，非常危险。冒着生命危险抵达南坝镇后，他们一行人顾不上休息，连夜开展监测工作，山区晚上气温低，河水更是冰冷刺骨，为了更好地完成工作，他们跳进冰冷的水中工作，后面腿脚冷痛了抽筋，揉两下继续工作，直到次日早上5点工作完成。

2010年8月，谢友才任华意达化工铬酐车间主管。为了提高产品质量，他每天在生产现场的时间都在6个小时以上。“不去现场，怎么能发现工艺、设备的问题和安全隐患？”工艺的哪个环节容易出问题，哪台设备老化严重，哪台修理过多次，哪台安全隐患较多，谢友才都在现场找到了答案。

8月，正是一年中最热的时候，车间里，谢友才与员工共同操作，大家的衣服经常是湿了又干，干了又湿。员工渐渐认可了这个扎在车间的新领导，与他成了无话不谈的朋友，谢友才收集到了许多有利于提升铬酐质量的建议与意见。经过努力，一个月后，铬酐车间创造了单班产量第一，月度产量第一的纪录，产品质量也得到了客户的充分肯定。

2011年2月，谢友才负责中试应用开发科三个中试应用项目。在人手短缺的情况下，他和同事张建军带着云东琼等新进大学生夜以继日地推进项目。工艺流程设计、实验方案编写、原材料准备、设备安装改造、人员技能培训、实验过程监控、数据收集、报告编写等，他和团队一起对每个环节的工作认真细化，确保不出任何差错，积极推进各个项目的完成。整整4个月时间，谢友才每天来回在三个项目的现场，早上7点出门，往往要次日凌晨才回家。他坦言，那段时间身心疲惫，但重任在肩，只有坚持。“那段时间还有个意外的收获，那就是我的体重减了20多公斤。”他笑呵呵地说。

2013年，谢友才负责技术中心技术部和质检部工作，他带领助理黄玉西经常和实验员一起，从理论到实践、从定性到定量，从理论中找方法，从现象中找规律，细心地对每个方案进行论证，对系统工艺进行优化，对取得的实验成果进行反复论证和验证，确保技术的可行、可靠。一年内，先后完成课题研发5项，中试实验2项，撰写专刊7篇、论文5篇，其中3篇论文已经发表。在公司安排下，谢友才承担了铬盐工作组技术类工作，完成标准修订6项。一组组数据的背后是他对每一项工作的认真负责，踏实钻研。而每每谈到工作中取得的成绩时，他都谦逊地说，“这不是我一个人做到的，是团队努力的结果。”

“投机取巧”轻松管理

“实验研发，一个人想不周全，必须要发挥团队智慧。”管理中谢友才很注重团队力量的发挥。他让技术人员更多承担起实验策划、综合统筹工作，“他们不是执行者，他们要独立完成一个项目，一个实验，在这过程中要学会计划与统筹，这种成长是不可估量的”。而作为主管的他，更多是承担引导、检查以及纠偏的角色。在管理上，他大胆创新，充分发挥团队力量，让技术人员更多承担起实验策划、综合统筹工作，使其在这过程中尽快成长。作为主管的他，更多是承担引导、检查以及纠偏的角色。

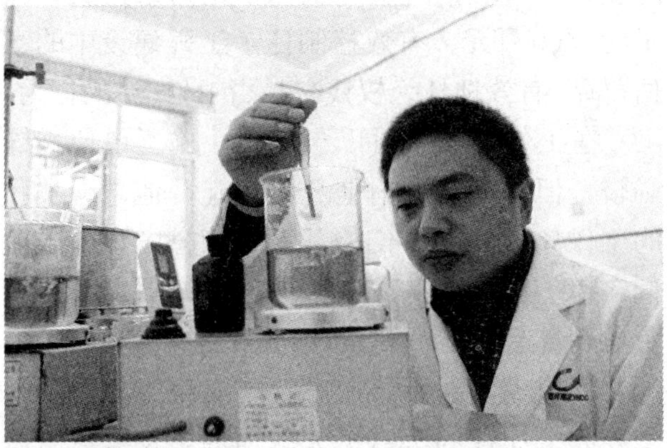

在管理中充分发挥团队智慧，谢友才经常和助理一起研讨、总结管理中的不足和成功经验，为团队职工搭建学习交流平台，制定员工培训计划，充分利用自身的工作技能，积极提供技术上的支持、协助、指导，营造公平公正和谐的工作氛围，为员工建立一个团结和谐的工作环境，让年轻人快速成长，使员工拥有成就感、归属感。

在基层管理过程中，他遵循“君子用人如器，各取其长”。质检部职工，多为年轻的大学生，有上进心，有想法，有冲劲，但管理也困难。为此，他让每位职工自定个人的职业规划，让职工对自己有一个清晰认识。结合职工的自我认识与实际工作能力，按职工胜任能力安排岗位，使职工在工作中发挥所长，从而提升了工作效率。

谢友才说，从身边的领导、同事身上都能学习管理之道。管理是互动的，只有管理者了解每一位员工，只有每一位员工参与到管理中，才会让管理工作事半功倍。

好人寄语：这不是我一个人做到的，是团队努力的结果。

道德点评：职场中最大的靠山不是老板，而是为企业不断创造价值的能力，谢友才有这个能力却把这个能力归为所在的团队。不仅如此，他还注重自身学习、态度谦逊、爱岗敬业、甘于吃苦。他认为，只要尽心、尽力、尽职、尽责地干好每一天的工作，就一定会在平凡的岗位上创造出不平凡的业绩。

无怨无悔二十载　别样辛苦别样甜

——记安县2013年公民道德奖先进个人　李智

李智是安县审计局审计信息中心主任、兼任固定资产投资与外资运用股股长。他是一位身残志坚、勤于学习、善于钻研，在安县审计战线默默奉献了20个春秋的忠诚的审计战士。

自强不息善钻研，只为心中热爱的审计事业

大学毕业刚到审计部门工作，单位领导见他身带残疾，走路办事不方便，就把他安排在办公室做日常工作。不屈于命运安排的他，暗暗发誓：我不需要别人照顾，我要成为审计业务上尖兵。凭着对事业追求的激情，克服了身体残疾带来的不便，李智一头扎进学习中，在书本中、在实践中学习，主动到审计业务现场去，向同事虚心学习审计业务知识和技巧，很快成长为一名审计熟手。当他了解到审计局缺乏投资审计专业人才时，在干好本职工作同时，从不放过任何学习机会，自学了《招投标法》《合同法》《建筑法》等法律法规，向造价咨询中介机构和施工单位虚心请教，熟悉各类工程的施工方法、工艺，掌握了各种软件、定额及不同定额体系间的异同。1995年考取建设工程造价员资格证书，实现安县审计局专业投资审计人员零突破。在他的帮助下，股室成员也相继

取得建筑领域相关从业资格证书。为有效提高灾后重建项目审计效率，同股室人员潜心研究，设计了一套投资审计办公模板系统，并在全局得到推广运用。

履职尽责挑重担，只为身上肩负的神圣使命

多年来，李智坚持把当好财政资金的看门人为本分，工作上勇挑重担、敢于碰硬，为县委、县政府、被审计单位提出很多合理化意见和建议，使财政资金在审计的监督下得到规范、有效利用。尤其在“5·12”特大地震后的五年，摆在审计人面前的是巨大的灾后重建资金和如火如荼的灾后恢复重建工作，而此时的李智正担任安县投资审计股股长。

面对时间短、任务重的灾后审计工作，李智清醒认识到：用好每一分钱，确保灾后重建资金安全、有效，决不辜负党中央、国务院和各族群众对灾区的殷切希望，是每个投资审计人员的历史责任。他带领投资股人员围绕灾后恢复重建审计工作的一条主线，以“项目建好，干部不倒”作为灾后恢复重建审计监督的两大目标，以他为主笔，制定了《安县地震灾后恢复重建项目的审计监督办法》《安县中介机构参与灾后重建项目工程造价审计管理暂行办法》等一系列灾后重建项目审计规章制度。以灾后恢复重建跟踪审计、竣工结算审计、资金审计三种方式强力注入审计免疫系统，有效地提升审计质量，控制审计风险，加快推进灾后重建项目审计进度。

忠诚坚守乐奉献，只为保持审计人的良好操守

在审计部门工作了20年，李智把“守得住清贫、耐得住寂寞、抵得住诱惑”深深镌刻在心里，把权力当作责任，从不敢越雷池半步。在灾后重建这五年，有成百上千个施工、建设单位，李智面对诱惑太多，建设单位为套取灾后重建项目资金、中介审计机构和施工单位老板违规想多挣钱，抛出很多诱人的糖衣炮弹，他坚守底线，抵住了诱惑，对于有此请托的，义正词严回绝。并加强了对中介造价咨询机构的复核、管理，对中介机构审定结果再次核减了约1600万元，有效控制住了工程建设中的高估冒算，有效地杜绝权钱交易、徇私枉法的行为。

在工作上李智可以与同事、施工单位锱铢必较，但在荣誉面前他总是推让，他总说“我的工作离不开同事们的帮助，荣誉应该属于他们、属于集体”。在他的带领下，固定资产投资与外资运用股连续3年荣获局综合业务考核一等奖；也为安县审计局赢得诸多荣誉，先后被省委办公厅评为全省扩大内需促增长暨灾后恢复重建监督检查工作先进单位，连续2年被四川省审计厅授予“灾后恢复重建跟踪审先进集体”称号，连续3年被县委、县政府评为灾后重建工作一等奖，被县委、县政府授予灾后重建工作特殊贡献奖等。

好人寄语：我的工作离不开同事们的帮助，荣誉应该属于他们、属于集体。

道德点评：李智凭借自己二十年来的默默坚守，辛勤工作，潜心钻研，不断提高自己的业务水平，带动周围同事共同进步提高，促使安县审计事业迈上了新的台阶。李智用自己的实际行动践行着一名审计人的职业操守和良好的精神风貌，彰显了安县审计人的时代风采。

情系教育 无怨无悔

——记安县2013年公民道德奖先进个人 刘国凤

她，不是英雄，只是个纤纤女子，虽已年近六旬，却步履轻健，目光睿智；她，没有豪言壮语，“一切为了孩子，终身奉献教育”是她朴实无华的心声；她，在短短的七年中，以耿耿的忠心和执着的追求将一所新建学校打造成安县第一，绵阳知名；她，无疑是安县教育界一只最美的凤凰，在安昌江畔踏出了一个个坚实的足迹，舞出了一幅幅美妙的华章。她，就是安县七一实验小学时任校长，现任党支部书记、理事长刘国凤。

让我们走近这只凤凰——

人文管理凝聚人心

人们常说：“天时不如地利，地利不如人和。”学校管理，是一门科学，也是一门艺术。她深信：管理不仅要科学化、规范化、制度化，更重要的是人性化。

对待教师，她坚持民主管理，坚持“宽厚仁和，理解尊重为先”。学校出台的一系列规章制度，均是在广泛征求了教师的意见后才形成条文去执行。对于学校的发展规划、工作重点、难点，涉及老师们切身利益的问题均坚持“校务公开”，让每位教师做到心中有数，以此营造民主氛围，激发教师的主人翁精神。

她认为校长和教师是平等的，除是领导与被领导关系外，更是同事、朋友关系。因此，非常注重用人文的关怀去感化老师。老师生病、生小孩时，她会亲自上门送上鲜花和问候；节日的时候，她会为老师们发去短信，送上真挚的祝福；当教师遇到困难时，更是主动关心，积极地帮助他们去寻找解决困难的办法。对于配偶没有工作、家庭负担重的教师，每年教师节，会携工会一起去看望，送去礼品和礼金，并将其配偶安排到学校临时工作，解决教职工的实际困难和后顾之忧。对于不理解学校，对学校有抵触情绪的教师，她不会打击报复，放弃排斥，会寻找机会，耐心地和其谈心，使之明白学校的良苦用心。

人是有感情的。点点滴滴的关怀，人性化的管理，将老师们的心凝聚在一起，整个学校呈现出团结、温馨、和谐的良好氛围。

实干精神感召人心

她常说：“作为校长，要有实干精神，不摆架子、做样子、说空话、挂帅指挥，而要鼓实劲、出实招、干实事，亲自参与。”

学校作为安县教体局给全县基础教育树立的一面旗帜，必须有一支敬业乐教、教艺高超的教师队伍。为了提高教师的业务水平，学校工作再忙，她都坚持听推门课、入口课、教研课，并参与评课。针对存在的问题，发挥自己语文教学的特长，组织老师们开展教学教研，帮他们找准重点，突破难点，给他们介绍最优的教学策略。

凡是学校教师参加省、市、县赛课，她都会抽出时间参与磨课。与他们共同钻研教材，设计教案，认真推敲每一个教学环节，甚至每一个手势、每一个眼神、每一句组织语言，反复听试讲、反复修改。很多时候磨课到深夜的十一二点，虽然身心疲惫，但看到老师们在过程中的进步，在比赛中取得的优异成绩，她感到再辛苦也值！

除了坚持到教学一线听课、评课、与老师们一起磨课外，她还深入寄宿生的生活。2010年秋，学校办起寄宿制，新增寄宿生近1000人，最小的不足六岁，他们的衣食住行牵动着她的心。从安排饮食到接送学生，从整理床铺到就餐就寝，从穿衣洗漱到活动锻炼，带领行政研究每一个细节，做到百密而无一疏。并且深入寝室，与教师、生活老师一起值班。教孩子洗脸、梳头、铺床、叠被；带生病的孩子去医院治疗；给想家的孩子以安慰；星期天下午学生返校，带头到校看护学生安全；每逢端午、中秋、儿童节，给孩子准备丰盛的午餐，送上精美的礼物，和孩子一起度过。虽然每天披星戴月，但是，看到孩子们长胖了，生活自理能力增强了，学习进步了，她感到无怨无悔！

她的实干感召着学校的每一位教职员工，带出了一支德艺双馨的教师队伍；她的实干也感召着学生、家长和各级领导。2012年秋季开校，安县、江油、绵竹、北川、绵阳等地的家长带着孩子慕名而来，求学的队伍排成了长龙。看着家长的信任，她更加坚定了心中的信念：校长不能光“指点江山”，要“身体力行”。

创新观念激励人心

“创新是一个民族进步的灵魂，是国家兴旺发达的不竭动力。”只有创新的理念才能带来教育改革的新突破，只有创新的做法才能使学校发展达到新境界。

学校各项工作的开展，她都要求不因循守旧，要开拓创新。

对于学生品德、习惯的养成教育、安全教育，她主张不能简单地说教，要用丰富的活动去熏陶。每周一的主题升旗仪式，将教育用快板、正反AB剧、小品、舞蹈等形式深入每个孩子的心灵。每个班级结合各班的实际，创建特色班级。从班级名称、班级文化主题、班徽、班歌、到班级活动，做到班班有特色。

对于学生作业，她要求教师要减轻学生的负担，设计有新意、学生乐于去完成、能取得实效的作业。一年级语文组的老师在孩子们学习了“春天”这一单元后，设计了“找春天”摄影展、书画展、作文展；数学组的老师在孩子们学习了对称图形后，设计了“剪纸比赛”；科学组的老师在孩子们认识了凤仙花后，设计了“自种凤仙花选美活动”。通过创新作业形式，孩子们完成作业的积极性大增，综合能力也得到提高。

为了提高学生的素质，将素质教育落到实处，2012年秋，她又将常规的“晚辅导”改革为“社团活动”。成立了书法、合唱、器乐、腰鼓、科技、棋艺、摄影、手工、经典诵读等20个社团，力争让每位学生都能找到一个自己最感兴趣、最擅长的社团。为了让活动落到实处，她又严格做好“教学人员、教学内容、活动时间、地点”四落实。同学们积极参与，兴趣盎然：经典诵读组，学生书声琅琅，一起品味文学经典的魅力；书画室内，学生静心书画；舞台上，学生翩翩起舞；操场上，腰鼓队、田径队、足球队各展其能。孩子们就像一个个精灵，快乐茁壮地成长着。

这一系列的创新举措，不仅受到学生、教师、家长的欢迎，而且推动了学校的快速发展。

模范行为影响人心

古语有云：其身正，不令而行；其身不正，虽令不从。担任校长以来，她坚持依法治校，廉洁奉公，光明磊落做人。

随着七一实小声望的与日俱增，想调入学校工作的教师很多，来校就读的学生也源源不断，已超出学校的承载能力。因此，每到暑假、每到新学期开学，她的家里、办公室前总是门庭若市，电话总是被打爆，教师们、家长们各显其能，有的送来价格不菲的礼品，她一概谢绝；有的派来高级轿车接她去高级饭店“沟通”，她婉言谢绝；还有的家长气急败坏，对她挥舞拳头，破口大骂，她镇定不乱，仍旧按规则办事，从不利用职权为自己或家人谋私利，用自己的言行诠释了一位教育工作者的良好修养和职业操守。

作为学校领导，她还注重身教，率先垂范。要求老师做到的自己首先做到，要求老师不做的自己坚决不做。多年来，坚持早到校，晚离校，放弃了大量的休息时间，从未因私事请过一天假。她的媳妇生孩子，未在工作时间去探望一下；她的母亲病逝在床上，都未送到终，尽到孝道；大年三十是万家团圆的日子，而她却在学校值班；每天中午老师们可以回家休息，而她却带领行政一班人守护孩子的安全，研究学校的工作。面对荣誉，她从不伸手，多次让给其他同志。正因如此，她赢得了广大师生和家长的信任和尊重。

七年来，为了学校的发展，她投入了全部精力，带领行政和全体教师拿下了一个又一个艰巨的任务。今天的七一实小，是孩子成长的乐园，是教师圆梦的舞台，是家长梦想的殿堂，是安州教育大地上一面猎猎的旌旗！她以以人为本的先进理念、踏实的工作作风、无私奉献的人格魅力成就了孩子、成就了七一实小，成就了安县的教育事业！我们相信：这只教育战线上的金凤凰会飞得更高，会舞出更美、更炫的华章！

好人寄语： 为教育，鞠躬尽瘁心无怨；系孩童，衣带渐宽终不悔！

道德点评： 刘国凤校长用满腔的激情、执着的追求和一生的坚守为安县的小学教育努力创新、奉献智慧、鞠躬尽瘁，擎起了安州教育大地上一面光洁闪亮的道德旗帜！

用行动诠释敬业奉献

——记安县2013年公民道德奖先进个人 杜乐云

2013年6月18日，绵阳市安县桑枣镇三清村遭遇几十年不遇的洪水灾害，从6月18日到7月8日，仅20多天时间就下了一千多毫米的雨，当时作为党支部书记的杜乐云心急如焚，毅然决然决定带领村民搞好抗灾自救，让受灾村民重新振作起来！

6月18日那场降雨，整个绵阳市降雨量最大的地方就在三清村，三清村降雨达到了325.5毫米。说起那次降雨，杜乐云印象十分深刻，很长一段时间都不会忘记。因为那是他当地质灾害监测员三年里最忙活的一天一夜。从用高音喇叭叫醒睡梦中的群众到与妻子一起挨家挨户地敲门让乡亲们转移出来，再到与村里的同志给转移出来的群众分发应急物资，整整一个昼夜他眼睛连一刻都没有闭一下。一双老式的解放军胶鞋的底子硬是被新冲到路上的石子给磨了一个窟窿。

7月9日早上7点10分左右，在下了一整夜的雨后，暴雨似乎停下开始“喘息”。杜乐云要趁这个时节去巡一下山。地质灾害监测是“5·12”地震后才在安县出现的一个新“职业”。在杜乐云看来，监测员有些像二十世纪七八十年代治安联防员，负责着一个地质灾害隐患点的地质灾害排查和预警工作。从每年的五月初到国庆节后，地质灾害监测员每天必须到所负责的隐患点查看一遍。用从每年不少于三天的短期培训中学到知识，查看山体有没有出现新的裂缝，看旧的裂缝有没有变大，看泥石流有没有陡然发育的情形。如果发生了这些情况，要第一时间向镇上的相关部门报告。若在下雨天，还要实行“零”报告。

除了正常的地质灾害隐患点的值守之外，作为党支部书记的杜乐云还有一项职责，那就是在汛期把村上几百人的吃喝拉撒的事侍弄好。在“6·18”的洪灾中，村里通往镇街的铜柳路和长青路都被冲毁了，有村民反映家中要“没有粮食吃”了。杜乐云知道，镇上设在村里的应急储备物资已在6月20日分发了下去，这些物资加上群众自己家中原先备有的粮食，再吃过二十几天应该没有问题。只是道路都还在抢通之中，而且自7月8日以来的这场雨又使得村里通往外界的两条道路损毁更严重了，这无疑是雪上加霜，导致抢通的时间变得更长。他知道这是村民们对“6·18”洪灾所造成的道路中断的抢修速度太慢的一种“诉求”，但是对于土地几乎全部退耕还林的三清村群众而言，近年来所吃的粮食主要是从几十里外的镇街上买来的，所以两条道路对他们而言无疑是生命线。

7月15日上午一早，杜乐云利用雨停的间隙，快速地走访了两户家中只有老人和小孩的群众，把他们家的余食情况实地了解了一下，并同他们一起算了算，这些粮食可以最多坚持多少天。在来回穿梭的空当，杜乐云还到三清观地质灾害隐患治理工程的工地，向看守工地的负责人询问了他们的粮食储备情况。由于提前进入了主汛期，前几天这个地质灾害治理工程被迫停工，工人们大都转移出山，只留下了两个看守工地的工人。杜乐云知道，他们的工地储存了较多的大米和食用油。当机立断他与工地看守负责人商定，如果村里的群众出现了“断炊”的情况，请他们将粮油全部借给村上，以解“燃眉之急”。

在前往他负责的干庙子地质灾害隐患点的途中，他分别与村上另外10个地质隐患点的监测员一一打电话了解情况。将情况简单汇总后，他立即向镇上的城建国土所进行了报告。

以泥石流为主要危害形式的干庙子地质隐患点是安县最大的一处地质灾害隐患点。受到它威胁的三清村群众有5个组共计325人。杜乐云花了近四十分钟时间把整个隐患点排查了一遍，二十多天来，虽然降雨不断，但是干庙子的情况总的还算比较稳定，泥石流没有明显的发育迹象。

从干庙子回到家中，草草地吃了几口饭后，杜乐云又马不停蹄地去村主任杜乐平的家中，他准备开一个简单的碰头会，对今年提前进入主汛期的这个情况进行了再安排，特别是对村里可能因粮食储备出现的缺粮现象进行及早的准备。对此，他有一个打算，就是要在村里的应急志愿者队伍中抽出几个脚力比较好的年轻人组成粮食保障组，到时如果出现了最坏的情况，便让他们步行至镇上的应急物资储备中心去背粮食回村。四十六岁的杜乐云认定了一个死理，三清村绝不能出现群众没有米吃的情况。

好人寄语： 在平凡的岗位上，用自己的实际行动践行着一名共产党员的誓言，用满腔热忱实践着共产党员为民服务的宗旨。灾难面前，一直以地质灾害监测员的身份坚守着岗位。

道德点评： 他能够按照新时期共产党员先进性的标准严格要求自己，自觉遵守党的纪律，加强道德修养，始终保持共产党员的优秀本色，在任务面前总是冲在最前，用自己的实际行动践行着一名共产党员的忠诚誓言。

用生命之光谱写中国梦

——记安县2013年公民道德奖先进个人　刘继国

只有把老百姓装进心里，才能搞好村上的工作；只有把老百姓的事记在心上，群众才能认同信服你。这是身患绝症仍坚持的安县永河镇金花村主任刘继国总结出来的农村工作经验。

从民兵连长到村支部书记，从支部书记到镇企业人员，再到村主任，几十年来，刘继国在平凡的岗位上干出了不平凡的事业，“刘主任是个实在的大好人，得了癌症都坚持工作，金花村没有他，就没有今天！”这是当地群众给他的评价。

绝症压身，为了梦想他选择顽强抗争

2005年9月的一天，刘继国正在村委会会议室召开社员大会，一阵钻心的疼痛让他瘫倒

在地。村民曹三友与薛洪等人立马冲上前去，将昏迷刘继国搀扶起来直奔卫生院。

乡卫生院查不出原因，于是把刘继国送往绵阳市中心医院进行观察。第二天上午，经市中心医院诊断，刘继国被确诊为食道癌，必须立即采取手术，并以住院+药物治疗的方式抑制癌细胞扩散。

手术后，医生嘱咐他一定要强化治疗，好好休养，按时吃饭，不能操劳过度，每隔一段时间还要返回医院检查。由于当时金花村农业产业刚迈上轨道，很多事情都需要处理协调，出院后本该回家调养的他，毅然选择回到村委会上班。

对于一个身患癌症的人来说，调养休息是必不可少的。但他自从回到工作岗位后，几乎没有好好休息过。产业规划、技术指导、人员分配、规章制度的设立，都是刘继国与村两委一班人在无数个夜晚加班加点赶出来的；资金投入、区域划分、大棚搭建，也是刘继国等人风雨无阻到现场手把手指导完成的。多少个夜晚，都能看到金花村主任办公室灯火通明；多少次，都能看到刘继国偷偷在田埂上吃下难咽的药。

“我知道这个病是治不好的，死也是迟早的事情，只要我还能动，我就要为村上多出一份力，把金花村产业搞上去，这是我最大的梦。”刘继国道出自己的心声。

抗震救灾，他强忍病痛重建家园

2008年5月12日，“5·12”汶川特大地震使神州大地生灵涂炭，永河镇受灾严重，全镇100%的房屋严重损毁，群众生产生活受到严重影响。查看灾情，安置受灾群众，发放赈灾物资是当时工作中的重中之重。刘继国在病情日益加重的情况下，不顾家人及朋友劝告，毅然投身于抗震救灾当中。

群众吃得好不好、住得好不好，如何帮助群众尽快恢复生产，盖上新房，是刘继国一直操心的事。自灾后重建以来，不管烈日当头还是刮风下雨，刘继国一直坚守一线，从灾情统计、设置紧急安置点、救灾物资统计到农房重建，刘继国都全程参与。他那忙碌的身影遍布金花村每一个角落，每一户受灾情况他都了若指掌。刘继国就在这样的身体条件下，硬是将金花村灾后重建工作给撑了起来。

癌症晚期，他用生命余光谱写梦想

8年过去了，刘继国的身体状况一天比一天差，去医院的次数也越来越多，但他却从未歇息过，仍然带病坚持在工作岗位上。

今年3月17日上午，正在办公室与各组组长讨论5月“双抢”沟渠引水问题的刘继国，再一次瘫倒在地。经过几个小时的抢救，刘继国从死亡边缘挣扎了回来，但医院给出的病情报告赫然写着：病情恶化，癌细胞已开始扩散！

要么切除整个胃，防止癌细胞扩散；要么保守治疗，进行化疗。这是医院给出的最终建议。刘继国躺在病床上，选择了后者：“如果切除整个胃，那我可能一直就躺着了，保守治疗的话，我还能走动，还能到村上开展工作。”一番朴实而倔强的话语道出一个基层一线党员干部的心声，

他出生在这里，成长在这里，工作在这里，他把一切都奉献给了这里。金花产业搞起来了，万亩蔬菜种植基地建起来了，他累坏了；村民富裕起来了，腰包鼓起来了，他倒下了。“群众的切身利益是大事，我必须得管，不做好这些事，我心不安啊。”自始至终，刘继国仍然挂念着金花村的老百姓。

在刘继国等人的带动下，金花村农业基础设施得到极大改善。该村大棚蔬菜规模已达到1062.9亩，占全村耕地面积的51%，成为全县专业化蔬菜生产重点村。金花村已从贫困村蜕变为一个产业发展势头强劲、环境优美的农业产业重点村。刘继国的梦，已悄然实现。

“希望上天再给我多一点时间，把村上的产业再搞强一点，把村民的收入再提高一点；希望在有生之年能见证国家越来越富强，老百姓生活越来越好。这是我现在的梦想。”两个希望，让刘继国的梦有了新的延续，有了新的注解。

好人寄语：希望上天再给我多一点时间，把村上的产业再搞强一点，把村民的收入再提高一点；希望在有生之年能见证国家越来越富强，老百姓生活越来越好。这是我现在的梦想。

道德点评：刘继国是金花的楷模，而楷模是人不是神，他的大爱无疆胜过神，情洒村里为村民，我们也要学习楷模争做先进，通过身边小事发扬舍己的精神！

二、诚实守信类

拾金不昧展美德　道德高尚树榜样

——记安县2011年公民道德奖先进个人　陈志国

陈志国，男，汉族；肖义香，女，汉族，夫妻俩年纪均四十有余，早些日子在北京以打工谋生，膝下有一儿一女。女儿患有先天性近视，为了能给女儿创造更好的生活护理环境，给儿子营造一个稳定的学习环境，夫妻俩回到家乡谋发展。2003年冬月他们用打工赚的钱在安县秀水镇秀丰干道开了鑫红灯笼餐厅，以此为生。

面对从天而降的馅饼每个人或多或少都会为之心动，何况是弯腰即得的钱包，谁又能抵挡得住诱惑呢？“八年拾得财物百万，物归原主传为佳话”，《绵阳日报》曾经用这样的语言来描绘夫妻俩。

为女儿治病花去大部分收益

19岁的女儿美玲小学毕业便辍学在家。为了给女儿治病，他们跑遍了绵阳、成都、北京等地的大医院，花费几十万，家中积蓄所剩无几，但女儿的眼睛却一直未见好转。很多时候，美玲只能静静地坐在吧台前。然而几年来，夫妻俩在餐馆里拾得现金及物资价值上百万元，却分文不取，全部归还失主。在秀水镇，人们都夸餐厅老板陈志国、肖义香是新世纪的活雷锋。

开店以来拾得财物百万余元

五年前的一天，秀水镇天竺村的陈先生来到鑫红灯笼餐厅吃饭，离开时因疏忽大意将用于房屋重建的资金和房产证遗失在餐桌旁凳子上（包里有现金10余万元、房产证和各种银行卡，总价值几十万元）。夫妻俩在收拾餐桌时发现一个鼓鼓的包，直接放到吧台，叮嘱职工：“任何人都不能私自翻看，拿走包里的任何物品。”次日，陈先生来寻找丢失物品时，夫妻俩才打开包，在确认包主人的身份后，将包物归原主。陈先生拿出1000元现金感谢，被夫妻俩谢绝。

说到捡到钱包如数归还的事，肖义香有些羞涩，她摆摆手说：“这没什么没什么，我做了该做的事情，你们还来采访，我不太好意思了。”自夫妻俩经营餐厅以来，他们捡到并如数归还的物品价值超过百万元。去年一位来自德阳的客人将一沓用报纸包好的现金遗失在店内。当失主心急万分地从德阳赶过来时，肖义香将那包现金原物奉还。原来那沓钱是10多位民工的工资，有10来万元。失主当即掏出500元现金表示感谢，肖义香却坚决不肯收下，两人你推我让，从吧台一直到了餐厅门口。

至于夫妻俩有多少次捡到贵重物品完璧奉还，他们已记不清了，陈志国说：“虽说做生意图的是赚钱，但不是我们的钱就肯定不会要，我们也一直要求店里的服务员，捡到客人的东西一定要放到吧台，不能乱动。”

“老奸巨猾”是生意人的代名词，“注水猪肉”“染色馒头”“地沟油”等事件时有发生。然而，陈志国夫妇用他们拾金不昧的善举诠释了新时代生意人诚信经商，诚实做人的高尚品德，他们在平凡的岗位创造出了不平凡的事迹。

好人寄语：我没有读过多少书，但我懂得，不是自己的东西不能据为己有。况且，就算捡到一百万现金，不是自己劳动赚来的，用起来也不会心安理得。

道德点评：尽管这个社会有令人深思的、不好的方面存在，但是，像陈志国、肖义香夫妇这样为他人着想，诚实守信的，还是大有人在。正是他们这种朴实无华的平凡举动，恰巧在润物细无声中传递大爱，传播正能量。

身残志坚　诚信还贷

——记安县2012年公民道德奖先进个人　李建明

诚实守信，这原本只是做人的最低底线，而不是道德的最高标准，但是，经过灾难的洗礼，李建明夫妇的故事却让人们特别感动和广为传诵。也许，正是因为某种缺失，才让人们觉得这对残疾夫妻的诚信弥足珍贵。

李建明是一个多年的补鞋匠，也是一个聋哑人，全家五口人，妻子叶兴秀是一个盲人，一个同是聋哑的弟弟，一个长期卧病在床的母亲，一个正读高中的十五岁女儿，这便是李建明的五口之家。在2008年的大地震中，几间房屋顷刻之间夷为平地，遮风挡雨的家没有了！地震之后，房屋需要重建，原本一贫如洗的家震得一塌糊涂，除了国家的补贴外，哪来更多的钱买材料、请人工呢？李建明是这个家的顶梁柱，面对烂砖破瓦的废墟，面对卧床不起的母亲，面对双目失明的妻子，面对年幼的孩子，他觉得身上像被一座山压着，压得他喘不过气来。

至2009年，村里大部分人家都陆陆续续住进了永久性住房，而李建明一家无钱建房，只能坐在帐篷里看着别人建房，悲哀，痛苦，无助、无力。在乐观的妻子叶兴秀的努力下，在村上干部的帮助下，他们从信用社拿到了政府支持的三万元重建贷款，并终于在2009年11月份把新房建了起来。

一个饱经风霜艰难度日的家，一个被生活重担压得千疮百孔支离破碎的心啊，此刻犹如驶入了风和日丽的港湾。房屋建好后，李建明夫妇更加勤奋。他们起早睡晚披星戴月，每当天边刚刚露出一线朝阳，乳白色的晨雾还在家乡广袤的土地上浮泛的时候，李建明就起床侍弄庄稼地，菜地，然后上街补鞋挣钱。叶兴秀在家摸摸索索做饭扫地照顾鸡猪鹅鸭。他们日夜辛劳省吃俭用，一个月也难得买一回肉，他们种的菜好的全部挑到街上去卖。他们心里只有一个念头：尽快把信用社贷款还完。有人说：“像你们这样的家庭，就是不还，政府也会减免的！”李建明说：“政府为了帮助我们重建家园，在没有抵押的情况下就把一大笔钱借给了我们，解了我们的燃眉之急。有了钱就应该尽快归还国家的贷款，信用信用，只有讲诚信才能有用！还点少点蛮。”多么朴实的话语，多么诚实守信的人啊！

李建明一家除了补鞋为主要营生外，另外每月还有570多元的低保，但是除去他们日常生活开支，要还3万元的贷款，对他们来说还是一笔不小的数目，只得种地、养殖补贴家用。中央电视台的记者在评论中报道：“3万元对很多人来说可能就是小车一年的油钱，或是两次境外的旅游，但是对他们来说，尤其是残疾人来说，实在是不容易。”为了尽早还清重建贷款，李建明夫妻硬是靠补鞋五角、一元的攒钱，手头有五百还五百，有一千还一千，用了两年的时间，终于把贷款全部还清。每当李建明手捧沾有补鞋油渍的钞票去归还贷款时，信用社的员工总是忙着给他倒水、清理钞票、填写账单。桑枣信用社客户经理陈美珍事后告诉我们：“最少的时候还三百、五百都在还，他尽拿的五角、一元、二元、五元等，拿一堆堆，每次他来我们都把水倒起，他感动了我们，我们也感动了他。”立志村村支书周勇说：“自从贷款重建房屋之后，李建明夫妻每天都起早摸黑地在镇上摆摊补鞋，省吃俭用，就是为了早点把信用社的贷款还清。”当地居民都说：“对我们来说还三万块钱都算压力大，何况他们。”

“像李建明这么贫困的残疾人家庭都能在短短的两年时间里，通过辛勤的劳动，把信用社雪中送炭的重建贷款还清，我们这些四肢健全的人，哪里有理由不向他们学习，早一天把农房重建贷款还清呢？这对诚信的残疾夫妻，对带动周围群众积极归还重建贷款的影响非常大。”松林村支书周先锋感慨地说。

安县农村信用联社桑枣分社主任崔行斌2012年5月28日和中央电视台新闻频道《24小时》栏目主持人电话连线时说：“李建明诚信还贷的事很令人感动。地震后我们共发放农房重建贷款8600多万元，现在已归还6000多万元，绝大多数人都是讲信誉的，还有一部分人也受了李建明的影响。我们不仅要学习李建明积极归还贷款，更要学习他做人的精神！”

好人寄语：人无信则不立。只有有了诚信，才能走得稳，才能走得远！

道德点评：都说“贫贱夫妻百事哀”，可李建明这一对残疾的农民夫妻用行动打破了这个俗语。虽然夫妻俩一位耳聋，一位双目失明，却身残志坚，把日子过得有滋有味，他们用自己勤劳的双手，五毛、一块地攒钱，还清了三万元的灾后农房重建贷款。虽然他们的生活清苦，甚至没有色彩和声音，但却用自己的努力点亮了生活的明灯，用诚信赢得了做人的尊严。

三、见义勇为类

行正义之举　扬和善之美

——记安县2012年公民道德奖先进个人　周启安

周启安，男，汉族，现任秀水镇红光村村会计，他在做好本职工作的同时积极帮助身边有困难的人，用实际行动展现了一名基层党员干部的良好形象，默默地践行着党的群众路线。

敢于担当，救人一命

2011年6月18日，周启安上街时看到本村村民李云寿晕倒在路边，他毫不犹豫，立刻将其送往医院。秀水镇中心卫生院检查发现李云寿患有心血管疾病，且当时有生命危险，需要马上转院。但此时李云寿家属全部在外务工，家中只有一位年过80的老母亲，亲人无法到场。危急时刻，周启安果断抉择，独担大任，只身一人将病人转到安县人民医院进行诊断。县医院主治医师见到李云寿情况后说必须再次转院到绵阳市中心医院进行抢救。周启安又果断护理病人将其转到绵阳市中心医院，一天内，周启安将本村一位普通村民连续送入三家医院。住院后，院方建议马上手术，需要8万余元治疗费用，但当时李云寿身上只有20元，周启安身上也只有3500元，于是他又找到了院方领导再三央求请求先手术再补款，院方领导得知了他的动人事迹后深受感动，为其开辟了绿色通道。次日下午五点，病人家属赶到医院将费用补上，也看到了他们差点失去的亲人。周启安的行为挽救了一条鲜活的生命，受到了病人家属的再三感谢，也感动了全村百姓。

2012年3月2日下午，红光村四组村民杨达珍突患疾病，村卫生站无法治疗，急需到上级医院接受治疗。周启安在得知这个消息后，立刻用摩托车将病人送到安县第二人民医院。因家属未在，他一直护理陪伴。后杨达珍经医生诊断入院治疗，6小时后病人家属才赶到医院，周启安助人为乐的行为受到了家属的万分感谢。

挺身而出，关爱他人

2012年8月19日晚上十点左右，大雨倾盆，电闪雷鸣，周启安冒着雷雨大风到各个危险点和全村的塘、堰、电管站等公共设施查看地质灾害和洪灾险情，当他赶到红光村6小组李家院后山时发现此地有一处泥石流山体。他顾不得自身安危，拼命奔跑，四处大喊，将山下的农户喊醒，要求他们注意山体滑坡危险，马上转移到村学校暂住。在他的预警催促下，几十户百姓脱离了危险地带，避免了更大险情。第二天，村里百姓逢人便夸他是热心人，挺身而出，帮别人脱离危险。

周启安对困难群众有着深厚的感情，他经常看望关爱全村的贫困户和五保户。每年“六一”儿童节、重阳节等节日周启安都会为困难老人和儿童送去小礼品，受到了大家的一致好评。同时他的家庭也多次被评为五好家庭。在生产中，他带头发展经济，在种植业和养殖业中，带头创优，现已发展成本村的专业户。

好人寄语：我生在农村，长在农村，多年来，我用真诚赢得了老百姓的信任，成为一名光荣的农村干部。我来自群众，也是群众，我对群众的困难疾苦能够感同身受。如果问我以后遇到这样的事会怎么做，我还是会毫不犹豫，挺身而出，能救人一命再大的付出也是值得的。

道德点评：不是骨肉，不是至亲，但都是他的责任，他展开羽翼，撑起他们的天空。困难危急，全都挡住，在他的眼里，水浓过了血，善良超越了亲情。泉水最清，大爱最真！

见义勇为寻常事　能出手时就出手

——记绵阳市第二届见义勇为道德模范　赵波

赵波，一位普通的80后小伙子，现年28岁。他于2007年参军入伍，2008年四川发生特大地震，他十分担心家乡的情况并下定决心退伍后一定要回到家乡，为重建工作燃烧青春热血。2009年9月，赵波正式退伍，他立马回到家乡，投入到如火如荼的灾后重建工作当中，他说：“我也没什么长处，唯一能做用我这身力气和勇气，将家乡建设得更美好。”在重建工作中，他作为一名挖掘机操作员，在工作中业绩突出，成绩优秀，只要是自己能做的，只要是自己能做，能帮得上忙的就一定会抢着去做。

面对危险，他挺身而出

川心村五组有一个空响岩，此处地势险峻，

一面紧邻悬崖。如果天气寒冷，路面起霜，车辆路过时不注意，很有可能轮胎打滑，冲下悬崖。2010年1月中旬，几名参加重建的外地施工人员在结束工作后，开着车从此处经过。突然，轮胎打滑，车身向悬崖倾斜，驾驶员拼命操作方向盘，但于事无补，在一片尖叫声中，车冲向悬崖。

当天夜里，工作了一天的赵波下班回家，空响崖是他的必经之路。他有些累了，忍着倦意认真开车，小心翼翼地从空响崖经过。空气中突然传来“砰”的巨响，“啊！”地惨叫声划破夜空，似乎是有车辆滚落悬崖。

赵波一个激灵，浑身的倦意瞬间没了，他迅速跳车，打了一支手电筒，前去查看情况。在微弱的电筒光下，只见一辆车侧翻在悬崖下，车头已经被撞得变了形，里面的人发出阵阵呻吟声，场面触目惊心。

得赶紧救人！赵波心里只冒出这一个念头！他拿着手电筒朝悬崖下方扫了一下，深不见底，赵波一咬牙，采用爬行的方式，一口气冲到悬崖底下。浓重的血腥味混合在空气里扑面而来，冲进赵波的鼻腔内，提醒他快点救人。

赵波临危不乱，迅速报警和通知村里的人员，并着手开始救援。在微弱的手电筒光下，他终于看清楚了当场的具体情况。悬崖上躺了四个人，其中一个已经人事不省，另外三个看见他下来，发出阵阵呼救声和惨叫声。赵波倒吸一口凉气，大声道：“别害怕，我会把你们救出去的。”他艰难地爬到人事不省的那人身旁，小心翼翼地探了他的鼻息，已经没有救了！其他人呢？赵波连忙跑到另外三人身边查看伤情，伤势严重，必须要立即送往医院进行抢救！他顾不得许多，更顾不上危险，立即将其中一人放在背上固定住，咬牙朝上爬去。

天寒地冻，悬崖上的石壁十分光滑，不容易站住脚，他小心翼翼地寻找支撑物，一步步的朝上爬。黑夜如迷雾般包裹住世间的一切，冷风从山间缓缓滑出，寒意侵袭。赵波仰头往上看，汗水从额头滴落，滑进眼里，视野变得模糊，他眨眨眼睛，沿着悬崖，小心翼翼爬行，时不时帮身后那人固定一下。爬回路边时，赵波全身都软了，他瘫倒在路边，缓了一口气，忍住疲惫，冒着生命危险，再次下到悬崖救人。

一步、两步、三步，一人、两人、三人，一次、两次、三次，所有的人都背背了上来。赵波长舒一声，简单的帮三个人处理一番之后，立即赶往医院。

山路崎岖，赵波心有些慌乱。但这个时候如果乱了，后果不堪设想。他稳住心神，开车将三个人送往就近医院。经过抢救，三个人全部脱离生命危险。得知这个消息，赵波高兴之余，更觉得轻松了许多。

面对赞扬，他毫不在意

在得知赵波见义勇为的事迹之后，三个人的家属找到他要表示感谢，他摇头拒绝，“我只是恰巧路过，碰到了，就去救人，没有什么大不了。”面对群众的称赞，这个20出头的小伙子很不好意思，他有些腼腆的重复说，“遇到这种事大家都会去帮忙。”当有人指出，不是每个人都可以冒着生命危险去救人，他仍然不以为意，觉得救人只是一件小事情，遇到了去做就是，不必想这么多。

赵波的精神值得每一个人学习，榜样的力量是无穷的，能带来更多的正能量，激励和温暖日渐冷漠的人心。

2010年，安县人民政府授予赵波年度见义勇为公民称号，同年4月，赵波被评委绵阳市首届道德模范。

好人寄语：人只有一世可活，定要做许多好事。

道德点评：面对危难，他冒着生命危险挺身而出；助人为乐，他不求任何回报。他说人生在世，做些好事更有意义。他是道德的楷模，值得每一个人去学习。

灾难来袭，他选择守护

——记安县见义勇为好人　胡楷

胡楷，男，40岁，中共党员，安县高川乡新桥村3组村民。

2012年8月17日夜间至18日凌晨，我县高川乡遭遇50年一遇的特大暴雨袭击，降雨量达到214毫米，部分山体垮塌，引发多处山洪泥石流，通信、道路、电力全部中断，使这个极重灾偏远山区乡再次成为“孤岛”。在这场自然灾害中，胡楷不怕危险，第一时间组织群众转移，最大限度保证了广大群众的生命财产安全。

暴雨来袭，危机四伏

8月17日20时许，高川乡突降50年一遇的特大暴雨，虽经多次通知，但仍有部分群众心存侥幸心理，没有及时撤离到安全地带。作为村年青党员的胡楷，一直在组织老街群众有序转移，并多次到河边察看水情。

当晚23时，暴雨没有丝毫收敛的迹象，在不间断的巡逻中，胡楷发现下街枇杷沟洪水来势异常凶猛，对附近群众的生命财产造成巨大的安全隐患，于是他立即挨家挨户通知4组李方华、5组杨正雄等20余户50余名群众紧急撤离到安全位置。群众转移到安全地带后，胡楷和2组村民杨正文又再次提着手电筒到上街河堤边去查看水情，河对面的白岩山方向接连传来轰隆轰隆的巨响，借助手电强光，他们看到河中靠近白岩山脚下的地方隐隐约约形成白花花的一座小山，河水涨得很快，即将到达4米多高的防洪堤坝顶部!

胡楷和杨正文马上意识到：暴雨就这样下个不停，马上就要垮山，一旦垮山就会阻断河道，那么，洪水就要改道，要向街道冲。洪水要进街，而街上却住着200多户群众，还有部分群众没有撤离，这还了得？而此刻，街道停电，电话不通，此时的胡楷，心急如焚!

不计前嫌，安全大转移

时间就是生命，他们2人都顾不上去挪动自己停在中街的车辆，分头飞奔到地势较低的各家各户门口，用手重重打门，用脚狠狠踢门，用木棒使劲撞门，声嘶力竭地大喊：“洪水进街了，洪水进街了！搞快跑，搞快跑！”通知还没有撤离的群众不要留恋财产，马上无条件全部撤离。

此时，在暴雨持续下了几个小时后，山洪暴发，白岩山大量泥石流倾泻而下，瞬间阻断河道，造成河水改道，上游汹涌而来的洪水夹杂着白岩山泥石流漫过防洪堤卷入新桥老街，几分钟内就将淹没老街绝大部分地势较矮的房屋。情势危急!

而胡楷依然没有撤离，他仍然奔走在转移群众的路上。经过2组陈运忠家门前时，看到站有3个人，就吆喝他们快点出来，但因地势较低，这家室内的水有近50厘米深，街道上的水也都有近1米多深了，这3人都不敢出来，他蹚着洪水去搀扶陈运忠老人，把他们快速带到水较浅

的位置，并催促他们赶快往较高的安全地方跑。洪水越来越大，老街上场口有的地方水都快齐肩了，所幸水是刚漫进来的，冲力还不算大，胡楷立即蹚水折回到安置小区门口来到2组村民夏才龙家外时，发现他们家的门从里面关着，推不开，人还没出来。暴雨开始后，胡楷等人连续几次通知该户紧急撤离，但遭到该户连续几次呵斥，原因是影响到小孩休息，大灾大难面前，胡楷不计前嫌，用力打门但没反应，就用手电筒使劲撞击玻璃，散落的大片玻璃刺伤了他的右手前臂，顿时鲜血直流，但也很快就惊醒了夏才龙一家。夏才龙的妻子开门后急着给孙子找衣服穿，胡楷大声呵斥“穿啥衣服，逃命要紧！”他不顾伤痛，用手将孩子举过头顶，带着夏才龙一家，把他们送到了安全地点。

暴雨依然，安置小区的洪水越来越深，胡楷又遇到同来疏散群众的2组村民李显伦，两人一起将80多岁的杨朝秀老人拉至安全地带，又一起去通知因地震灾害安置在老街的甘沟村10余户30余位村民紧急转移，一直把安置小区所有人都转移到安全地点。这时已近18日凌晨2点。

轻伤不下火线，守护一方平安

转移完大部分群众后，但他仍然没有休息，一边安慰群众，一边多次继续观察水势。18日凌晨5时许，胡楷又与其他群众一道到中街利用绳索将来不及撤离而整夜困在水中屋顶的本村杨全贵、白兴成、李贵兵、冯坤富等20多位村民转移到安全地带。当疏散转移完老街全体村民后，天已初亮，胡楷这才发现受伤的右前臂无法伸展，因流血过多而大面积肿胀青紫，疼痛不已，经医生诊断为肌腱断裂。

在后来的灾情调查中发现，此次洪水泥石流改道灾害事故中，老街绝大部分房屋进水，多处房屋被冲毁，被洪水卷走3人，其中2人死亡、1人失踪。事后当地一位群众说，要不是胡楷在洪水漫堤前期水压较小的第一时间紧急通知，并冒着生命危险转移群众，陈永忠、夏才龙、杨朝秀三家7人和其他众多村民才得以幸免脱险，否则后果将极其严重。

好人寄语：作为一名共产党员，当群众的生命财产安全受到威胁时，我怎么能退却？

道德点评：“苟利国家生死以，岂因祸福避趋之”。在群众生命财产安全受到严重威胁的紧急关头，胡楷同志在第一时间，舍生忘死，上演了一场惊心动魄的生死大转移，用实际行动践行了当初入党时的誓言，谱写了一曲动人的英雄赞歌。

两次出手，从死神之手抢夺生命

——记安县见义勇为好人　杨朝金

杨朝金，男，73岁，安县高川乡泉水村6组村民。

灾难来袭，古稀老人幸运脱险

2012年8月17日晚20时起，高川乡突降暴雨，雷电交加，雨又大又急，每小时降雨量竟达99.3毫米，73岁高龄的杨朝金受困于三道河综合检查站值班室。

晚24时许，检查站后山突然发出“轰隆隆，轰隆隆……”的巨大声响，地动山摇，震耳欲聋，“垮山了，垮山了，大家快跑！”随着乡党委书记赵安辉脱口而出的命令，杨朝金随着人流有序地冲出值班室，高一脚、矮一脚地在暴雨中顺高川乡政府方向公路飞快地跑出几米。眨眼的工夫，巨大的泥石流就冲进了检查站房屋，杨朝金回身瞟了一眼，看到刚刚跑过的地方已被泥石流掩埋，不禁惊出一身冷汗！

为了救人，再踏鬼门关

年事较高的杨朝金惊吓得浑身无力，刚脱离险境的他正欲随着人流往前方的安全地段跑，突然听到身后不远处传来一妇女“救命啊，救命啊！”的呼救声，他立即止住了脚步，转眼一瞟，凭借天空刚划过的一道闪电，隐约看到不远处一妇女正被泥石流包围而无法动弹，随着泥石流往公路下方的河坎慢慢移动，急得乱叫，而暴雨声太大，也几乎只有他才能听得见呼救声。

情况危急，已容不得杨朝金考虑，他立即后退两步，一脚踏进已淹至小腿的泥石流边缘，将手快速伸向求救的妇女并一把抓住了那妇女的一只手，将其从泥石流中拉起身，但因泥石流太猛，泥石流中的人是根本无法动弹的，那弯着腰的妇女继续被泥石流逐渐往悬崖边推，杨朝金的一只脚也有所移动，另一只脚下的水冲力也变大，他打了一个趔趄，加之因泥水而手滑，两人被瞬间冲散！

再伸援手，被困妇女终获救

眼看那妇女就快要被泥卷下二十多米高的悬崖，自己的处境也越来越危险，没有灯光，没有电筒，雨水、泥石流、河中洪水声响齐鸣，也来不及叫其他人员前来帮忙，三秒钟的差错将会失去一条鲜活的生命！杨朝金没有犹豫，使劲扯出泥石流中的那只脚，一个箭步冲向悬崖边，将手伸向泥石流中的黑影，再次一把紧紧抓住了那妇女的手，而此时自己脚下的泥石流也越来越深，稍不注意，两人都将被卷入悬崖下汹涌的河水中。

就在杨朝金与死神为抢夺生命展开艰难的拉锯战时，有一块大石头飞快地从垮塌的山坡上滚落下来，正好砸在了杨朝金的小腿上，顿时他的小腿鲜血直流，一股强烈的痛楚袭来。然而，剧烈的疼痛没有让这位老人放弃，他咬紧牙，使出浑身力气，硬是将趴在泥石流上、淹没到颈部、难以动弹的那位遇困妇女从凶猛的泥石流中活生生地拖了出来。此时的杨朝金和那位获救妇女已是筋疲力尽，一下子瘫倒在旁边的公路上，大口大口地喘着粗气，两人互一打量，都已成为两个名副其实的泥人。

当晚，因被前后两股泥石流夹击，杨朝金同其他人员一道，受困于一段只有20余米长的公路上，在暴雨中站了一夜，直到第二天救援人员赶到。也就是在这段时间，他才知道被救出的妇女叫廖蓉，当天到高川乡看望在派出所值班的丈夫而被困三道河，当泥石流来袭，她往值班室外跑时，由于人生地不熟，加之天黑跑不动，被泥石流推倒在地，而处于生死边缘的廖蓉因杨朝金的两次出手而成功获救。

好人寄语：人们尊老敬老，那么我们老年人就应该有老年人的样，给小辈们做好表率！

道德点评：“碧树调余老更红，强将颜色慰飘蓬。”古稀之年的他，在灾难来临之时，为了一位陌生人，他忘却了自己刚脱离死神之手的幸运，又踏鬼门关，在危机四伏的环境中不抛弃、不放弃，用自己已经不再强壮有力的双手，硬是从死神之手夺回了一条鲜活的生命，其壮举当为世人之楷模。

柔弱小女子　相救危难时

——记安县见义勇为好人　谢雨萌

谢雨萌，女，汉族，生于1996年1月，共青团员，家住安县黄土镇大南街98号，现系绵阳实验高中2011级9班学生。

中年汉子中暑遇难

2013年8月3日，正值盛夏，是黄土镇北真村4组村民邓平金终生难忘的日子。

时年53岁的邓平金原本在外省打工，因体弱多病返家休养。当天中午2时许，酷热难耐，邓平金骑着电动三轮车从本镇场镇回家，行至快要到本组时，突感头昏目眩，手脚麻木，眼前一黑，就什么都不知道了。

隔了一会儿，他从昏迷中醒来，才发现连人带车栽倒在路边田沟里，车门严重变形，而自己整个人都被压在车里无法动弹，一条腿被

刹车卡住，手受伤流血，全身疼痛难忍，时值酷热的中午，路上少有行人，自己一直呼喊救命却无人应答。

时间慢慢流逝，此时的邓平金的体能越来越虚弱，加上头部倒立缺氧，焦急万分，一度绝望，不知不觉又昏睡过去。不知道过了多久，他迷迷糊糊地听见有喊声，只感觉有个小女孩在三轮车旁说什么，虽看到希望，但浑身无力，难以言语。过了一会儿，感觉自己被挪出了驾驶室；又过了一会儿，看到那个小女孩和另外两个大人一起把自己抬到了路上；再过了一会儿，看到本组几户村民把自己的三轮车从田沟里抬到了路上，自己才慢慢清醒过来。

柔弱小女子义施援手

邓平金在迷迷糊糊中“看”到的那个小女孩正是谢雨萌！

原来，当天中午3时左右，谢雨萌骑着自行车去找同学玩耍，行至北真村3组一田间小路处，发现前方路坎下翻了一辆三轮车，头朝下，尾朝上。谢雨萌赶忙下车，发现车里面斜趴着一个男的，没有动弹，她马上意识到：翻车了！人还没有出来，不知是死是活？

此时，气温已逼近37度，路上没有行人，离周边住户又太远，谢雨萌对着车子连续大声喊叫“叔叔，你咋个了？”车里没有任何反应。她又壮着胆子连续使劲拍打三轮车挡风玻璃，里面的人慢慢睁开了眼睛，脸色通红，嘴唇在动却又听不见在说些什么。

邓平金的身体仍然处于倒立状态，呼吸愈发急促，时不待人，得想办法马上把人弄出来！可车又是全封闭的，身边没有任何可以利用的工具，车门被压进土里拉不开，怎么办？谢雨萌顾不得多想，决定设法把人从车门处挪出来，她一边不停大声安慰“叔叔莫急！”一边使出全身的劲拉车门，经过几分钟的努力，终于拉开车门。可里面的人无力往外钻，她又一点一点地、小心翼翼地把人往外挪，终于慢慢地把人从车里挪出来，累出满身大汗，衣服也全脏了。受困人虽被移出来了，但神志还不清醒，无法

动弹，得想办法找到大人，正巧路边有两人路过，谢雨萌赶忙拦住来人，三人一起把受困人抬到了路上。为确保受困人及时得到医治，谢雨萌又连忙跑到附近院落找来多个村民一起帮忙，在众人的帮助下，受困人才慢慢清醒过来。

后来，据受困人邓平金回忆称，自己当天14时许，因天热而从场镇回家，加之近期体弱多病，途中中暑晕倒，不省人事，而这条小道因天热少有行人，幸被谢雨萌发现，并组织救援，才捡回一条命。

好人寄语：虽然我的力量微不足道，但是这样的力量汇聚多了，世界将变得更加美好。

道德点评：自古英雄出少年。谢雨萌，一个90后的纤纤弱女子，用自己微小的力量，撑起了生命的重量！她，用自己的行动书写着无愧于时代的青春誓言，她身上所迸发的正能量，正是中国力量的最好诠释，也是实现中华民族伟大复兴的自信所在！

编外警察，罪犯克星

——记安县见义勇为好人　韩开兴

韩开兴，男，汉族，生于1958年10月，安县塔水镇龙安社区义务巡逻队队长，多次荣获各级见义勇为先进个人称号。

2011年3月25日上午10时许，韩开兴像往常一样到市场“转悠”，刚走到兴隆街口时，发现两个男子在一辆摩托车前四处张望，其中一人从上衣包里拿出一个像改刀的东西往摩托车龙头锁处放。好像在偷摩托车？韩开兴什么也没想，一个箭步冲上去将拿工具的男子撑倒在地，另一男子见状撒腿就跑。被抓住的男子不断央求：“韩老师，放过我这次，以后我再也不来赶塔水场了，我把包里的900多元钱全部给你”，韩开兴一口回绝，并迅速将该男子扭送到塔水派出所。公安民警在该男子身上搜出1套专用撬锁工具和1把30厘米长的水果刀，盗窃证据不足，该男子因非法携带管制刀具被治安拘留8日。

2011年6月7日上午9时许，韩开兴带队巡逻至阳光小区时，看见一民房在冒浓烟，他跑步冲进房内，见一位70多岁的老年妇女正在端水灭火。火势太大，估计一时难以扑灭，韩开兴一边向塔水派出所和119报警，一边组织队员借水盆端水灭火。火势越来越猛，又缺乏水源，韩开兴等人奋力阻止火势蔓延，最后被及时赶到的消防官兵将大火扑灭。如果不是韩开兴等人先期将火势控制住，与起火点相邻的几十间民房将会毁于一旦。

2011年7月12日凌晨1时许，韩开兴等人巡逻至三门峡板房B区时，发现一辆三轮车停在路边，几个黑影晃来晃去。韩开兴马上指挥5名队员对三轮车进行合围，3分钟后将3个嫌疑人抓住并扭送至派出所。这3人因盗窃旧板房电线，2人被分别治安拘留12日，1人因未成年免予处罚。

2011年11月11日上午9时许，韩开兴带1名队员巡逻至狗市街小巷时，见一中年妇女在地摊上抽奖并给了一男子300元现金、1对金耳环、1根金项链。韩开兴马上意识到这是骗局，便决定分路守口，在骗子逃跑时将其抓获。1分钟后，摊主趁中年妇女蹲下抽奖时，抓起东西就开跑。韩开兴马上开始拦截，眼看就要抓住了，为防误伤刚好路过的一个老太婆，错过了最佳抓捕时机。又连续追了多个巷子，那骗子钻进一个面包车准备发动车辆逃跑，转身发现韩开兴等人已经追得越来越近，呼声越来越大，只得弃车逃跑了。

2013年1月2日11时许，春寒料峭，韩开兴在回家途中，见解放街围了一大堆人。他主动上前，发现一老大爷趴在路中央，身体、地上到处是血，不省人事。韩开兴简单询问了围观群众，听说这老大爷好像酒喝多了，接连摔了几跤，都是头部着地，趴在路中很有一会儿了，不知是死是活。他马上近前，发现这老人头部有几处明显的伤口，便快速照相留证，翻开老人眼皮、有点发白，试探鼻息、呼吸尚存，摸了脉搏、还有跳动，马上找来两根板凳挡住路两头，让过往车辆靠路边行驶，连续掐老大爷人中，老人受到强烈刺激逐渐睁开了眼。老人一身酒气，韩开兴凭借曾从医的经验，认为其应该是醉酒跌倒，立即叫人帮忙将老大爷抬至街边，跑回家中拿来绑带和消炎药品，给老人清洗创口并包扎。待老大爷清醒后，经询问得知其名叫杨启华，61岁，是清泉镇敬老院供养对象，当天请假到塔水场镇理发，因醉酒而跌倒致伤，围观群众担心被讹而不敢近前，幸被韩开兴施救并送回敬老院，才避免了可能出现的生命危险。

以上事例只是韩开兴多年来见义勇为的一个缩影。近年来，通过他的直接参与，协助公安机关抓获多名犯罪嫌疑人，并多次将违法犯罪行为扼杀在摇篮中。如今，韩开兴三字已成为当地为人熟知的名字，小偷见他闻风丧胆，刺头见他绕道走，群众见他分外亲，被当地人亲切地称为“编外警察”。

好人寄语：我这个人，看到不平的事就想管！

道德点评：“但使龙城飞将在，不教胡马度阴山。”面对罪恶，他挺身而出，面对乡亲，古道热肠。多年来，他以一个义工的身份，用自己的一身正气，捍卫了一方平安，无愧于“编外警察”的荣誉称号。

游泳“菜鸟”，勇救落水人

——记安县见义勇为好人　雷朝友

雷朝友，男，汉族，中共党员，生于1964年9月，家住安县秀水镇红光村5组，农民，在本村村部经营便民庄稼门市。他平日里为人诚实守信，乐于助人，当过村电工，干过管水员，还曾因救火而受伤，多次被秀水镇评为“优秀青年”“优秀党员”，其勇救落水妇女的事迹在当地被广为传颂。

2013年9月18日14时许，雷朝友骑着一辆三轮车给本村2组一农户送肥料，途经本村1组锅底堰塘旁机耕道时，突然听见有人大叫了一声，他寻着发声处一眼望去，发现离自己不远处的堰塘里有个人在水中拼命挣扎，眼看就要沉下去了，形势危急！

“糟糕，有人落水了！”他顾不得多想，马上急刹车，飞快朝堰塘奔去，边跑边大喊：“快来人哦，有人落水了！”来到堰塘边，雷朝友衣服也顾不上脱，纵身跳入水中，快速游到落水者的身边，使劲抓住落水者的衣服，想往岸边游。

然而，雷朝友高估了自己的实力。他只在少年时会一点点水性，已多年没有游泳了，徒手游泳还会一点，可身着湿重的衣服救人却是件难事。

时值9月，雨季还没有过去，堰塘里的水正处于一年中的最高水位，非常深，一个中高等的个子的成年人根本踩不到底！而此时，落水者由于害怕和紧张，脑子一片空白，把雷朝友作为最后一根救命稻草紧紧抓住，在水里胡蹬一通，导致雷朝友几次被拖进水下，浑身乏力，移动艰难，连续几分钟都在水里原地打转，这正是水中救人的大忌！而此时，他们离岸边还有3米远！

咫尺之间，生死一瞬。雷朝友因接连没入水下，并多次呛水，累得筋疲力尽，此时的救人者和落水者，都已身处险境！此时，如果雷朝友放弃对落水者施救的话，他便可以脱离险境，否则，一旦被落水者困住，他也极有可能溺亡！

好个雷朝友，面对死亡的威胁，他没有放弃对落水者的施救，只见他紧紧拽住落水者衣服，憋足一口气，积蓄全身最后所有的力气，奋力将落水者往水上托、往岸边推。当把落水者推到接近岸边时，雷朝友再也没有力气了，所幸被发现水中动静的落水者家人及时赶到，将两人拉上岸。

原来，55岁的红光村1组妇女呙体香当天中午到距离家门前60米远的堰塘洗生姜，一大块姜落入水中，为拣生姜，手撑脚踏湿滑的堰塘壁，不慎滑入2米多深的水中，完全没过头顶。因她不适水性，在水底不知乱蹬了多久，当第一次冒出离岸边5米多远的水面时，大喊一声“杨大俊”（其丈夫名），“快来救我！”四个字还没完全出口又沉入水中，一次又一次沉浮、呛水，所幸被雷朝友及时听见而获救，避免了一场家破人亡的惨剧发生。事后，面对呙体香家人的现金感谢和吃请，雷朝友婉言谢绝。

好人寄语：我是共产党员，我的付出是应该的！

道德点评：“纵死侠骨香，不惭世上英。”面对突如其来的落水事件，游泳技巧生疏的他没有丝毫的犹豫，纵身一跃，写就了一位普通共产党人的侠骨铮铮。

四、孝老爱亲类

带着感恩之心开创幸福生活

——记安县2011年道德模范奖先进个人 林兴聪

林兴聪，男，48岁，四川省安县高川乡甘沟村文书、民兵连长。

地震使他失去了相濡以沫的妻子。妻子的离去，他哭过、彷徨过。22年的共同生活感恩的话语他只有深深地埋藏在心底，他背起妻子的尸体，任凭妻子血流遍自己的全身。

地震后，他跟现在的妻子重新组成了家庭，他带着自己父母和岳父岳母，她带着自己的婆婆。在一同面对新生活的时候，他们有个约定，彼此可以将逝去爱人的照片放在身边，永远在心里为他们留一个位置。

背着妻子的尸体回家

48岁的林兴聪是四川省安县高川乡的农民，现在再说起2008年5月12日时，他已经不像以前那样一个字都不敢提。

地震时，他正在高川乡甘沟村跟乡上的工作人员验收公路。林兴聪是村文书，长年生活在山区的他凭着直觉，知道这是一场不小的灾难，他立即从惊慌中镇定下来，分配好身边的人员，就开始救人。这时手机已经没有信号了，但他并没有担心自己的妻子，因为她在赶集，“我以为她会没事儿的”。

到了下午4时30分，各村开始派人统计地震伤亡情况。这时有人告诉他，他的妻子被压在山坡上，没救了。“不管成啥子样子，我也要去看看。”余震不断，随时都有滚石飞落，他全然不顾，跑到半山腰上，大声喊妻子的名字，但空荡的山里没有回应。

在半山坡的一块巨石旁，他发现了妻子的尸体，眼睛和嘴都张着，手里还提着赶集买的东西，他用手将妻子的眼睛和嘴合上，背起尸体就往山下走。“22年呀，我跟老婆子一次架都没吵过，也没有红过脸，她对我好呀。”林兴聪说着，眼睛红了。

那时余震不断，他背着妻子的尸体晃晃悠悠地走着，妻子的尸体七窍流血，染湿了他的衣服，从肩头往下滴血。“我一点都不在乎，这是跟我生活了22年的爱人。”他本来是要背着妻子回家的，可是家没了，他只好把妻子放在河边，用塑料布盖上，就又去救人了。

为了生活决定重组家庭

林兴聪再回到妻子身边时，已经是第二天的上午了。安顿好工作，他一个人来到妻子尸体旁边，打开盖在妻子身上的塑料布，不舍地摸着妻子满是血的脸，放声痛哭。“那是最难受的时候，我从来没有受过这么大的打击。”他把所有对妻子的爱都化成眼泪哭了出来。

“我老婆做饭好吃，对我家老人也好，村里乡亲有事都找她帮忙。”现在提起死去的妻子，林兴聪已经能笑着说她的好，好像她从来没有离开过似的。

5月18日全村撤离后都住进了集中的安置点，林兴聪用不停地工作来麻木自己，好让自己不想妻子。但他已经被妻子照顾惯了，没人洗衣服，没有可口饭菜，两个孩子哭着想妈妈的时候，他感觉自己快不行了。“以前的日子那么好，都不敢想，只能再重组一个家庭，不然我自己撑不下去的。”无尽的悲痛让他有了重组家庭的想法，他说如果妻子泉下有知也会不忍心看他这么痛苦地生活下去。

这时一个叫李芸香的女子进入了他的视线。李芸香的丈夫也在地震中没了，在所有安置点中，李芸香哭的次数最多，她还主动帮助安置点做饭。“她哭说明她重感情，她做饭是她贤惠。我必须找个能支撑起家的女人。”林兴聪开始观察李芸香，而之前他俩虽然同在一个村，却连话都没有说过。

经过几个月的接触，林兴聪在9月份的时候决定跟李芸香求婚。“你今后有啥子打算？”他就这样开始了自己的表白，他也直说了自己缺点：比李芸香大10岁，家里没有钱。李芸香同意了他的求婚，但要求他必须带着自己的婆婆还有15岁的儿子一起生活。

怀着对故人的爱开始新生活

“我们首先就向三个娃娃征求意见，没想到他们一点儿没反对，都很支持我们。”林兴聪瞪大眼睛，兴奋地比划着说，现在三个娃娃的关系很好。他跟李芸香的儿子特别投脾气，儿子有什么事都不告诉李芸香，而是直接跟他这个新爸爸商量。

他们又向老人询问意见，林兴聪的爸妈，他亡妻的爸妈，李芸香亡夫的妈妈都表示同意。他俩决定带着这5位老人一起生活。林兴聪说第一次看到李芸香替自己洗衣服做饭的时候，感觉自己又活过来了。

李芸香亡夫的妈妈郭文已经66岁了，她笑着往猪圈里投食，里面的5头猪都是地震后找回来的，快出栏了。“林兴聪可好了，像亲儿子一样对我。”她脸上的皱纹因为笑意而加深，她望着林兴聪不停地点头。

这时出外捡柴的李芸香回来了，她后背背着一背篓的柴火，比她要高出半个人，林兴聪远远地看她走过来赶紧跑过去卸下她身上的柴火。李芸香红着脸看了下林兴聪，不好意思地低下头去。李芸香很腼腆，提起遇难的丈夫，她的眼圈红了，“我俩连脸都没红过。”说着就又低下头了。

林兴聪搂着李芸香的肩膀说，他俩有个约定，就是彼此可以将逝去爱人的照片放在身边。“不摆在外面，是怕活着的看着伤心，摆在身边，是因为她永远都在我这里。”说着，他用右手重重地拍了两下自己心脏的位置。

好人寄语：一直以来我都只是做到了为人之子该做的事情，感觉自己没做过什么特别的事情。我书读得不多，对于孝道二字也没法说出独到的见解，反正就觉得老人们年纪大了，就该是我为他们养老的时候了。

道德点评：平凡的他，用实际行动谱写了一曲不凡的歌，歌中有欢笑，有汗水；有默默付出，更有累累硕果，酸甜苦辣个中滋味不止他知道，甘沟村的村民更知道。林兴聪，是他们村里的好干部、好党员、好男人！

血缘之亲放心中　养育之恩践于行

——记安县2011年道德模范奖先进个人　谭金龙

谭金龙是安县花荄镇竹园村6组的一位村民。

1983年的某天，残疾农妇蒋绍碧难产失子，为减缓她内心的伤痛，医生将一个引产下来的婴儿给了她。这也许是上天赐给她的礼物，可是没想到，这个取名谭金龙的养子左手左脚都带有残疾。1995年5月下旬，蒋绍碧的丈夫因劳累过度不幸去世。身高不足1米的蒋绍碧从此含辛茹苦，以微薄之力拉扯着刚满12岁的养子，过着贫困但朴实的日子。

2004年6月，谭金龙的亲生父母找上门来，心存愧疚的他们许诺，只要谭金龙回去，就给他修新房、买新车，尽可能让他过上衣食无忧的生活。可万万没想到的是，心怀感恩的谭金龙毅然谢绝了亲生父母的好意，为了报答养母十几年来含辛茹苦的养育之恩，坚定地选择留在蒋绍碧身边，身体力行践行孝道。

2005年2月的一天深夜，养母蒋绍碧不幸患上感冒，加上发高烧，风湿病也同时发作，头疼欲裂。谭金龙摸摸额头，问清情况，二话没说，背起养母，就是一路小跑，这一跑就跑了将近10公里，直至将母亲送进镇上医院输液，才坐下来长舒一口气。养母蒋绍碧出院后身体虚弱，由于家里贫困、没钱买肉，孝顺的谭金龙就早出晚归，通过到村民家打短工挣钱，一分一厘的攒着给母亲买中药、炖肉汤，以补养身体。这一切虽然谭金龙什么也没说，可母亲都看在眼里，记在心里，默默擦干欣慰的泪水。

在谭金龙眼里，虽然生活贫困清苦，甚至捉襟见肘，却毫无怨言，对未来依然充满希望，他曾说：“如果有两三千元钱作本钱，我就可以买几头猪、羊，把副业搞起来，再逐步发展。只要有了家底，我妈就能过好一点的日子，也会活得久一些。”在他的心中，总是时时刻刻把养母放在第一位，只要母亲的病好起来，只要母亲过好一点的生活，只要母亲活得久一点，这就是谭金龙的最大期望。他总是把母亲放在首位，却很少为自己着想，用实际行动践行着孝道。

也许，与平常人的愿望相比，谭金龙的愿望是那么渺小，甚至微不足道，但他处处为养母着想和自食其力的精神是光辉耀眼的，值得我们每一位中华儿女学习，既是感恩母亲也是将传统美德发扬光大。

2005年8月，由团省委、省委老干局、省社科院和华西都市报联合举办的四川省“十佳孝子”评选活动中，谭金龙被评为“十佳孝子”。

好人寄语：母亲就是我的一切，是她给了我第二次生命，也因为她，我懂得了感恩。

道德点评：孝老爱亲是我国的传统美德，谭金龙用实际行动再次彰显了孝顺的深刻内涵，“百善孝为先”不是一句口号，更是榜样力量。

带着前夫当新娘

——记安县2012年道德模范奖先进个人 代桂芳

虎年冬季，在父老乡亲的拥簇下，苦命女人代桂芳与邓大富在喜庆欢乐的歌声中再次走进婚姻的殿堂。邓大富比桂芳小4岁，人开朗豁达、仪表堂堂、身体健康。新郎官在众目睽睽下大声说道：“我能与代姐重新组成幸福的家庭，全靠各位乡亲撮合，从今以后，代姐家的事就是我自己的事，她的前夫蔡学全就是我的兄弟！”这番话赢得了村民一片喝彩！

俗话说：“夫妻本是同林鸟，大难临头各自飞。”当面对震后高位截肢瘫痪的残疾丈夫，她不抛弃，不放弃！与现任丈夫邓大富一起担当起照料原丈夫蔡学全的义务，谱写了一曲曲人间大爱的新时代赞歌，架起了社会和谐的一道亮丽的彩虹。

今年49岁的代桂芳，个子不高，人很精廋，黝黑清瘦的脸蛋，不时挂着一丝丝微笑。当我们来到她家时，她正在为蔡学全削苹果，躺在床上的蔡学全享受爱的美味，在一旁的现任丈夫邓大富忙里忙外，一会儿帮忙拿药，一会儿为正在看电视的蔡学全端开水，“三口之家”有说有笑，这个充满温馨的特殊家庭，其乐融融……

然而这温馨的和谐场景，时时勾起代桂芳的辛酸。她出生在安县塔水镇柑子村，18岁那年，她的姐姐远嫁他乡，幼小的弟弟也因患恶性肿瘤离他而去，年迈多病的父亲，靠她一个人照料，沉重的生活压力让她几乎喘不过气来，再加之自己的婚姻连遭不幸。第一次婚姻，女儿才9岁，丈夫就患上肺气肿，便撒手人间。1998年，她与本村蔡学全再次组成幸福的小家庭，次年就生了一个逗人喜爱的宝贝儿子，一家人乐不可支，然而当全家正高兴时，噩运再次降临在她头上，那是“5·12”汶川大地震发生后的6月4日上午，在地震损坏的楼上清理废弃的家具、电器时，正好一阵强烈的余震，将蔡学全重重从楼上摔了下来……瞬间，蔡学全满脸鲜血，全身血肉模糊，昏死过去，大惊失色的代桂芳吓得浑身哆嗦，当蔡学全醒来后，除了头部能动外，从颈到四肢全部失去知觉。在众乡亲的帮助下，蔡学全被送到塔水镇中心卫生院。“病情危重，命悬一线”医院建议代桂芳把蔡学全转到医疗条件好的绵阳市人民医院。在医务人员的精心医治、照料下，蔡学全转危为安。盛夏7月，骄阳似火。医生叮嘱代桂芳，每天必须给蔡学全翻身，擦洗身子，如果伤口感染溃烂，就会引发败血症，后果不堪设想。作为妻子的代桂芳，整天提心吊胆，时时刻刻把心提到心口上。经医生20多天的医治，蔡学全保住了性命，但他整个身子没有任何反应，大小便失禁，成为高位截瘫的卧床病人，代桂芳一个人默默地承受着这一切。

2008年7月，代桂芳带着丈夫蔡学全从医院回到家乡青安村。

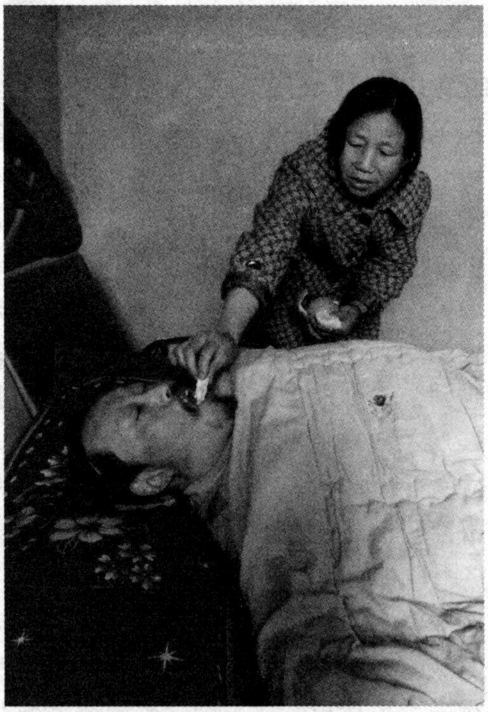

回到家后，代桂芳起五更，睡半夜。既要照料瘫痪的丈夫，老弱病残的父亲，年幼的孩子，还要耕种几亩庄稼地，鸡鸭猪鹅也不能落下，生活的艰辛，日子的清苦，只有她的心里最清楚，

她常常一个人蒙着被子偷偷地哭泣，伤心地流泪，苍天啊，我的命运怎么这样苦！但她非常坚强，从不在丈夫面前表露。

看着代桂芳一天比一天清瘦，蔡学全痛在心头，急在眼里，他觉得自己愧对代桂芳。有一天，蔡学全突然鼓着勇气拉着代桂芳的手，含着泪说道："桂芳啊，看见你天天这样辛苦，我不忍心，咱们离婚吧！"

从青安村到县城20多公里，全是上坡路。九月的秋天，秋高气爽，代桂芳心里却七上八下，拉着板车，载着丈夫，背心被汗浸透，泪水打湿了衣衫。她不断回头看着十多年心爱的丈夫，难道自己真要和蔡学全结束这份姻缘吗？在这期间也有好心人劝她离开蔡学全，过自己的幸福小日子，但她始终不动摇，他和蔡学全是半路夫妻，他们曾经是多么幸福的一家人啊！往日的欢乐时光历历在目，让代桂芳不舍不弃。她对蔡学全说"即使到县法院依你的意愿同我解除夫妻关系，我还是要把你照顾到老死，我们两个能够从地震中存活下来这是上天安排，再苦再累都要加倍珍惜"。代桂芳的话字字句句像温暖的阳光照在瘫痪丈夫蔡学全的心坎上。

几度风雨，几度春秋。邓大富忠实地履行自己的庄严承诺，与代桂芳一道精心照料着蔡学全，为他设立单独的房间，购买了电视，让蔡学全安安心心地度过幸福的人生……

蔡学全对我们说"要是没有他们俩的料理，我蔡学全早就去见马克思了"（就是死了的意思）。蔡学全说着撩开自己的伤口给我们看，伤口没有异味、没有褥疮。蔡学全再次笑了，在场的代桂芳笑了，邓大富也笑了……

看见代桂芳特殊的幸福家庭，我们的敬意油然而生，这不正是新时代灾区人民的精神楷模？不正是我们学习的榜样？代桂芳的美丽在于她崇高的心灵和博大的胸怀震撼了整个社会，她用滋润的心，辛酸苦辣的生活回答了人生的不幸与幸运。人生的美与丑只是心灵的一面。代桂芳的事迹告诉我们，好人必有好报！好人一生平安！

当今社会飞速发展，经济突飞猛进，人的思想境界、思维方式、价值取向、道德观念等发生了明显的变化，利己主义严重，怨天尤人、自命不凡、浮躁不安、私心太重、心浮气躁等非常极端的心理凸显。在当前我国离婚率加剧的社会大背景下，代桂芳却始终坚守自己的"精神家园"，令人感动、令人敬佩，可歌可泣！

好人寄语：希望他能过得开心，我们一家人能够简单的幸福。

道德点评：她诠释了一种社会责任，她用孝道仁义诠释社会主义精神文明的人生价值观。当婚姻突变、家庭变故时，她忠贞不渝、义无反顾地忠实践行着一个中华女性的传统美德。

七旬老人的坚强与坚持

——记安县2012年道德模范奖先进个人 赵刚发

2008年5月12日，四川省发生特大地震，包括汶川、青川、北川、安县在内的许多市县均受损严重，许多家庭在一夜之间妻离子散、天人永隔。

在这场地震中，安县千佛镇老望沟村村民赵刚发失去了自己的儿子儿媳，白发人送黑发人的悲痛让老人备受打击，连着好几日以泪洗面。有一种悲痛是子欲养而亲不待，而更令人悲痛的则是白发人送黑发人。但他还有两个尚未成年的孩子，他不能放弃自己，必须要坚强生活，给予孩子成长的希望。他说："只要还有我老两口子一口气在，就会把娃娃一直带在身边，绝不推给政府和社会。"从2008年开始，他与同样年迈的老伴照顾尚未成年的孙女、孙儿，辛勤劳作、节衣缩食，承担两个孩子的吃穿住行、学习费用等，用自己的行动谱写了一曲爱与责任的赞歌。

曾经幸福的一家，其乐融融

在同村邻居的记忆中，这曾经是很幸福、

温馨的一家人，儿子勤劳善良、媳妇孝顺持家。两个活泼可爱的孙女、孙儿膝前围绕，大孙女赵花容在上初中了，学习刻苦、成绩优异，还特别懂事，像个小大人，小孙子赵宝林调皮可爱，正上小学。老人照顾林地，早出晚归，精力旺盛，是弄山林的一把好手，他家的经济林木总是全组中发展的最好的。儿子儿媳在街上做点卖猪肉、小菜等生意，一家人经济宽裕、和睦温馨，小日子过得红红火火，颇受邻居羡慕。

他是村干部的好助手

正当壮年时他还是四组组长，是一个敢担当，肯带头为集体做事的能干人，老望沟四组是个极其偏远的地方，海拔1200米以上，群众逢场赶集来回要花三四个小时，为了让四组通上村组道路，让山上的农产品卖个好价钱，同时彻底解决老百姓的出行问题，2004年，茶坪乡党委政府决定通过财政补贴及群众投工投劳等方式让四组通上公路，在乡村两级部门的组织下，他带领四组百姓历时半年，用勤劳双手挖出一条生命之路。作为组长，他也是村干部的得力助手，热情大方，又敢于坚持正义，受到四组百姓的尊重和赞扬。

面对灾难，勇担家庭重担

这个三代之家本应其乐融融，但2008年的那场天灾，让这一家的命运从此改变。那一年，儿子媳妇被崩塌的山体掩埋，孙女、孙儿瞬间成孤儿。白发人送黑发人，失去儿子、媳妇的悲痛已让老人差点崩溃，孙女、孙儿的归属和养育难题接踵而至，在坚强与放弃的艰难抉择前，他选择了坚强面对，曾有社会上的好心人提出了收养意愿，老人毫不犹豫地拒绝了，或许，老人看见儿子儿媳在冥冥中的托付，也可能一个完整的家庭就是他坚强承担的信念和支柱。老人说“儿子媳妇已经不在了，但家不能破，就算饿死，也要一家人死在一起”。地震后的第四天，本已转移到晓坝安置点的他，因为惦记着家中的家禽和林木，这些仅存的养家基础，又翻山回到了震破的家中，在路边搭起一个简易帐篷，又开始养鸡喂猪，坚强度日。在那段日子里，一拨又一拨的逃难人员经过，渴了，赵大爷给他们水喝，累了就在他搭好的棚子里休息，时间晚了，就在他的棚子里住下，第二天再上路。

辛勤劳作，为了撑起家庭的希望

2010年赵花容收到了来自成都的大学录取通知书，对不幸中的小姑娘来说可谓悲喜交加。大学可是儿时长期的梦想啊，但当面对接近两万的学杂费用时，赵花容犹豫了，看着年迈的爷爷奶奶，她决定放弃，当她把自已的决定告诉爷爷时，他坚决不同意，他用多年积攒的三万块钱，取出两万元给她，告诉她，书必须读，砸锅卖铁也得供她上学，以后的费用爷爷还会想办法，就这样，一个最可能辍学的孩子走入了大学校园。为了完成两个孩子的学业，他更加劳累了，本该安享晚年的他，不得不又像二三十岁的汉子一样，早出晚归，不是在药材地里除草，就是在荒坡上植树。不停歇的劳作带来一身的毛病，膝盖疼痛每天困扰着他，血压升高，身体虚弱，干活已经明显力不从心了，但想到孩子的成长，冥冥中儿子的寄托，他强忍病痛，拖着疲惫的身躯，把忙碌的身影遍洒山间地头。

大爱无疆，政府和社会没有忘记他们

在千佛镇党委书记薛远超、镇长田原的印象中，赵大爷从没有找过他们要求帮助和向民政要钱，但党和政府没有忘记他们，每年薛书记、田镇长都会到家里去看望他们，为一家人送去大米、粮油等生活物质，仔细询问生产生活中的困难；每学期开学前，薛叔叔、田叔叔都会出现孩子们面前，给孩子送去助学金，嘘寒问暖，鼓励他们坚强、乐观，学习本领。面对关心，他总是不停地说，给政府添麻烦了，这让同行的人不由得一阵心酸。赵刚发的事迹开始让越来越多的人开始关注、感动，有很多人主动找到他，提出给予帮助，但坚强的他始终拒绝，他认为已经给政府和社会添麻烦了，让他们去帮助那些更困难的人。这是一个不幸但坚强的家庭，2012年，中央电视台焦点访谈栏目组到千佛镇采访的时候，还特地到他的家里做了访问，他的故事让央视主持人感动流泪。

明天会更好

如今，赵花容每周都会和她的爷爷奶奶通电话，告诉她的学习情况和她的生活趣事，不幸的孩子由以前的沉默开始有了欢笑。赵宝林学习刻苦，常常受到老师的表扬。在爷爷的影响下，赵花容显得愈加成熟，她已经在勾勒她的未来，她说，在和弟弟最无助的日子里，是爷爷给她们姐弟俩生活的希望，是爷爷的坚强教会了她如何面对灾难。等工作了要好好孝敬老人，照顾弟弟成长。同时，她要做个好人，像其他好心人一样，回报社会。赵大爷的林木又呈现出郁郁葱葱，黄连药材长势喜人，在党和政府的关怀下，他们一家人又开始迎接幸福的明天。

好人寄语：人要会感恩，只要还能动就要努力生活下去，要相信明天会更好。

道德点评：赵大爷不等不靠，用一双手为两个孩子勾勒出生活的希望，他坚强又热心，不放弃，不妥协，一步一个脚印走出一篇平凡而动人的诗篇。

父女情

——记安县2013年道德模范奖先进个人　唐晓容

唐晓容，女，是塔水镇安塘村一名极其普通的村民，她和别人一样，种田外出打工，她默默无闻地恪守着“君子入则孝”“事父母能竭其力”的人生格言，在这十几年中，以拳拳之心，眷眷之情，无怨无悔地侍奉在父亲身边，给予无微不至的照料，她以实际行动做出了表率，赢得了本村村民和亲朋好友的称道，同时也塑造了一个“现代孝廉”的典范形象。

2009年12月6日，唐晓容的父亲唐诗友到儿子家金堂县赵镇，不幸的事情发生了，其父和弟弟唐晓光双双车祸。唐晓光当场死亡，其父唐诗友送成都华西医院救治，命是保到了，但成了永久的植物人，唐晓光是在金堂县“上门”，弟媳不愿承担护理植物人的父亲。唐晓容和丈夫毅然将父亲接回自已家中，夫妻俩决定放弃在江苏月收入近2万元的工作，在家护理和陪伴父亲。

任何事情说到容易做到难，老人的智力不到一岁儿童，吃饭，喝水，大小便，完全不能自理，她和丈夫轮流陪护，时刻守候在父亲身边，虽然父亲从植物人醒来，就像一两岁的小孩一样，时常将大小便拿来玩耍，一天不知要换多少次衣裤、床单，有时父亲大便结块，拉不出来，

她就自己用手指小心翼翼将大便结块从父亲体内抠出，他们又随时给他全身按摩，尤其是手指和脚趾，按摩之后还要用热毛巾敷，促进血液循环。瘫痪的人最怕得褥疮，所以一定要经常帮他翻身拍背，每帮他翻一次身，唐小蓉都累得满身是汗，这么多年过去了，父亲身上没有过一块褥疮。一个小小女子，将身高有1.75米的父亲抱上抱下。在生活上，每次做饭，双手都洗得干干净净，米淘过多次，饭反复择洗才能下锅。生怕父亲吃得不卫生、不可口。每天用轮椅推着父亲，到他原来生活多的地方转，使他能恢复一些记忆，也许他们的真情感动上天，天道酬勤，这话一点不假。

父亲年纪大了，加之病情严重，想要完全恢复是不可能的事，但凭着父亲的坚强性格和唐晓蓉的决不放弃，奇迹光顾了他，慢慢地，父亲能发出一些声音，说些简单的音节。

唐晓容就是这样，把尊老敬老当作一种责任，以一颗爱心，找回了父亲的生命，她更加神圣地理解“孝顺”的含义，作为儿女，要做到尽善尽美的“孝顺”是不容易，但只要自己真心去做，用心付出，那就值得我们每一个人学习。

好人寄语：照顾父亲是我的责任，我希望父亲越来越好。

道德点评：谁言寸草心，报得三春晖。不需要再多的言语，我们已经深深地感受到了这对父女间爱与希望的力量。

丈夫捐肾救妻，演绎人间真爱

——记安县2013年道德模范奖先进个人　谢玉伟

不测风云，尿毒症扑向贤妻

谢玉伟和吴祥丽是花荄镇柏杨村一对普通夫妻，结婚10多年来，一直相濡以沫，恩恩爱爱。然而天有不测风云，2012年10月，妻子吴祥丽不幸被诊断为尿毒症，最好的治疗方法是换肾手术，但是肾源不但奇缺而且价格也是这个家庭所不能承受，得知情况后，丈夫谢玉伟毅然决定捐肾救妻。夫妻之间是非血缘关系，配型成功的可能性是数万分之一，但是他们还是等到了这个奇迹。

谢玉伟是花荄镇柏杨村村民，吴祥丽是花荄镇文星社区居民，可两人却在深圳某服装工厂不期而遇，同在外地打工的两人让来自家乡的他们互相照顾、倍感珍惜。谢玉伟家庭经济较困难，上有两个哥哥，但吴祥丽并没在意这些，为了多赚钱，她时常加班加点地做缝纫活，让他既心疼又佩服。2001年，他俩的儿子谢芸峰出生了，为了更好地抚养孩子，谢玉伟夫妻返乡创业，开始养鸡，最多时养鸡达6000多只。那些年，谢玉伟夫妻每早5点就起床喂鸡、捡蛋，到了下午2点，还在黄土、界牌等场镇上卖鸡蛋，就这样起早贪黑地勤扒苦做，家里日子好过了。

从2012年年初起，吴祥丽反复感冒，从当年5月起，吴祥丽脸色开始渐显惨白，头晕胸闷，吃啥吐啥，走两步路都觉得很累，去当地医院检查，被告知是贫血症。治疗两个多月病情仍在加重，谢玉伟得知后，从外地打工处返乡照料妻子。2012年10月15日，谢玉伟带着吴祥莉到成都华西医院复查，被确诊为尿毒症。

为妻换肾，夫半年瘦17斤

谢玉伟在医生处得知，妻子吴祥丽这病光靠血液透析排毒只能维持生命，但长期的血液透析，病人不但要忍受巨大痛苦，而且透析费用也相当昂贵，最好的办法是换肾，但肾源难寻，手术费、后期排异费也是一笔天文数字。“费用再多，也要给她换肾！”谢玉伟说，他决定落实肾源后就卖房子、贷款，向亲友借钱，无论如何也要救妻子的命。可是，天不遂人愿，谢玉伟在成都多家医院奔波了半个多月，才发现肾源不但奇缺，而且非常昂贵。如果等待肾源，两三年是常事，何况谁也不敢保证等得到，很多尿毒症病人就是因为等不到肾源死亡的。谢玉伟毫不犹豫找到妻子的父母和兄妹，可惜，他们的肾源和妻子都不匹配。谢玉伟四处求医时，曾看到过一个关于尿毒症视频的节目，得知O型血是万能血型，可以给任何一种血型的人输血，而自己正好就是O型血，他灵机一动，那我可不可以配型呢？医生给谢玉伟和吴祥丽抽血化验，结果是他俩的血型和基因，竟符合肾移植手术要求。要知道，夫妻肾源配型成功的可能性只有万分之一啊。幸运的是，这万分之一的机遇落在了他们身上，也许，这是前世修来的福气吧。

但是，谢玉伟身体超重，患有轻度脂肪肝，得瘦身保肾，才能进行肾移植。为了减少排异反应，于是，谢玉伟开始瘦身，他减少饭量，告别了“无肉不欢，爱吃肥肉”的习惯，晚上6点后，绝对不进食。有时候半夜饿得咕咕叫，就起床喝点开水，以前鲜少做梦的谢玉伟，那段时间总做梦，梦里净是大鱼大肉。这些年来，为谋生谢玉伟一直做的是体力活，不吃回锅肉就像要他的命，但一想到命悬一线的瘦弱妻子，想起妻子22岁嫁给自己时的青春美丽，谢玉伟便拼命控制自己的食欲。就这样，半年过去了，谢玉伟的体重由150斤降到130多斤，瘦身17斤，达到了换肾的标准。

好人寄语：捐肾救妻没什么大不了的，她是我的妻子，这是身为丈夫应该做的。

道德点评：爱屋及乌、舍己为人，说得容易，可真正践行者又有几人。身为大丈夫，用生命诠释了“爱”的真谛。

孝老爱亲不放手的幸福

——记安县2013年道德模范奖先进个人 王秀

在安县黄土镇东城社区大南街廉租小区4栋1号楼里，住着一对特殊的夫妇。妻子王秀年近50岁，丈夫廖代富年近60岁，属重度肢体一级残废，下半身不遂，常年卧床、坐轮椅，行动不便。然而在仅有40余平方米的廉租房里，却感不到半点因病魔带来的阴霾和压抑，有的只是窗明几净，亲切温馨。

社区干部去时，高挑瘦弱的王秀正在躬身为老伴洗脸漱口，老伴廖代富乐呵呵地微笑着，向社区干部们打招呼。和煦的阳光透过窗户，刚好照在头发斑白的老两口身上。这相濡以沫的一幕，触动着每一个富于爱心的人，沐浴在阳光里患难夫妻，那般平和、宁静而幸福。

幸福的家庭都是相似的，不幸的家庭各有各的不幸。王秀、廖代富二人是重新组合家庭。早在十年前廖代富在射洪县开改木厂，王秀为了谋生，在改木厂里打工。经过长期的接触和交往，二人逐渐产生了感情，廖代富在生活上给予王秀关心，年幼的子女和年迈的老人经济和生活上给予照顾，二人相敬如宾。可是短暂的幸福在2008年廖代富外出时一场重大的车祸成为人生的过往，廖代富经过一个多月的治疗后，虽然脱离了生命危险，却落下了后遗症，下半身全部瘫痪，半身不遂，上半身右手偏瘫，根本无法走路，只有常年卧床或坐轮椅，生活不能自理。

想到往日勤劳体贴的廖代富后半生将要在轮椅上度过，王秀心里一阵阵揪痛，也曾悄悄抹去心痛的泪水，不顾自己的两个子女反对以及周围邻居的冷嘲热讽，毅然在2010年和廖代富办理了结婚证。曾经恩爱甜蜜、相敬如宾的黎明黄昏，成为她笑对人生的最大动力，王秀暗自下决心，要在丈夫难熬的岁月里，不求别的，只求做他的“一双腿”，陪他看日出、赏夕阳，倾尽全力让老伴在有生之年少受些疾病折磨，多些幸福，让他充满对生活的勇气。

刚出院后，丈夫的病情在康复的关键阶段，王秀除了精心做一日三餐外，还要坚持每天搀扶老伴在小区进行康复锻炼，那个难啊，是常人无法想象的。说是搀扶，其实丈夫的身体全部倚在她瘦弱的身上，往往等丈夫锻炼结束后，王秀便累得一身大汗，不管多苦多累，她一直充满信心，相信丈夫的病情会越来越好转的。

从此，照顾丈夫几乎成为王秀生活的全部，每天6点按时起床，白天给丈夫喂饭、喂药、打针、洗衣、更衣、洗头、洗脸、擦洗身子、接屎接尿，换尿不湿，用轮椅推出去晒太阳，逛河堤，呼吸新鲜空气，晚上倒热水给丈夫泡脚15分钟以上，并为其按摩双腿、腰部，促进腿部、腰部的血液循环，防止肌肉萎缩。丈夫每一次大、小便后都及时清洗，每一次擦好后都会为他换上干净衣服，最早晚上十二点以后才能上床休息，夜间还要为丈夫翻两三次身，看似简单的护理，却在日积月累的时间长度里，显示出前所未有的重负。

从2008年至今，6年时间，无论春、夏、秋、冬，始终坚持，从不气馁，暗自承诺：一定要把丈夫照顾好，直到永远。

6年时间过去，王秀双鬓斑白了，但对老伴的关爱和呵护丝毫不减前几年，跟王秀聊起这么多年对廖代富无微不至的全天候“护工”工作，从半身瘫痪的廖代富眼睛里，看得到王秀对他的照顾，充满着温暖和幸福，这份相濡以沫的深挚感情，怎能用语言表达。

好人寄语：共患难显真情，追求幸福的过程无怨无悔。

道德点评：道德是一把尺子，量着自己也量着他人。王秀，一名普通的妇女，为了深深眷恋着的爱人，在爱人瘫痪的时候，不离不弃，爱着，也幸福着。

用真情和爱心撑起一个完整幸福的家庭

——记绵阳道德模范　房加美

房加美，曾担任安县高川乡甘沟村妇女主任，地震极重灾区安县高川乡甘沟村一位普通的农村妇女，在特殊家庭状况下，用一双辛勤的手和她那颗善良的心，支撑了一个常人难以维持的家庭，受到了民众的好评。

2002年3月22日，房加美的爱人王勇在高川黄磷厂上班时，因厂内黄磷罐爆炸，脸、手、颈部等被喷涌出的高温黄磷严重烧伤毁容，当即被送往医院治疗。

王勇住院期间，房加美寸步不离地守在病床前，为他喂饭、擦洗等，医生和护士都夸她细心、耐烦。丈夫苏醒后怕拖累她和家，一度失去了生活的勇气，她经常宽慰丈夫说：“只要还活着，一切都会越来越好的。”治疗期间，看到丈夫在床心情不好，为了哄他开心，每天房加美都要带丈夫到外面晒晒太阳，让他多看看外面的世界。丈夫伤重时没法行动，她的手和脚就是丈夫的手和脚，看到丈夫双手拿不起饭勺，房加美便小心翼翼地给丈夫喂饭吃；丈夫眼睛烧伤了看不到，她的眼睛就是丈夫的眼睛，晚上即使是在睡梦中，当听到丈夫呼唤自己要起夜时，房加美总是细心地把丈夫从床上抱到坐便器上……她想方设法陪着丈夫四处求医，和亲人们共同在生活上和精神上对丈夫进行无微不至的照料和关怀，一家人终于挨过了最艰难的时光。

在丈夫出事治疗期间，也有不少人来劝她，与其一人担起照顾重伤的丈夫和年幼的孩子的重担，这儿辛苦还不如趁年轻去改嫁算了。每次听到这些，她都笑笑，拒绝了这些好心人的“忠告”，“老公得病，作为妻子不能撒手不管，照顾他是我应尽的责任”。曾经的幸福时刻她不会忘记，现在她也决不放弃，等丈夫好起来，他们还要创造更多的美好，这就是房加美的坚持。

多年来，处在这样的家庭中，面对一个接一个的困难，面对夫女老小，她仍然坚信，困难会有到头的一天。朝夕相伴，作为目前家庭的主心骨，她不能垮，她勇敢地把这一份责任、亲情与义务担当起来。房加美仍然像丈夫没出事时那样孝敬公婆，抚育幼女，一直对病残丈夫不离不弃，与家里人同甘共苦，用真情和爱心撑起一个完整幸福的家庭。

这些年，房加美尽好儿媳的孝道，尽到妻子与母亲的义务，她只是一个普通的农村妇女，虽然没做什么大事，但却做了这些感天动地的事。房加美坚守自己的责任与义务，坚定对家庭的信念，面对重重打击，不抛弃，不放弃，把为人女、为人妻、为人母的美德，在一天天一月月一年年的平凡而又平淡的点滴生活中，最大限度传承下去，让孝老和爱亲成为不灭的明灯。

好人寄语：老公得病，作为妻子我不能撒手不管，照顾他是我应尽的责任。

道德点评：房加美深怀爱老之心，恪守夫妻之德，力行孝敬之举，以责任去体现孝道，从点滴小事做起，践行传统美德，对丈夫不离不弃、患难与共。在房加美身上，我们看到了许多中华儿女的传统美德，孝敬父母、夫妻和睦、勇担责任，用自己的爱心、孝心、责任心构筑了一个和谐之家。

四川省地方志工作条例

（2003年7月24日四川省第十届人民代表大会常务委员会第4次会议通过，2013年11月28日四川省第十二届人民代表大会常务委员会第6次会议修订）

第一条 为全面、客观、系统地记述本行政区域地情，科学地积累、保存与开发、利用地方文献，依据国务院《地方志工作条例》，结合四川省实际，制定本条例。

第二条 四川省行政区域内各级各类地方志的编纂、管理和开发利用工作，适用本条例。

第三条 地方志编纂工作应当坚持实事求是的原则，全面、客观、系统、科学地反映当地自然与社会的历史及现状。

第四条 县级以上地方人民政府应当加强对地方志工作的领导，将地方志事业纳入当地经济和社会发展规划。

四川省地方志工作总体规划由省人民政府批准。地方志工作所需经费列入本级财政预算。

第五条 省人民政府地方志工作机构统筹规划、组织协调、督促指导全省地方志工作。

县级以上地方人民政府负责地方志工作的机构主管本行政区域内的地方志工作，履行下列职责：

（一）执行有关地方志工作的法律、法规、规章并监督其实施；

（二）组织、指导、督促和检查地方志工作；

（三）拟定地方志工作规划和编纂方案；

（四）组织编纂地方志书、地方综合年鉴和其他相关地情文献；

（五）收集、整理、保存地方志文献及相关地情文献资料，组织整理旧志，推动方志理论研究；

（六）组织开发利用地方志资源。

第六条 县级以上地方志书每20年左右编修一次，综合年鉴一年一鉴，公开出版。

第七条 新设立的县级以上行政区的地方志编纂工作应当及时纳入省地方志工作总体规划。

地方行政区划有重大调整的，负责地方志工作的机构应当及时收集并保存有关建制机构的地方志资料。

第八条 古城、古迹拆迁和名称变更，管理部门、所有权单位或者个人应当告知同级人民政府负责地方志工作的机构，地方志工作机构应当做好相关资料收集保存工作。

第九条 承担地方志编纂任务的国家机关、社会团体、企业事业单位和其他组织应当按照地方志工作规划，保障工作条件。修志任务较重的单位，可以设立专门的修志机构或者配备专职工作人员。

第十条 承担地方志工作任务的国家机关、社会团体、企业事业单位和其他组织应当接受同级负责地方志工作的机构的业务指导与监督检查，应当在规定的时间内按照要求完成地方志编纂或者资料报送工作。

第十一条 民族自治地方的地方志编纂工作应当有当地少数民族人员参加。有条件的民族自治地方的地方志可以同时运用汉语言文字和当地通用的少数民族语言文字编纂。

第十二条 地方志的编纂内容和过程应当公开。

地方志编纂工作应当吸收有关专家、学者等参加，征求公民、法人或者其他组织对地方志编纂工作的意见、建议。

地方志编纂涉及有争议重要事项的，应当向本级人民政府和上级负责地方志工作的机构请示。

第十三条 县级以上地方人民政府负责地方志工作的机构应当建立和完善地方志工作制度和业务规范，加强对地方志编纂人员的培训。

第十四条 县级以上地方人民政府负责地方志工作的机构应当建立地方志书评议制度，组织有关部门和专家、学者对本级地方志书进行评议。

第十五条 省地方志工作总体规划内的省、市、县三级志书，公开出版发行的实行审查验收制度。

省级志书由省人民政府组织审查验收。市（州）志书由省地方志工作机构组织审查验收后，报省人民政府批准出版发行。县级志书由市（州）负责地方志工作的机构组织审查验收后，报市（州）人民政府批准出版发行。

以电子出版物形式出版的省、市、县三级志书，按照前款规定办理。

第十六条 地方志书（包括纸质和电子文本）应当在出版后3个月内报送上级人民政府负责地方志工作的机构备案。

在地方志编纂过程中收集到的文字、图表、照片、音像、实物等资料以及形成的地方志文稿，在地方志出版后6个月内，交本级人民政府负责地方志工作的机构管理、保存，不得损毁，个人不得据为己有或者出租、出让、转借。

第十七条 鼓励和支持部门、行业、单位编纂部门志、行业志、专业志及年鉴。

编纂乡（镇、街道）志和年鉴，应当接受县级以上地方人民政府负责地方志工作的机构的指导；编纂部门志、行业志、专业志和年鉴，应当接受本级人民政府负责地方志工作的机构的指导。

第十八条 县级以上地方人民政府负责地方志工作的机构应当积极推动地方志资源的开发利用，服务社会经济发展。

第十九条 县级以上地方人民政府应当将地方志工作信息化建设纳入本级人民政府信息化建设规划并组织实施。

县级以上地方人民政府负责地方志工作的机构应当利用现代信息技术对地方志书以及其他地情文献进行数字化处理，逐步建立志书、年鉴、其他地情文献及相关资料的目录和全文数据库，推进图片照片、录音录像、旧志等专题数据库建设；通过网络实现地方志信息利用的便捷化。

第二十条 县级以上地方人民政府建立的方志馆是地方志等地方文献资料的收藏保管与开发利用中心，用于地方志的编修、征集、保存、展示、研究、开发利用。

方志馆应当免费向公众开放，并将服务范围、开放时间等服务事项进行公告。

鼓励单位和个人向方志馆捐赠地方志资料。

第二十一条 公共图书馆、档案馆、国有博物馆与方志馆在文献档案的利用方面应当资源共享、信息互通、联合服务。

公共图书馆、档案馆、国有博物馆为地方

志编纂工作提供资料，不得收取费用。

地方志书出版后应当向公共图书馆、档案馆、国有博物馆无偿提供。

第二十二条 鼓励高等院校、科研机构开设与地方志有关的专业或者课程；鼓励和支持单位、个人从事地方志文献开发和研究。

第二十三条 对在地方志工作中做出突出成绩的单位和个人，按照国家规定予以表彰和奖励。

第二十四条 县级以上地方人民政府负责地方志工作的机构可以向国家机关、社会团体、企业事业单位、其他组织以及个人征集有关地方志资料，有关单位和个人应当提供支持。地方志资料所有人或者持有人不得故意提供虚假资料。

第二十五条 违反本条例规定，未经审查验收、批准将地方志文稿交付出版，或者地方志存在违反宪法、法律、法规规定内容的，由上级人民政府或者本级人民政府责令采取相应措施予以纠正，并视情节追究有关单位和个人的责任。

第二十六条 本条例自2014年1月1日起施行。